全 世 界 无 产 者，联 合 起 来！

列宁全集

第二版增订版

第二十八卷

1916年7月—1917年2月

中共中央 马克思 恩格斯 列 宁 斯大林 著作编译局编译

人民出版社

《列宁全集》第二版是根据中国共产党中央委员会的决定，由中共中央马克思恩格斯列宁斯大林著作编译局编译的。

凡　例

1. 正文和附录中的文献分别按写作或发表时间编排。在个别情况下，为了保持一部著作或一组文献的完整性和有机联系，编排顺序则作变通处理。

2. 每篇文献标题下括号内的写作或发表日期是编者加的。文献本身在开头已注明日期的，标题下不另列日期。

3. 1918年2月14日以前俄国通用俄历，这以后改用公历。两种历法所标日期，在1900年2月以前相差12天（如俄历为1日，公历为13日），从1900年3月起相差13天。编者加的日期，公历和俄历并用时，俄历在前，公历在后。

4. 目录中凡标有星花＊的标题，都是编者加的。

5. 在引文中尖括号〈　〉内的文字和标点符号是列宁加的。

6. 未说明是编者加的脚注为列宁的原注。

7.《人名索引》、《文献索引》条目按汉语拼音字母顺序排列。在《人名索引》条头括号内用黑体字排的是真姓名；在《文献索引》中，带方括号［　］的作者名、篇名、日期、地点等等，是编者加的。

目　　录

附　录

插　图

前　言

本卷收载列宁在 1916 年 7 月至 1917 年 2 月期间的著作。

1916 年下半年和 1917 年初，交战的两个帝国主义集团都已疲惫不堪，任何一方都没有取得决定性的优势。人民群众蒙受战争的深重灾难，愤激情绪与日俱增。各交战国国内的反战运动日益高涨，殖民地和附属国的民族解放运动声势日益浩大。在这种形势下，帝国主义资产阶级开始酝酿签订和约，以便"和平地"分赃，"和平地"解除千百万无产者的武装，用微小的让步来掩盖他们继续掠夺殖民地和压迫弱小民族的勾当。列宁在这个时期继续制定布尔什维克党在战争、和平和革命问题上的理论和策略，继续揭露和批判社会沙文主义、中派主义和社会和平主义，进一步阐发关于帝国主义的理论、关于社会主义革命和民族殖民地问题的学说。

在帝国主义时代，民族殖民地问题和民族自决权问题成了特别紧要和迫切的问题。列宁在 1916 年 7 月撰写的《论尤尼乌斯的小册子》和《关于自决问题的争论总结》两篇文章，总结了 1915—1916 年展开的一场有俄国、德国、荷兰和波兰的社会党人参加的关于民族自决权的国际性争论，批评了主张在帝国主义时代放弃民族自决权要求的错误观点，进一步论述了列宁在 1916 年初撰写的《社会主义革命和民族自决权（提纲）》（见本版全集第 27 卷）中提出的马克思主义关于民族问题的基本原则。

《论尤尼乌斯的小册子》是列宁为评述德国社会民主党左翼领袖罗·卢森堡于1916年发表的《社会民主党的危机》(署名尤尼乌斯)而写的文章。卢森堡的小册子中批驳了那些认为当时欧洲爆发的战争具有民族解放性质的奇谈怪论,论证了这场战争无论从德国或其他大国方面来说都是帝国主义战争,揭露和批判了德国社会民主党领袖的背叛行为。列宁认为这本小册子"总的说来,是一部优秀的马克思主义著作"(见本卷第2页),同时批评了其中的错误观点。卢森堡认为,在帝国主义时代"再也不可能有民族战争",因为世界已经被极少数帝国主义强国瓜分完毕,任何民族战争都会由于触犯某一帝国主义强国或帝国主义联盟的利益而转化为帝国主义战争。列宁批评说,卢森堡离开了马克思主义的具体情况要具体分析的要求,把1914年爆发的战争是帝国主义战争而不是民族战争的正确估计搬到帝国主义时代的一切战争上去,忘记了反对帝国主义的民族运动。列宁指出:在帝国主义时代,殖民地和半殖民地的民族战争是不可避免的,拥有近10亿人的殖民地已经出现了民族解放运动;甚至在欧洲也不能认为不可能发生民族战争,例如受民族压迫的或被兼并的弱小国家反对帝国主义强国的民族战争,更不用说欧洲东部的大规模民族运动。列宁辩证地阐明了帝国主义战争和民族战争的关系,指出:"马克思主义辩证法的基本原理是:自然界和社会中的一切界限都是有条件的和可变动的,没有**任何一种**现象不能在一定条件下转化为自己的对立面,民族战争**可能**转化为帝国主义战争,**反之亦然**。"(见本卷第5页)

《关于自决问题的争论总结》一文揭示了波兰以及荷兰的左派

社会民主党人在民族问题上的错误观点。波兰社会民主党人认为，民族自决权不适用于社会主义社会，因为社会主义消灭造成民族压迫的经济前提，从而使民族自决权没有任何基础。他们断言，在社会主义下将不存在国家，社会主义社会中的民族只具有文化和语言单位的性质，地域划分只能根据生产的需要来确定。列宁批驳了这种错误观点，指出：以经济为基础的社会主义决不完全归结于经济。要铲除民族压迫，必须有社会主义生产这个基础，但是，在这个基础上还必须有民主的国家组织、民主的军队等等。无产阶级把资本主义改造成社会主义之后，就会造成完全铲除民族压迫的可能，只有在各方面都充分实行民主，直到按照居民的共同感情确定国界，直到有分离的充分自由，这种可能才会变为现实。也只有在这个基础上，才能加速民族的接近和融合，其结果便是国家消亡。

　　列宁在批判波兰社会民主党人在殖民地问题上把欧洲和殖民地对立起来的错误时阐述了资本主义国家中的革命运动同殖民地的民族解放运动之间的紧密关系。列宁援引马克思提出的"压迫其他民族的民族是不能获得解放的"这一国际主义原则，指出："在压迫国家里，对工人的国际主义教育的重心必须是宣传并且要工人坚持被压迫国家有分离的自由。不这样，就**没有**国际主义。""要做一个社会民主党人国际主义者，就**不**应当只为本民族着想，而应当把一切民族的利益、一切民族的普遍自由和平等置于**本民族之上**。"（见本卷第 43 页）同时列宁要求被压迫民族的社会民主党人应强调各民族的自愿联合、压迫民族和被压迫民族的工人之间的团结，反对小民族的狭隘性、封闭性和隔绝状态。列宁认为，只有这样贯彻执行国际主义原则，才能在争取社会主义的共同斗争中把各民族的劳动者团结起来并保证他们取得胜利。列宁还指出，对工人阶级进行国际主义教育的任务在无产阶级革命胜利以后仍然十分重要，因为"民族的恶感不会很快消失；被压迫民族对压迫民族的憎恨（也是完全正当的）暂时还会**存在**；只有社会主义胜利**以后**，在各民族间彻底确立了完全的民主关系**以后**，它才会消散"（见本卷第50页）。列宁教导人们要具体地历史地对待民族解放运动的问题。他写道："民主的某些要求，包括自决在内，并不是什么绝对的东西，而是**世界**一般民主主义（现在是一般社会主义）运动中的**一个局部**。在某些具体场合，局部和整体可能有矛盾，那时就必须抛弃局部。"（见本卷第38页）

俄国社会民主党内的布哈林、皮达可夫、博什等人和其他国家的左派社会党人否定帝国主义时代民主斗争的必要性。在他们看来，既然帝国主义是对民主的否定，那就意味着在帝国主义条件下民主不可能实现，也就不需要进行争取民主权利的斗争。因此，他们要求放弃民族自决权的口号，放弃最低纲领。列宁把他们的主张称为"帝国主义经济主义"，认为它和1894—1902年的俄国经济主义一样，是面目全非的马克思主义。在《论正在产生的"帝国主义经济主义"倾向》、《对彼·基辅斯基（尤·皮达可夫）〈无产阶级和金融资本时代的"民族自决权"〉一文的回答》、《论面目全非的马克思主义和"帝国主义经济主义"》以及前面谈到的《关于自决问题的争论总结》等文章中，列宁指出了帝国主义经济主义传播的危险性，批判了它的主要错误。

布哈林、皮达可夫等人认为，提出民族自决的要求会导致社会爱国主义，从自决中得出来的就是保卫祖国，因而提议放弃民族自决权的口号。列宁针对这种错误观点一再说明，社会主义者绝对不是一般地反对"保卫祖国"，他们反对在帝国主义战争中保卫祖国，但支持在争取民族彻底解放的民族战争、争取摆脱帝国主义压迫或维护民族独立的斗争中保卫祖国。列宁还批驳了帝国主义经济主义者认为"民族自决在帝国主义制度下不能实现"的论点，指出：从政治上来说，民族自决在帝国主义制度下完全能够实现，1905 年挪威从瑞典分离出来就是例证；而被压迫民族的自决就更能够实现，因为它们同帝国主义进行坚决的革命斗争。列宁强调指出，民族自决权的要求是向被压迫民族和压迫民族这两种民族提出的。工人阶级应当坚决捍卫一切民族的自决权，应当坚决支持被压迫民族反对压迫他们的帝国主义国家的斗争。列宁写道："社会革命的发生只能是指一个时代，其间既有各先进国家无产阶级同资产阶级的国内战争，又有不发达的、落后的和被压迫的民族所掀起的**一系列**民主的、革命的运动，其中包括民族解放运动。"（见本卷第 153 页）

　　帝国主义经济主义者认为只有社会主义才能反对帝国主义，不懂得在帝国主义条件下民主要求的意义，不懂得争取社会主义革命的斗争必须同争取民主权利的斗争结合起来的意义。针对这种将争取民主的斗争与社会主义革命对立起来的错误，列宁阐述了民主与社会主义的关系。他指出："没有民主，就不可能有社会主义，这包括两个意思：（1）无产阶级如果不通过争取民主的斗争为社会主义革命作好准备，它就不能实现这个革命；（2）胜利了的社会主义如果不实行充分的民主，就不能保持它所取得的胜利，并且引导人类走向国家的消亡。"（见本卷第 168 页）

　　列宁在《论面目全非的马克思主义和"帝国主义经济主义"》一文中还提出并论证了关于不同国家过渡到无产阶级专政和社会主

义的道路的多样性的思想。列宁写道:"在人类从今天的帝国主义走向明天的社会主义革命的道路上,同样会表现出这种多样性。一切民族都将走向社会主义,这是不可避免的,但是一切民族的走法却不会完全一样,在民主的这种或那种形式上,在无产阶级专政的这种或那种形态上,在社会生活各方面的社会主义改造的速度上,每个民族都会有自己的特点。"(见本卷第163页)

在《青年国际》这篇短评中,列宁积极评价了国际社会主义青年组织联盟的机关刊物《青年国际》,赞扬它发表了一些维护革命的国际主义的好文章,同时批评了某些文章的错误观点。列宁着重批评了布哈林在对国家的态度问题上的错误观点。布哈林在这个刊物上发表的一篇文章中没有阐明社会主义者和无政府主义者在对待国家问题上的主要差别,还把无政府主义者想"废除"国家的观点错误地加给社会主义者,说什么社会民主党"在原则上敌视国家"。列宁指出,社会主义者和无政府主义者根本不同,"社会主义者主张在争取工人阶级解放的斗争中利用现代国家及其机关,同样也主张必须利用国家作为从资本主义到社会主义的特殊的过渡形式。无产阶级专政就是这样的过渡形式,它**也**是一种国家"(见本卷第289—290页)。

在《对论最高纲领主义的文章的意见》中,列宁对季诺维也夫这篇尚未发表的文章提出了不少修改意见,指出了其中的一些不恰当的说法和错误观点。列宁着重指出了季诺维也夫有关社会民主党最低纲领的错误论述。季诺维也夫认为,实现最低纲领的那些要求会"导致向根本不同的社会制度过渡"。列宁指出:这是完全不正确的,无论最低纲领的某些要求,还是最低纲领的全部要求,任何时候都不导致向根本不同的社会制度过渡。"这种想法意味着从根本上转到改良主义的立场和背弃社会主义革命的观点。"
"最低纲领是一种原则上**可以**和资本主义**相容，没有超越**资本主义
范围的纲领。"(见本卷第 220 页)

在群众普遍厌战的气氛中，许多国家特别是瑞典、挪威、荷兰、
瑞士的一些社会民主党人提出"废除武装"的口号，主张取消社会
民主党的最低纲领中的"民兵制"或"武装人民"的条文。他们的主
要论据是：要求废除武装，就是最明确、最坚决、最彻底地表示反对
任何军国主义化和任何战争。本卷收载的《无产阶级革命的军事
纲领》和《论"废除武装"的口号》两篇文章批评了他们的错误观点，
指出任何战争都不过是政治通过另一种手段即暴力手段的继续。
在帝国主义时代，不仅有帝国主义战争，还有进步的革命的民族战
争、阶级斗争引起的国内战争，以及胜利了的无产阶级进行自卫以
反对其他各国资产阶级的战争，因此，社会主义者不能不加区别地
反对任何战争。列宁认为，革命阶级唯一可行的策略是武装无产
阶级，以便战胜、剥夺资产阶级，并且解除其武装。无产阶级只有
把资产阶级的武装解除以后，才能销毁一切武器而不背弃自己的
世界历史任务。

在《无产阶级革命的军事纲领》中，列宁进一步阐发了他在《论
欧洲联邦口号》(见本版全集第 26 卷)中第一次提出的关于社会主
义可能首先在少数甚至在单独一个资本主义国家内获得胜利的思
想。他写道："资本主义的发展在各个国家是极不平衡的。而且在
商品生产下也只能是这样。由此得出一个必然的结论：社会主义
不能**在所有国家内**同时获得胜利。它将首先在一个或者几个国家
内获得胜利，而其余的国家在一段时间内将仍然是资产阶级的或
资产阶级以前的国家。"(见本卷第 88 页)列宁还指出，社会主义取

得胜利的国家会遭到其他国家资产阶级的干涉而发生战争,从社会主义国家方面来说,这是正当的正义的战争,"这是争取社会主义、争取把其他各国人民从资产阶级压迫下解放出来的战争"(同上)。

本卷中的一些文章反映了列宁反对俄国和国际社会民主党内的社会沙文主义和中派主义的斗争。在《帝国主义和社会主义运动中的分裂》一文中,列宁简明地叙述了帝国主义的本质和基本特征,揭示了帝国主义资产阶级同社会沙文主义者的经济联系。列宁指出,社会沙文主义者由于受帝国主义超额利润的收买而变成了资产阶级的同盟者和代理人。在《整整十个"社会党人"部长》、《为机会主义辩白是徒劳的》、《齐赫泽党团及其作用》和《给波里斯·苏瓦林的公开信》等文章中,列宁揭露了社会沙文主义者和中派分子的叛卖行为、他们的手法和他们同资产阶级的勾结。列宁指出,必须同机会主义分裂,必须通过无情地反对机会主义的斗争来教育群众进行革命,这是世界工人运动中唯一的马克思主义路线。

随着欧洲许多资产阶级政府从进行帝国主义战争转而公开主张缔结帝国主义和约,社会和平主义的政策在欧洲各主要国家的社会党内占了优势,齐美尔瓦尔德多数派在空洞的和平主义词句的基础上同社会沙文主义者融为一体。在《资产阶级的和平主义与社会党人的和平主义》、《告国际社会党委员会和各国社会党书的提纲草稿》、《致拥护反战斗争以及同投靠本国政府的社会党人斗争的工人》、《世界政治中的转变》等文献中,列宁揭露了以国际社会党委员会主席罗·格里姆为首的齐美尔瓦尔德联盟中的中派主义多数派同社会沙文主义者沆瀣一气,用欺骗人民的和平主义词句掩盖帝国主义分赃之争的真相。列宁指出,社会和平主义者只是重弹资产阶级和平主义的老调,掩盖各国的帝国主义政府同他们彼此间的勾结,诱使工人放弃已经提到日程上来的社会主义革命。列宁认为,真正的无产阶级政策的任务在于揭穿本国政府和本国资产阶级的和平主义和民主的虚伪性,揭穿社会爱国主义的代表人物投靠本国资产阶级和本国政府的行为。列宁反复说明,各国群众只有在无产阶级领导下进行反对本国政府的斗争,推翻资产阶级统治,实行社会主义变革,才能消灭战争和建立持久和平。列宁指出齐美尔瓦尔德右派已经转到资产阶级改良主义的和平主义方面去,提议召开齐美尔瓦尔德派新的代表会议,以便毫无保留地驳斥社会和平主义,宣布在组织上也同社会沙文主义分裂,向工人阶级指明它的直接的、刻不容缓的革命任务。

列宁在瑞士居住期间密切关注瑞士社会民主党的活动。收入本卷的《在瑞士社会民主党代表大会上的讲话》、《瑞士社会民主党内齐美尔瓦尔德左派的任务》、《瑞士社会民主党对战争态度的提纲》、《十二个简明论点——评海·格罗伊利希为保卫祖国辩护》、《一个社会党的一小段历史》等文献,反映了列宁对瑞士社会民主党的活动的关心和列宁指导瑞士社会民主党左派反对社会沙文主义者和中派分子的斗争。列宁向瑞士青年工人作的《关于1905年革命的报告》,分析了俄国1905—1907年革命的性质、动力和过程,总结了这次革命的经验教训,指出了它的国际意义。列宁在报告中预言:"我们不要为欧洲目前死气沉沉的静寂所欺骗。欧洲孕育着革命。"(见本卷第332页)

在《列宁全集》第2版中,本卷文献比第1版相应时期的文献增加了13篇,其中有《关于波兰社会民主党人在齐美尔瓦尔德代表会议上的宣言》、《在格·叶·季诺维也夫关于〈论尤尼乌斯的小册子〉和〈关于自决问题的争论总结〉两文的书面意见上作的批注》、《对论最高纲领主义的文章的意见》、《〈战争的教训〉一文提纲》、《国际社会民主党中的一个流派——"中派"的特征》。《附录》中的文献都是新增加的,其中《〈统计学和社会学〉一书提纲》有助于读者了解列宁拟写的《统计学和社会学》一书(本卷正文部分收入了该书的开头部分)的构思。

弗·伊·列宁

(1917 年)

论尤尼乌斯的小册子

（1916 年 7 月）

一本社会民主党的论述战争问题的小册子，没有迁就卑鄙的容克的书报检查，终于在德国秘密地出版了！作者显然属于党的"左翼激进"派，署名尤尼乌斯（拉丁文的意思是：年轻人），书名是《社会民主党的危机》。在附录里还刊印了"关于国际社会民主党的任务的提纲"，这个提纲已经提交伯尔尼国际社会党委员会（ИСК）并刊载在该委员会公报的第 3 号上。[1]提纲是"国际"派[2]起草的。该派在 1915 年春天出了一期名叫《国际》[3]的杂志（其中载有蔡特金、梅林、罗·卢森堡、塔尔海默、敦克尔、施特勒贝尔等人的文章），在 1915—1916 年冬天召开了德国各个地区的社会民主党人的会议，通过了这个提纲。

作者在 1916 年 1 月 2 日写的引言中说，这本小册子写于 1915 年 4 月，在刊印时"未作任何修改"。一些"外部情况"的干扰，使这本小册子没有能早日出版。这本小册子与其说是阐明"社会民主党的危机"，不如说是分析战争，驳斥那些说这场战争具有民族解放性质的奇谈怪论，证明这场战争无论从德国或其他大国方面来说都是帝国主义战争，并且对正式的党的行为进行革命的批评。尤尼乌斯这本写得非常生动的小册子，在反对已经转到资产阶级和容克方面去的德国旧社会民主党的斗争中，毫无疑问，已经起了而且还会起巨大的作用,因此,我们衷心地向作者表示敬意。

对于熟悉1914—1916年在国外用俄文刊印的社会民主党著作的俄国读者来说,尤尼乌斯的小册子根本没有提供任何新东西。人们在读这本小册子的时候,如果把这位德国的革命马克思主义者的论据,同例如我们党的中央委员会的宣言(1914年9—11月)①、伯尔尼决议(1915年3月)②以及许多关于决议的评论中所阐明的东西加以对照,那就只会深信尤尼乌斯的论据很不充分,而且他犯了两个错误。在对尤尼乌斯的缺点和错误进行批评以前,我们必须着重指出,我们这样做是为了进行马克思主义者不可缺少的自我批评,并且全面地检查那些应当成为第三国际思想基础的观点。尤尼乌斯的小册子,总的说来,是一部优秀马克思主义著作,很可能,它的缺点在一定程度上带有偶然性。

尤尼乌斯的小册子的主要缺点,以及它比合法的(虽然出版以后立即遭到查禁的)《国际》杂志直接倒退了一步的地方,就是对社会沙文主义(作者既没有使用这个术语,也没有使用社会爱国主义这个不太确切的说法)同机会主义的联系只字未提。作者完全正确地谈到德国社会民主党的"投降"和破产、它的"正式领袖们"的"背叛",但没有继续前进。而《国际》杂志已经对"中派"即考茨基主义进行了批评,对它毫无气节、糟蹋马克思主义和对机会主义者卑躬屈膝的行为理所当然地大加嘲笑。这个杂志**已开始**揭露机会主义者的真面目,例如,公布了一件极其重要的事实:1914年8月4日机会主义者提出了最后通牒,声明他们已经决定在**任何**情况下都投票**赞成**军事拨款。无论是在尤尼乌斯的小册子里,还是在

---

① 见本版全集第26卷第12—19页。——编者注

② 同上书,第163—169页。——编者注

提纲中,都既**没有**提到机会主义,也**没有**提到考茨基主义!这在理论上是不正确的,因为不把"背叛"同机会主义这个有悠久历史,即有第二国际全部历史的**派别**联系起来,就无法**说明**这种"背叛"。这在政治实践中是错误的,因为不弄清公开的机会主义派(列金、大卫等)和隐蔽的机会主义派(考茨基之流)这**两个派别**的意义和作用,那就既不能了解"社会民主党的危机",也不能克服它。这和例如奥托·吕勒在1916年1月12日《前进报》上发表的一篇历史性的文章[4]相比,是倒退了一步,因为吕勒在那篇文章中直接地、公开地论证了德国社会民主党的分裂是**不可避免的**(《前进报》编辑部只是重复考茨基的甜蜜的、伪善的词句来回答他,并没有找到任何一个真正的论据来否认**已经**存在两个党、而且无法把它们调和起来的事实)。这是极不彻底的,因为在"国际"派的提纲第12条里已经**直接**提到,"各主要国家的社会党的正式代表机构"已经"背叛"并且"转到资产阶级帝国主义政策的立场上",因而必须成立"新"国际。显然,谈论让德国旧社会民主党或对列金、大卫之流抱调和态度的党加入"新"国际,那是非常可笑的。

"国际"派为什么倒退了一步,我们不得而知。德国整个革命的马克思主义派的最大缺点,就是缺少一个团结一致的、不断贯彻自己的路线并根据新的任务教育群众的秘密组织,这样的组织无论对机会主义或对考茨基主义都一定会采取明确的立场。这一点所以必要,尤其是因为德国革命社会民主党人最后的两家日报,即《不来梅市民报》[5]和不伦瑞克《人民之友报》[6]现在已经被夺走了,这两家报纸都转到考茨基分子那边去了。只有一个派别即"德国国际社会党人"(I.S.D.)[7]还坚守自己的岗位,这是任何人都清楚的。

看来,"国际"派中的某些人又滚到无原则的考茨基主义的泥潭里去了。例如,施特勒贝尔竟在《新时代》杂志[8]上拍起伯恩施坦和考茨基的马屁来了! 就在前几天,即1916年7月15日,他在报纸上发表一篇题为《和平主义与社会民主党》的文章,为考茨基的最庸俗的和平主义进行辩护。至于尤尼乌斯,他是最坚决反对考茨基的"废除武装"、"取消秘密外交"等等异想天开的计划的。在"国际"派中可能有两派:一派是革命的,另一派则向考茨基主义方面摇摆。

尤尼乌斯的第一个错误论点写进了"国际"派的提纲第5条:"……在这猖狂的帝国主义的时代(纪元),不可能再有任何民族战争。民族利益只是欺骗的工具,以便让劳动人民群众为其死敌——帝国主义效劳……" 以这个论点结尾的第5条,一开头就说明了**这场**战争是帝国主义战争。根本否认民族战争,这可能是疏忽大意,或者是在强调**这场**战争是帝国主义战争而不是民族战争这个完全正确的思想时偶然说了过头话。但是,既然也可能有相反的情况,既然因有人胡说**这场**战争是民族战争,许多社会民主党人就错误地否认**任何**民族战争,所以不能不谈一谈这个错误。

尤尼乌斯强调"帝国主义环境"在**这场**战争中有决定性的影响,他说塞尔维亚背后有**俄国**,"塞尔维亚民族主义背后有俄国帝国主义",并且说如果荷兰参战**也**是属于帝国主义性质的,因为第一,它要保卫自己的殖民地;第二,它会成为**帝国主义**联盟之一的成员国。这是完全正确的。就**这场**战争来说,这是不容争辩的。而且尤尼乌斯在这里特别强调指出:在他看来,最重要的是同"目前支配着社会民主党政策的""民族战争的幽灵"(第81页)进行斗争,所以不能不认为他的论断既是正确的,又是完全恰当的。

如果说有错误的话,那只是在于:夸大了这个真理,离开了必须具体这个马克思主义的要求，把对这场战争的估计搬到了帝国主义下可能发生的一切战争上去，忘记了**反对**帝国主义的民族运动。为"再也不可能有民族战争"这个论点辩护的唯一理由是：世界已经被极少数帝国主义"大"国瓜分完了，因此任何战争，即使起初是民族战争，也会由于触犯某一帝国主义大国或帝国主义联盟的利益而**转化**为帝国主义战争（尤尼乌斯的小册子第81页）。

这个理由显然是不正确的。不言而喻，马克思主义辩证法的基本原理是：自然界和社会中的一切界限都是有条件的和可变动的，没有**任何**一种现象不能在一定条件下转化为自己的对立面。民族战争**可能**转化为帝国主义战争，**反之亦然**。例如，法国大革命的几次战争起初是民族战争，而且确实是这样的战争。这些战争是革命的：保卫伟大的革命，反对反革命君主国联盟。但是，当拿破仑建立了法兰西帝国，奴役欧洲许多早已形成的、大的、有生命力的民族国家的时候，法国的民族战争便成了帝国主义战争，而这种帝国主义战争**又反过来**引起了**反对**拿破仑帝国主义的民族解放战争。

只有诡辩家才会以一种战争**可能**转化为另一种战争为理由，抹杀帝国主义战争和民族战争之间的差别。辩证法曾不止一次地被用做通向诡辩法的桥梁，在希腊哲学史上就有过这种情况。但是，我们始终是辩证论者，我们同诡辩论作斗争的办法，不是根本否认任何转化的可能性，而是在**某一事物**的环境和发展中对它进行具体分析。

至于说1914—1916年的这场帝国主义战争会转化为民族战争，这种可能性极小，因为代表向前发展的阶级是无产阶级，它在客观上力图把这场帝国主义战争转化为反对资产阶级的国内战争,其次还因为两个联盟的力量相差并不很大,而且国际金融资本到处造成了反动的资产阶级。但是,也不能宣布说这种转化是**不可能的**。假如欧洲无产阶级今后20来年还是软弱无力,**假如**目前这场战争的**结局**是拿破仑那样的人获得胜利,而许多有生命力的民族国家遭到奴役,**假如**欧洲以外的帝国主义(首先是日本和美国帝国主义)也能维持20来年,比如说没有由于发生日美战争而转到社会主义,那就可能在欧洲发生伟大的民族战争。这将是欧洲**倒退**几十年。这种可能性不大。但这并**不是**不可能的,因为设想世界历史会一帆风顺、按部就班地向前发展,不会有时出现大幅度的跃退,那是不辩证的,不科学的,在理论上是不正确的。

其次,在帝国主义时代,殖民地和半殖民地方面进行的民族战争不仅很有可能,而且是**不可避免的**。在殖民地和半殖民地(中国、土耳其、波斯),有将近10亿人口,即世界人口**一半以上**。那里的民族解放运动或者已经很强大,或者正在发展和成熟。任何战争都是政治通过另一种手段的继续。殖民地**反对**帝国主义的民族战争**必然**是它们的民族解放政治的继续。这种战争**可能**导致现在的帝国主义"大"国之间的帝国主义战争,但是也可能不导致,这要取决于许多情况。

例如,英法两国为了争夺殖民地打过七年战争[9],也就是说,进行过帝国主义战争(这种战争无论在奴隶制的基础上和原始资本主义的基础上,还是在现代高度发达的资本主义的基础上都可能发生)。法国被打败,并且丧失了自己的一部分殖民地。几年以后,又发生了北美合众国反对英国一国的民族解放战争[10]。法国和西班牙当时自己仍占据着今天美国的某些部分,但出于对英国的仇恨,也就是说,为了自己的帝国主义利益,却同举行起义反对英国的合众国缔结了友好条约。法军同美军一起打英国人。我们看到这是一场民族解放战争,在这场战争中,帝国主义竞争是一个没有多大意义的附带因素,这同我们在 1914—1916 年战争中所看到的情况恰恰相反(在奥塞战争中,民族因素同决定一切的帝国主义竞赛相比,没有多大的意义)。由此可见,死板地运用帝国主义这个概念,并且由此得出"不可能"发生民族战争的结论,那是多么荒谬。比如波斯、印度和中国联合起来进行反对某些帝国主义大国的民族解放战争,是完全可能的而且可能性很大,因为它是从这些国家的民族解放运动中产生的,至于这种战争是否转化为目前帝国主义大国之间的帝国主义战争,这要取决于很多具体情况,担保这些情况一定会出现,那是很可笑的。

第三,即使在欧洲也不能认为民族战争在帝国主义时代不可能发生。"帝国主义时代"使目前这场战争成了帝国主义战争,它必然引起(在社会主义到来以前)新的帝国主义战争,它使目前各大国的政策成了彻头彻尾的帝国主义政策,但是,这个"时代"丝毫不排斥民族战争,例如,小国(假定是被兼并的或受民族压迫的国家)**反对**帝国主义大国的民族战争,它也不排斥东欧大规模的民族运动。例如,尤尼乌斯对奥地利的判断是很有见地的,他不仅估计到"经济"因素,而且估计到特殊的政治因素,指出"奥地利没有内在的生命力",认为"哈布斯堡王朝并不是资产阶级国家的政治组织,而只是由几个社会寄生虫集团组成的松散的辛迪加","奥匈帝国的灭亡在历史上不过是土耳其崩溃的继续,同时也是历史发展过程的要求"。至于某些巴尔干国家和俄国,情况也并不好些。如果各"大"国在这场战争中都弄得筋疲力竭,或者如果革命在俄国取得胜利,则完全可能发生民族战争,甚至胜利的民族战争。帝国主义大国的干涉实际上并**不是**在一切条件下都能实现的，这是一方面。而另一方面，如果有人"轻率地"说：小国反对大国的战争是没有希望的，那就必须指出：没有希望的战争也是战争；其次，"大国"内部的某些现象——如发生革命——可以使"没有希望的"战争成为很"有希望的"战争。

我们所以详细地分析所谓"再也不可能有民族战争"这个不正确的论点，不仅是因为它在理论上显然是错误的。第三国际只有在非庸俗化的马克思主义基础上才能建立起来，因此，"左派"如果对马克思主义理论漠不关心，那当然是极其可悲的。而且这个错误在政治实践中也是极其有害的：人们会从这一错误出发去进行"废除武装"的荒谬宣传，因为似乎除了反动的战争以外再也不可能有任何战争；人们从这一错误出发会对民族运动持更荒谬的和简直是反动的漠视态度。当欧洲的"大"民族——压迫许多小民族和殖民地民族的民族——的成员，以貌似学者的姿态声称"再也不可能有民族战争"的时候，这种漠视态度就是沙文主义！**反对帝国主义大国的民族战争**不仅是可能的和可能性很大，而且是不可避免的、**进步的**、**革命的**，**诚然**，为了取得**胜利**，或者需要被压迫国家众多居民（我们举例提到的印度和中国就有几亿人口）的共同努力，或者需要国际形势中某些情况**特别**有利的配合（例如，帝国主义大国由于大伤元气、由于彼此打仗和对抗而无力进行干涉，如此等等），或者需要某一大国的无产阶级**同时**举行起义反对资产阶级（我们列举的情况中的最后一种对于无产阶级的胜利是最理想和最有利的）。

不过必须指出，如果责难尤尼乌斯对民族运动漠不关心，那是不公正的。他至少已经指出，社会民主党党团的罪过之一，就是对喀麦隆一个土著领袖因"叛变"（显然是因为他在战争爆发时企图举行起义)而被处死刑一事默不作声,他在另一个地方还专门(向列金先生、伦施先生以及诸如此类的仍把自己算做"社会民主党人"的坏蛋们)强调指出,殖民地民族也是民族。他极其肯定地说:"社会主义承认每个民族都有独立和自由的权利,都有独立掌握自己命运的权利";"国际社会主义承认自由、独立、平等的民族的权利,但是,只有它才能建立这样的民族,只有它才能实现民族自决权。而这个社会主义的口号〈作者说得很正确〉也和其他一切口号一样,不是为现存的事物辩护,而是指出道路,促使实行革命的、改造的、积极的无产阶级政策"(第77页和第78页)。因此,谁要是认为一切左派德国社会民主党人都像某些荷兰和波兰的社会民主党人那样,囿于狭小的眼界和面目全非的马克思主义,连社会主义下的民族自决也加以否认,那就大错特错了。荷兰人和波兰人犯**这个**错误的**特殊的**根源,我们在别处还要谈到。

尤尼乌斯的另一个错误论断,同保卫祖国问题有关。这是帝国主义战争期间一个重大的政治问题。尤尼乌斯使我们更加深信,我们党对这个问题的提法是唯一正确的:在这场帝国主义战争中,无产阶级反对保卫祖国,是**因为**这场战争具有掠夺、奴役和反动的性质,是**因为**有可能和有必要用争取社会主义的国内战争来对抗帝国主义战争(并竭力变帝国主义战争为国内战争)。尤尼乌斯一方面很好地揭露了目前这场战争的帝国主义性质,指出它不同于民族战争;可是另一方面,又犯了非常奇怪的错误,企图牵强附会地把民族纲领同**目前这场非**民族的战争扯在一起! 这听起来几乎令人难以置信,但却是事实。

资产阶级拼命叫喊外国"入侵",以便欺骗人民群众,掩盖战争的帝国主义性质,而带有列金和考茨基色彩的官方社会民主党人为了讨好资产阶级,特别热心地重复着这个"入侵"的论据。考茨基现在向那些天真而轻信的人保证说(包括通过俄国的组委会分子[11]斯佩克塔托尔),他从 1914 年年底就转到反对派方面来了,然而他却继续援引这个"论据"! 尤尼乌斯竭力驳斥这个论据,举了一些历史上极有教益的例子,来证明"入侵和阶级斗争在资产阶级历史上,并不像官方的神话所说的那样,是互相矛盾的,而是两者互为手段和表现的"。例子是:法国波旁王朝曾请求外国入侵以反对雅各宾党人,1871 年,资产者曾请求外国入侵以反对巴黎公社。马克思在《法兰西内战》中写道:

"旧社会还能创造的最高英雄伟绩不过是民族战争,而这种战争如今被证明不过是政府用来骗人的东西,意在延缓阶级斗争,一旦阶级斗争爆发成内战,这种骗人的东西也就会立刻被抛在一边。"[①]

尤尼乌斯在引证 1793 年的例子时写道:"法国大革命是一切时代的典型例子。"他由此得出结论说:"因此,历来的经验证明,不是戒严状态,而是唤起人民群众的自尊心、英雄气概和道德力量的忘我的阶级斗争,才是保卫国家、抵御外敌的最好办法。"

尤尼乌斯的实际结论是:

"是的,社会民主党人有责任在严重的历史危机时保卫自己的国家。而社会民主党国会党团的重大罪过,也正在于它在 1914 年 8 月 4 日的宣言里庄严地宣布:'我们决不会在危急时刻不起来保卫我们的祖国',同时却又自食其言。它在最危急的时刻**没有起来**保卫祖国。因为在这个时刻它对祖国的首要义务是:向祖国指出这场帝国主义战争的真实内幕,揭穿掩盖这种危害祖国行为的爱国主义的和外交的种种谎言;大声地明确地声明,对德国人民来说,这场战争无论胜负都是灾难;竭力反对用实行戒严来扼杀祖国;宣布

---

① 见《马克思恩格斯文集》第 3 卷第 179 页。——编者注

必须立即武装人民，让人民来决定战争与和平的问题；坚决要求在整个战争期间不断（连续）召开人民代表会议，以保证人民代表机关对政府、人民对人民代表机关的严格监督；要求立刻废除对一切政治权利的限制，因为只有自由的人民才能胜利地保卫自己的国家；最后，要用爱国主义者和民主主义者1848年的原来的真正民族的纲领，用马克思、恩格斯和拉萨尔的纲领，即统一的大德意志共和国的口号，来对抗帝国主义的战争纲领——旨在保存奥地利和土耳其，也就是保存欧洲和德国反动势力的纲领。这就是应当在全国面前展开的旗帜，它才是真正民族的、真正解放的旗帜，而且既符合德国的优良传统，也符合无产阶级的国际阶级政策"…… "可见，所谓祖国利益和无产阶级的国际团结难以兼得，是悲剧性的冲突促使我们的国会议员怀着'沉重心情'站到了帝国主义战争的方面，这纯粹是一种想象，是一种资产阶级民族主义的虚构。相反地，无论在战争时期或和平时期，国家利益和无产阶级国际的阶级利益都是完全协调的，因为无论战争或和平都要求极其有力地展开阶级斗争，极其坚决地维护社会民主党的纲领。"

尤尼乌斯的论断就是如此。这些论断显然是错误的，我国沙皇制度的公开的和隐蔽的奴仆普列汉诺夫和契恒凯里先生，也许甚至还有马尔托夫和齐赫泽先生，都会幸灾乐祸地抓住尤尼乌斯的话，不去考虑理论上的真理，而是考虑如何脱身、灭迹、蒙蔽工人，因此，我们必须比较详细地来说明尤尼乌斯的错误的**理论根源**。

他建议用民族纲领来"对抗"帝国主义战争。他建议先进阶级要面向过去，而不要面向未来！1793年和1848年，无论在法国、德国或整个欧洲，**客观上**提上日程的都是**资产阶级**民主革命。同这种**客观的**历史情况相适应的，是"真正民族的"纲领，即当时民主派的民族的**资产阶级**纲领，在1793年，资产阶级和平民中最革命的分子曾经实行过这种纲领；而在1848年，马克思也代表整个先进的民主派宣布过这种纲领。当时**在客观上**同封建王朝战争相对抗的是革命民主战争、民族解放战争。那个时代的历史任务的内容就是这样的。

现在,对欧洲各先进的大国来说,**客观**情况不同了。要向前发展——如果撇开可能的、暂时的后退不说——只能走向**社会主义社会**,走向**社会主义革命**。从向前发展的观点看来,从先进阶级的观点看来,**客观上**能够对抗帝国主义资产阶级战争、高度发达的资本主义的战争的,只有**反对**资产阶级的战争,也就是说,首先是无产阶级和资产阶级争夺政权的国内战争,因为**没有**这种战争,就**不能**真正前进,其次是在一定的特殊条件下可能发生的保卫社会主义国家、反对资产阶级国家的战争。所以说,有些布尔什维克(好在只是个别的,并且立即被我们抛到号召派**12**那边去了)准备采取有条件地保卫祖国的观点,即在俄国革命胜利和共和制胜利的条件下保卫祖国的观点,他们虽然忠于布尔什维主义的**词句**,却背叛了它的**精神**;因为卷入欧洲各先进大国的帝国主义战争的俄国,即使有共和制的形式,它进行的也**还是帝国主义战争**!

尤尼乌斯说阶级斗争是对付入侵的最好手段,这只是运用了马克思辩证法的一半,他在正确的道路上迈出一步之后,马上又偏离了这条道路。马克思的辩证法要求对每一特殊的历史情况进行具体的分析。说阶级斗争是对付入侵的最好手段,这**无论**对推翻封建制度的资产阶级**或**对推翻资产阶级的无产阶级来说,都是正确的。正因为这对**任何**阶级压迫来说都是正确的,所以这**太一般化**,因而用在目前这种**特殊**的场合就**不够**了。反对资产阶级的国内战争**也是**一种阶级斗争,只有这种阶级斗争才会使欧洲(整个欧洲,而不是一个国家)避免入侵的危险。要是在 1914—1916 年间存在"大德意志共和国"的话,那它还会进行**同样的**帝国主义战争。

尤尼乌斯几乎得出了正确的答案和正确的口号:要进行争取

社会主义、反对资产阶级的国内战争，但他似乎害怕彻底说出全部真理，而**向后**转了，陷入了在 1914、1915、1916 年间进行"民族战争"的幻想。如果不从理论方面，而纯粹从实践方面来看问题，那么尤尼乌斯的错误也是很明显的。德国的整个资产阶级社会、包括农民在内的各个阶级，都是**拥护**战争的（在俄国大概**也是**这样，至少是大多数富裕农民和中等农民以及很大一部分贫苦农民，显然都被资产阶级帝国主义所迷惑）。资产阶级武装到了牙齿。在这种情况下，"宣布"成立共和国、建立常设国会、由人民选举军官（"武装人民"）等等的纲领，**实际上就是"宣布"**（具有**不正确的**革命纲领的！）**革命**。

尤尼乌斯在这里说得完全对：革命是不能"制造"的。革命在 1914—1916 年间提上了日程，革命潜伏在战争中，并从战争中**发展起来**。应当以革命阶级的名义**"宣布"**这一点，大胆地彻底地指出**它的**纲领：争取实现社会主义，而在战争时代，没有反对反动透顶的、罪恶的、使人民遭受无法形容的灾难的资产阶级的国内战争，这是不可能的。应当周密考虑出系统的、彻底的、实际的、**不论**革命危机**以何种**速度发展都是**绝对可行的**、适合于日益成熟的革命的行动。我们党的决议中已经指出这些行动：（1）投票反对军事拨款；（2）打破"国内和平"；（3）建立秘密组织；（4）举行士兵联欢；（5）支持群众的一切革命行动。① **所有这些步骤的顺利实现，必然**会导致国内战争。

宣布伟大的历史性的纲领，毫无疑问，有巨大的意义，但不是宣布旧的、对 1914—1916 年来说已过了时的德国民族纲领、而是

---

① 参看本版全集第 26 卷第 166 页。——编者注

要宣布无产阶级国际主义和社会主义的纲领。你们资产者为了掠夺而打仗；我们**一切**交战国工人向你们宣战，为社会主义而战，——这就是没有像列金、大卫、考茨基、普列汉诺夫、盖得、桑巴之流那样背叛了无产阶级的社会党人在1914年8月4日的国会演说中应当讲的内容。

看来，尤尼乌斯的错误可能是由双重错误的想法造成的。毫无疑问，尤尼乌斯是坚决反对帝国主义战争和坚决**拥护**革命策略的，不管普列汉诺夫先生们对尤尼乌斯的"护国主义"怎样幸灾乐祸，都抹杀不了这个**事实**。对于这种可能的和很有可能的诽谤，必须立即直截了当地给以回击。

但是，第一，尤尼乌斯没有完全摆脱德国社会民主党人、即使是左派社会民主党人的"环境"，那些人害怕分裂，害怕彻底说出革命的口号。[①] 这种害怕心理是错误的，德国左派社会民主党人应当消除而且**一定会消除**这种心理。他们在同社会沙文主义者的斗争过程中**一定会做到**这一点。他们正在坚定不移地、**一心一意地**同**本国**社会沙文主义者作斗争，他们同马尔托夫和齐赫泽这班先生的重大的、原则的根本区别就在这里。因为马尔托夫和齐赫泽这班先生（和斯柯别列夫一样）一只手摇着旗帜，向"各国的李卜克内西"致敬，另一只手却和契恒凯里和波特列索夫亲热拥抱！

---

① 尤尼乌斯谈到"胜利还是失败"这个问题时的议论，也有同样的错误。他的结论是：二者都不好（破产、军备扩充，等等）。这不是革命无产阶级的观点，而是和平主义的小资产者的观点。如果说到无产阶级的"革命干预"——虽然，无论尤尼乌斯或"国际"派的提纲都谈到这一点，可惜太一般化了——那就**必须从别的**观点提出问题：（1）不冒失败的危险，能不能进行"革命干预"？（2）不冒同样的危险，能不能打击**本国**的资产阶级和政府？（3）我们不是向来都说，而反动战争的历史经验不是也表明，失败会促进革命阶级的事业吗？

第二，看来，尤尼乌斯想实现一种同孟什维克的臭名昭著的"阶段论"相类似的东西，想从革命纲领"最方便的"、"通俗的"、能为**小资产阶级**所接受的那一头**做起**。这好像是打算"蒙哄历史"，蒙哄那些庸人。据说，谁也不会反对保卫真正祖国的**最好**办法，而真正的祖国就是大德意志共和国，保卫的最好办法**就是**建立民兵、常设国会等等。据说，这样的纲领一旦被采纳，它便会自然而然地导致下一个阶段，即社会主义革命。

大概就是这种推论自觉或半自觉地确定了尤尼乌斯的策略。不用说，这种推论是错误的。尤尼乌斯的小册子令人感觉到他是**一个孤独者**，他没有一批秘密组织中的同志，而秘密组织是习惯于透彻地考虑革命口号并经常用这些口号教育群众的。不过这种缺点——忘记这一点是很不对的——并不是尤尼乌斯个人的缺点，这是德国**所有**左派的软弱性造成的，因为他们被考茨基的虚伪、学究气、对机会主义者的"友好"这些卑鄙的东西从四面八方包围着。尤尼乌斯的拥护者**虽然**孤独无援，但是已经能够**着手**印发秘密传单并同考茨基主义作战了。他们也一定能够继续沿着正确的道路前进。

载于1916年10月《〈社会民主党人报〉文集》第1辑

译自《列宁全集》俄文第5版第30卷第1—16页

关于自决问题的争论总结

（1916 年 7 月）

　　齐美尔瓦尔德左派[13]的马克思主义杂志《先驱》[14]第 2 期（1916 年 4 月《Vorbote》第 2 期）上刊载了分别由我们中央机关报《社会民主党人报》[15]编辑部和波兰社会民主党反对派机关报《工人报》[16]编辑部署名的赞成和反对民族自决的两个提纲[17]。读者在前面可以找到转载的前一提纲和翻译的后一提纲。在国际范围内，如此广泛地提出这个问题，几乎还是第一次。20 年以前（1895—1896 年），即 1896 年伦敦国际社会党代表大会以前，代表三种不同观点的罗莎·卢森堡、卡·考茨基和波兰"独立派"（波兰独立的拥护者，波兰社会党），在德国马克思主义杂志《新时代》上进行的讨论[18]中，仅仅提出了波兰问题。据我们所知，到现在为止，只有荷兰人和波兰人比较系统地讨论过自决的问题。我们希望《先驱》杂志能够推动英国人、美国人、法国人、德国人、意大利人来讨论这个目前如此迫切的问题。公开拥护"自己的"政府的普列汉诺夫之流、大卫之流或者暗中维护机会主义的考茨基分子（包括阿克雪里罗得、马尔托夫、齐赫泽等人）所代表的正式的社会主义，在这个问题上说了这么多谎话，所以在今后很长时期内，必然是一方面他们拼命装聋作哑和回避问题，另一方面工人则要求对"该死的问题"给以"直接的回答"。关于国外社会党人之间各种观点的斗争进程，我们将尽力及时地报道给读者。

　　对我们俄国社会民主党人来说，这个问题还有特别重要的意义。这场争论是 1903 年和 1913 年争论[19]的继续；这个问题在战争时期曾经在我们的党员中引起某些思想波动[20]；由于格沃兹杰夫工党即沙文主义工党的一些著名领袖，如马尔托夫和齐赫泽，玩弄种种诡计以回避问题的本质，这个问题更加尖锐了。因此，对国际范围内已经展开的争论作一个哪怕是初步的总结，是很必要的。

　　从提纲中可以看出，我们的波兰同志就我们的某些论点，如有关马克思主义和蒲鲁东主义[21]的论点，对我们作了直接的回答。但在多数情况下他们不是直接地回答我们，而是提出**自己的**相反的论断，间接地回答我们。现在我们来研究一下他们间接的和直接的回答。

1. 社会主义和民族自决

　　我们曾经断定，在社会主义制度下如果拒绝实行民族自决，那就是背叛社会主义。他们回答我们说："自决权不适用于社会主义社会。"这是根本的分歧。分歧的根源在哪里呢？

　　我们的论敌反驳说："我们知道，社会主义一定会消灭任何民族压迫，因为它将消灭造成民族压迫的阶级利益……" 在争论**政治压迫形式之一**，即一个民族把另一个民族强制地留在本国疆界以内的问题时，谈论消灭民族压迫的**经济**前提，谈论这种早已尽人皆知和无可争辩的条件有什么用呢？ 这简直是企图回避政治问题！下面的议论使我们更加相信这一估计：

> "我们没有任何根据可以假定，社会主义社会中的民族会具有经济政治单位的性质。它非常可能只具有文化和语言单位的性质，因为社会主义文化圈的地域划分——如果将存在这种划分的话——只能按生产的需要来进行，并且这一划分问题显然不应当由掌握自己全部权力的各个民族单独解决（像"自决权"所要求的那样），而应当由一切有关的公民来**共同决定**……"

后面这个用**共同决定**代替**自决**的论点，波兰同志非常欣赏，以致他们在自己的提纲里重复了**三次**！然而再三重复并不能把十月党人[22]的这个反动论点变成社会民主党人的论点。因为所有反动分子和资产者都准许被强制留在本国疆界内的民族在下议院内享有"共同决定"国家命运的权利。威廉二世也准许比利时人在德国下议院内享有"共同决定"德意志帝国命运的权利。

我们的论敌竭力回避的正是有争论的，即专门提出讨论的分离权的问题。这令人可笑，更令人可悲！[23]

我们的提纲的第1条指出解放被压迫民族的前提就是在政治方面实行双重改革：(1)各民族完全平等。关于这一点没有争论，这只同国内发生的事情有关；(2)政治上的分离自由。① 这同确定国界有关。**仅仅**这一点有争论。可是我们的论敌恰恰对这一点默不作声。他们对国界问题乃至国家问题，都不愿加以考虑。这是一种同1894—1902年间的旧"经济主义"[24]相仿的"帝国主义经济主义"。旧"经济主义"曾经断定，资本主义已经胜利，**因此**政治问题无关紧要。帝国主义已经胜利，**因此**政治问题无关紧要！这种取消政治的理论，是同马克思主义根本敌对的。

马克思在批判哥达纲领时写道："在资本主义社会和共产主义

---

① 参看本版全集第27卷第254页。——编者注

社会之间,有一个从前者变为后者的革命转变时期。同这个时期相适应的也有一个政治上的过渡时期,这个时期的国家只能是无产阶级的革命专政。"①直到现在,这个真理对社会主义者说来,还是无可争辩的,而这个真理就包含着对**国家**的承认——直到胜利了的社会主义转变为完全的共产主义为止。恩格斯关于国家**消亡**的名言是大家都知道的。我们在提纲第 1 条中特意着重指出,民主是一种国家形式,它也将随着国家的消亡而消亡。只要我们的论敌还没有用某种"取消国家"的新观点来代替马克思主义,他们的论断就是完全错误的。

他们不谈国家(也**就是说**不谈确定国**界**!),而谈"社会主义文化圈",也就是故意选择一种含糊到把一切有关国家的问题都抹杀掉的说法! 这是一种可笑的同义反复;如果没有国家,当然也就没有国界问题。那时**整个**民主政治纲领都是不必要的了。国家一旦"消亡",共和国也就不再存在。

我们在提纲第 5 条(注释)②中曾提到德国沙文主义者伦施的文章,他在自己的文章里,引证了恩格斯的《波河与莱茵河》一文中一段有趣的话。恩格斯在那篇文章中顺便提到:"那些大的、有生命力的欧洲民族"在吞并许多小的、没有生命力的民族的历史发展过程中,其疆界愈来愈靠居民的"语言和共同感情"来确定。恩格斯把这种疆界叫做"自然疆界"③。大约在 1848—1871 年间,在进步的资本主义时代,欧洲的情况就是这样的。现在,反动的帝国主义资本主义愈来愈经常地**打破**这些以民主方式确定的疆界。现在

---

① 见《马克思恩格斯文集》第 3 卷第 445 页。——编者注
② 参看本版全集第 27 卷第 261—262 页。——编者注
③ 参看《马克思恩格斯全集》第 1 版第 13 卷第 298 页。——编者注

有种种迹象说明,帝国主义会把欧洲和世界其他各洲的一些**不够**民主的疆界,许多兼并的地方,遗留给将取代它的社会主义。胜利了的社会主义在一切方面恢复和彻底实行充分的民主时,难道会拒绝以**民主方式**确定国界吗? 难道会不愿意考虑居民的"共同感情"吗? 只要提出这些问题,就能清楚地看到,我们的波兰同事是怎样从马克思主义滚向"帝国主义经济主义"的。

老的"经济主义者"把马克思主义弄得面目全非,他们教导工人说,在马克思主义者看来,"只有""经济"因素才重要。新的"经济主义者"或者认为取得了社会主义胜利的民主国家将没有疆界(类似没有物质的"感觉的复合"),或者认为疆界将来"只"根据生产需要来确定。实际上,这些疆界将以民主方式,即依照居民的意志和"共同感情"来确定。资本主义强奸这种共同感情,从而给各民族的接近增加了新的困难。社会主义组织**没有**阶级压迫的生产,保证国家**全体**成员的福利,从而为发扬居民的"共同感情"提供**充分的余地**,正因为这样才能促进和大大加速各民族的接近和融合。

为了让读者放下这个笨重的"经济主义",休息一下,我们援引一个没有参加我们争论的社会主义著作家的论点。这位著作家便是奥托·鲍威尔,他也有自己的"癖好",即"民族文化自治"[25],但是,他对一系列极重要的问题却说得很对。例如,在《民族问题和社会民主党》一书第 29 节里,他极其正确地指出,民族意识掩盖了**帝国主义**政策。在第 30 节《社会主义和民族原则》里,他说:

"社会主义公团永远不能强制一些民族成为自己的成员。试设想一下那些拥有全部民族文化财富的、充分和积极参加立法和管理工作的、并且配备有武装的人民群众吧,——难道能够强制这样的民族服从异族的社会机构的

统治吗？任何国家政权都以武装力量为基础。由于巧妙的机制，现在的人民
军队同从前的骑士军队和雇佣军队一样，仍然是一定的人物、家族、阶级手中
的工具。而社会主义社会民主公团的军队无非是武装的人民，因为它是由具
有高度文化的人组成的，他们自愿地在公共的工厂里工作，并且充分地参与
各个方面的国家生活。在这种情况下，异族统治的任何可能性都会消失。"

　　这说得很对。在资本主义制度下，要消灭民族的（以至一切政
治的）压迫是**不可能**的。为此**必须**消灭阶级，也就是说，实行社会
主义。但是，以经济为基础的社会主义决不完全归结于经济。要
铲除民族压迫，必须有社会主义生产这个基础，但是，在这个基础
上**还**必须有民主的国家组织、民主的军队等等。无产阶级把资本
主义改造成社会主义之后，就会造成完全铲除民族压迫的**可能**。
"只有"——"只有"！——在各方面都充分实行民主，直到按照居
民的"共同感情"确定国界，直到有分离的充分自由，这种可能才会
变为**现实**。也只有在这个基础上，才能**在实际上**消除民族间的任
何细微的摩擦和不信任，加速民族的接近和融合，其结果便是国家
消亡。这就是马克思主义的理论，而我们的波兰同事却错误地离
开了它。

2. 在帝国主义时代民主是否"可以实现"？

　　波兰社会民主党人过去反对民族自决的一切论战，都是建立
在民族自决在资本主义制度下"不能实现"这个论据上的。早在
1903 年，在俄国社会民主工党第二次代表大会纲领委员会里，我
们火星派就嘲笑过这种论据，并且说这是在重复（臭名昭著的）"经
济派"那种面目全非的马克思主义。我们在自己的提纲里特别详

细地谈到了这个错误，整个争论的理论基础就在这里，而波兰同志不愿(或者无法?)答复我们的**任何一个**论点。

说自决在经济上是不可能的，那就应当用经济分析来加以证明，就像我们用经济分析来证明禁用机器或使用劳动货币等等是办不到的那样。可是谁也不想作这种分析。没有人会武断地说：在资本主义制度下"劳动货币""作为例外"可以在哪怕是一个国家内通行，就像一个小国在最猖狂的帝国主义的时代，可以作为例外甚至不经过战争和革命就实现不能实现的自决一样(1905年的挪威[26])。

一般地说，政治民主仅仅是资本主义**之上的**上层建筑的可能的(虽然对"纯粹"的资本主义来说在理论上也是正常的)**形式**之一。正如事实所表明的，不论资本主义或帝国主义都是在**各种政治形式**中发展的，并且使**所有**这些形式服从于自己。因此，说民主的**一种**形式和一个要求"不能实现"，在理论上是根本不正确的。

对这些论据波兰同事都没有答复，因此只能认为在这一点上的争论已经结束。为了明确起见，我们曾作过极其具体的论断：现在由于这场战争的战略等等因素，便否认波兰的复兴"可以实现"，这是"可笑"的。可是没有得到答复！

波兰同志只是**重复**显然不正确的论断(第2节第1条)，他们说："在异族地区的归并问题上，政治民主的形式已被排除；公开的暴力起决定作用…… 资本决不会让人民来解决自己的国界问题……" 似乎"资本"能"让人民"来选举**它的**为帝国主义效劳的官吏！或者，一些重大的民主问题，如用共和制代替君主制、用民兵代替常备军等，似乎不通过"公开的暴力"也**完全**可以得到根本解决！波兰同志主观上想要"加深"马克思主义，但是，他们做得很不成功。**客观上**,他们的所谓不能实现云云是一种机会主义,因为这必须有一个不言而喻的前提:不进行一系列的革命就"不能实现",正像在帝国主义时代,**整个**民主及其**一切**要求都不能实现那样。

波兰同事只有一次,即在第 2 节第 1 条末尾谈到阿尔萨斯时,抛弃了"帝国主义经济主义"的立场,在分析民主的一种形式的问题时作了具体的答复,而不是泛泛地援引"经济"因素。但是这种分析恰恰是错误的! 他们写道:如果**一部分**阿尔萨斯人不征求法国人的意见,"强迫"他们把阿尔萨斯并入法国,尽管有部分阿尔萨斯人倾向于德国人,这样就有引起战争的危险,这是"分立主义的、不民主的"!!! 这种糊涂观念是十分可笑的,因为自决的前提(这是显而易见的,而且我们已经在提纲里特别强调过)是有从压迫国家**分离**的自由;至于**并入**某一国家必须先征得**该国**的同意,这在政治上"通常是"不讲的,正像在经济上不说资本家"同意"取得利润或者工人"同意"取得工资一样! 说这种话是可笑的。

如果是一个马克思主义的政治家,那么在谈到阿尔萨斯时,就应当抨击德国社会党的恶棍,因为他们不为争取阿尔萨斯的分离自由而斗争,应当抨击法国社会党的恶棍,因为他们同想用暴力吞并整个阿尔萨斯的法国资产阶级妥协;应当抨击这两种恶棍,因为他们都为"自己"国家的帝国主义效劳,害怕出现一个单独的即使是很小的国家;并且应当指出,承认自决的社会主义者,**用什么方式**可以在几个星期内就解决问题而又不违背阿尔萨斯人的意志。这一切都不谈,而谈论法兰西族阿尔萨斯人"强迫"法国接受自己会带来多么大的危险,真是莫名其妙。

3. 什么是兼并?

这个问题我们在自己的提纲(第 7 条)①里已经十分明确地提出来了。波兰同志**没有**回答这个问题,他们**回避了**这个问题,却强调说:(1)他们反对兼并;(2)解释他们为什么反对。这当然是一些很重要的问题。不过这是**另外**一些问题。如果我们多少还关心我们的原则在理论上的周密性及其提法的明确性,我们就不能**回避**什么是兼并这个问题,因为这个概念在我们的政治宣传鼓动中已经在使用。在同事之间的讨论中回避这个问题,不能作别的解释,只能说是放弃立场。

为什么我们提出这个问题呢? 这在我们提出这个问题时就已经说明了。因为"反对兼并就是承认自决权"。兼并的概念通常含有:(1)暴力的概念(强制归并);(2)异族压迫的概念(归并"**异族**"地区等等);有时含有(3)破坏现状的概念。这几点我们在提纲中已经指出,我们的这些意见并没有受到批评。

试问:社会民主党人能不能笼统地反对暴力呢? 显然不能。这就是说,我们反对兼并并不是因为兼并是一种暴力,而是由于其他原因。同样地,社会民主党人也不能主张维持现状。你们不管怎样兜圈子,总避不开这个结论:兼并是**违反民族自决**,是**违背居民意志**来确定国**界**。

反对兼并**意味着**赞成自决权。"反对把任何民族强制地留在

---

① 参看本版全集第 27 卷第 263—264 页。——编者注

一个国家的疆界以内"(我们在提纲第 4 条里①**也**特地用了这种意思相同而措辞略有改变的提法,而波兰同志在这里对我们的**答复**是**十分**清楚的,他们在自己提纲第 1 节第 4 条开头就声明他们"反对把被压迫民族强制地留在兼并国的疆界以内"),这**也就是**赞成民族自决。

我们不想作字眼上的争论。如果有一个党在它的纲领里(或者在人人都应当执行的决议里,问题不在于形式)说,它反对兼并②,反对把被压迫民族强制地留在**它的**国家疆界以内,那么,我们就宣布我们同这样的党在原则上完全一致。死抠"自决"这个**字眼**,那是愚蠢的。要是我们党内有人想用这样的精神来改变我们党纲第 9 条的**字眼**、措辞,那我们认为同**这种**同志的意见分歧完全不是原则性的!

问题仅仅在于我们的口号要有政治上的明确性和理论上的周密性。

特别是现在,由于战争的关系,这个问题的重要性是谁都不会否认的。然而在口头上争论这个问题时曾有这样一种论点(我们在报刊上没有看到这种论点):**抗议**某件坏事,并不一定意味着承认排斥这种坏事的肯定概念。这个论点分明是站不住脚的,因此,显然没有在任何报刊上出现。如果有一个社会党宣称,它"反对把被压迫民族强制地留在兼并国的疆界以内",那么,它一旦执政,**就必须拒绝强制**留住这些民族。

我们丝毫也不怀疑:如果明天兴登堡对俄国取得一半胜利,而

---

① 参看本版全集第 27 卷第 259 页。——编者注
② 卡·拉狄克在《伯尔尼哨兵报》**27**上发表的一篇文章里用过"反对新旧兼并"这样的提法。

这个一半胜利表现为成立一个新的波兰国家(因为英、法两国想要稍微削弱沙皇政府),这从资本主义的和帝国主义的经济规律来看,是完全"能够实现"的,如果后天社会主义革命在彼得格勒、柏林和华沙取得胜利,那么,波兰的社会主义政府就将同俄国和德国的社会主义政府一样,拒绝把例如乌克兰人"强制地留在""波兰国家疆界以内"。如果《工人报》编辑部的成员参加这个政府,他们无疑会牺牲自己的"提纲",从而推翻"自决权不适用于社会主义社会"的"理论"。如果我们不是这样考虑,那我们提到日程上来的,就不是和波兰社会民主党人进行同志般的讨论,而是像对待沙文主义者那样,同他们作无情的斗争。

假定我到欧洲任何城市的街上去当众声明,以后又在报纸上声明,"抗议"人们不让我买人做奴隶。毫无疑问,人们有权利把我看做一个奴隶主,看做奴隶制原则或制度的拥护者。我对奴隶制的赞同表现为抗议这一否定形式,而不是表现为肯定形式("我赞成奴隶制"),这也欺骗不了任何人。政治"抗议"**完全**等于政治纲领,这是显而易见的事,对此居然还要加以解释,真是令人感到有点难为情。无论如何,我们坚信,如果我们说,第三国际将不容许那些竟然能把政治抗议和政治纲领分开并且把这两者对立起来等等的人有立足之地,那我们至少不会遭到齐美尔瓦尔德左派(不是说一切齐美尔瓦尔德派,因为其中还有马尔托夫和其他考茨基分子)的"抗议"。

我们不愿在字眼上争论,我们衷心地希望波兰社会民主党人尽快地正式提出建议,取消我们的(也是**他们的**)党纲中的第9条以及国际纲领(1896年伦敦代表大会的决议)中的有关条文,并对有关"新旧兼并"和"把被压迫民族强制地留在兼并国的疆界以内"

的政治思想提出**自己的**定义。我们现在谈下面一个问题。

4. 赞成兼并还是反对兼并?

　　波兰同志在自己提纲的第 1 节第 3 条里极其肯定地声明,他们反对任何兼并。可惜,我们在同一节的第 4 条里又遇到一种不得不认为是兼并主义的论断。这一节是从下面这句……如何说得委婉些呢?……奇怪的话开始的:

　　"社会民主党反对兼并、反对把被压迫民族强制地留在兼并国的疆界以内的出发点是**一概拒绝保卫祖国**〈黑体是原作者用的〉,因为在帝国主义时代,保卫祖国就是保卫本国资产阶级压迫和掠夺异族的权利……"

　　这是什么话? 这怎样理解呢?

　　"反对兼并的出发点是**一概拒绝保卫祖国**……" 但是要知道,任何民族战争和任何民族起义都可以叫做而且至今一直**普遍地**叫做"保卫祖国"! 我们反对兼并,**但是**……对这一点我们是这样理解的:我们反对被兼并者**为**摆脱兼并者而进行的战争,我们反对被兼并者为摆脱兼并者而举行的起义! 这难道不是兼并主义的论断吗?

　　提纲的作者用如下理由说明自己的……奇怪的论断:"在帝国主义时代"保卫祖国就是保卫本国资产阶级压迫异族的权利。但是,这种说法**仅仅**对于帝国主义战争,也就是说,对于帝国主义大国或大国集团**之间**的战争是正确的,因为交战**双方**不但都压迫"异族",而且进行战争是**为了决定**由谁压迫**更多的**异族!

　　看来,提纲的作者完全不是像我们党那样地提出"保卫祖国"

的问题。我们反对在**帝国主义**战争中"保卫祖国"。这无论在我们党中央委员会的宣言或伯尔尼决议①中都已经说得一清二楚,伯尔尼决议已转载在用德文和法文出版的《社会主义与战争》²⁸的小册子里。我们在自己的提纲中(第 4 条和第 6 条的注释)②也曾**两次**着重指出这一点。显然,波兰提纲的作者**根本**拒绝保卫祖国,就是说,**在民族战争中也**拒绝保卫祖国,也许他们认为"在帝国主义时代"民族战争是**不可能的**。我们说"也许",是因为波兰同志在自己的提纲里并**没有**说明这种看法。

这种看法在德国"国际"派的提纲和尤尼乌斯的小册子里已经明显地表露出来了,关于这本小册子,我特地写了一篇文章③。这里要对在那篇文章里所说的作一点补充,因为有人会把那些被兼并地区或国家反对兼并国的民族起义只叫做起义,而不叫做战争(我们已经听到过这种反对意见,所以在这里加以引用,虽然我们认为这种名词上的争论无关紧要)。但不管怎么样,未必有人敢于否认:被兼并的比利时、塞尔维亚、加利西亚、亚美尼亚会把它们反对兼并国的"起义"叫做"保卫祖国",**而且叫得正确**。这么说来,波兰同志**反对**这种起义的理由是:在这些被兼并的国家内**也**有资产阶级,它**也**压迫异族,或者更确切地说,它可能压迫异族,因为这里只谈到"它的压迫**权利**"。因此,用来评价某次战争或某次起义的,不是它的**实际**社会内容(被压迫民族反对压迫民族、争取解放的斗争),而是目前被压迫的资产阶级可能行使的它的"压迫**权利**"。假定说,比利时将在 1917 年被德国兼并,而在 1918 年举行起义,争

---

① 见本版全集第 26 卷第 12—19、163—169 页。——编者注
② 见本版全集第 27 卷第 260、262 页。——编者注
③ 见本卷第 1—15 页。——编者注

取自己的解放,那么波兰同志就会反对起义,其理由是比利时资产阶级有"压迫异族的权利"!

这种议论既没有一点马克思主义的气味,又没有一点革命的气味。我们如果不背叛社会主义,那就**应当**支持反对我们主要敌人即大国资产阶级的**任何**起义,只要这不是反动阶级的起义。如果我们拒绝支持被兼并地区的起义,那在客观上我们会成为兼并主义者。正是在"帝国主义时代"——即将开始的社会革命的时代,无产阶级今天要竭力支持被兼并地区的起义,以便明天或者同时进攻被这种起义削弱的"大"国资产阶级。

可是波兰同志在兼并主义方面走得更远。他们不但反对被兼并地区的起义,而且反对这些地区用**任何方式**,即使用和平的方式恢复独立! 请听:

> "社会民主党对帝国主义的压迫政策所造成的后果不负任何责任,它同这些后果作最尖锐的斗争,**但是决不赞成在欧洲树立新的界碑或恢复被帝国主义拆除的界碑**。"(黑体是原作者用的)

现在德国和比利时、俄国和加利西亚之间的"界碑已被帝国主义拆除"。国际社会民主党竟然应当根本反对无论用什么样的方式恢复这些界碑。1905 年,"在帝国主义时代",当挪威自治议会宣布从瑞典分离时,瑞典反动派曾鼓吹瑞典对挪威开战,由于瑞典工人的反抗和迫于国际帝国主义的形势,这场战争没有打成,——当时社会民主党似乎应当反对挪威分离,因为这无疑等于"在欧洲树立新的界碑"!!

这已经是直接的公开的兼并主义。这用不着反驳,它已不攻自破。没有一个社会党敢采取这样的立场:"总的说来,我们反对兼并,但是对于欧洲,一旦兼并已经完成,我们就准许或容忍这种兼并……"

　　现在只需谈一谈这个错误的理论根源,这个错误使我们的波兰同志落到了这种极为明显的……"不可思议的地步"。把"欧洲"视为例外是没有根据的,关于这一点我们下面再讲。提纲中的以下两句话说明了这个错误的另一些根源:

　　"……凡是在已形成的资本主义国家被帝国主义车轮辗压过的地方,为社会主义准备条件的资本主义世界的政治和经济集中,都是通过帝国主义压迫的残酷形式进行的……"

　　这样替兼并作辩护,是司徒卢威主义[29],而不是马克思主义。记得上世纪90年代俄国情况的俄国社会民主党人,都很了解司徒卢威、库诺、列金这班先生们歪曲马克思主义的这种共同手法。关于德国的司徒卢威分子,即所谓"社会帝国主义者",波兰同志提纲的另一条(第2节第3条)专门写道:

　　……(自决口号)"使社会帝国主义者有可能通过证明这个口号的幻想性质,说我们反对民族压迫的斗争是没有历史根据的感伤情绪,从而破坏无产阶级对社会民主党纲领的科学根据的信任……"

　　这就是说,作者认为德国司徒卢威分子的立场是"科学的"!我们表示祝贺。

　　这种奇怪的论据吓唬我们说,伦施、库诺、帕尔乌斯之流比我们**正确**。但是,一件"小事情"就完全驳倒了这种论据,那就是伦施之流是始终如一的人,伦施在沙文主义的德文杂志《钟声》[30]第8—9期合刊上(我们在自己的提纲中特意提到这两期),试图证明自决口号"没有科学根据"(波兰社会民主党人显然承认伦施的**这种**论点是无可反驳的,这在我们所引证的他们提纲的论断中可以看得很清楚……),**同时**也试图证明反对兼并的口号同样"没有科学根据"!!

因为伦施很了解我们给波兰同事指出的那个简单的道理,即"承认"自决同"抗议"兼并既没有"经济或政治上的"区别,也没有一般逻辑上的区别。但是,波兰同事却不愿意回答这一点。如果波兰同志认为伦施之流反对自决的论据是无可反驳的,那就不能不承认如下**事实**:伦施之流也使用**所有**这些论据来反对同兼并作斗争。

作为我们波兰同事所有论断的基础的理论错误,使他们成了**并非始终如一的兼并主义者**。

5. 为什么社会民主党反对兼并?

从我们的观点来看,答案是很清楚的:因为兼并违反民族自决,换句话说,它是民族压迫的一种形式。

从波兰社会民主党人的观点来看,需要**特别**说明我们为什么反对兼并,这些说明(提纲第 1 节第 3 条)却不可避免地使作者陷入了一系列新的矛盾。

他们引用两个论据来"证明"为什么我们(不顾伦施之流的有"科学根据的"论点)反对兼并。第一个论据是:

> "……有人说,为了保证胜利了的帝国主义国家的军事安全,在欧洲实行兼并是必要的,社会民主党拿如下的事实反对这种论断:兼并只能加剧对抗,从而增加战争的危险……"

这样来答复伦施之流是不够的,因为他们的主要论据不是兼并在军事上的必要性,而是兼并**在经济上的**进步性,兼并意味着帝国主义条件下的集中。如果波兰社会民主党人既承认**这种**集中的进步性,拒绝在欧洲恢复被帝国主义拆除了的界碑,同时又**反对**兼并,那么这里的逻辑何在呢?

其次,兼并会加剧**哪种**战争的危险呢? 不是帝国主义战争,因为这种战争是由别的原因引起的;目前帝国主义战争中的主要对抗,无疑是英德之间和俄德之间的对抗。这里无论过去和现在都不存在兼并。这是指加剧**民族**战争和民族起义的危险。但是,怎么能一方面宣称"在帝国主义时代"民族战争是**不可能的**,而另一方面又提出民族战争的危险呢? 这是不合逻辑的。

第二个论据。

兼并"在统治民族的无产阶级和被压迫民族的无产阶级之间造成一道鸿沟"……"被压迫民族的无产阶级会同本民族的资产阶级联合起来,并且把统治民族的无产阶级看做敌人,无产阶级不是进行反对国际资产阶级的国际阶级斗争,而是会发生分裂和思想上的蜕化……"

这些论据我们完全同意。但是,在同一个问题上同时提出两个相互排斥的论据,这是否合乎逻辑呢? 在提纲第 1 节第 3 条里,我们看到上述论据,即认为兼并造成无产阶级的**分裂**,紧接着在第 4 节里却告诉我们:在欧洲必须反对取消已经完成的兼并,必须"教育被压迫民族和压迫民族的工人群众去共同进行斗争"。如果说,取消兼并是一种反动的"感伤情绪",那就**不能**这样来论证:兼并会在"无产阶级"之间挖一道"鸿沟",造成它的"分裂",相反地,必须把兼并看做各民族无产阶级**接近**的条件。

我们说:为了使我们能够完成社会主义革命和推翻资产阶级,工人应当更加紧密地团结起来,而争取自决即反对兼并的斗争会促进这种紧密的团结。我们是始终如一的。而波兰同志们认为欧洲的兼并是"不能取消的",认为民族战争是"不可能的",这是自己打自己的嘴巴,因为他们正是**拿**民族战争的论据来"反对"兼并的!正是用兼并会给各民族工人的接近和融合**造成困难**这种论据来反对兼并的!

换句话说,为了反对兼并,波兰社会民主党人不得不到**他们**根本否定的理论行囊中去找论据。

在殖民地问题上,这一点表现得更清楚。

6. 在这个问题上是不是可以把殖民地同"欧洲"对立起来?

我们的提纲已经说明:在资本主义制度下,要求立刻解放殖民地,如同实行民族自决、由人民选举官吏、建立民主共和国等一样,"是不能实现的"(也就是说,不经过一系列的革命是不能实现的,没有社会主义是不能巩固的);而另一方面,要求解放殖民地,无非就是"承认民族自决"。

波兰同志对这两个论点中的任何一个都置之不理。他们企图把"欧洲"和殖民地区别开。他们成为并非始终如一的兼并主义者,仅仅表现在欧洲的问题上:他们拒绝取消兼并,因为兼并已经完成。而对于殖民地,他们提出无条件的要求:"从殖民地滚出去!"

俄国社会党人应当要求:"从土耳其斯坦、希瓦、布哈拉等地滚出去",但是,如果他们要求让波兰、芬兰、乌克兰等地也有同样的分离自由,据说,那他们就会陷入"空想主义"、"非科学的""感伤情绪"等等。英国社会党人应当要求:"从非洲、印度、澳大利亚滚出去",但不是从爱尔兰滚出去。作这种显然错误的区别能有什么理论根据呢？这个问题是不能回避的。

反对自决者的主要"立足点"是："不能实现"。拿"经济和政治集中"作根据也是要表达同样的思想，只是说法稍有不同而已。

显然，集中**也**是通过吞并殖民地进行的。殖民地和欧洲各民族，至少和欧洲大多数民族在经济上的差别首先在于：殖民地已卷入**商品**交换，但是还没有卷入资本主义**生产**。帝国主义改变了这种情况。帝国主义也是**资本**输出。资本主义生产愈来愈迅速地被移植到殖民地。殖民地无法摆脱对欧洲金融资本的依附。从军事观点来看，也和从扩张观点来看一样，殖民地的分离，一般说来，只有随着社会主义才能实现，而在资本主义制度下，或者作为例外，或者要付出代价——在殖民地和宗主国中进行一系列革命和起义——才能实现。

欧洲大部分附属民族（虽然不是全部，阿尔巴尼亚人以及俄国的许多异族人就不是这样）的资本主义比殖民地发达一些。正是这一点才引起对民族压迫和兼并的更大的反抗！也正是由于这个原因，在任何政治条件下，其中包括在分离的条件下，资本主义的发展在欧洲要比在殖民地较有**保证**……　关于殖民地波兰同志说（第1节第4条）："在那里，资本主义还面临着独立发展生产力的任务……"　在欧洲这更加明显：资本主义在波兰、芬兰、乌克兰、阿尔萨斯发展生产力的势头、速度、独立程度无疑都比在印度、土耳其斯坦、埃及以及其他地道的殖民地高。在商品生产的社会里，无论独立的发展或任何一种发展，没有资本都是不可能的。欧洲各附属民族既有**自己的**资本，又有根据各种条件取得资本的方便的机会。殖民地却没有或者几乎没有**自己的**资本；在金融资本的环境下，殖民地如果不接受政治屈从的条件，就不能取得资本。由于这一切，要求立即无条件地解放殖民地究竟是什么意思呢？从庸俗的、面目全非的"马克思主义"所说的"空想"一词的含义来说，这个要求更"空想"得多，这难道还不明显吗？而司徒卢威、伦施、库诺这些先生们，正是从这种含义上使用空想这个词的，遗憾的是，继他们之后还有波兰同志。在这里，所有不符合普通人习惯的东西，其中包括一切革命的事物，都被理解成"空想主义"。但是**各种革命运动**，包括民族革命运动，在欧洲的环境下比在殖民地更可能，更易于实现，更顽强，更自觉，更不容易征服。

波兰同志说（第1节第3条）：社会主义"能给不发达的殖民地民族以**无私的文化援助，而不是统治**他们"。这完全正确。但是，有什么根据认为转向社会主义的大民族、大国家不能通过"无私的文化援助"来吸引欧洲被压迫的小民族呢？正是波兰社会民主党人所"**给予**"殖民地的这种分离自由，会吸引欧洲有文化和有政治**要求**的被压迫的小民族同社会主义大国实行联合，因为大国一旦实行社会主义，那将意味着一天少劳动若干小时，一天多挣若干**工资**。力争摆脱资产阶级桎梏的劳动群众，为了取得这种"文化援助"，一定会竭尽全力**争取**同先进的社会主义大民族实行联合和融合，只要昨天的压迫者不伤害长期被压迫的民族的自尊心这种高度民主的感情，并且给后者以各方面的平等权利，包括建设国家、尝试建立"自己的"国家的平等权利。在资本主义制度下，这种"尝试"意味着战争、隔绝、封闭以及享有特权的小民族（荷兰、瑞士）的狭隘的利己主义。在社会主义制度下，由于上述纯粹经济上的考虑，劳动群众本身决不会赞成封闭；而政治形式的多样化，退出一个国家的自由，建设国家的尝试，——这一切，在任何国家消亡以前,都将是丰富的文化生活的基础,加速各民族自愿接近和融合这一过程的保证。

波兰同志把殖民地同欧洲区别开并且对立起来,于是陷入自相矛盾的境地,这种矛盾一下子就推翻了他们所有的错误论点。

7. 马克思主义还是蒲鲁东主义?

波兰同志破例地不用间接方式,而用直接方式来反驳我们引证马克思对爱尔兰分离问题所持的态度。他们的反对意见究竟是什么呢? 在他们看来,援引马克思在1848—1871年间所持的立场,"没有丝毫价值"。他们发表这个异常愤怒而坚决的声明的理由是:马克思"同时"也反对"捷克人和南方斯拉夫人等等"要求独立的愿望[31]。

正因为这种理由特别站不住脚,所以讲话才特别怒气冲冲。照波兰马克思主义者说来,马克思不过是一个"同时"谈了两种截然相反的意见的糊涂虫而已! 这完全不符合事实,这完全不是马克思主义。波兰同志提出要作"具体"分析的要求,**但自己并不照着去做**,正是这种要求使我们必须考察一下,马克思对不同的具体的"民族"运动采取不同的态度,是不是从**同一个**社会主义世界观出发的。

大家知道,马克思主张波兰独立,是从**欧洲**民主派反对沙皇政府的势力和影响——可以说是反对沙皇政府的无限权力和压倒一切的反动影响——的斗争利益出发的。这个观点的正确性在1849年就得到了最明显的和事实上的证实,当时俄国农奴主的军队镇压了匈牙利的民族解放和革命民主的起义**32**。从那时起到马克思逝世，甚至更晚一点，到 1890 年沙皇政府同法国勾结，企图发动反动战争来反对**不是帝国主义的**而是民族独立的德国时，恩格斯始终主张首先要同沙皇政府作斗争。因此，而且仅仅因为如此，马克思和恩格斯曾反对捷克人和南方斯拉夫人的民族运动。任何人如果不是为了鄙弃马克思主义才注意马克思主义，只要查阅一下马克思和恩格斯在 1848—1849 年间所写的东西，就可以知道，马克思和恩格斯当时把在欧洲充当"俄国前哨"的"一整批反动民族"同德意志人、波兰人、马扎尔人等"革命民族"直接地明确地区**分开来**。这是事实。**当时**指出这个事实，**无疑**是正确的，因为在 1848 年各革命民族为自由奋斗，自由的主要敌人是沙皇政府，而捷克人等确实是反动民族，是沙皇政府的前哨。

如果想忠于马克思主义，那就应当**具体地**分析这个具体的例子。这个例子向我们说明什么呢？它只说明：（1）欧洲几个大民族和最大民族的解放利益高于各个小民族解放运动的利益；（2）民主要求应当从全欧洲（现在应当说从世界范围）来看，而不应当孤立地来看。

如此而已。这里丝毫也没有否定波兰人常常忘记而马克思**始终遵守**的那个起码的社会主义原则：压迫其他民族的民族是不能获得解放的①。马克思当时所处的是沙皇政府在国际政治方面具有压倒一切的影响的时代，如果那种具体形势以如下形式重演，即有几个民族开始实行社会主义革命（像 1848 年在欧洲开始实行资产阶级民主革命那样），而**其他**民族却是资产阶级反动势力的主要

---

① 见《马克思恩格斯文集》第 3 卷第 355 页。——编者注

支柱,那我们还是应当主张同后面这些民族进行革命战争,"粉碎"它们,摧毁它们的一切前哨,不管那里已经掀起了什么小民族的运动。因此,我们决不应当抛弃马克思的策略范例——否则就是口头上信仰马克思主义,实际上同马克思主义决裂——而应当从对它们的具体分析中吸取对未来极为宝贵的教训。民主的某些要求,包括自决在内,并不是什么绝对的东西,而是**世界**一般民主主义(现在是一般社会主义)运动中的**一个局部**。在某些具体场合,局部和整体可能有矛盾,那时就必须抛弃局部。某一国家的共和运动可能只是其他国家教权派或财阀君主派进行阴谋的工具,那时我们就应当**不**支持这个具体的运动,但是,如果根据这一点就从国际社会民主党的纲领中抛弃共和国的口号,那就可笑了。

从1848—1871年到1898—1916年(这里举出的是帝国主义时期最重要的里程碑,即从美西帝国主义战争[33]到欧洲帝国主义大战),具体形势究竟发生了什么变化呢? 沙皇政府显然无疑地已不再是反动势力的主要支柱了,第一,因为它受到国际金融资本,特别是法国金融资本的支持;第二,因为发生过1905年革命。当时,大民族国家体系——欧洲各民主国家——与沙皇政府相反,给世界带来的是民主和社会主义。① 马克思和恩格斯没有活到帝国主义时代。现在已经形成了少数(五六个)帝国主义"大"国的体

---

① 梁赞诺夫在格律恩贝格编的《社会主义历史文汇》[34](1916年第1卷)上发表了恩格斯在1866年写的关于波兰问题的一篇极有趣的文章。恩格斯着重指出,无产阶级必须承认欧洲各个大民族的政治独立和"自决"(right to dispose of itself),同时又指出,"民族原则"(特别是波拿巴加以利用的)即把任何一个小民族和这些大民族等量齐观,是荒谬的。恩格斯说:"俄国是大量赃物〈即许多被压迫民族〉的占有者,到清算那一天,它必须退还这些赃物。"(参看《马克思恩格斯全集》第1版第16卷第175页。——编者注)波拿巴政府和沙皇政府都利用小民族运动来**反对**欧洲民主运动,**使自己**得到好处。

系，其中每个国家都压迫其他民族，而这种压迫是人为地延缓资本主义崩溃的原因之一，是人为地支持统治世界的帝国主义民族中的机会主义和社会沙文主义的原因之一。当时谋求各大民族解放的西欧民主派，是反对沙皇政府利用某些小民族运动来达到反动的目的的。现在沙皇帝国主义同欧洲先进的资本帝国主义在共同压迫许多民族的基础上结成的**联盟**，是反对社会主义无产阶级的，而社会主义无产阶级现在已分裂为沙文主义即"社会帝国主义"部分和革命部分。

这就是形势的具体变化，波兰社会民主党人虽然口口声声说必须具体，却恰恰忽视了这种具体变化！可见，在同样一些社会主义原则的**运用**上也有具体变化：**那时**主要是"反对沙皇政府"（并且反对**被它**用来反对民主运动的某些小民族运动），拥护西欧大民族的革命人民；**现在**却要反对帝国主义列强、帝国主义资产阶级以及社会帝国主义者的步调一致的统一战线，**主张**利用**一切**反对帝国主义的民族运动来达到社会主义革命的目的。现在，无产阶级反对整个帝国主义阵线的斗争愈**纯粹**，则"压迫其他民族的民族是不能获得解放的"这一国际主义原则显然也就愈有现实意义。

蒲鲁东主义者**为了**学理主义者所理解的那种社会革命，忽视波兰的国际作用，鄙弃民族运动。现在波兰社会民主党人的做法也完全是学理主义的，他们**破坏**反社会帝国主义者的国际阵线，由于自己在兼并问题上的动摇而（在客观上）帮助社会帝国主义者。因为国际无产阶级斗争阵线在各小民族的具体立场方面恰恰已经改变了：那时（1848—1871年间）小民族的作用是既可能成为"西欧民主派"和革命民族的同盟者，又可能成为沙皇政府的同盟者；而现在（1898—1914年间）小民族已失去了这样的作用；它们今天的作用是"大国民族"寄生性的一个滋生地,因而也是这些民族的社会帝国主义的一个滋生地。现在重要的,不是$\frac{1}{50}$或$\frac{1}{100}$的小民族在社会主义革命以前能不能获得解放,而是在帝国主义时代,无产阶级由于种种客观原因分成两个国际阵营,其中之一已被大国资产阶级的残羹剩饭(其中也包括从对小民族的双重或三重剥削中得来的东西)所腐蚀,而另一阵营如果不解放小民族,不用反沙文主义,即反兼并主义,即"自决主义的"精神教育群众,就不能获得解放。

事情的这个最主要的方面被波兰同志忽视了,他们**不是从帝国主义时代**的基本立场出发,不是用国际无产阶级有两个阵营的观点来看问题。

这里还有两个证明他们拥护蒲鲁东主义的明显例子:(1)对1916年爱尔兰起义**[35]**的态度,这一点下面再谈;(2)提纲(第2节第3条,第3条末尾)说:"不应当用任何东西来掩盖"社会主义革命的口号。这正是一种极端反马克思主义的思想,似乎把社会主义革命的口号同在一切问题(包括民族问题)上的彻底的革命立场**联系起来**,就会"掩盖"社会主义革命的口号。

波兰社会民主党人认为我们的纲领是"民族改良主义的"。请对照一下两种实际主张:(1)主张自治(波兰人的提纲第3节第4条)和(2)主张分离自由。要知道,我们双方纲领之间的区别就在这里,而且也仅仅在这里! 改良主义的纲领正是前者,而不是后者,这难道还不明显吗? 改良主义的变革,就是不破坏统治阶级的政权基础,只是统治阶级在保持其统治的条件下作的一些让步。革命的变革却要破坏政权基础。民族纲领中改良主义的变革**不废除**统治民族的**一切**特权,**并不**造成完全平等,**并不消灭任何**民族压迫。"自治"民族同"有统治权的"民族是不平等的。波兰同志如果不是一贯忽视（像我们的老"经济派"那样）对各种**政治**概念和范畴的分析，就不会看不到这一点。1905年以前，自治的挪威作为瑞典的一部分而享有极广泛的自治权，但是同瑞典并不平等。只有它的自由分离，才**在实际上**表明和证明它享有平等权（这里顺便补充一句，正是这种自由退出，才为在权利平等的基础上更紧密更民主的接近打下了基础）。只要挪威还仅仅实行自治，瑞典贵族就享有**一种**额外特权；分离则不是"削弱"这种特权（改良主义的实质就是**削弱**祸害，而不是消灭祸害），而是把它**彻底消灭**（这是纲领的革命性质的基本标志）。

　　顺便说一说，自治是一种改良，它和作为革命措施的分离自由根本不同，这是毫无疑问的。可是，大家都知道，改良实际上往往只是走向革命的一个步骤。正是自治使一个被强制留在某一国家疆界以内的民族能够最终被确认为一个民族，能够聚集、认识和组织自己的力量，选择完全适当的时机，以便……用"挪威的"方式**声明**：我们是某某民族或某某边疆区的自治议会，宣布全俄皇帝已经不再是波兰的国王，等等。对此常有这样一种"反驳意见"，说这样的问题不是用声明，而是用战争来解决的。对，在大多数场合都是用战争来解决的（正像大国的管理形式问题在大多数场合只能用战争和革命来解决一样）。可是不妨想一想，对革命政党政治纲领的**这种**"反驳意见"，是否合乎逻辑？难道我们反对**为**正义的和对无产阶级有益的事业、**为**民主和社会主义而进行的战争和革命吗？

　　"但是，我们不能拥护各个大民族之间的战争，不能拥护为了也许只有1 000万—2 000万人口的某个小民族不可靠的解放而断送2 000万人的生命！"当然不能。这并不是因为我们抛弃自己纲领里的完全的民族平等，而是因为**一个国家的民主运动的利益必须服从几个和一切国家的民主运动的利益**。假定两大君主国之间有一个小君主国，它的国王因为亲缘及其他种种关系而同两大邻国的君主都有"联系"。其次，假定在这个小国里宣布实行共和制，赶走**它的**君主，那在实际上就意味着两大邻国会为恢复这个小国的某一君主而进行战争。毫无疑问，整个国际社会民主党以及这个小国的社会民主党的一部分真正的国际主义者，在这种场合下，**就会反对用共和制代替君主制**。共和制代替君主制，这并不是一种绝对的东西，而是一种民主要求，它服从整个民主运动的利益（当然，更服从整个社会主义无产阶级的利益）。这种情况想必丝毫不会引起各国社会民主党人之间的意见分歧。但是，假如有一个社会民主党人根据**这一点**就建议根本取消国际社会民主党纲领中的共和国口号，那一定会被认为是一个疯子。人们就会对他说：无论如何不能忘记**特殊**和**一般**在逻辑上的基本区别。

这个例子使我们多少能从另一方面来观察工人阶级的**国际主义教育问题**。这种教育——对于它的必要性和极为迫切的重要性，在齐美尔瓦尔德左派中间是不可能有意见分歧的——在压迫的大民族和被压迫的小民族中，在兼并的民族和被兼并的民族中，**能够具体地相同**吗？

显然不能。要达到使**一切**民族完全平等、亲密接近和进而**融合**的共同目的，显然要走各不相同的具体道路，就拿达到这一页书的中心点的方法来说吧，从它的一边向左走和从相对的一边向右走，都是一样的。如果压迫的、兼并的大民族中的社会民主党人一般地鼓吹民族融合，而哪怕是一分钟忘记了"他的"尼古拉二世、"他的"威廉、乔治、彭加勒等等**也主张**和小民族**融合**（用兼并手段），忘记了尼古拉二世主张和加利西亚"融合"、威廉二世主张和比利时"融合"等等，那么，这样的社会民主党人在理论上就是可笑的学理主义者，在实践上就是帝国主义的帮凶。

在压迫国家里，对工人的国际主义教育的重心必须是宣传并且要工人坚持被压迫国家有分离的自由。不这样，就**没有**国际主义。如果压迫民族的任何一个社会民主党人**不**进行这种宣传，那么我们就可以而且应当鄙视他，把他看做帝国主义者，看做坏蛋。这是绝对的要求，尽管在实现社会主义以前，分离只有千分之一的**机会**可能和"能够实现"。

我们必须教育工人"漠视"民族的差别，这是无可争辩的。但不是**兼并主义者**的那种漠视。压迫民族的成员对于小民族按照它们的共同感情究竟属于**他的**国家**还是**属于**邻国**，还是属于它们自己这个问题，应当抱"漠视"态度。他如果不抱这种"漠视"态度，就**不是**社会民主党人。要做一个社会民主党人国际主义者，就**不**应当只为本民族着想，而应当把一切民族的利益、一切民族的普遍自由和平等置于**本民族之上**。这在"理论"上大家都是同意的，但是在实践上有人恰恰表现出兼并主义者的漠视态度。祸根就在这里。

相反地，小民族的社会民主党人应当把自己鼓动工作的重心放在我们总的提法中的**另一**句话上：各民族的"自愿**联合**"。他**既**可以赞成本民族的政治独立，**又**可以赞成本民族加入邻近的某个国家，这都不违背他作为国际主义者的义务。可是，他在任何场合都应当**反对**小民族的狭隘性、封闭性和隔绝状态，而主张顾全整体和大局，主张局部利益服从整体利益。

不仔细考虑问题的人，会以为压迫民族的社会民主党人坚持

"分离自由"而被压迫民族的社会民主党人坚持"**联合**自由"是"矛盾的"。可是,只要稍微思索一下就可以知道,没有而且不可能有达到国际主义和民族融合的**其他**道路,以及**摆脱现在的**状况而达到这个目的的其他道路。

现在我们来谈一谈荷兰和波兰社会民主党的**特殊**境况。

8. 荷兰和波兰社会民主党人国际主义者立场中的特殊与一般

毫无疑问,反对自决的荷兰和波兰的马克思主义者是国际社会民主运动中优秀的革命者和国际主义者。但是,正像我们看到的那样,他们的理论上的论断全是一大堆错误,没有一个一般性论断是正确的,除了"帝国主义经济主义",什么也没有! 怎么**会**这样呢?

这决不是因为荷兰同志和波兰同志的主观素质特别差,而是因为他们的国家所处的客观条件**特殊**。这两个国家(1)在现代大国"体系"中都是孤立无援的小国;(2)在地理上都处于竞争最激烈的、势力强大的帝国主义掠夺者(英国和德国;德国和俄国)之间;(3)这两个国家对过去**自己**曾是强盛的"大国"的时代怀念极为强烈,其传统极为深刻:荷兰曾经是一个比英国更强盛的殖民大国,波兰曾经是一个比俄国和普鲁士更有文化和更强盛的大国;(4)这两个国家直到现在还保持着压迫异族的特权:荷兰资产者拥有极富庶的荷属印度;波兰地主压迫乌克兰的和白俄罗斯的"农奴",波兰资产者压迫犹太人,等等。

在爱尔兰、葡萄牙(它有一个时期曾被西班牙兼并)、阿尔萨斯、挪威、芬兰、乌克兰、拉脱维亚边疆区、白俄罗斯边疆区及其他许多地方,都找不到由这四个特殊条件结合而成的独特境况。而问题的**全部实质**正在于这种独特性!当荷兰和波兰社会民主党人用**一般**论据,即关于一般帝国主义、一般社会主义、一般民主制、一般民族压迫的论据来反对自决时,真可以说他们是错上加错,一错再错。但是,只要一抛开一般论据的这层显然错误的**外壳**,从荷兰和波兰独特的**特殊**条件的角度来看问题的**实质**,他们的独特的立场就是**可以理解的**而且是完全合乎情理的。可以说(不怕成为奇谈怪论),当荷兰和波兰的马克思主义者口沫飞溅地反对自决时,他们所说的并不完全是他们想要说的,换句话说,他们想要说的并不完全是他们所说的。①

我们在提纲里已经举了一个例子。② 哥尔特反对**自己的**国家实行自决,但是**赞成**受"他的"民族压迫的荷属印度实行自决! 我们认为,同德国的考茨基、我国的托洛茨基和马尔托夫**那种**在口头上假装承认自决的人相比,他是较忠诚的国际主义者和较接近我们的志同道合者,这难道有什么奇怪吗? 根据马克思主义一般的和基本的原则,无疑有义务为受"我自己的"民族压迫的民族的分离自由而斗争,但是完全没有必要恰恰把荷兰的独立放在首位,荷兰的缺点主要就是狭隘的、守旧的、自私的、愚蠢的封闭性:让全世界都燃烧吧,这与我们无关,"我们"满足于自己过去的猎获和它的极其丰富的"余产"——东印度,其余的事情与"我们"毫不相干!

---

① 提醒一下,**所有**波兰社会民主党人在自己的齐美尔瓦尔德宣言36中都**承认一般的**自决,仅仅在措辞上有些不同。

② 参看本版全集第 27 卷第 262 页。——编者注

另一个例子:波兰社会民主党人卡尔·拉狄克,由于在大战爆发之后在德国社会民主党内为国际主义进行坚决的斗争,建立了很大的功绩。他在《民族自决权》一文(载于 1915 年 12 月 5 日《光线》杂志[37]第 3 年卷第 3 期,该杂志由尤·博尔夏特主编,是左翼激进派的月刊,被普鲁士书报检查机关查禁)中,激烈地反对自决。顺便说说,他**仅仅**引用了荷兰和波兰权威者的话来为自己辩护,并且除了其他的论据以外还提出这样一个论据:自决会助长"社会民主党似乎必须支持争取独立的任何斗争"这种思想。

从**一般**理论的观点来看,这种论据简直令人气愤,因为它显然不合逻辑:第一,如果不使局部服从整体,那就没有而且也不可能有任何一个局部的民主要求不致被滥用;我们既不必支持争取独立的"任何"斗争,也不必支持"任何"共和运动或反神父运动。第二,没有而且也不可能有**任何一个**反对民族压迫的提法不带有**同样的**"缺点"。拉狄克本人在《伯尔尼哨兵报》(1915 年第 253 号)上就曾用过"反对新旧兼并"的提法。任何一个波兰民族主义者都将理所当然地从这个提法中"得出"结论:"波兰已被兼并,我反对兼并,**也就是说**我赞成波兰独立。"记得罗莎·卢森堡在 1908 年写的一篇文章[38]里发表过这样的意见:用"反对民族压迫"这个提法就够了。但是,任何一个波兰民族主义者都会说,**而且完全有权利**说,兼并是民族压迫的形式**之一**,**因而**,如何如何。

撇开这些一般的论据不谈,拿波兰的**特殊**条件来说:**现在**波兰的独立不经过战争或革命是"不能实现"的。如果仅仅为了复兴波兰而赞成全欧战争,那就意味着充当最坏的一种民族主义者,把少数波兰人的利益放在要遭受战争折磨的几亿人的利益之上。可是,例如"弗腊克派"[39](波兰社会党右派)就正是这样的,他们只是口头上的社会主义者，波兰社会民主党人要比他们正确千百倍。**现在**，在**毗邻的**帝国主义大国处于**目前这种**关系的形势下提出波兰独立的口号，实际上就是追求空想，陷入狭隘的民族主义，忘记了全欧革命或至少是俄国和德国革命这个前提。这就像 1908 — 1914 年间在俄国把结社自由作为独立的口号提出来一样，意味着追求空想，在客观上帮助斯托雷平工党**40**（现在是波特列索夫—格沃兹杰夫工党，其实是一样的货色）。但是，如果把社会民主党纲领中结社自由的要求完全去掉，那就是发疯！

　　第三个例子，也许是最重要的一个例子。在波兰人的提纲里（第 3 节第 2 条末尾）有一段话是反对波兰成为独立缓冲国这种主张的，说这是"一些没有力量的小集团的空想。要是这个主张得以实现，那就意味着建立一个小小的残缺不全的波兰国家，它会成为这个或那个大国集团的军事殖民地，成为它们军事利益和经济利益的玩物，成为受外国资本剥削的地区和未来战争的战场"。这一切如果是用来**反对现在**提出波兰独立的口号，那是很**正确的**，因为仅仅波兰一国的革命不会带来任何变化，反而会使波兰群众不去注意**主要方面**，即他们的斗争同俄国和德国无产阶级斗争的联系。现在波兰无产阶级本身只有同邻国无产者**共同**进行斗争，反对**狭隘的波兰**民族主义者，才能帮助社会主义和自由的事业，**包括波兰**自由的事业，这不是奇谈怪论，而是事实。波兰社会民主党人在反对波兰民族主义者的斗争中的巨大的历史功绩，是不能否认的。

　　但是，那些从**当前**时代的波兰**特殊**条件来看是正确的论据，如果当成**一般性的**论据，那显然就不正确了。一旦发生战争，波兰就会成为德国和俄国之间的战场，这不能成为反对在两次战争的间隔时期争取更广泛的政治自由（从而也争取政治独立）的理由。关于受外国资本剥削、充当外国利益的玩物的考虑，也是如此。波兰社会民主党人现在不能提出波兰独立的口号，因为作为国际主义派无产者的波兰人，在这方面不可能有**任何**作为，而只能像"弗腊克派"那样，对帝国主义君主国**之一**俯首帖耳。可是，俄国和德国的工人将成为兼并波兰的参加者（这意味着教德国和俄国的工人农民去干最卑鄙的野蛮勾当，同意充当残杀异族人民的刽子手）还是波兰将获得独立，这对他们并**不是**无关紧要的。

当前的状况的确非常混乱，但摆脱这种状况的出路还是有的，这就是**所有**参加讨论的人都做国际主义者：俄国和德国的社会民主党人要求给波兰以无条件的"分离**自由**"，而波兰社会民主党人则为大小国家的无产阶级斗争的团结而奋斗，在当前时期或目前阶段不提波兰独立的口号。

9．恩格斯给考茨基的信

当考茨基还是马克思主义者的时候，他在自己的小册子《社会主义与殖民政策》（1907 年柏林版）中发表了恩格斯 1882 年 9 月 12 日写给他的信，这封信对于我们感到兴趣的问题有重大的意义。下面就是这封信的主要部分：

"……依我看，真正的殖民地，即欧洲移民占据的土地——加拿大、好望角和澳大利亚，都会独立的；相反地，那些只是被征服的、由土著人居住的土地——印度、阿尔及利亚以及荷兰、葡萄牙、西班牙的属地，无产阶级不得不暂时接过来，并且尽快地引导它们走向独立。这一过程究竟怎样展开，还很难说。印度也许会，甚至很可能会闹革命,既然争取解放的无产阶级不能进行殖民战争,那就必须容许它这样做,那时自然不会没有种种破坏,但是,这类事情恰恰是任何革命都免不了的。在其他地方,如阿尔及利亚和埃及,也可能发生同样情况,这对**我们**来说当然是最好不过的事情。我们在自己家里将有足够的工作要做。只要欧洲和北美一实行改造,就会产生巨大的力量和做出极好的榜样,使各个半文明国家完全自动地跟着走,单是经济上的需要就会促成这一点。至于这些国家要经过哪些社会和政治发展阶段才能同样达到社会主义的组织,我认为我们今天只能作一些相当空泛的假设。不过有一点是肯定的:**胜利了的无产阶级不能强迫任何异族人民接受任何替他们造福的办法,否则就会断送自己的胜利。**当然,这决不排除各种各样的自卫战争。……”①

恩格斯根本没有设想“经济”因素自己会直接排除一切困难。经济变革会使**一切**民族**倾向**于社会主义,但是同时也可能发生革命(反对社会主义国家的)和战争。政治适应经济是必然要发生的,但是不会一下子发生,不会顺利地、简单地、直接地发生。恩格斯认为只有一个绝对国际主义的原则是“肯定的”,他把这个原则运用于**一切**“异族”,也就是说,不仅仅运用于殖民地民族,这个原则就是:强迫他们接受替他们造福的办法,就会断送无产阶级的胜利。

无产阶级决不会仅仅因为它完成了社会革命就变成圣人,保险不犯错误和没有弱点。可是,可能犯的各种错误(以及自私自利——企图骑在别人头上),必然会使它认识这个真理。

————————

① 　参看《马克思恩格斯文集》第 10 卷第 480—481 页。——编者注

我们所有的齐美尔瓦尔德左派都确信,考茨基在1914年离开马克思主义转到维护沙文主义以前也曾经确信,社会主义革命完全可能**在最近的**将来发生,正如同一个考茨基有一次所说的那样,就在"旦夕之间"。民族的恶感不会很快消失;被压迫民族对压迫民族的憎恨(也是完全正当的)暂时还会**存在**;只有社会主义胜利**以后**,在各民族间彻底确立了完全的民主关系**以后**,它才会消散。我们如果想忠于社会主义,现在就应当对群众进行国际主义教育,但是在压迫民族中不宣传被压迫民族有分离的自由,就不能进行这种教育。

10. 1916年的爱尔兰起义

我们的提纲是在这次起义以前写的。这次起义应当作为检验理论观点的材料。

反对自决的人的观点所得出的结论是:受帝国主义压迫的小民族的生命力已经消耗殆尽,它们不能起任何反对帝国主义的作用,支持它们纯粹的民族愿望不会导致任何结果,等等。1914—1916年间的帝国主义战争的经验用**事实**驳斥了这种结论。

战争对西欧各民族,对整个帝国主义来说,是一个危机时期。每次危机都抛开了俗例,撕破了外壳,扫清了一些过时的东西,揭示了更深刻的动力和力量。从被压迫民族的运动的角度来看,危机究竟揭露了些什么呢?殖民地有过多次的起义尝试,当然,压迫民族在战时书报检查机关的协助下,竭力加以掩饰。然而大家还是知道:英国人曾在新加坡残暴地镇压过自己的印度军队的起义;

在法属安南(见《我们的言论报》[41])和德属喀麦隆(见尤尼乌斯的小册子①)也有过起义的尝试；在欧洲，一方面，爱尔兰举行的起义，被不敢让爱尔兰人服普遍义务兵役的"爱好自由的"英国人用死刑平定下去了；另一方面，奥地利政府以"叛逆罪"把捷克议会一些议员判处死刑，并且以同样的"罪名"把捷克整整几个团的官兵枪决了。

当然，这里所举的例子是极不完全的。但是它们仍然可以表明：**由于**帝国主义的危机，**无论**在殖民地**或**在欧洲都燃起了民族起义的火焰；尽管有残忍的威胁和镇压，民族感情上的好恶还是表现出来了。但是要知道，帝国主义的危机还远没有达到它发展的顶点：帝国主义资产阶级的强大势力还没有被摧毁(打得"精疲力竭"的战争可以做到这一点，不过现在还没有做到)；帝国主义大国内部的无产阶级运动还十分薄弱。一旦战争打得精疲力竭，或者即使在一个大国中资产阶级政权在无产阶级斗争的打击下动摇起来，像 1905 年沙皇政权那样，那时情况将会怎样呢？

1916 年 5 月 9 日，齐美尔瓦尔德派以及一些左派的机关报《伯尔尼哨兵报》就爱尔兰起义发表了一篇文章，题目是《好景不常》，署名卡·拉·。爱尔兰起义被说成是十足的"盲动"，据说因为"爱尔兰问题是土地问题"，农民由于实行改良而安定下来了，现在民族主义运动是"纯粹城市小资产阶级的运动，虽然闹得很凶，但是没有深厚的社会基础"。

这种学理主义和书呆子式的奇怪评价，同俄国民族主义自由派、立宪民主党人 A.库利舍尔先生的评价(1916 年 4 月 15 日《言

---

① 见本卷第 8—9 页。——编者注

语报》**42**第 102 号)相吻合,这是毫不奇怪的,因为库利舍尔先生也骂这次起义是"都柏林盲动"。

许多同志不了解,他们否认"自决",轻视小民族的民族运动,是陷入了什么样的泥潭,但愿他们像俗语所说的"因祸得福",现在帝国主义资产阶级代表的评价竟同社会民主党人的评价"偶然"相吻合,这总会使他们睁开眼睛吧!!

只有当起义的尝试仅仅暴露出一批密谋分子或荒唐的狂热者,并没有激起群众丝毫的同情的时候,才可以在科学的意义上使用"盲动"这个词。爱尔兰的民族运动进行了几百年,经历了各个不同的阶段和各种阶级利益的结合,这个运动的表现之一,就是在美国召开了群众性的爱尔兰民族代表大会(1916 年 3 月 20 日《前进报》),主张爱尔兰独立;它还表现为,一部分城市小资产阶级**和一部分工人**经过长期的群众鼓动、游行示威、封闭报馆等等之后进行了巷战。谁把**这样的**起义叫做盲动,谁就是最凶恶的反动分子,或者是根本想象不到社会革命是一种活生生的现象的学理主义者。

因为,如果认为没有殖民地和欧洲弱小民族的起义,没有**带着种种偏见的**一部分小资产阶级的革命爆发,没有那些不自觉的无产阶级或半无产阶级群众反对地主、教会、君主和民族等等压迫的运动,社会革命也是**可以设想的**,——如果这样认为,那就意味着**放弃社会革命**。一定要有一支队伍在这一边排好队,喊道:"我们赞成社会主义",而另一支队伍在那一边排好队,喊道:"我们赞成帝国主义",这才会是社会革命! 只有持这种迂腐可笑的观点,才会骂爱尔兰起义是"盲动"。

谁要是等待"纯粹的"社会革命,谁就**一辈子**也等不到,谁就是不懂得真正革命的口头革命家。

俄国 1905 年的革命是资产阶级民主革命，它是由居民中**一切**具有不满情绪的阶级、集团和分子的一系列的会战构成的。其中包括带有最荒谬的偏见和抱着最模糊的、最稀奇古怪的斗争目的的群众，领取日本津贴的小集团，以及投机分子和冒险分子等等。但是**客观上**，群众运动打击了沙皇制度，为民主制扫清了道路，因此，觉悟的工人领导了这个运动。

欧洲的社会主义革命，**不可能**是别的什么，而只能是所有一切被压迫者和不满者的群众性斗争的爆发。一部分小资产阶级和落后的工人，必然会参加这种斗争，——没有他们的参加就**不可能有群众性的**斗争，就不可能有**任何**革命——他们同样必然地会把自己的偏见、反动的幻想、弱点和错误带到运动中来。可是**客观上**他们将向**资本**进攻，所以觉悟的革命先锋队，先进的无产阶级，只要体现出各式各样的、五光十色的、复杂的、表面上分散的群众性斗争的这一客观真理，就能统一和指导这个斗争，夺取政权，夺取银行，剥夺大家所憎恨的（虽然憎恨的原因各不相同！）托拉斯并实现其他的专政措施，这些措施加在一起就能最后推翻资产阶级和取得社会主义的胜利，而社会主义的胜利决不是一下子就会"清除掉"小资产阶级的渣滓的。

波兰人的提纲（第 1 节第 4 条）中说，社会民主党"应当利用殖民地的新兴资产阶级反对欧洲帝国主义的斗争**来加剧欧洲的革命危机**"（黑体是原作者用的）。

在**这**方面，把欧洲和殖民地对立起来是决不容许的，这难道还不明白吗？**欧洲**各被压迫民族的斗争能导致起义和巷战、破坏军队铁的纪律和戒严状态，这种斗争将比在遥远的殖民地大大发展起来了的起义有力得多地"加剧欧洲的革命危机"。爱尔兰起义给予帝国主义资产阶级政权的打击,其政治意义要比亚洲和非洲所给予的同样有力的打击大一百倍。

法国沙文主义报纸不久前报道说,秘密杂志《自由比利时》[43]第80期已在比利时出版。当然,法国沙文主义报纸常常造谣,可是这个消息却近乎事实。沙文主义的和考茨基主义的德国社会民主党,战争爆发两年以来并没有为自己创办一种自由刊物,奴颜婢膝地忍受战时书报检查机关的束缚(只有左翼激进派分子避开检查出版了一些小册子和传单,这是值得赞扬的),与此同时,一个被压迫的文明民族,却以创办革命反抗的刊物来回答空前残暴的军事压迫! 历史的辩证法是这样的:小民族在反帝斗争中无力成为**独立的**因素,却起一种酵母、霉菌的作用,帮助反帝的**真正**力量即社会主义无产阶级登上舞台。

在目前战争中,各国总参谋部都处心积虑地利用敌人阵营中的每个民族运动和革命运动,德国人利用爱尔兰的起义,法国人利用捷克的运动等等。从他们的观点来看,他们这样做是完全正确的。如果不利用敌人的最小弱点,不抓住一切机会,尤其是如果不能预先知道某个地方的火药库会在什么时候以怎样的力量发生"爆炸",那就不能严肃地对待严肃的战争。如果在无产阶级争取社会主义的伟大解放战争中,我们不能利用反对帝国主义的**任何一种**灾难的**一切**人民运动来加剧和扩大危机,那我们就是很糟糕的革命家。如果我们一方面再三声明"反对"任何民族压迫,而另一方面却把被压迫民族某些阶级中最活跃和最有知识的一部分人反对压迫者的英勇起义叫做"盲动",那我们就会把自己降低到与考茨基分子同样愚蠢的水平。

爱尔兰人的不幸,就在于他们的起义时机不合适,——当时欧洲无产阶级起义的条件**还**没有成熟。资本主义并没有被安排得如此协调,以致起义的各个源泉会不遭到挫折和失败而立刻自行汇合起来。相反地,正是在不同的时间、不同的地点爆发的各种各样的起义,保证整个运动的广度和深度;群众只有通过不适时的、局部的、分散的、因而也是遭到挫折的革命运动,才能取得经验,获得教训,集合力量,找到自己的真正领袖——社会主义的无产者,从而为总攻击作准备,正像各次罢工、各城市的和全国性的游行示威、军队哗变、农民暴动等等为1905年的总攻击作了准备一样。

11. 结 束 语

同波兰社会民主党人的不正确的论断相反,民族自决的要求在我们党的鼓动工作中所起的作用,并不亚于武装人民、教会同国家分离、由人民选举官吏以及被庸夫俗子们称为"空想的"其他各点。相反地,1905年以后民族运动的活跃自然也使我们的鼓动工作活跃起来了,如1912—1913年的许多文章和1913年我们党的决议,这个决议对事物的**本质**作了确切的、"反考茨基主义的"(即对纯口头上的"承认"决不调和的)规定①。

当时就已经出现了一个不容回避的事实:各民族的机会主义分子,如乌克兰人尤尔凯维奇、崩得分子李普曼、波特列索夫之流

---

① 参看本版全集第24卷第60—62页。——编者注

的俄国奴仆——谢姆柯夫斯基，都**拥护**罗莎·卢森堡**反对**自决的论据！这位波兰女社会民主党人仅仅是对波兰运动的**特殊**条件所作的不正确的理论概括，立刻在实际上，在更广泛的环境中，在并非一个小国而是一个大国的条件下，在国际的而不是小小波兰的范围内，**客观上**成了对大俄罗斯帝国主义的机会主义的支持。政治**思潮**（和个别人的观点不同）的历史证明了我们的纲领的正确性。

现在露骨的社会帝国主义者，如伦施之流，既直接反对自决，又直接反对否定兼并。考茨基分子则假惺惺地承认自决，在我们俄国走这条道路的有托洛茨基和马尔托夫。他们**两人**也和考茨基一样，口头上赞成自决。实际上呢？如果拿托洛茨基在《我们的言论报》上发表的《民族和经济》一文来看，就可看到他惯用的折中主义：一方面，经济使各民族融合，另一方面，民族压迫又使各民族分离。结论呢？结论应当是：流行的伪善态度仍然没有被揭穿，鼓动工作没有生气，没有触及主要的、根本的、本质的、接近实际的问题，即对于受"我的"民族压迫的民族应持什么态度的问题。马尔托夫及其他国外书记宁愿干脆忘掉——多么有利的健忘！——他们的同事和伙伴谢姆柯夫斯基反对自决的斗争。马尔托夫在格沃兹杰夫分子的合法报刊（《我们的呼声报》[44]）上写过**赞成**自决的文章，证明了自决**并不**要求参加帝国主义战争等等这个无可争辩的真理，但是回避了——他在秘密的自由刊物上也回避了这一点！——主要的问题：俄国**即使在和平时期**，在更加野蛮的、中世纪的、经济落后的、军事官僚式的帝国主义基础上，也打破了民族压迫的世界纪录。俄国社会民主党人如果像普列汉诺夫、波特列索夫这班先生那样"承认"民族自决，而不去为受沙皇制度压迫的民族的分离自由而斗争,那**实际上**就是帝国主义者,就是沙皇制度的走狗。

　　不管托洛茨基和马尔托夫主观的"善良"愿望如何,他们在客观上都是以他们模棱两可的态度支持俄国社会帝国主义。帝国主义时代把所有"大"国变成了许多民族的压迫者,而帝国主义的发展也必然会使国际社会民主党在民族自决问题上的思潮划分得更加清楚。

载于 1916 年 10 月《〈社会民主　　　　　　译自《列宁全集》俄文第 5 版
党人报〉文集》第 1 辑　　　　　　　　　　第 30 卷第 17—58 页

关于波兰社会民主党人 在齐美尔瓦尔德代表会议上的宣言[45]

(1916 年 7 月)

从波兰社会民主党在齐美尔瓦尔德的这个宣言中可以看出，波兰社会民主党人在反对民族自决权时想要说的并不完全是他们所说的。他们想要说的是，并非任何争取民族独立的运动都值得社会民主党支持。这是无可争辩的，因为任何民主要求都服从于无产阶级阶级斗争的总的利益，而决不是什么绝对的东西，还因为在争夺对其他民族的统治权的帝国主义竞争的时代，被压迫国家的资产阶级同某个压迫国家的资产阶级结成公开的和秘密的联盟是可能的。

译自《列宁全集》俄文第 5 版
第 30 卷第 369 页

在格·叶·季诺维也夫关于
《论尤尼乌斯的小册子》和
《关于自决问题的争论总结》
两文的书面意见上作的批注[46]

（不晚于 1916 年 7 月）

1

关于《论尤尼乌斯的小册子》一文

您多次嘲笑"帝国主义**时代**"。对拉狄克及其一伙也应当如此对待，因为对他们来说"时代"是解脱一切灾难的灵丹妙药（第 10—11、14 页及其他各页，在关于自决一文中次数更多）。——但不应当走向另一个极端。有的地方给人的印象是：您把棍子弯过了100 度。

我们自己在伯尔尼会议决议中说过，"现在，在完全不同的时代，即**帝国主义**①**时代**"（等等，见

这是从何说起？ 时代＝9A＋2a 是否意味着 a 是不可能的？？？

---

① 列宁在这个词上面作了一个记号"X"。——俄文版编者注

但是关于"时代"的论点本身(未经拉狄克歪曲的)是绝对正确的,只有这一论点才能指明一条路线,避免折中主义。

不是错误,而是真理:当然可能。

不对
(不是在这个问题上)

我说的完全、完全不是这个意思,我是说:在这场战争中,谈不上德国的共和制问题!!在这里换成"民族战争"就意味着把时代和这场战争混为一谈。

这是事实。用不着怕说真话。请举出还有哪一派!

《社会主义与战争》第42页)。您自己在《共产党人》杂志(第188—189页)中写过:"当前这个时代的本质是从民族解放战争的时代过渡到帝国主义①掠夺战争和反动战争的时代。"我认为,正是在反驳尤尼乌斯和拉狄克的文章中您应当重申这一论点并强调其正确性。否则会造成一种印象:您否认这一论点并同意承认只有和唯有这场战争才是帝国主义战争。

其次,我觉得过分强调在欧洲有发生民族战争的可能性②是一个错误……

现在的任务是要指出,小国(塞尔维亚、瑞士等)在"当前的时代"也不能"保卫祖国"。在这个问题上混淆不清的还有格里姆及其一伙,在这个问题上"抓"弱点的有普列汉诺夫……

您自己在反驳尤尼乌斯的文章中说,把策略建立在民族战争的基础上意味着"面向过去,而不是面向未来",说这是"民族战争的幻想",等等……

"只有德国国际社会党人还坚守岗位"(第5页)。这应换一个说法。我们不宜过分夸奖自己人。

第9页

---

① 列宁在这个词上面作了一个记号"X"。——俄文版编者注

② 这里和后面的着重线都是列宁画的。——俄文版编者注

法国大革命时期的"帝国主义"战争,"拿破仑帝国主义"。应当说明这里是在什么意义上使用"帝国主义"这一术语的。

一个在任何地方和任何时候都通用的旧术语。认为它是拉狄克们提出的,就太可笑了!!

第 10 页
"1914—1916 年的这场战争会转化为民族战争"仅仅"这种可能性极小"吗?

当然仅仅!! 要知道,我接着就说明了这在什么时候是**可能的**。您别想驳倒这一点!

第 12 页
"帝国主义无论在奴隶制的基础上和原始资本主义的基础上都可能产生"等等(参看第 9 页)。这一点应当另写一页专门加以解释。否则这一切便是毫无根据的。

怎么能把援引众所周知的历史事实叫做"毫无根据"呢? 罗马、英国反对荷兰和西班牙等等呢?

第 13 页
恐怕不能说"波斯、印度和中国**联合**"的"可能性很大"。如果说有什么事情是**不**大可能的,那就正是这种联合。

为什么? 试一试能不能证明这一点? 如果没有忘记"战争是政治的继续",那您就无法证明。

第 16 页
难道我们反对废除武装是因为我们还期待出现不反动的、正义的、应当在战时保卫祖国的战争? 而不是为了社会主义革命? 难道我们能同意那种认为我们坚持民兵制是为了在防御性战争中保卫祖国的说法吗?

　　当然是的!!!

这不是战争吗??? 当然是的! 您对一些字眼未深究其含义就害怕起来。在好的战争中保卫祖国是件好事。

第 18 页
简单地佯称尤尼乌斯一贯拥护自决是不合适的。暗示这是罗莎·

这正好是**暗示**。

卢森堡当然不行。但是加上："**现在**"，"在战争的教训的**影响之下**"①等词是必要的。

第 27 页

在俄国"很大一部分贫苦农民都被帝国主义所迷惑，都**拥护**战争"。有何证据？毫无证据。一切自由派的农民生活观察者、非党人士(尼孔主教)、民粹派(《俄国财富》杂志)说的完全相反。普列汉诺夫利用这种论点来反对我们。洛伊特纳已经在写什么俄罗斯的"人民帝国主义"。

劳动派**47**、社会革命党**48**左派农民的行为可以证明。我说的是"大概"。正是在这种地方低估农民的"爱国主义"是危险的。

2

关于论自决的文章

普列汉诺夫犯错误，将**不是**由于您所说的那个原因：请试把原因**讲清楚**！！比利时"现在"正参加英国＋法国＋俄国的掠夺战争，帮助扼杀加利西亚、亚美尼亚及其他地区。对每一次这种战争都要作**具体**评价。

第 24—25 页。举比利时和比利时可能发生的起义的例子不合适。普列汉诺夫会说：究竟为什么要等待比利时被兼并，要等待它举行起义呢？它**现在**已经在为不被兼并而斗争，据说，它正在用这种方式来实现保卫祖国(在这个词的好的意义上)。

不对！根本不对！！我曾具体指明这是**可能的**(在论尤尼乌斯一文中)。为什么您没有**反驳**那里面所说的??

事实上，被兼并的比利时反对德国的任何民族战争都不可能发生。

① 着重线、引号和问号都是列宁画的。——俄文版编者注

〔(1)没有希望的战争也是战争；

(2)——小国同大国进行的没有希望的战争，在大国国内发生起义的情况下，就可能变为有希望的战争。〕

何以见得 1918 年（我举的例子）欧洲将发生帝国主义战争，而**不会发生社会主义革命**?? 是否在帝国主义"时代"的**任何**时期都**可能**发生帝国主义战争？ 不，不是在**任何**时期。1905 年英国和德国（为了争夺挪威）的帝国主义战争等等就**未能**发生。

在下一次帝国主义战争中，比利时**可能**在关键时刻参加反德联盟——这是对的。比利时的资产阶级将称之为民族战争。这也是对的。但事实上，它并不会比塞尔维亚现在参加协约国方面具有更多的民族战争性质。（而更糟糕的是比利时资产阶级有刚果。）奥地利并没有兼并塞尔维亚，但扼杀了它，扼杀了南方斯拉夫人的民族革命。——如果德国兼并了比利时，我们向比利时无产者宣传的将不是民族起义，而是国**际**起义，即同革命的德国无产阶级并肩战斗。假如像您那样孤立地提出比利时，那就无法理解原

根据谁的行动时间表？

您完全离开了要对每一次**这种**战争**分别**加以评价这一唯一的马克思主义立场！

则区别在哪里：为什么在有人进攻比利时，**企图兼并**它的时候，不应当保卫比利时祖国，而要在它被兼并之后才去保卫它？比利时被兼并将造成新的不满的根源，斗争将因民族压迫而复杂化——这是对的。德国无产阶级应当支持比利时的分离自由——这也是对的。它对丹麦也应当这样做，我们对瑞典也应当这样做。但丹麦反对德国、瑞典反对俄国的任何民族战争在当前的时代毕竟<u>是不可想象的</u>。"利用这些冲突"（见我们的提纲）是**需要**的。但您说的不只是这一点。

不对！！
在《先驱》杂志的
一篇文章[49]里

我们的提纲中说（第39页倒数第2段）：反对一个帝国主义政府的斗争……<u>可能</u>被另一"大"国利用，等等，也就是说①，不能使我们拒绝承认自决。<u>这是对的。</u>但不应再往前走了。否则就会忘记上面所说的那种**情况本身**。

（注意）"可能"（注意）

兼并之后我们建议比利时和比利时工人做什么：在肯定**没有**英法**援助**的情况下单枪匹马地进行反抗德国的民族战争？或者，我们掩盖下述"情况"：否则比利时就会重新成为反德联盟的帝国主义资产阶级的工具。

注┃在哪里忘记了？**可能**与**必定**是
意┃两回事。**您忘记了这一点**！！

在《社会主义与战争》中（第8页）您写道："**假定一切国家都向德国**

？？蒲鲁东主义**恰好**是否认**资产阶级**民族起义和民族战争的**可能性**（和往往具有的**好处**）。

---

① "也就是说"这几个字是列宁加的。——俄文版编者注

宣战，要求德国撤出比利时并赔偿它的损失，——假如是这样，社会民主党人当然要同情德国的敌人。"

这样说**是可以的**。为了一目了然起见是可以这样论证的。但是这个"假定"是永远不可能实现的。这一点绝不能忘记。比利时发生起义（兼并后）姑且说<u>**是可能的**</u>，——正如1916年爱尔兰能够**发生起义**一样。拉狄克是个庸人，因为他把爱尔兰的起义称做"盲动"。这是不容怀疑的。但是我们对比利时可能发生的起义能说些什么呢？同**您**关于都柏林所说的一样：这次起义的不幸，就在于它没有同国际无产阶级的社会主义革命汇合起来。换句话说，我们将向比利时工人宣传**国际革**命，而不是宣传民族战争。

（（**这**风马牛不相及。与此无关，完全无关。这**只是**对普列汉诺夫论点的答复。并且讲的是这场战争的性质。））

（您这是自相矛盾，同自己的第1页和第2页相矛盾。）

啊哈!!!

不幸的起义是一种**可能的**起义，是不是这样？

您不合逻辑到了荒唐的程度。

向各国工人宣传国际主义的国内战争是一回事，而否认民族战争的**可能性**则是另一回事!! 在理论问题上决不能把可能的东西（对不同的阶级和国家来说）同对**社会主义的**无产阶级来说是适当的和正确的东西混为一谈。蒲鲁东主义就是从这种混淆中产生的。卡·马克思和蒲鲁东主义者在1866—1869年间都说过、向工人宣传过"国际社会主义革命"，他们都是正确的。但是，**蒲鲁东主义者**补充说："进步的民族战争**是不可能的**"，他们便错了。**现在蒲鲁东主义者**在**类似的问题**上迷失了方向,他们不懂得帝国主义大国的无产阶级起义同小国和殖民地反对大国的民族起义和民族战争结合起来是可能的(和不可避免的)。

一次再一次地提醒,——不要忘记 1914—1916 年战争中塞尔维亚的例子!

您常常过分热衷于您的反对拉狄克鼠目寸光的"正义战争",以致形成这样一个前景:说这场战争是帝国主义战争,但是再往后呢——不知道,也可能是新基础上的民族战争的新时代。

在什么地方这样说过? 哪里也没有!! 说的是另一回事:在帝国主义条件下民族战争也是可能的。仅仅如此而已。而这是正确的。

您说帝国主义扩大民族压迫,使自决(指革命的自决)具有迫切性,这当然是万分正确的。但是这丝毫也不削弱关于帝国主义战争时代的论点。

请试把这个"论点"表述出来,结果将是:"帝国主义时代"产生了这场帝国主义战争,但是也可能产生另一种战争。

您说:难道 1789—1871 年间的"时代"排除了非民族战争吗? 对! 没有排除。但是请您说(并且加以发挥),现在的帝国主义战争时代也同样,在同一个意义上(也就是说作为并不改变全局面貌的个别现象)并<u>不排除民族战争</u>。这就是我的全部建议。

也就是说它们**是可能的**(这是一回事)。

> "某现象是可能的"。"不排除某现象"。这是一回事。

这一点在驳尤尼乌斯的整篇文章中也说了,也发挥了,也举了例子。就在那里说过:"没有希望的战争也**是战争**"——并且还指出了没有希望转化为**有希望的条件!!!** 认为历史上不存在(**可能**不存在)没有希望的战争,认为没有希望的战争**不可能**转化为有希望的战争,——就是"帝国主义经济主义"。

第27—28页。**确认集中**(通过帝国主义的野蛮方式)这一点本身,还不是任何兼并主义。总而言之,在您的表述中,关于兼并主义那一条的指责,我觉得有些牵强附会。拉狄克及其一伙是不彻底的**国际主义者**,而不是不彻底的**兼并主义者**,他们如果把问题推到"逻辑的终点",就**可能**走向库诺主义。现在对他们的指责如果表述得客观一些,那就会**博得好评**。

第33页。"当我们和只要我们没有力量完成社会主义革命时,工人们应当更紧密地联合起来。"难

拉狄克的兼并主义**不在于此**,而且我也**没有**把这一点看做兼并主义。请回答,事先拒绝在**欧洲恢复**一些国家,这难道不是"兼并主义"(不彻底的)吗??

请回答一下**这个问题!!**

对！已经改了。

这将在下一篇评论整个考茨基主义的文章中谈到。

这里需要分析**为什么**废除武装是胡说八道。拉狄克及其一伙对于**为什么说**考茨基主义是荒谬的这**整个**问题提得**不准确**。

办——不——到！！
这是**替**列金说情！！
"言与行"！①

道只是"当"和"只要"。（修辞上最好改一改。）

如果您专用一节再分析一下欧洲联邦口号与自决的关系，可能是非常有益的。拉狄克及其一伙断言这是一回事。在这样一篇分析他们全部"论点"的主要文章中，不宜回避这个问题。

最好把总的"调子"再放缓和些。这只会更有说服力。既然总的说来您是把他们当做迷途的朋友对待（对此我很高兴），所以文章只会因此而博得好评。

枝节问题——见校样。看过的人还请求用不太刺激的词换掉"恶棍"这个词。

译自《列宁全集》俄文第 5 版
第 54 卷第 468—478 页

---

① 旧俄时人们向当局告密时的用语，表示"有人造反"！——编者注

帝国主义和
社会主义运动中的分裂

(1916 年 8 月 9 日〔22 日〕以前)

机会主义(以社会沙文主义形式出现的)对欧洲工人运动取得的异常可鄙的胜利,是否同帝国主义有联系呢?

这是当代社会主义运动中的根本问题。现在我们有可能而且应当来分析这个根本问题,因为我们在我们党的出版物上已经充分证明了如下两点:第一,我们这个时代和这场战争的帝国主义性质;第二,社会沙文主义同机会主义的不可分割的历史联系及其相同的思想政治内容。

首先必须给帝国主义下一个尽量确切和完备的定义。帝国主义是资本主义的特殊历史阶段。这个特点分三个方面:(1)帝国主义是垄断的资本主义;(2)帝国主义是寄生的或腐朽的资本主义;(3)帝国主义是垂死的资本主义。垄断代替自由竞争,是帝国主义的根本经济特征,是帝国主义的**实质**。垄断制表现为五种主要形式:(1)成立卡特尔、辛迪加和托拉斯;生产集中达到了产生这种资本家垄断同盟的阶段;(2)大银行占垄断地位,3—5 家大银行支配着美、法、德三国的全部经济生活;(3)**原料**产地被各托拉斯和金融寡头占据(金融资本是同银行资本融合的垄断工业资本);(4)国际卡特尔**开始**(在经济上)瓜分世界。这种国际卡特尔的数目已超过

100 个,它们控制着**整个**世界市场,并且"和睦地"进行瓜分(在战争还没有**重新**瓜分它以前)。资本输出作为一种非常典型的现象,和非垄断资本主义时期的商品输出不同,它同从经济上、从政治和领土上瓜分世界有着密切的联系;(5)从领土上瓜分世界(瓜分殖民地)**已经完毕**。

帝国主义,作为美洲和欧洲然后是亚洲的资本主义的最高阶段,截至 1898—1914 年这一时期已完全形成。美西战争(1898年),英布战争[50](1899—1902 年),日俄战争(1904—1905 年)以及欧洲 1900 年的经济危机,——这就是世界历史新时代的主要历史里程碑。

帝国主义是寄生的或腐朽的资本主义,这首先表现在腐朽的趋势上,这种趋势是生产资料私有制下的**一切**垄断所特有的现象。共和民主派的帝国主义资产阶级和君主反动派的帝国主义资产阶级之间的差别所以日益消失,正是因为两者都在活活地腐烂着(这决不排除资本主义在某些工业部门,在某些国家或在某些时期内惊人迅速的发展)。第二,资本主义的腐朽表现在以"剪息票"为生的资本家这一庞大**食利者**阶层的形成。英、美、法、德四个先进帝国主义国家各拥有 1 000 亿—1 500 亿法郎的有价证券资本,就是说,各国每年的收入都不少于 50 亿—80 亿法郎。第三,资本输出是加倍的寄生性。第四,"金融资本竭力追求的是统治,而不是自由。"政治上的**全面**反动是帝国主义的特性。行贿受贿之风猖獗,各种各样的巴拿马案件[51]层出不穷。第五,同兼并密切联系着的那种对被压迫民族的剥削,特别是极少数"大"国对殖民地的剥削,使"文明"世界愈来愈变成叮在数万万不文明的各族人民身上的寄生虫。罗马的无产者靠社会过活;现在的社会靠现代无产者过活。

西斯蒙第这个深刻的见解，马克思曾特别加以强调①。帝国主义
稍微改变了这种情况。帝国主义大国无产阶级中的特权阶层，部
分地也依靠数万万不文明的各族人民过活。

　　不难理解为什么帝国主义是**垂死的**资本主义，向社会主义**过
渡**的资本主义，因为**从资本主义中成长起来的垄断已经**是资本主
义的垂死状态，是它向社会主义过渡的开始。帝国主义造成的大
规模的劳动**社会化**（即辩护士——资产阶级经济学家称之为"交织
的现象"），其含义也是一样。

　　我们提出这样一个帝国主义定义，就不免要同卡·考茨基完
全抵触，因为他否认帝国主义是"资本主义的一个阶段"，而断定帝
国主义是金融资本"比较爱好"的一种**政策**，是"工业"国力图兼并
"农业"国的企图②。考茨基的这个定义在理论上完全是捏造出来
的。帝国主义的特点恰恰**不**是工业资本的统治，而是金融资本的
统治，恰恰**不单**是力图兼并农业国，而是力图兼并**一切**国家。考茨
基**把**帝国主义的政治同它的经济**割裂开来**，把政治上的垄断制和
经济上的垄断制割裂开来，为他的庸俗的资产阶级改良主义，如
"废除武装"、"超帝国主义"之类的谬论扫清道路。捏造这种理论
的全部用意和目的，无非是要掩饰帝国主义的**最深刻的**矛盾，从而
为同帝国主义辩护士即露骨的社会沙文主义者和机会主义者讲
"统一"的理论辩护。

　　考茨基的这种背弃马克思主义的行为，我们已在《社会民主党

---

①　参看《马克思恩格斯文集》第 2 卷第 467 页。——编者注

②　"帝国主义是高度发达的工业资本主义的产物。帝国主义就是每个工业资本
　　主义民族力图征服或吞并愈来愈多的**农业**区域，而不管那里居住的是什么民
　　族。"（考茨基于 1914 年 9 月 11 日在《新时代》杂志上发表的论文）

人报》和《共产党人》杂志[52]上详细论述过了。我们俄国的考茨基主义者，以阿克雪里罗得和斯佩克塔托尔为首的"组委会分子"，包括马尔托夫而且在很大程度上也包括托洛茨基，都认为最好避开不谈考茨基主义这一思潮的问题。他们不敢维护考茨基在战时所写的东西，而只是吹捧考茨基（如阿克雪里罗得所写的一本德文小册子，组织委员会**曾答应**要用俄文出版）或援引几封考茨基的私人信件（如斯佩克塔托尔）来敷衍了事。考茨基在这些信件中硬说他属于反对派，而狡猾地试图完全否认自己的一切沙文主义言论。

应当指出，考茨基对帝国主义的这种无异于粉饰帝国主义的"见解"，不仅比希法亭的《金融资本》一书倒退了（虽然希法亭本人现在极力维护考茨基，维护同社会沙文主义者的"统一"！），而且比**社会自由派**约·阿·霍布森也倒退了。这位英国经济学家丝毫不想以马克思主义者自居，但是他在1902年的著作[①]中却给帝国主义下了一个深刻得多的定义，对帝国主义的矛盾作了深刻得多的揭露。请看这位著作家（在他那里几乎可以找到考茨基的一切和平主义的和"调和主义的"庸俗论调）对于帝国主义寄生性这一极重要的问题所发表的言论吧：

霍布森认为，有两种情况削弱了旧帝国的力量：（1）"经济寄生性"；（2）用附属国的人民编成军队。"第一种情况是经济寄生习气，这种习气使得统治国利用占领地、殖民地和附属国来达到本国统治阶级发财致富的目的，来收买本国下层阶级，使他们安分守己。"关于第二种情况，霍布森写道：

"帝国主义盲目症的最奇怪的症候之一〈这种关于帝国主义者的"盲目

[①]　约·阿·霍布森《帝国主义》1902年伦敦版。

症"的调子从社会自由派霍布森口中唱出来，比从"马克思主义者"考茨基口中唱出来更加适当〉，就是大不列颠、法国等帝国主义国家走上这条道路时所抱的那种漫不经心的态度。在这方面走得最远的是大不列颠。我们征服印度帝国的大部分战斗都是我们用土著人编成的军队进行的；在印度和近来在埃及，庞大的常备军是由英国人担任指挥的；我们征服非洲的各次战争，除了征服南部非洲的以外，几乎都是由土著人替我们进行的。"

瓜分中国的前景，使霍布森作出了这样一种经济上的估计："到那时，西欧大部分地区的面貌和性质，都将同现在有些国家的部分地区，如英格兰南部、里夫耶拉以及意大利和瑞士那些游人最盛、富人最多的地方一样，也会有极少数从远东取得股息和年金的富豪贵族，连同一批人数稍多的家臣和商人，为数更多的家仆以及从事运输和易腐坏产品最后加工的工人。主要的骨干工业部门就会消失，而大批的食品和半成品会作为贡品由亚非两洲源源而来。""西方国家更广泛的同盟，即欧洲大国联邦向我们展示的前途就是，这个联邦不仅不会推进全世界的文明事业，反而有造成西方寄生性的巨大危险：产生出这样一批先进的工业国家，这些国家的上层阶级从亚非两洲获得巨额的贡款，并且利用这种贡款来豢养大批驯服的家臣，他们不再从事大宗的农产品和工业品的生产，而是替个人服务，或者在新的金融贵族监督下从事次要的工业劳动。让那些漠视这种理论〈应该说：前途〉，认为这个理论不值得研究的人，去思考一下已经处于这种状态的目前英格兰南部各区的经济条件和社会条件吧。让他们想一想，一旦中国受这种金融家、'投资者'〈食利者〉及其政治方面和工商业方面的职员的经济控制，使他们能从这个世界上所知道的最大的潜在富源汲取利润，以便在欧洲消费，这套方式将会扩展到怎样巨大的程度。当然，情况是极为复杂的，世界上各种力量的变化也难以逆料，所以不能很有把握地对未来作出某种唯一的预测。但是，现在支配着西欧帝国主义的那些势力，是在向着这个方向发展的。如果这些势力不遇到什么抵抗，不被引上另一个方面，它们就确实会朝着完成这一过程的方向努力。"

社会自由派霍布森看不到，**只有革命无产阶级**，而且**只有采取社会革命的形式**，才能实行这种"抵抗"。正因为如此他才是社会自由派！不过，他早在 1902 年就精辟地分析了"欧洲联邦"问题（请考茨基主义者托洛茨基注意！）以及各国**伪善的考茨基主义者**所极力掩饰的种种事实的意义，即：**机会主义者**（社会沙文主义者）

和帝国主义资产阶级一道，**正是**朝着靠剥削亚非两洲以建立帝国主义欧洲的方向而共同努力的；**机会主义者**在客观上是小资产阶级和工人阶级某些阶层的一部分，他们被帝国主义的超额利润所**收买**，已变成了资本主义的**看门狗**和工人运动的**败坏者**。

帝国主义资产阶级和现在战胜了（能长久吗？）工人运动的机会主义之间的这种极深刻的经济联系，我们不仅在一些论文中，而且在我们党的一些决议中都一再指出过。由此我们得出结论说，同社会沙文主义决裂是不可避免的。而我们的考茨基主义者却喜欢回避这个问题！例如，马尔托夫还在他所作的几次专题报告中就进行过诡辩，他的那番话登载在《组织委员会国外书记处通报》上（1916年4月10日第4号），原文如下：

> "……如果那些在智力发展方面最接近于'知识界'的最熟练工人竟也难免离开革命社会民主党而转到机会主义方面去，那么革命社会民主党的事业是很糟糕的，甚至是没有希望的……"

玩弄一下"难免"这个愚蠢字眼和某种"偷天换日"的把戏，就**把某些工人阶层转到机会主义和帝国主义资产阶级方面去的事实回避过去了**！而组织委员会的诡辩家们要**回避**的正是这一事实！他们用考茨基主义者希法亭以及其他许多人目前所炫耀的"官场的乐观主义"来支吾搪塞，说什么客观条件能保证无产阶级的统一和革命派的胜利！说什么他们都是些对无产阶级抱"乐观主义的人"！

其实，所有这些考茨基主义者，如希法亭、组委会分子以及马尔托夫之流，不过是……对**机会主义抱乐观主义**罢了。实质就在这里！

无产阶级是资本主义的产儿，是世界资本主义的产儿，而不仅仅是欧洲资本主义或帝国主义资本主义的产儿。当然,在世界范围内,"无产阶级"迟早——早50年或迟50年,从**这一**范围来看,这是一个小问题——"会"统一起来,而且革命社会民主党"必然"会在无产阶级中获得胜利。但是,考茨基主义者先生们,问题并不在这里,而在于**你们**现在在欧洲各帝国主义国家中向机会主义者**献媚讨好**,而这些人对作为阶级的无产阶级说来是**异己分子**,是资产阶级的奴仆、代理人和资产阶级影响的传播者,**不摆脱**这些人,工人运动就始终是**资产阶级的工人运动**。你们鼓吹同机会主义者,即同列金、大卫之流,同普列汉诺夫、契恒凯里和波特列索夫之流"统一",这在客观上就是掩护帝国主义资产阶级利用它在工人运动中的得力代理人去**奴役**工人。革命社会民主党在世界范围内的胜利是绝对不可避免的,它正在到来而且必定到来,正在实现而且必定实现,但是这一胜利完全是**反对**你们的,它将是**击败**你们而取得的胜利。

当代工人运动中的两种倾向,甚至是**两个党派**,在1914—1916年间显然已经在全世界分道扬镳。**恩格斯和马克思在数十年内**,大约从1858年到1892年,**在英国仔细地考察**过这两个党派。

马克思和恩格斯两人都没有活到世界资本主义的帝国主义时代,因为这个时代最早也只能说是在1898—1900年间开始的。但是英国的特点是,它从19世纪中叶起至少就具备了帝国主义的**两大特征**:(1)拥有极广大的殖民地;(2)拥有垄断利润(因为它在世界市场上占垄断地位)。就这两点来说,英国当时是各资本主义国家中的一个例外,恩格斯和马克思在分析这一例外时非常明确地指出了这种现象和机会主义在英国工人运动中的胜利(暂时的胜利)之间的**联系**。

恩格斯在 1858 年 10 月 7 日给马克思的信中说："英国无产阶级实际上日益资产阶级化了,因而这一所有民族中最资产阶级化的民族,看来想把事情最终弄到这样的地步,即**除了**资产阶级,它**还要有**资产阶级化的贵族和资产阶级化的无产阶级。自然,对一个剥削全世界的民族来说,这在某种程度上是有道理的。"①恩格斯在 1872 年 9 月 21 日给左尔格的信中写道:黑尔斯(Hales)在国际联合会委员会中掀起了轩然大波,竟提议公开谴责马克思,理由是马克思说过"英国工人领袖被收买了"②。马克思在 1874 年 8 月 4 日写信对左尔格说:"至于说到此地〈英国〉的城市工人,遗憾的只是那帮领袖都没有进入议会。不然这倒是摆脱那帮混蛋的一条最可靠的途径。"③恩格斯在 1881 年 8 月 11 日给马克思的信里说到了"被资产阶级收买了的,或至少是领取资产阶级报酬的人所领导的最坏的英国工联"。④ 恩格斯在 1882 年 9 月 12 日给考茨基的信中说:"您问我:英国工人对殖民政策的想法如何？这和他们对一般政策的想法一样。这里没有工人政党,只有保守派和自由主义激进派,工人十分安然地分享英国在世界市场上的垄断权和英国的殖民地垄断权。"⑤

恩格斯在 1889 年 12 月 7 日写信对左尔格说:"……这里〈英国〉最可恶的,就是那种已经深入工人肺腑的资产阶级式的'体面'(respectability)……连我认为是他们中间最优秀的人物汤姆·曼

---

① 见《马克思恩格斯文集》第 10 卷第 165 页。——编者注
② 参看《马克思恩格斯全集》第 1 版第 33 卷第 521 页。——编者注
③ 同上书,第 637 页。——编者注
④ 参看《马克思恩格斯全集》第 1 版第 35 卷第 18 页。——编者注
⑤ 见《马克思恩格斯文集》第 10 卷第 480 页。——编者注

也喜欢谈他将同市长大人共进早餐。只要把他们同法国人比较一下，就会发现革命有什么好处。"①他在 1890 年 4 月 19 日的信中说："运动〈英国的工人阶级的运动〉**正在**向前发展，席卷着越来越广大的阶层，而且往往是那些至今处于停滞状态的**最低层的**〈黑体是恩格斯用的〉群众，在不久的将来，这些群众会猛然醒悟，**认识到自己的地位**，认识到原来正是他们自己才是一支伟大的运动着的力量。"②恩格斯在 1891 年 3 月 4 日写道："分崩离析的码头工人工会失败了，战场上将只剩下一些**富足的**因而也是胆怯的'旧的'保守的工联……"③　他在 1891 年 9 月 14 日写道：在工联纽卡斯尔代表大会上，反对八小时工作制的旧工联主义者失败了，"而资产者的报纸承认**资产阶级工人政党**遭到了失败……"④（所有的黑体都是恩格斯用的）

恩格斯曾把他数十年来反复说明的这些思想在报刊上公开发表，他在 1892 年为《英国工人阶级状况》第 2 版所写的序言就证明了这一点。他在这个序言中谈到了"工人阶级中的贵族"，谈到了"享有特权的少数工人"和"广大工人群众"相对立。工人阶级中间只有那些"享有特权和受到保护的区区少数"，才获得了英国在1848—1868 年间的特权地位所提供的"长期的利益"，而"广大群众的状况至多也不过得到暂时的改善……" "随着英国工业垄断的破产，英国工人阶级就要失掉这种特权地位……" "新"工联即非熟练工人联合会的会员，"拥有一个无与伦比的优点：他们的心

① 见《马克思恩格斯文集》第 10 卷第 576—577 页。——编者注
② 参看《马克思恩格斯全集》第 1 版第 37 卷第 391 页。——编者注
③ 参看《马克思恩格斯全集》第 1 版第 38 卷第 44 页。——编者注
④ 同上书，第 151 页。——编者注

田还是一块处女地，丝毫没有沾染上传统的'体面的'资产阶级偏见，而那些处境较好的'旧工联主义者'却被这种偏见弄得昏头昏脑……"在英国被称为"所谓工人代表"中，"即在那些一心要把自己的工人本色淹没于自由主义海洋，以求得别人宽恕的人中……"①

我们之所以特意相当详细地摘引马克思和恩格斯的坦率的言论，是想使读者能够**全面**加以研究。这些言论是必须研究的，是值得细细玩味的。因为帝国主义时代的客观条件要求我们在工人运动中所采取的策略的**关键**，正是在这里。

考茨基在这里也企图"把水搅浑"，用同机会主义者调和的甜言蜜语来偷换马克思主义。坦白的、天真的社会帝国主义者（如伦施之流）说德国进行战争是为了破坏英国的垄断，考茨基在同他们论战时，用来"**纠正**"这种明显的谎话的是另一种同样明显的谎话。他用娓娓动听的谎话代替厚颜无耻的谎话！他说，英国的**工业垄**断早就被打破了，早就被破坏了，因此已无可破坏也无须再破坏了。

这种论据的虚伪性何在呢？

第一，就在于避而不谈英国的**殖民地**垄断。而我们已经看到，恩格斯早在34年以前即1882年，就非常明白地指出了这种垄断！如果说英国的工业垄断已被破坏，那么其殖民地垄断不仅依然存在，而且还变本加厉了，因为全世界被瓜分完毕了！考茨基用甜蜜的谎言作幌子，偷运资产阶级和平主义者和机会主义小市民的货色，妄说"没有什么东西要通过打仗来争夺"。恰巧相反，现在对**资**

---

① 见《马克思恩格斯文集》第1卷第375—380页。——编者注

本家来说不仅有要通过打仗来争夺的东西，而且如果想要保存资本主义，他们**不能不打仗**，因为**新兴的**帝国主义国家如果不用暴力手段来重新瓜分殖民地，就不能得到比较老的（**又比较弱的**）帝国主义列强现在享有的那些特权。

第二，为什么英国的垄断使机会主义在英国（暂时）获得了胜利呢？因为垄断提供**超额利润**，即超过全世界一般的、正常的资本主义利润的额外利润。从这种超额利润中，资本家**可以**拿出一部分（甚至是不小的一部分！）来收买**本国**工人，建立某种同盟（请回忆一下韦伯夫妇所描写的英国工联同它们的雇主的有名"同盟"吧），即一国的工人同本国资本家共同**反对**其他国家的同盟。英国的工业垄断早在19世纪末叶就被破坏了。这是无可争辩的。但是破坏得**怎样**呢？是不是**一切**垄断都消失了呢？

如果情况是这样，考茨基的调和主义（同机会主义调和）"理论"倒会有些根据了。但问题就在于情况**并不是**这样。帝国主义**是**垄断的资本主义。每个卡特尔、托拉斯、辛迪加以及每家大银行，**都是**一种垄断组织。超额利润并没有消灭，它仍然存在。一个享有特权的财力雄厚的国家对其他**所有**国家的剥削仍然存在，并且更加厉害了。极少数富国——就独立的和真正庞大的"现代"财富来说，这样的国家只有四个，即英、法、美、德——把垄断扩展到无比广阔的范围，攫取着数亿以至数十亿**超额利润**，让别国数亿人民"驮着走"，为瓜分极丰富、极肥美、极稳当的赃物而互相搏斗着。

帝国主义的经济实质和政治实质就在于此，考茨基对帝国主义最深刻的矛盾加以掩盖，而不是加以揭露。

帝国主义"大"国的资产阶级，**能够**每年拿出一两亿法郎，**在经济上**收买"自己的"工人中间的上层分子，因为他们的**超额**利润大概有 10 亿之多。至于这点小恩小惠怎样分配给工人部长、"工人议员"（请回想一下恩格斯对这个概念的精辟分析）、军事工业委员会的工人代表[53]、工人官吏、狭隘行业工会工人以及职员等等，这是一个次要的问题。

在 1848—1868 年间，以及在稍后的一段时间内在一定程度上，只有英国享有垄断；**因此机会主义能在英国得势数十年；当时**任何其他国家既**没有**最丰富的殖民地，也**没有**工业垄断。

19 世纪的最后 30 多年，是向帝国主义新时代过渡的时期，这时享有垄断的已经**不是**一国的金融资本，而是为数很少的几个大国的金融资本。（在日本和俄国，对军事力量的垄断，对极广大领土和掠夺异族——如中国等等——的极便利条件的垄断，部分地填补了，部分地代替了现代最新金融资本的垄断。）由于这种不同的情况，从前英国的垄断**能够**存在几十年而**无人争夺**。现代金融资本的垄断却遇到了疯狂的争夺；帝国主义战争的时代开始了。从前**一个**国家的工人阶级可以被收买、被腐蚀几十年。现在这就很难办到了，甚至办不到了，但是**每一个**帝国主义"大"国都能够而且正在收买**人数较少的**（与 1848—1868 年间英国的情况相比较）"工人贵族"阶层。从前，"**资产阶级工人政党**"——用恩格斯的寓意极深的话来说——只能在一国内形成（因为当时只有一国拥有垄断），但是能维持很久。现在"**资产阶级工人政党**"在所有帝国主义国家里都成了**不可避免的**和典型的现象，但是由于各帝国主义国家为瓜分赃物而进行疯狂斗争，这种党未必能在许多国家里得势很久。因为，托拉斯、金融寡头和物价高涨等等虽然**提供了**收买一小撮上层分子的**可能性**，但是，对无产阶级和半无产阶级**群众**的打击、压迫、摧残和折磨却愈来愈厉害。

　　一方面,资产阶级和机会主义者力求把少数享有特权的最富的民族变为叮在他人身上的"永久"寄生虫,靠剥削黑人和印度人等等来"安享清福",用装备着精良的杀人武器的最新军国主义来压服他们。另一方面,比以前遭到更厉害的压迫和承受着帝国主义战争的一切痛苦的**群众**,却力求摆脱这种桎梏,推翻资产阶级。当前工人运动的历史必将在这两种趋势的斗争中逐渐展开。因为前一种趋势不是偶然的,而是在经济上"有根据的"。在**一切**国家里资产阶级都已经产生、养育和保有社会沙文主义者的"资产阶级工人政党"。像意大利的比索拉蒂之流的成形的、十足社会帝国主义者的党,同波特列索夫、格沃兹杰夫、布尔金、齐赫泽、斯柯别列夫之流的半成形的所谓的党,没有什么本质的区别。重要的是,工人贵族阶层分离出去而投靠资产阶级的过程,在经济上已经成熟并且已经完成了,而这种经济事实,这种阶级关系的变动,要为自己找到这样或那样的政治形式,是不怎么"费劲"的。

　　在上述经济基础上,现代资本主义的政治设施,如报刊、议会、各种社团和代表大会等等,就替那些恭顺驯良的改良主义和爱国主义的职工们,创造了一种同他们获得的经济上的特权和小恩小惠相适应的**政治上的**特权和小恩小惠。在内阁或军事工业委员会中,在议会和各种委员会中,在"堂堂正正的"合法报纸编辑部或同样堂堂正正的"唯资产阶级之命是听的"工会理事会中安排有油水的和稳当的职位,这就是帝国主义资产阶级用来诱惑和嘉奖"资产阶级工人政党"的代表人物及其拥护者的手段。

　　政治民主制的机构也是循着这一方向运转的。在我们这个时代不能没有选举;没有群众是行不通的,而在印刷发达和议会制盛行的时代,要让群众跟自己走,就**必须**有一套广泛施展、系统推行、周密布置的手法,来阿谀奉承、漫天撒谎、招摇撞骗、玩弄流行的时髦字眼、信口答应工人实行种种改良和办种种好事,——只要他们肯放弃推翻资产阶级的革命斗争。我把这套手法叫做劳合-乔治主义,因为英国大臣劳合-乔治是在一个拥有"资产阶级工人政党"的典型国家里玩弄这套手法的一位最高超最狡猾的代表。劳合-乔治是一个第一流的资产阶级生意人和滑头政客,是一个颇有声誉的演说家,他善于在工人听众面前乱吹一通,甚至讲一些最最革命的词句,他善于向驯良的工人大施恩惠,如许诺实行社会改良(保险等等),他出色地为资产阶级服务①,并且正是**在工人中间**替资产阶级服务,**正是**在无产阶级中间传播资产阶级影响,即在一个最有必要而最难于在精神上征服群众的地方传播这种影响。

试问,劳合-乔治同谢德曼、列金、韩德逊、海德门、普列汉诺夫以及列诺得尔之流是否有很大的区别呢?有人会反驳说,在后者中间有些人会回到马克思的革命社会主义方面来。这是可能的,但是如果从政治上即从大的方面来看,这是一种程度上的微不足道的区别。在今天的社会沙文主义领袖中间可能有个别人会回到无产阶级方面来。但是社会沙文主义或机会主义(这是一回事)的**流派**却不会消失,也不会"回到"革命无产阶级方面来。这个政治流派,这种"资产阶级工人政党",在马克思主义受到工人欢迎的一切地方,都会拿马克思的名字来赌咒发誓。要禁止他们这样做是不可能的,正如不能禁止一个商号使用任何一种商标、招牌和广告

---

① 不久以前,我在一种英文杂志上读到劳合-乔治的一位政敌托利党人[54]写的一篇文章:《托利党人眼中的劳合-乔治》。战争擦亮了这位政敌的眼睛,使他看到劳合-乔治是资产阶级的一名多么出色的帮办!托利党人已经同他和解了!

一样。历史上常有这种情形：那些在被压迫阶级中素享盛名的革命领袖逝世以后，他们的敌人便企图窃取他们的名字来欺骗被压迫阶级。

事实是，"资产阶级工人政党"这种政治现象在**一切**先进资本主义国家里都已经形成了，不同这些政党（或集团、流派等等，反正都是一回事）展开坚决无情的全面斗争，就根本谈不上反对帝国主义，也谈不上马克思主义和社会主义工人运动。俄国的齐赫泽党团[55]、《我们的事业》杂志[56]、《劳动呼声报》[57]以及国外的"组委会分子"，都无非是**这样的**党的变种罢了。我们根本不能设想这些党派会**在社会革命以前**消失。恰巧相反，这个革命愈迫近，爆发得愈猛烈，革命进程的转变和飞跃愈急剧，革命的群众潮流反对机会主义的小市民潮流的斗争在工人运动中的作用也就愈大。考茨基主义根本不是什么独立的流派，因为它无论在群众中间或在投靠资产阶级的特权阶层中间，都没有根基。但是考茨基主义的危险，就在于它利用过去的观念，竭力使无产阶级同"资产阶级工人政党"调和，坚持前者和后者的统一，从而提高后者的威信。群众已经不再跟公开的社会沙文主义者走了：劳合-乔治在英国工人大会上受到了斥责，海德门退出了党，列诺得尔和谢德曼之流，波特列索夫和格沃兹杰夫之流全靠警察来保护。考茨基主义者暗中维护社会沙文主义者的行为，是再危险不过的了。

考茨基派惯用的诡辩之一，就是以"群众"为借口。他们说：我们不愿意脱离群众和群众组织！可是请想一想恩格斯对于这个问题的提法吧。英国工联这些"群众组织"在19世纪曾经拥护资产阶级工人政党。但是马克思和恩格斯并没有因此就同资产阶级工人政党调和，而是揭露它。他们没有忘记：（1）工联组织直接包括的只是**无产阶级的少数**。无论当时在英国或现在在德国,无产阶级中参加组织的人数不超过$\frac{1}{5}$。决不能认真设想,在资本主义制度下可以把大多数无产者包括到组织中去。(2)——这是主要的——问题不在于参加组织的人数,而在于这个组织所采取的政策的客观实际意义:这个政策是代表群众利益,为群众服务,即为群众从资本主义下得到解放服务呢,还是代表少数人的利益,代表少数人同资本主义调和? 这后一种情况正是19世纪的英国和现在的德国等等的真实情况。

恩格斯把"**最低层**的群众"即真正的多数同旧工联的"**资产阶级工人政党**"分开,同享有特权的少数分开,并且向这个**没有**沾染上"资产阶级式的体面"的真正多数发出号召。马克思主义策略的实质就在于此!

我们不可能(谁也不可能)估计到,无产阶级中间究竟有哪一部分人在现在或将来会跟着社会沙文主义者和机会主义者走。这只有斗争才能说明,只有社会主义革命才能最后解决。但是我们确实知道,在帝国主义战争中"主张保卫祖国的人"只**代表**少数。因此,我们如果愿意仍然成为社会主义者,就应该**下到**和**深入到**真正的群众中间去,反机会主义斗争的全部意义和全部内容就在于此。我们揭穿机会主义者和社会沙文主义者实际上背叛和出卖群众的利益,揭穿他们维护少数工人暂时的特权,揭穿他们传播资产阶级的思想和影响,揭穿他们实际上是资产阶级的同盟者和代理人,从而教育群众认清自己的真正的政治利益,在帝国主义战争和帝国主义休战交替的漫长而痛苦的过程中,为社会主义和革命进行斗争。

向群众说明必然而且必须同机会主义分裂,通过无情地反对机会主义的斗争来教育他们进行革命,依据战争的经验揭穿民族主义自由派工人政策的一切丑恶行径而不把它们掩盖起来,——这就是世界工人运动中唯一的马克思主义路线。

在下一篇文章里,我们试就这条同考茨基主义截然相反的路线的主要特点作一概括的说明。

载于1916年12月《社会民主党人报〉文集》第2辑

译自《列宁全集》俄文第5版第30卷第163—179页

无产阶级革命的军事纲领[58]

(1916 年 8 月 9 日〔22 日〕以前)

在荷兰、斯堪的纳维亚和瑞士,在同社会沙文主义者编造的在这场帝国主义战争中"保卫祖国"的谎言作斗争的革命社会民主党人中间,有人主张取消社会民主党的最低纲领中的"民兵制"或"武装人民"这项旧条文,而代之以"废除武装"的新条文。《青年国际》杂志[59]已经就这个问题展开讨论,并且在第 3 期上发表了一篇主张废除武装的编辑部文章。很遗憾,罗·格里姆最近的提纲[60]也对废除武装这一思想作了让步。《新生活》杂志[61]和《先驱》杂志展开了讨论。

现在我们就来研究一下主张废除武装的人的论点。

一

基本的论点是:要求废除武装,就是最明确、最坚决、最彻底地表示反对任何军国主义和任何战争。

可是,主张废除武装的人的基本错误恰恰在于这个基本论点。社会主义者如果还是社会主义者,就不能反对一切战争。

第一,社会主义者从来不是,而且永远不可能是革命战争的反对者。各帝国主义"大"国的资产阶级已经反动透顶了，所以我们认为**这个**资产阶级现在进行的战争是反动的、奴隶主的、罪恶的战争。而**反对**这个资产阶级的战争的情形又是怎样的呢？例如，受这个资产阶级压迫和支配的民族或殖民地民族争取自身解放的战争的情形又是怎样的呢？我们在"国际"派的"提纲"第5条中看到这样一种说法："在这猖狂的帝国主义的时代，不可能再有任何民族战争。"这显然是不正确的。

20世纪这个"猖狂的帝国主义"世纪的历史，充满了殖民地战争。但是我们欧洲人，压迫世界大多数民族的帝国主义者，从自己固有的卑鄙的欧洲沙文主义出发称之为"殖民地战争"的，往往是这些被压迫民族的民族战争或民族起义。帝国主义最基本的特性之一恰恰在于，它加速最落后的国家中的资本主义的发展，从而扩大和加剧反对民族压迫的斗争。这是事实。由此必然得出结论：帝国主义势必经常产生民族战争。**尤尼乌斯**在自己的小册子里赞成上述"提纲"，并说：在帝国主义时代，任何反对一个帝国主义大国的民族战争，都会导致同这个大国竞争的另一个帝国主义大国的介入，因此，任何民族战争也会转化为帝国主义战争。但是这个论点也是不正确的。这种情形是**可能的**，但并不总是如此。在1900—1914年间，许多次殖民地战争走的就不是这条道路。如果我们声称，例如在当前这场战争结束以后（假如这场战争将以各交战国打得筋疲力竭而告结束），"不可能"有"任何"进步的革命的民族战争，如中国同印度、波斯、暹罗等国联合进行的反对大国的战争，那简直是可笑的。

否认在帝国主义条件下有发生民族战争的任何可能性，在理论上是不正确的，而且显然不符合历史事实，在实践上则无异于欧洲沙文主义：我们属于压迫欧洲、非洲、亚洲等数亿人的民族，我们应当对各个被压迫民族说，它们进行反对"我们"这些民族的战争是"不可能的"！

第二，国内战争也是战争。谁承认阶级斗争，谁就不能不承认国内战争，因为在任何阶级社会里，国内战争都是阶级斗争的自然的——在一定的情况下则是必然的——继续、发展和尖锐化。所有的大革命都证实了这一点。否认或忘记国内战争，就意味着陷入极端的机会主义和背弃社会主义革命。

第三，在一国取得胜利的社会主义决不能一下子根本排除一切战争。相反地，它预计到会有战争。资本主义的发展在各个国家是极不平衡的。而且在商品生产下也只能是这样。由此得出一个必然的结论：社会主义不能**在所有**国家**内**同时获得胜利。它将首先在一个或者几个国家内获得胜利，而其余的国家在一段时间内将仍然是资产阶级的或资产阶级以前的国家。这就不仅必然引起摩擦，而且必然引起其他各国资产阶级力图打垮社会主义国家中胜利的无产阶级的直接行动。在这种情况下发生的战争，从我们方面来说就会是正当的和正义的战争。这是争取社会主义、争取把其他各国人民从资产阶级压迫下解放出来的战争。恩格斯在 1882 年 9 月 12 日给考茨基的信中直接承认**已经胜利了的**社会主义有进行"自卫战争"的**可能性**[1]，他说得完全正确。他指的正是胜利了的无产阶级进行自卫以反对其他各国的资产阶级。

只有在我们推翻、彻底战胜并剥夺了全世界的而不只是一国

---

① 　参看《马克思恩格斯文集》第 10 卷第 481 页。——编者注

的资产阶级之后,战争才会成为不可能的。如果我们恰恰回避或掩饰最重要的事情,即镇压资产阶级的反抗——在向社会主义**过渡**时最艰巨、最需要进行的斗争,那么,从科学的观点来看便是完全不正确的、完全不革命的。"社会"神父和机会主义者总是情愿幻想未来的和平社会主义,而他们与革命社会民主党人不同的地方恰恰在于,他们不愿设想,不愿考虑为实现这个美好的未来而进行的残酷的阶级斗争和阶级**战争**。

我们决不应该受别人的言词的欺骗。例如,很多人痛恨"保卫祖国"这个概念,因为露骨的机会主义者和考茨基主义者用这个概念来遮盖和掩饰资产阶级在**这场**强盗战争中所说的谎话。这是事实。但不能由此得出结论说,我们应当不再考虑政治口号的意义。认可在这场战争中"保卫祖国",就意味着认为这场战争是符合无产阶级利益的"正义"战争,——如此而已,再没有别的意义。因为在任何战争中都不排除入侵。否定被压迫民族**方面**在它们**反对**帝国主义大国的战争中"保卫祖国",或者否定胜利了的无产阶级方面在**它**反对资产阶级国家的某个加利费的战争中"保卫祖国",那简直是愚蠢的。

如果忘记任何战争都不过是政治通过另一种手段的继续,那在理论上是完全错误的;现在的帝国主义战争是两个大国集团的帝国主义政治的继续,而这种政治是由帝国主义时代各种关系的总和所产生和培育的。但是这个时代又必然产生和培育反对民族压迫斗争的政治和无产阶级反对资产阶级斗争的政治,因此就可能有而且必然会有:第一,革命的民族起义和战争;第二,无产阶级**反对**资产阶级的战争和起义;第三,这两种革命战争的汇合等等。

二

此外，还要补充下面这个一般的考虑。被压迫阶级如果不努力获得有关武器的知识，学会使用武器，占有武器，那它只配被压迫，被虐待，被人当做奴隶对待。我们如果不想变成资产阶级和平主义者或机会主义者，就不能忘记，我们是生活在阶级社会里，除了进行阶级斗争之外，我们没有而且也不可能有其他摆脱这个社会的出路。在任何一个阶级社会里，不管它建立在奴隶制、农奴制或现在的雇佣奴隶制之上，**压迫**阶级总是**武装起来的**。不仅现在的常备军，而且**现在的**民兵，连瑞士的民兵也不例外，都是资产阶级**反对**无产阶级的武装。我认为，这个基本的道理用不着加以说明。只要指出**一切**资本主义国家发生罢工时都出动军队就够了。

武装资产阶级以反对无产阶级，这是现代资本主义社会的一个最重大、最基本和最重要的事实。面对这样的事实，有人竟劝告革命社会民主党人提出"废除武装"的"要求"！这就等于完全放弃阶级斗争的观点和任何革命的念头。我们说：武装无产阶级，以便战胜、剥夺资产阶级，**并且解除其武装**，——这是革命阶级唯一可行的策略，这种策略是由资本主义军国主义的整个**客观发展**所准备、奠定和教给的。无产阶级只有把资产阶级的武装解除以后，才能销毁一切武器而不背弃自己的世界历史任务，无产阶级无疑会做到这一点，但**只能在那个时候，决不能在那个时候以前**。

如果说当前的战争在反动的社会神父和动辄哭泣的小资产者中间只会引起恐怖和惊慌，只会使他们厌恶一切使用武器的行为，厌恶死亡和流血等等，那么，相反地我们则说：资本主义社会历来就是**永无终结的恐怖**。如果说当前这场在一切战争中最反动的战争正在进行准备，使这个社会**以恐怖而终结**，那么我们就没有任何理由陷于绝望。现在大家都看到，正是资产阶级自己在准备一场唯一正当的革命战争，即反对帝国主义资产阶级的国内战争，在这种情况下，关于废除武装的说教、"要求"（正确些说，是梦想），客观上正是绝望的表现。

如果有谁认为这是一种"灰色的理论"、"干巴巴的理论"，那我们就要提醒他注意两件具有世界历史意义的**事实**：一方面是托拉斯和妇女从事工厂劳动的作用；另一方面是1871年的巴黎公社和俄国1905年的十二月起义。

资产阶级的事业就是发展托拉斯，把儿童和妇女赶进工厂，在那里折磨他们，腐蚀他们，使他们过着极端贫困的生活。我们不"支持"这种发展，不"要求"这种发展，我们反对这种发展。但是**怎样**反对呢？我们知道，托拉斯和妇女从事工厂劳动是**进步的**。我们不愿意倒退到手工业，倒退到垄断前的资本主义和妇女从事家务劳动。要通过托拉斯等等前进，并且要超过它们走向社会主义！

这一论断只要相应地改变一下，就可适用于现在人民的军事化。今天，帝国主义的以及其他的资产阶级，不仅使全体人民而且使青年军事化。明天，它也许要使妇女军事化。对此我们回答说：那更好！快点前进吧！军事化进行得愈快，反对资本主义的武装起义就来得愈快。社会民主党人如果没有忘记巴黎公社的例子，那么怎么会被青年的军事化等等所吓倒而灰心丧气呢？这并不是什么"理论"，也不是什么幻想，而是事实。如果社会民主党人竟无视一切经济的和政治的事实，开始对帝国主义时代和帝国主义**战**

争必然会使这些事实重演表示怀疑，那就真会使人感到绝望。

有一位看到过巴黎公社的资产者，1871 年 5 月曾在一家英国报纸上写道："如果法兰西民族都是妇女，那是一个多么可怕的民族啊！"**62** 在公社时期，妇女和 13 岁以上的儿童同男子并肩战斗。在未来的推翻资产阶级的战斗中，也不可能不是这样。无产阶级的妇女决不会坐视武装精良的资产阶级去枪杀武装很差或手无寸铁的工人，她们会像 1871 年那样，再次拿起武器，而且从目前"被吓倒了的"或灰心丧气的民族中，正确些说，从目前与其说是被各国政府破坏不如说是被机会主义者破坏的工人运动中，虽然迟早不定，但无疑会产生一个革命无产阶级的"可怕的民族"的国际同盟。

现在军事化正在深入到全部社会生活中。军事化成为一切。帝国主义就是大国为瓜分和重新瓜分世界而进行的残酷斗争，因此它**必然**导致包括小国和中立国在内的一切国家的进一步军事化。对此无产阶级的妇女该怎么办呢?? 只是咒骂任何战争以及和军事有关的一切，只是要求废除武装吗？ 真正革命的被压迫阶级的妇女，决不会甘心充当这种可耻的角色。她们会对自己的儿子说："你快长大了。人家会给你枪。你要拿起枪来，好好地学习一切军事方面的东西——这是无产者所需要的，这并不是为了去打自己的兄弟，像在当前这场掠夺战争中所做的那样，像社会主义的叛徒劝你去做的那样，而是为了反对'自己'国家的资产阶级，为了不是靠善良的愿望，而是用战胜资产阶级和解除**它的**武装的办法来消灭剥削、贫困和战争。"

谁由于当前的战争而拒绝进行这种宣传——恰恰是这种宣传，——那他就最好干脆别说什么国际革命社会民主运动、社会革命、以战争反对战争的大话。

三

主张废除武装的人反对武装人民,其理由之一就是认为这个要求似乎容易导致对机会主义让步。我们已经考察了废除武装同阶级斗争和社会革命的关系这一最重要的问题。现在我们来考察一下废除武装的要求同机会主义的关系问题。不能接受这个要求的最重要原因之一,就是它和它必然产生的幻想会削弱和冲淡我们同机会主义的斗争。

毫无疑问,这个斗争已提上了国际的议事日程。反对帝国主义的斗争如果不同反对机会主义的斗争紧密地联系起来,那只是一句空话或欺人之谈。齐美尔瓦尔德和昆塔尔[63]的主要缺点之一,第三国际的这些萌芽可能遭到失败的基本原因之一恰恰在于,关于同机会主义作斗争的问题甚至没有公开地提出,更不用说在必须同机会主义者决裂这个意义上加以解决了。机会主义在欧洲工人运动中暂时取得了胜利。在所有大国中都形成了两个主要的机会主义派别:第一,普列汉诺夫、谢德曼、列金、阿尔伯·托马以及桑巴、王德威尔得、海德门、韩德逊等先生们公开的、无耻的因而危险比较小的社会帝国主义。第二,隐蔽的、考茨基主义的机会主义,如德国的考茨基—哈阿兹派和"社会民主党工作小组"[64],法国的龙格、普雷斯曼、迈耶拉等人,英国的拉姆赛·麦克唐纳和"独立工党"[65]的其他首领,俄国的马尔托夫、齐赫泽等人,意大利的特雷维斯和其他一些所谓左派改良主义者。

公开的机会主义公开地直接地反对革命,反对正在开始的革命运动和革命爆发,同政府直接结成联盟,尽管这种联盟有各种不同的形式,从参加政府起到参加军事工业委员会(在俄国)止。隐蔽的机会主义者,即考茨基主义者对于工人运动更有害得多,更危险得多,因为他们用娓娓动听的"马克思主义的"词句与"和平"口号,把他们为自己同前一类人结成联盟和实行"统一"作辩护的行为掩盖起来,并且说得头头是道。反对这两种占统治地位的机会主义的斗争,应当在无产阶级政治的**一切**领域内,即在议会活动、工会、罢工和军事等等领域内进行。这两种占统治地位的机会主义的**主要特点**就是:对**革命的具体问题**以及**当前战争同革命的联系**的一般问题闭口不谈,加以掩盖或者在不触犯警察禁令的条件下"加以回答"。尽管**在这场战争之前**不久人们曾无数次非正式地指出过并且在巴塞尔宣言[66]中又正式明确地指出过**这场**即将到来的战争同无产阶级革命的联系,但他们还是这样做!废除武装的要求的主要缺点,恰恰在于它避开了革命的一切具体问题。也许主张废除武装的人赞成进行一种不要武装的完全新式的革命吧?

其次,我们决不反对争取改良的斗争。我们不想忽视这样一种令人失望的可能性,即尽管群众的不满和骚动多次爆发,尽管我们很努力,但是仍然没有从**这场**战争中产生革命,在这种最坏的情况下人类还会经历第二次帝国主义大战。我们赞成的是那种**也**应当反对机会主义者的改良纲领。假如我们把争取改良的斗争完全让给机会主义者,而自己却躲到某种"废除武装"的幻境中去,逃避可悲的现实,那他们只会感到高兴。"废除武装"就是逃避丑恶的现实,而决不是反对这种现实。

在这样的纲领中,我们大概会这样说:"在 1914—1916 年的帝国主义战争中提出保卫祖国的口号,认可保卫祖国,这完全是用资产阶级的谎言去败坏工人运动。"这样具体地回答具体问题,比要求废除武装和拒绝"任何"保卫祖国,在理论上更加正确,对于无产阶级要有益得多,对于机会主义者来说会更加感到难以忍受!我们还可以补充说:"所有帝国主义大国,即英、法、德、奥、俄、意、日、美等国的资产阶级都已经反动透顶了,他们处心积虑地力图统治世界,所以**这些**国家的**资产阶级**进行的**任何一次**战争,都只能是反动的战争。无产阶级不仅应当反对一切这样的战争,而且应当希望'自己的'政府在这样的战争中遭到失败,并利用这种失败去举行革命起义,——如果以阻止战争为目的的起义没有成功的话。"

关于民兵制问题,我们要说:我们不赞成资产阶级的民兵制,而只赞成无产阶级的民兵制。因此,我们不仅不用一个人和一文钱去帮助常备军,而且不去帮助资产阶级的民兵,即使在美国、瑞士、挪威等这样的国家里也应当如此,况且我们亲眼看到:在最自由的共和国(例如瑞士)内,特别是从1907年和1911年以来,民兵愈来愈普鲁士化,它已堕落到被用来镇压罢工者。我们可以要求:由人民选举军官,废除一切军法,外国工人和本国工人享有同等权利(这一条对于像瑞士这样的帝国主义国家尤其重要,因为它们无耻地剥削愈来愈多的外国工人,使他们处于无权的地位);其次,给予国内比如每一百居民以建立学习军事的自由团体的权利,自由选举教官,由国家支付薪金,等等。只有这样,无产阶级才能真正**为自己**而不是为奴隶主去学习军事,而这是完全符合无产阶级的利益的。俄国革命证明,革命运动的任何一次胜利,哪怕是局部的胜利,比如夺取了某个城市、某个工厂区、某一部分军队等等,都必然迫使胜利了的无产阶级**恰恰**要实现这样的纲领。

最后,单靠纲领当然永远不能战胜机会主义,要战胜它只能用行动。破产了的第二国际的一个最大的和致命的错误就在于,人们言行不符,昧着良心提倡虚伪和讲革命空话(请看考茨基之流今天对待巴塞尔宣言的态度)。废除武装作为一种社会思想,是由一定的社会环境产生的,并且能够影响社会环境,而不仅是某个人的古怪想法,显然,这种思想来源于个别小国的狭小的、例外的"安静"生活条件,这些国家置身于世界的流血战争之外,并且希望这样继续下去。且看挪威那些主张废除武装的人的论点:我们国小兵少,我们无法反对大国(因此也就无法反对别人强迫我们去同某一大国集团结成帝国主义联盟……),我们希望在自己的偏僻的一隅安安静静地过日子,执行与世无争的政策,我们要求废除武装,成立有约束力的仲裁法庭,保持"永久"(大概是比利时那样的吧?)中立等等。

小国想站在一旁;小资产阶级企图远远离开世界上的大搏斗,利用自己的某种垄断地位来维持消极守旧的状态,——这就是使废除武装的思想能够在某些小国内收到一定的成效并得以传播的**客观**社会环境。当然,这种企图是幻想的和反动的,因为帝国主义总是要把小国卷进世界经济和世界政治的漩涡。

试以瑞士为例。它的帝国主义环境客观上决定了工人运动的两条路线:机会主义者力图同资产阶级联合起来,把瑞士变成一个民主共和制的联盟,以便从帝国主义资产阶级的游客身上捞取利润,并且得心应手地、安静地保持这种"安静的"垄断地位。我们瑞士的真正社会民主党人则力图利用瑞士的相对的自由和"国际"地位,来帮助欧洲各国工人政党中革命分子的亲密联盟获得胜利。值得庆幸的是瑞士没有"自己独立的"语言,而是讲三种世界语言,即与它毗邻的各交战国的语言。

如果瑞士党的两万个党员每周都能交纳两个生丁的"战时特别税",那我们每年就能得到两万法郎,——这个数目就足以使我们用三种语言为各交战国的工人和士兵定期出版各种印刷品,并且不顾各国总参谋部的禁令广为散发,说明关于工人日益愤慨、他们在战壕中联欢、他们希望用革命方式利用武器去反对"自己的"帝国主义资产阶级等等事实真相。

这一切都不是什么新奇的事情。像《哨兵报》[67]、《民权报》[68]、《伯尔尼哨兵报》这几家优秀的报纸都已经在这样做,只可惜还做得不够。只有通过这样的活动,阿劳党代表大会[69]的出色的决议才不致仅仅是一个出色的决议。只要提出一个问题就够了:"废除武装"的要求是不是符合社会民主党工作的**这种**方针?

显然,不符合。废除武装客观上符合工人运动中机会主义的、狭隘民族的、受小国眼界限制的路线。废除武装客观上是小国地地道道民族的、特殊民族的纲领,而决不是国际革命社会民主党的国际性的纲领。

载于 1917 年 9 月和 10 月《青年　　　　译自《列宁全集》德文版第 23 卷
国际》杂志第 9 期和第 10 期　　　　　　第 72—83 页

论正在产生的
"帝国主义经济主义"倾向[70]

（1916 年 8—9 月）

1894—1902 年间的旧"经济主义"发表过如下的议论。民粹派被驳倒了。资本主义在俄国胜利了。这就是说，不必去考虑政治革命了。实际结论是：或者是"工人搞经济斗争，自由派搞政治斗争"，这是向右跳。或者是以总罢工代替政治革命来实行社会主义变革。这是向左跳，这是 90 年代末一个俄国"经济派"在他所写的一本现在已被人遗忘的小册子里提出来的。[71]

现在新"经济主义"正在产生，它的议论也有类似的两种跳跃："向右"——我们反对"自决权"（即反对解放被压迫民族，反对同兼并作斗争，——这一点他们还没有完全考虑到或者没有统统说出来）。"向左"——我们反对最低纲领（即反对为争取改良和争取民主而斗争），因为这同社会主义革命相"矛盾"。

自从这种正在产生的倾向在某些同志面前，即在 1915 年春天伯尔尼会议[72]上暴露出来以后，已经过去一年多了。幸而，当时只有一个遭到**普遍**反对的同志直到会议结束时还坚持这些"帝国主义经济主义"的思想，并且写了一个专门的"提纲"加以表述。当时没有**任何人**同意这个提纲。

后来还有两个人同意这位同志的反对自决的提纲[73]（他们没

有意识到,这个问题同上述"提纲"总的立场有不可分割的联系)。而"荷兰人的纲领"**74**于1916年2月在《国际社会党委员会。公报》第3号上一发表,便**立刻**显露出这种"**误解**",因而**又**促使原"提纲"的作者把他的全部"帝国主义经济主义"完完整整地**重新端出来**,而不仅仅是用来解释一个似乎是"**个别的**"条文。

绝对有必要再一次**警告**有关的同志:他们**已经陷入泥潭**,他们的"**思想**"**无论是同马克思主义或者是同革命的社会民主党都毫无共同之处**。再把问题"隐瞒"下去是不能容许的,因为这就意味着助长思想上的混乱,并且使这种混乱向**最坏的方面**发展:说话吞吞吐吐,闹"私人"纠纷,搞没完没了的"**摩擦**"等等。相反地,我们的责任是无条件地和坚决地主张**必须**仔细考虑和彻底弄清已经提出的问题。

《社会民主党人报》编辑部在关于自决的提纲①(用德文刊印,按《先驱》杂志第2期的校样)中,**特意**用**不涉及个人的**然而是极其详尽的形式把问题提出来,特别强调自决问题同争取改良和争取民主这个**一般**问题的**联系**,强调不允许忽视**政治**方面等等。原提纲("帝国主义经济主义")的作者,在他对编辑部的自决提纲所提的意见中**赞同荷兰人的纲领**,这样他本人就特别清楚地表明:自决问题决不像代表正在产生的这种倾向的作者们所提的那样,是一个"局部的"问题,而是一个一般的和基本的问题。

齐美尔瓦尔德左派的代表在1916年2月5—8日召开的伯尔尼国际社会党委员会会议**75**上收到了荷兰人的纲领。这个左派的任何一个成员,**连拉狄克也不例外**,都不赞成这个纲领,因为它把"剥夺银行"、"废除商业税"、"取消第一院"等等这样一些条文胡乱

---

① 见本版全集第27卷第254—268页。——编者注

拼凑在一起。齐美尔瓦尔德左派的全体代表一致地、三言两语地——甚至没有发言，只是耸耸肩膀——就把这个显然完全不适用的荷兰人的纲领抛开了。

1915年春天拟定的原提纲的作者却很喜欢这个纲领，他说："实际上，我并没有说过更多的东西"（1915年春），"荷兰人**考虑得很周到**"："他们在经济方面——**剥夺银行和大生产**"（企业），"**在政治方面——成立共和国等等。完全正确！**"

其实，荷兰人并不是"考虑得很周到"，而是提出一个完全**没有经过考虑**的纲领。俄国倒霉的地方就是，我们当中的某些人在最新的杰作中所抓住的恰恰是这种没有经过考虑的东西……

1915年提纲的作者认为，《社会民主党人报》编辑部自相矛盾，因为它"自己"在第8条（《具体任务》）中，也提出了"剥夺银行"，甚至还加上"刻不容缓"的字眼（和"专政措施"）。1915年提纲的作者，回忆起1915年春天伯尔尼的争论时，不满地惊叹道："为了这一点我在伯尔尼挨了多少骂啊！"

这位作者忘记了或者没有注意到一件"小事情"，就是《社会民主党人报》编辑部在第8条中明明分析了**两种情况**：第一种情况是社会主义革命已经**开始**。其中写道，那时就要"刻不容缓地剥夺银行"等等。第二种情况是社会主义革命**没有**开始，那时就要等一等再谈这些好事情。

因为前面所谈的那种社会主义革命**现在**显然还没有开始，所以荷兰人的纲领是荒谬的。而提纲的作者在"**加深**"问题时，又回到（"每次都在这个地方……"[76]）他过去的错误：把政治要求（如"取消第一院"？）变成"**表述社会革命的政治措辞**"。

作者在原地踏步整整一年之后，又回到他过去的错误。这是他倒霉的"关键"所在，因为他弄不清楚**怎样把已经到来的帝国主义同争取改良的斗争、同争取民主的斗争联系起来**——正如已经寿终正寝的"经济主义"当时不善于把已经到来的资本主义同争取民主的斗争联系起来一样。

由此，就产生了民主要求在帝国主义时代"不能实现"这个问题上的十足的糊涂思想。

由此，就轻视当前、现在、此刻以及任何时候的政治斗争，这对于马克思主义者是不能容许的（只有出自工人思想派[77]的"经济派"之口才是适当的）。

由此，就产生了那种从**承认**帝国主义而"堕落"到替帝国主义**辩护**的劣根性（正如已经寿终正寝的"经济派"从承认资本主义而堕落到替资本主义辩护一样）。

如此等等，等等。

要详细分析1915年提纲的作者对《社会民主党人报》编辑部关于自决的提纲所提的意见中的一切错误是完全不可能的，因为**每句话都不正确**！根本不能写几本小册子或著作来答复这些"意见"，因为"帝国主义经济主义"的倡导者整年都在原地踏步，根本不愿费心思周密地完整地阐明他们所说的"我们的意见分歧"是什么，如果他们想严肃地对待政治问题的话，这本来是他们对党的不容推卸的义务。

我只限于简单扼要地指出：作者是怎样运用他的基本错误，或者说是怎样"追加"错误的。

作者认为我自相矛盾，因为1914年我（在《启蒙》杂志[78]上）曾经写过，"到**西欧社会党人纲领里**"①去找自决是荒唐的，而在1916

---

① 见本版全集第25卷第237页。——编者注

年我却声称自决是特别需要的。

作者没有考虑一下(!!),那些"纲领"是在1875年、1880年、1891年写的[79]！

下面按照(《社会民主党人报》编辑部关于自决的提纲)各条谈一谈作者所提的意见：

第1条。作者还是抱着"经济派"的那种态度：不愿看到和提出**政治**问题。**因为**社会主义将为消灭政治上的民族压迫打下经济基础，**所以**我们的作者不愿意表述我们在这方面的**政治任务**！这简直是可笑的！

因为胜利了的无产阶级并不否定反对其他国家的资产阶级的战争，**所以**作者不愿意表述我们在民族压迫方面的政治任务！！这一切都是完全违反马克思主义和逻辑的例子；或者说是"帝国主义经济主义"基本错误的**逻辑**表现。

第2条。反对自决的人被推说"不能实现"的借口完全弄糊涂了。

《社会民主党人报》编辑部向他们说明了"不能实现"可能有的**两种**意义以及他们在**两种**情况下的错误。

1915年提纲的作者，甚至不打算提出**自己**对"不能实现"的看法，也就是说，**接受**我们的解释，即在这里有人把两种不同的东西混淆了起来，他却**坚持这种糊涂思想**！！

他把危机同"帝国主义的""政治"联系起来，我们的这位政治经济学家忘记了，危机在帝国主义**以前**就存在！……

编辑部解释过，谈论自决在经济上不能实现，是胡说八道。作者**没有**回答，**没有**声明，他认为自决**在经济上**不能实现；他退出了争论阵地，跳到政治方面（"还是"不能实现），尽管已经清清楚楚地向他说明，在帝国主义时代，**在政治上**共和国也完全和自决一样地"不能实现"。

作者在这里逼得无路可走，又"跳了"一次：他认为共和国和全部最低纲领都仅仅是"表述社会革命的政治措辞"！！！

作者不坚持自决"在经济上"不能实现，而跳到政治方面。他把政治上的不能实现推广到全部最低纲领。这里除"**帝国主义经济主义"的逻辑**以外，既没有丝毫马克思主义，也没有丝毫逻辑。

作者想**悄悄地**（他本人并没有考虑过也没有拿出过任何完整的东西，没有花点工夫去草拟自己的纲领）抛弃社会民主党的最低纲领！他整年原地踏步，这是毫不足怪的！！

关于同**考茨基主义**作斗争的问题，也不是一个局部性的，而是当代的一个**一般的**和**根本的**问题：作者**没有理解**这个斗争。正如"经济派"把反对民粹派的斗争变成了对资本主义的辩护一样，作者也把反对考茨基主义的斗争变成了对帝国主义的辩护（这也适用于第3条）。

考茨基主义的错误在于：它在这样的时刻竟用改良主义的方式提出那些只能用革命方式提出的要求（而作者误认为考茨基主义的错误，就在于提出这些要求本身，正像"经济派"把反对民粹主义的斗争"理解"为"打倒专制制度"就是民粹主义那样）。

考茨基主义的错误在于：它使**正确的**民主要求倒退，退到和平的资本主义，而不是使之前进，向社会革命前进（而作者误认为这些要求是不正确的）。

第3条。参看前面谈的。关于"联邦制"问题，作者**也**避而不谈。

还是那个"经济主义"的同一个基本错误:不善于提出**政治**问题。^①

第 4 条。作者翻来覆去地说:"从自决中得出的就是保卫祖国。"这里他的错误在于,他想把否定保卫祖国变成**死板公式**,认为它**不是根据这场**战争的具体的历史特点得出的,而是"一般地"得出的结论。这不是马克思主义。

早就告诉过作者,并且他也没有反驳这一点:试给反对民族压迫或不平等的斗争想出一种可以**不为**"保卫祖国"作辩护的表述来。这一点您是做不到的。

这是不是说,如果根据民族压迫**可以**得出保卫祖国的结论,我们就反对同民族压迫作斗争呢?

不是。因为我们并不是"一般地"反对"保卫祖国"(见我们党的决议^②),而是反对用这种骗人的口号来**粉饰**这场**帝国主义**战争。

作者**想要**(但是不能;他在这里也是整整一年白费心思……)**根本**不正确地、**非历史地**提出"保卫祖国"的问题。

作者关于"二元论"的言论表明,他**不了解**什么是一元论,什么是二元论。

如果我把鞋刷子同哺乳动物"统一"起来,这能算是"一元论"吗?

如果我说,要走向目的地 a,应该是:

$$ⓒ\longrightarrow a \longrightarrow ⓑ$$

由ⓑ点向左走,而由ⓒ点向右走,这难道是"二元论"吗?

---

① 作者写道:"我们不怕四分五裂,我们不维护国界。"请对这一点作出确切的政治表述!! 关键也就在于**你们做不到这一点**;"经济主义者"对**政治民主**问题的盲目无知妨碍你们这样做。

② 见本版全集第 26 卷第 164—165 页。——编者注

压迫民族和被压迫民族的无产阶级在民族压迫方面所处的地位是不是一样的呢？不，不一样，无论**在经济、政治、思想或精神等等方面**都不一样。

这是什么意思呢？

这就是说，从**不同的**出发点朝**一个**目的地（民族融合）走时，有的人将**这样**走，有的人将**那样**走。否认这一点，就是把鞋刷子和哺乳动物统一起来的"一元论"。

"向被压迫民族的无产者谈这一点〈赞成自决〉不合适"，作者对编辑部提纲竟作这样的"理解"。

这真可笑!! 提纲中**丝毫**没有说过**这类的话**。作者不是没有读完，就是完全没有动脑筋。

第5条。见前面对考茨基主义的分析。

第6条。作者被告知，全世界有三种**类型**的国家。作者"表示反对"，想找"一个例外"。这是诡辩术①，而不是政治。

您想找出"例外"："比利时怎么样"？

请看列宁和季诺维也夫的小册子[80]：其中说，如果具体的战争是另外一种战争，我们就会**主张**保卫比利时（甚至**用战争**来保卫）②。

您不同意这点吗？

请说出来!!

您没有仔细考虑过社会民主党**为什么**反对"保卫祖国"的

---

① "诡辩术"（"казуистика"）这个词是从"例外"（"казус"）这个词变来的，它的本义是中世纪烦琐哲学和神学中用一般教条来解释例外的决疑法。——编者注

② 参看本版全集第26卷第328—329页。——编者注

问题。

我们反对的理由，并非您所认为的那样，因为您对问题的提法（是枉费心机，而不是提法）是非历史的。这就是我对作者的答复。

我们**维护争取推翻民族压迫的战争**，不维护**双方都是为了**加强民族压迫而进行的这场帝国主义战争。把这称做"诡辩"，就是使用"伤人的"字眼，而**丝毫不加思索**。

作者**想要**把"保卫祖国"的问题提得"左一点"，结果（已经整整一年）全是胡说八道！

第7条。作者**批评道**："完全没有涉及'和约条件'的问题。"

看，这是一种什么样的批评：没有涉及我们在这里根本没有提出的问题！！

但是要知道，在这里却"涉及了"和提出了"帝国主义经济主义者"这次同荷兰人和拉狄克都闹不清的**兼并**问题。

或者您否定**反对新旧兼并**这个刻不容缓的口号——（这个口号在帝国主义时代"不能实现"的可能性并不亚于自决；在欧洲也和在殖民地一样）——那您对帝国主义的辩护就会由隐蔽而转为公开。

或者您承认这一口号（像拉狄克在报刊上做的那样），——那您就是以一种名义承认了民族自决！！

第8条。作者宣扬"西欧范围的布尔什维主义"（他补充说，"不是您的立场"）。

我不认为抓住"布尔什维主义"这个字眼不放有什么意义，因为我认识**这样一些**"老布尔什维克"，所以千万别这样宣扬。我只能说，我深信作者所宣扬的"西欧范围的布尔什维主义"不是布尔什维主义，也不是马克思主义，而还是那个旧"经济主义"的一个小小的变种。

　　整整一年宣扬**新布尔什维主义**并且仅仅如此而已，——我认为这是极不能容忍、极不严肃、极没有党性的行为。难道还不到时候，不该**仔细考虑**并且给同志们拿出一篇东西来，有条有理、完完整整地说明这种"西欧范围的布尔什维主义"吗？

　　作者没有证明也无法证明殖民地同欧洲被压迫民族的区别（就这个问题来说）。

————————

　　荷兰人和波兰社会民主党否定自决，**不完全**是甚至主要不是糊涂思想（因为哥尔特以及波兰人的齐美尔瓦尔德声明事实上都承认了自决），而是他们这两个**民族**（有**悠久**传统并有**大国主义**野心的小民族）的**特殊**地位的产物。

　　机械地不加批判地模仿和效法别人在同欺骗人民的民族主义资产阶级数十年斗争中积累的东西，是极其轻率和幼稚的。可是人们**恰恰**模仿了不应模仿的东西！

载于1929年《布尔什维克》杂志　　　　译自《列宁全集》俄文第5版
第15期　　　　　　　　　　　　　　　第30卷第59—67页

对彼·基辅斯基(尤·皮达可夫)《无产阶级和金融资本时代的"民族自决权"》一文的回答[81]

(1916年8—9月)

　　战争正如人们的生活中或各民族的历史上的任何危机一样，使一些人灰心丧气，也使另一些人受到锻炼和教育。

　　在社会民主党人关于战争以及由战争引起的思考方面，也可以看出这一真理。比较深入地考虑在高度发达的资本主义基础上发生的帝国主义战争的原因和意义，考虑社会民主党由于战争而面临的策略任务，考虑社会民主运动中的危机的原因等等——这是一回事。让战争**压制**自己的思想，**在**战争的恐怖印象和惨痛后果或战争特性的**压抑下**不再去思索和分析——这是另一回事。

　　"帝国主义经济主义"对**民主**的鄙视态度，就是人的思维受到战争的**压制**或**压抑**的表现形式之一。彼·基辅斯基没有觉察到，战争所造成的这种受到压抑而惊慌失措的情绪和不加分析的态度，像一根红线一样贯穿在他的全部议论中。既然我们面临的是这样一场残忍的大厮杀，那还谈什么保卫祖国！既然到处都是粗暴的镇压，那还谈什么民族权利！看看人们怎样对待"独立的"希腊，就知道民族自决和"独立"是怎么一回事了！[82]既然为了军阀的利益，到处都在践踏一切权利，那还谈论和考虑"权利"干什么！既然在这次战争期间,最民主的共和国和最反动的君主国之间已经没有细微的差别了,根本不存在任何差别了,在我们周围连一点差别的痕迹也看不到了,那还谈论和考虑共和国干什么!

当有人向彼·基辅斯基指出,他已被吓坏了,已糊涂到否认一般民主的地步时,他很生气。他愤愤不平,并且反驳说:我决不反对民主,而只反对**一个**我认为是"不好的"民主要求。不管彼·基辅斯基怎样生气,怎样硬要我们(或许也要他本人)"**相信**"他决不"反对"民主,但是他的**议论**——或者确切地说,他在议论中不断犯的**错误**——**证明**恰恰与此相反。

保卫祖国,在帝国主义战争中是一句骗人的话,但在民主的和革命的战争中决不是一句骗人的话。在战争期间谈论"权利"似乎是可笑的,因为**任何**战争都是用公开的和直接的暴力代替权利,但决不能因此忘记,过去历史上曾经有过(恐怕将来也还会有,而且一定会有)民主的和革命的战争,这种战争虽然在战时用暴力代替了任何"权利"和任何民主,但按其社会内容和后果来说,是为民主事业**因而**也是为社会主义事业**服务**的。希腊的例子似乎可以"驳倒"任何民族自决,但是,如果愿意进行思考、分析和权衡,而不是听到震耳欲聋的话声就发晕,被战争的骇人听闻的印象所吓倒,那么,这个例子丝毫不比嘲笑共和国——由于在这场战争期间,"民主的"、最民主的共和国,不仅法国,而且连美国、葡萄牙和瑞士都建立了和正在建立和俄国完全一样的军阀暴政而嘲笑共和国——更严肃和更有说服力。

帝国主义战争正在抹掉共和国和君主国之间的差别,这是事实。但是因此就否定共和国,或者哪怕是对它采取鄙视态度,那就意味着自己被战争吓倒,让战争的惨祸**压抑**自己的思想。许多拥护"废除武装"口号的人（罗兰-霍尔斯特、瑞士的一些年轻人和斯堪的纳维亚的"左派"[83]等）就是这样议论的，他们说：请看，在这场战争中，共和国的民兵和君主国的常备军之间有什么差别呀？军国主义**到处**都在干着多么可怕的勾当啊！在这样的时候还谈论革命地利用军队或民兵干什么？

这都是**同一个**思路，同一个理论的和政治实践的错误。彼·基辅斯基没有觉察到这个错误，在自己的文章中处处犯了这个错误。他**认为**他仅仅反对自决，他**想**仅仅反对自决，可是**结果**——同他的意愿和认识相反，可笑之处就在这里！——却是：他所引用的论据**无一**不可以根据同样的理由用来反对一般民主！

他的一切可笑的逻辑错误和一切糊涂观念——不仅在自决问题上而且在保卫祖国、离婚和一般"权利"的问题上——的真正根源，就在于他的思想受到了战争的**压抑**，因而马克思主义对一般民主的态度被根本歪曲了。

帝国主义是高度发达的资本主义；帝国主义是进步的；帝国主义**是**对民主的否定；"就是说"，民主在资本主义制度下"不能实现"。帝国主义战争是对一切民主的粗暴破坏，无论在落后的君主国中或在先进的共和国中都是一样；"就是说"，谈论"权利"（即谈论民主！）毫无用处。"只"能以社会主义去"对抗"帝国主义战争；"出路"仅仅在于社会主义；"就是说"，在最低纲领中，即在资本主义制度下，提出民主口号就是一种欺骗或幻想，就是模糊、推迟社会主义变革的口号等等。

这就是彼·基辅斯基没有意识到的、但确实是他的一切不幸的真正根源。这就是他的**基本的**逻辑错误，这个错误正因为是基本的，而又没有被作者意识到，所以就像破烂的自行车轮胎一样，随时都会"**放炮**",一会儿在保卫祖国的问题上"**冒出来**",一会儿在离婚问题上"**冒出来**",一会儿在关于"权利"的一句绝妙的(就对"权利"的鄙视深度和不懂事理的深度来说)话中"**冒出来**",说什么:要谈到的**不是权利,而是**破坏世世代代的奴隶制!

说出这样的话,就表明不了解资本主义和民主之间、社会主义和民主之间的关系。

一般资本主义特别是帝国主义把民主变为幻想,同时,资本主义又造成群众中的民主意向,建立民主设施,使得否定民主的帝国主义和渴望民主的群众之间的对抗尖锐化。不能用任何最"理想的"民主改造,而只能用经济变革来推翻资本主义和帝国主义,但是无产阶级如果不在争取民主的斗争中受到教育,就不能实现经济变革。不**夺取银行**,不废除生产资料**私有制**,就不能战胜资本主义,但是如果不组织全体人民对从资产阶级手里夺来的生产资料进行民主管理,不吸收全体劳动群众,即无产者、半无产者和小农来民主地组织自己的队伍、自己的力量和参加国家的管理,就不能实现这些革命措施。帝国主义战争可以说是对民主的三重否定(一、任何战争都是用暴力代替"权利";二、帝国主义本身就是对民主的否定;三、帝国主义战争使共和国完全等同于君主国),但是反对帝国主义的社会主义起义的兴起和发展,同民主的反抗和义愤的增长有着**不可分割的**联系。社会主义导致**任何**国家的消亡,因而也导致任何民主的消亡,但是社会主义不**通过**无产阶级专政是不能实现的,无产阶级专政把对付资产阶级即少数居民的暴力同**充分**发扬民主结合起来,而民主就是**全体**居民群众真正平等地、真正普遍地参与一切**国家**事务,参与解决有关消灭资本主义的一切复杂问题。

彼·基辅斯基正是被这些"矛盾"弄糊涂了,因为他忘记了马克思主义关于民主的学说。形象地说,战争已经把他的思想压抑到了这种地步,以致他只发出"冲出帝国主义"的鼓动喊声,而不去进行任何思考,只发出"从殖民地滚出去"的喊声,而不去分析一下文明民族"从殖民地""撤出",这在经济上和政治上究竟意味着**什么**。

马克思主义解决民主问题的方法就在于,进行阶级斗争的无产阶级要**利用一切**民主设施和反资产阶级的意向,为无产阶级战胜资产阶级和推翻资产阶级作好准备。这种利用不是一件容易的事情,"经济派"、托尔斯泰主义者[84]等人往往认为,这似乎是对"资产阶级的"和机会主义的观点所作的一种不正当的让步,正如彼·基辅斯基认为,"在金融资本时代"坚持民族自决,似乎是对资产阶级观点所作的一种不正当的让步一样。马克思主义教导说,拒绝利用由资产阶级建立的和被资产阶级歪曲的**目前**资本主义社会中的民主设施,——这样去"同机会主义作斗争",就是向机会主义**彻底投降**!

一个既指出尽快摆脱帝国主义战争的出路,又指出我们反对帝国主义战争的斗争同反对机会主义的斗争的**联系**的口号,就是争取社会主义的**国内战争**。只有这个口号正确地估计到了战争时期(战争旷日持久并有发展成整个战争"时代"的危险!)的特点,以及同和平主义、合法主义和迁就"自己的"资产阶级这样一种机会主义针锋相对的我们的活动的全部性质。此外,反对资产阶级的国内战争,是贫苦群众**用民主方式**组织和进行的反对少数有产者的战争。国内战争也是战争,因此它必不可免地要用暴力代替权利。但是,为了多数人的利益和权利而采用的暴力,其性质不同:

它践踏的是剥削者即资产阶级的"权利"，如果不用民主的方式组织军队和"后方"，这样的暴力是**不能实行的**。国内战争要立即并首先用暴力剥夺银行、工厂、铁路和大田庄等等。但正是**为了**剥夺这一切，必须由人民来选举一切官吏，由人民来选举军官，使同资产阶级作战的军队同居民群众**打成一片**；在支配食品，即生产和分配食品方面实行充分的民主，等等。国内战争的目的是要夺取银行和工厂等等，消除资产阶级反抗的任何可能性，消灭**它**的军队。但是，如果在这种战争进程中，不同时在**我们的**军队里和**我们的**"后方"不断地实行和扩大民主，那么，**无论**从纯粹军事方面**还是**从经济**或**政治方面来说，这个目的都是不能达到的。我们现在向群众说（而群众也本能地感到我们说的话是正确的）："有人在欺骗你们，让你们为了帝国主义资本主义去打仗，他们用伟大的民主口号掩饰这场战争。""你们应当而且一定会用**真正民主**的方式和为了真正实行民主和社会主义这一目的，去进行**反对**资产阶级的战争。"现在的战争用暴力和经济上的依附关系把各民族联合和"融合"成不同的集团。但是**我们**在自己的反对资产阶级的国内战争中，**不是**用卢布的力量，**不是**用棍棒的力量，不是用暴力，而是通过**自愿的**协商，用劳动者反对剥削者的共同意志把各民族联合和融合起来。宣布各民族一律平等，对于资产阶级来说是一种欺骗，对于我们来说却是一句真话，它有助于迅速地把一切民族争取到我们方面来。如果不切实建立各民族之间的**民主的**关系，因而也没有国家分离的自由，各民族的工人和劳动群众就**不可能**进行反对资产阶级的国内战争。

通过利用资产阶级的民主制，达到以社会主义的和彻底民主的方式把无产阶级组织起来，去反对资产阶级和机会主义。别的道路是没有的。别的"出路"都**不是**出路。马克思主义不知道别的出路,正像实际生活不知道别的出路一样。我们应当把各民族的自由分离和自由联合纳入这条道路,而不应当避开它们,不要怕这会"玷污""纯净的"经济任务。

载于 1929 年《无产阶级革命》
杂志第 7 期

译自《列宁全集》俄文第 5 版
第 30 卷第 68—74 页

论面目全非的马克思主义和
"帝国主义经济主义"⁸⁵

(1916 年 8—9 月)

　　"如果革命的社会民主党自己不败坏自己,那就谁也败坏不了它。"每当马克思主义的某一重要理论原理或策略原理取得胜利或者才提到日程上来的时候,每当**除了**公开的真正的敌人,还有一些朋友也向马克思主义"扑来",拼命地败坏①——用俄语来说就是玷污——它,把它歪曲得面目全非的时候,我们总是回想起和注意到这句名言。在俄国社会民主运动的历史上,这种情况是屡见不鲜的。上一世纪 90 年代初期,随着马克思主义在革命运动中的胜利,出现了一种面目全非的马克思主义,即当时的"经济主义"或"罢工主义","火星派"如果不同它作长期斗争,就不能捍卫无产阶级理论和政策的基础,反击小资产阶级民粹主义和资产阶级自由主义。布尔什维主义的遭遇也是这样。它在 1905 年的群众性工人运动中取得了胜利,其原因之一是它在 1905 年秋天,在俄国革命进行最重要的搏斗的时期正确地运用了"抵制沙皇杜马"的口号⁸⁶。可是在 1908—1910 年间,它却不得不经历——并且通过斗争战胜——那种面目全非的布尔什维主义,当时阿列克辛斯基等

───────────

① 此处用的是外来词"компрометировать",该词来自法语的"compromettre"。——编者注

人大吵大嚷,反对参加第三届杜马。**87**

现在的情况也是这样。承认**这场**战争是帝国主义战争,指出**它**同资本主义的帝国主义时代的深刻联系,这不但遇到一些严肃的反对者,也遇到了一些不严肃的朋友,对他们来说,帝国主义这个字眼已经成了"时髦的东西",他们把这个字眼**背得烂熟**,向工人灌输糊涂透顶的理论,重犯旧"经济主义"的一系列旧错误。资本主义胜利了,**因此**用不着在政治问题上动脑筋了,老"经济派"在1894—1901年间就是这样推断的,他们甚至反对在俄国进行政治斗争。帝国主义胜利了,——**因此**用不着在政治民主问题上动脑筋了,当代的"帝国主义经济派"就是这样推断的。上面刊载的彼·基辅斯基的文章,就是这种情绪和这种面目全非的马克思主义的标本,它第一次试图把自1915年初起在我们党某些国外小组内出现的思想动摇作一稍微完整的书面叙述。

在当前社会主义运动的大危机中,马克思主义者坚决反对社会沙文主义并站在革命国际主义方面,如果"帝国主义经济主义"在他们中间传播开来,那就是对我们这个派别和我们党的一个最严重的打击,因为这会从内部,从它自己的队伍中败坏党,把党变成面目全非的马克思主义的代表者。因此,我们必须从彼·基辅斯基文章中数不胜数的错误里至少找出几个最主要的错误来加以详细讨论,尽管这样做"枯燥乏味",常常不得不十分浅显地重复那些细心而善于思考的读者早在我们1914年和1915年的文献中就已知道和明白了的起码道理。

我们先从彼·基辅斯基议论的"中心"点谈起,以便使读者能够立刻抓住"帝国主义经济主义"这个新派别的"实质"。

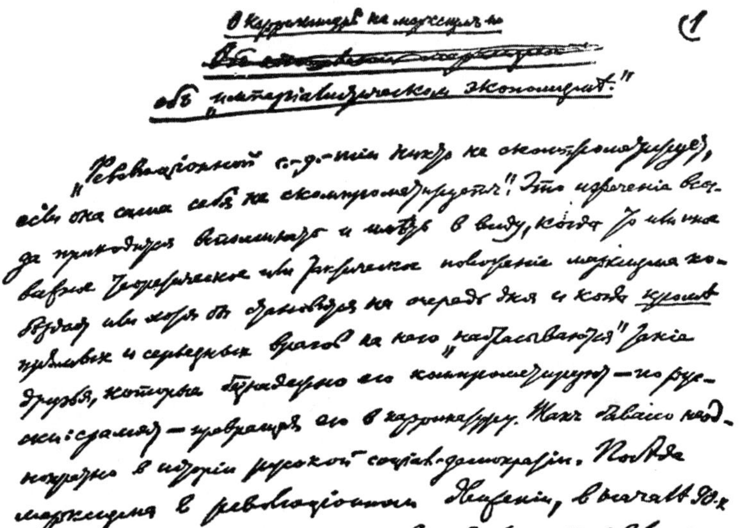

1916年列宁《论面目全非的马克思主义和
"帝国主义经济主义"》一文手稿第1页
（按原稿缩小）

1. 马克思主义对战争和
"保卫祖国"的态度

彼·基辅斯基自己相信并且要读者相信，他**只是**"不同意"民族自决，即我们党纲的第 9 条。他非常气愤地试图驳回对他的如下指责：他在民主问题上根本背离了**全部**马克思主义，在某个根本问题上成了马克思主义的"叛徒"（用意恶毒的引号是彼·基辅斯基加的）。然而问题的实质在于，当我们的作者一开始谈论他仿佛是在局部的个别的问题上有不同意见时，当他一拿出论据和理由等等时，就立刻可以发现，他恰恰完全同马克思主义背道而驰。就拿彼·基辅斯基文章中的第 **2** 条（即第 2 节）来说吧。我们的作者宣布，"这个要求〈即民族自决〉会直接〈!!〉导致社会爱国主义"，他还解释说，保卫祖国这个"背叛性的"口号是"可以完全符合〈!〉逻辑地〈!〉从民族自决权中推导出来的……"结论。在他看来，自决就是"认可法国和比利时社会爱国主义者的背叛行为，他们正在拿起武器保卫这种独立〈法国和比利时的民族国家的独立〉，也就是说，他们正在**做**'自决'拥护者仅仅在谈论的事情……""保卫祖国是我们最凶恶的敌人的武器库中的货色……""我们实在无法理解，怎么能**同时**既反对保卫祖国又主张自决，既反对祖国又保卫祖国。"

彼·基辅斯基就是这样写的。他显然没有理解我们关于反对在当前这场战争中保卫祖国这个口号的决议。我们只好把这些决议中写得一清二楚的地方提出来，再一次把这些明明白白的俄语含义讲清楚。

1915年3月，我们党在伯尔尼代表会议上通过了一项以《关于保卫祖国的口号》为题的决议。这项决议一开始就说："**当前这场战争的真正实质就是**"什么什么。

这里讲的是**当前**战争。用俄语不能说得比这更清楚的了。"真正实质"这几个字表明，必须把假象和真实、外表和本质、言论和行动区别开来。关于在这场战争中保卫祖国的说法，把1914—1916年间的帝国主义战争，为瓜分殖民地和掠夺他国领土等等而进行的战争伪装成民族战争。为了不致留下歪曲我们观点的一丝一毫的可能性，决议还专门补充了一段话，论述"**真正的**民族战争"，"**特别**〈请注意，特别不是仅仅的意思!〉是1789—1871年间发生的"民族战争。

决议说明，这些"真正"的民族战争，"其基础""是长期进行的大规模民族运动，反对专制制度和封建制度的斗争，推翻民族压迫……"①

看来，不是很清楚了吗？目前的帝国主义战争是由帝国主义时代的种种条件造成的，这就是说，它不是偶然的现象，不是例外的现象，不是违背一般常规的现象。在这场战争中讲保卫祖国就是欺骗人民，因为这**不是**民族战争。在**真正的**民族战争中，"保卫祖国"一语则**完全不是**欺骗，**我们决不反对**。这种（真正的民族）战争"特别是"在1789—1871年间发生过。决议丝毫不否认现在也有发生这种战争的可能性，它说明应当怎样把真正的民族战争同用骗人的民族口号掩饰起来的帝国主义战争区别开来。也就是

---

① 见本版全集第26卷第164—165页。——编者注

说，为了加以区别，必须研究战争的"基础"是不是"长期进行的大规模民族运动"，"推翻民族压迫"。

关于"和平主义"的决议直截了当地说："社会民主党人不能否认革命战争的积极意义，这种战争不是帝国主义战争，而是像〈请注意这个"像"〉1789—1871年期间那样为推翻民族压迫……而进行的战争。"①如果我们不承认民族战争在今天也是可能的，那么我们党1915年的决议会不会把1789—1871年间发生过的战争作为例子来谈论民族战争，并且指出我们并不否认那种战争的积极意义呢？显然不会。

列宁和季诺维也夫的小册子《社会主义与战争》，是对我党决议的解释或通俗的说明。在这本小册子的第5页上写得非常清楚："社会党人过去和现在"都**只是**在"推翻异族压迫"这个意义上"承认保卫祖国或防御性战争是合理的、进步的和正义的"。举了一个例子：波斯反对俄国**等等**，并且指出："这些战争就都是正义的、防御性的战争，而不管是谁首先发动进攻。任何一个社会党人都会希望被压迫的、附属的、主权不完整的国家战胜压迫者、奴隶主和掠夺者的'大'国。"②

小册子是在1915年8月出版的，有德文和法文版本。彼·基辅斯基对它很熟悉。无论彼·基辅斯基或任何别的人，都从没有向我们表示过异议，既没有反对关于保卫祖国的口号的决议，也没有反对关于和平主义的决议，也没有反对小册子中对这些决议的解释，一次也没有！既然彼·基辅斯基从1915年3月起并没有反对我们党对战争的看法，而目前，在1916年8月，却在一篇论述自

① 见本版全集第26卷第168页。——编者注
② 同上书，第324页。——编者注

决的文章中,也就是在一篇仿佛是关于局部问题的文章中暴露出对**整个**问题的惊人无知,那么试问,我们说这位著作家根本不懂马克思主义,这是不是诽谤他呢?

彼·基辅斯基把保卫祖国的口号叫做"背叛性的"口号。我们可以平心静气地告诉他,谁如果只机械地重复口号,不去领会它的意义,对事物不作深入的思考,仅仅死记一些词句而不分析它们的含义,那么,**在这样的人看来**,任何口号都是而且将永远是"背叛性的"。

一般地说,"保卫祖国"是什么意思呢?它是不是经济学或政治学等等领域中的某种科学的概念呢?不是的。这只是**替战争辩护**的一种最流行的、常用的、有时简直是庸俗的说法。仅仅如此而已!庸人们可以替**一切**战争辩护,说什么"我们在保卫祖国",只有这种行为才是"背叛性的",而马克思主义不会把自己降低到庸俗见解的水平,它要求历史地分析每一次战争,以便弄清楚能不能认为**这次**战争是进步的、有利于民主或无产阶级的,**在这个意义上是**正当的、正义的等等。

如果不善于历史地分析每一次战争的意义和内容,保卫祖国的口号就往往是对战争的一种庸俗的不自觉的辩护。

马克思主义作了这样的分析,它指出:**如果**战争的"真正实质",**譬如说**在于推翻异族压迫(这对 1789—1871 年间的欧洲来说是**特别**典型的),那么,从被压迫国家或民族方面说来,这场战争就是进步的。**如果**战争的"真正实质"是重新瓜分殖民地、分配赃物、掠夺别国领土(1914—1916 年间的战争就是这样的),那么保卫祖国的说法就是"欺骗人民的弥天大谎"。

怎样找出战争的"真正实质",怎样确定它呢?战争是政治的继续。应当研究战前的政治，研究正在导致和已经导致战争的政治。如果政治是帝国主义的政治，就是说，它保护金融资本的利益，掠夺和压迫殖民地以及别人的国家，那么由这种政治产生的战争便是帝国主义战争。如果政治是民族解放的政治，就是说，它反映了反对民族压迫的群众运动，那么由这种政治产生的战争便是民族解放战争。

庸人们不懂得战争是"政治的继续"，因此他们只会说什么"敌人侵犯"，"敌人侵入我国"，而不去分析战争是**因为什么、由什么阶级、为了什么政治目的**进行的。彼·基辅斯基完全降低到这种庸人的水平，他说：看，德国人占领了比利时，可见，从自决观点看来，"比利时的社会爱国主义者是正确的"；或者说：德国人占领了法国的一部分领土，可见，"盖得可以得意了"，因为"打到本民族〈而不是异族〉居住的领土上来了"。

在庸人们看来，重要的是军队在**什么地方**，**现在**打胜仗的是谁。在马克思主义者看来，重要的是双方军队可能互有胜负的**这场**战争是**因为什么**而进行的。

当前这场战争是因为什么而进行的呢？这一点在我们的决议中已经指出来了（根据交战国在战前**几十年**中实行的**政治**）。英、法、俄是为了保持已夺得的殖民地和掠夺土耳其等等而战。德国是为了夺取殖民地和独自掠夺土耳其等等而战。假定德国人甚至拿下巴黎和彼得堡，那么这场战争的性质会不会因此而改变呢？丝毫不会。那时德国人的目的——更重要的是他们在胜利后推行的政治——是夺取殖民地，统治土耳其，夺取异族的领土，例如波兰等等，而决不是要对法国人或俄国人建立异族压迫。当前这场战争的真正实质不是民族战争，而是帝国主义战争。换句话说，战争的起因不是由于其中一方要推翻民族压迫,而另一方要维护这种压迫。战争是在两个压迫者集团即两伙强盗之间进行的,是为了确定怎样分赃、由谁来掠夺土耳其和各殖民地而进行的。

简单地说,**在帝国主义大国**(即压迫许多别的民族,迫使它们紧紧依附于金融资本等等的大国)**之间**进行的或同它们**结成联盟**进行的战争,是帝国主义战争。1914—1916 年间的战争就是这种战争。在**这场**战争中,"保卫祖国"是欺人之谈,是替战争辩护。

被压迫者(例如殖民地人民)为**反对**帝国主义列强即实行压迫的大国而进行的战争,是真正的民族战争。这种战争在今天也是可能的。遭受民族压迫的国家为反对实行民族压迫的国家而"保卫祖国",这不是欺人之谈,所以社会主义者**决不反对**在**这样的**战争中"保卫祖国"。

民族自决也就是争取民族彻底解放、争取彻底独立和反对兼并的斗争,社会主义者如果还是社会主义者,就**不能拒绝这种**斗争,——不管它采取什么形式,直到起义或战争为止。

彼·基辅斯基以为他是在反对普列汉诺夫,据他说,正是普列汉诺夫指出了民族自决同保卫祖国的联系! 彼·基辅斯基**相信了**普列汉诺夫,以为这种联系**确实像**普列汉诺夫所描绘的**那样**[88]。彼·基辅斯基既然相信了普列汉诺夫,于是就害怕起来了,认为必须否认自决,以便摆脱普列汉诺夫的结论…… 对普列汉诺夫太轻信了,同时也太害怕了,可是普列汉诺夫到底错在哪里,却一点也没有**考虑!**

社会沙文主义者为了把这场战争说成是民族战争,就拿民族自决作借口。同他们斗争的唯一正确的方法,就是要指出这场战斗并不是为了民族解放,而是为了确定由哪一个大强盗来压迫**更**

1938年7月9日《群众》周刊第2卷第5期所载
列宁《论面目全非的马克思主义和"帝国主义经济主义"》
一文的中文节译(当时译《马克思主义与民族战争问题》)

多的民族。如果竟然否认**真正**为了民族解放而进行的战争，那就是对马克思主义的最大歪曲。普列汉诺夫和法国社会沙文主义者拿法国的共和制作为借口，来替"保卫"法国共和制、反对德国君主制辩护。如果像彼·基辅斯基那样推论，那么我们就应当反对共和制或反对**真正**为了捍卫共和制而进行的战争！！德国社会沙文主义者拿德国的普选制和普遍识字的义务教育作借口，来替"保卫"德国反对沙皇制度辩护。如果像基辅斯基那样推论，那么我们就应当或者反对普选制和普遍识字的教育，或者反对**真正**为了维护政治自由使之不被剥夺而进行的战争！

卡·考茨基在 1914—1916 年间的战争以前是马克思主义者，他的一系列极为重要的著作和言论将永远是马克思主义的典范。1910 年 8 月 26 日，考茨基在《新时代》杂志上曾就日益迫近的战争写道：

> "德英之间一旦发生战争，其争端将不是民主制度，而是世界霸权，即对全世界的剥削。在这个问题上，社会民主党人是不应当站在本国剥削者方面的。"（《新时代》杂志第 28 年卷第 2 册第 776 页）

这是精彩的马克思主义的表述，它同我们的表述完全一致，它彻底揭穿了离开马克思主义而去为社会沙文主义辩护的**今天的**考茨基，它十分清楚地阐明了马克思主义如何对待战争的原则（我们还要在刊物上谈到这个表述）。战争是政治的继续；因此，既然有争取民主的斗争，也就**可能**有争取民主的战争；民族自决只是民主要求之一，它和其他民主要求根本没有任何区别。简单地讲，"世界霸权"是帝国主义政治的内容，而帝国主义政治的继续便是帝国主义战争。拒绝在民主的战争中"保卫祖国"，**即**拒绝参加民主的战争，这是荒谬的，这跟马克思主义毫无共同之处。把"保卫祖国"

的概念运用于帝国主义战争,即把帝国主义战争说成是民主的战争,从而粉饰帝国主义战争,这就等于欺骗工人,投到反动资产阶级方面去。

2. "我们对新时代的理解"

引号里的这句话是彼·基辅斯基说的,他常常提到"新时代"。然而遗憾的是,在这里他的论断也是错误的。

我们党的一些决议说,这场战争是由帝国主义时代的一般条件造成的。我们运用马克思主义正确地指出了"时代"和"这场战争"的相互关系:要做一个马克思主义者,就必须具体地评价每一次战争。为什么在各大国之间——其中有许多国家在 1789—1871 年间曾经领导过争取民主的斗争——竟会而且必然会发生帝国主义战争,即按其政治意义来说是极端反动的、反民主的战争呢? 要了解这一点,就必须了解帝国主义时代的一般条件,即各先进国家的资本主义已变为帝国主义的一般条件。

彼·基辅斯基完全曲解了"时代"和"这场战争"之间的这种关系。照他说来,要**具体地**谈,就是谈论"时代"! 这恰巧不对。

1789—1871 年那个时代,对于欧洲说来是一个特殊时代。这是无可争辩的。不了解那个时代的一般条件,就不能了解对于那个时代来说特别典型的任何一次民族解放战争。这是不是说,那个时代的**一切**战争都是民族解放战争呢? 当然不是。这样说是极其荒唐的,是用可笑的死板公式代替对每一次战争的具体研究。在 1789—1871 年间,既发生过殖民地战争,也发生过压迫许多其他民族的反动帝国之间的战争。

　　试问，能不能从先进欧洲（以及美国）的资本主义已经进入帝国主义新时代这一事实得出结论说，现在只可能发生帝国主义战争呢？作这样的论断是荒谬的，这是不善于把某一具体现象和该时代可能发生的各种现象的总和区别开来。时代之所以称为时代，就是因为它包括所有的各种各样的现象和战争，这些现象和战争既有典型的也有不典型的，既有大的也有小的，既有先进国家所特有的也有落后国家所特有的。像彼·基辅斯基那样只是泛泛地谈论“时代”，而回避这些具体问题，这就是滥用“时代”这个概念。为了不作无稽之谈，我们现在从许多例子中举出一个例子。但是首先必须指出，有**一个**左派集团，即德国的“国际”派，曾经在《伯尔尼执行委员会公报》①第 3 号（1916 年 2 月 29 日）中发表了一个提纲，并在第 5 条中作了如下一个显然错误的论断：“在这猖狂的帝国主义的时代，**不可能再有任何**民族战争。”我们在《〈社会民主党人报〉文集》**89**中分析过这个论断②。这里只须指出，虽然一切关心国际运动的人老早就熟悉这个论点（我们早在 1916 年春天伯尔尼执行委员会扩大会议上就反对过这个论点），可是直到现在**没有一个派别**重述过这个论点，接受过这个论点。彼·基辅斯基在 1916 年 8 月写他那篇文章时，也没有说过一句同这种论断或类似论断精神一致的话。

　　之所以必须指出这一点，是因为如果有人发表过这种论断或类似论断，那才谈得上理论上的分歧。既然**没有**提出过任何类似的论断，那我们只好说：这并不是对“时代”的另一种理解，不是什么理论

　　① 指《伯尔尼国际社会党委员会。公报》。——编者注
　　② 见本卷第 4—9 页。——编者注

上的分歧,而只是随口说出的一句话,只是滥用了"时代"这个词。

例如,彼·基辅斯基在他那篇文章的开头写道:"它〈自决〉岂不是同在火星上免费得到10 000俄亩土地的权利一样吗?对于这个问题,只能十分具体地,同对今天整个时代的估计联系起来加以回答。要知道,在发展当时那种水平的生产力的最好形式——民族国家的形成时代,民族自决权是一回事,在这种形式即民族国家形式已经成为生产力发展的桎梏时,民族自决权则是另一回事。在资本主义和民族国家确立的时代与民族国家正在灭亡、资本主义本身也处在灭亡前夜的时代之间,有很大的距离。抛开时间和空间而作'泛泛'之谈,这不是马克思主义者的事情。"

这段议论是歪曲地运用"帝国主义时代"这一概念的标本。正因为这个概念是新的和重要的,所以必须同这种歪曲作斗争!有人说民族国家的形式已经成为桎梏等等,这是指什么呢?是指各先进资本主义国家,首先是指德国、法国和英国,由于这些国家参加了这场战争,这场战争才首先成为帝国主义战争。在**这些**过去特别是在1789—1871年间曾经引导人类前进的国家里,民族国家形成的过程已经结束了,在**这些**国家里民族运动已经一去不复返了,要想恢复这种运动只能是荒谬绝伦的反动空想。法兰西人、英吉利人和德意志人的民族运动早已结束,在**那里**提到历史日程上来的是另一个问题:已获得解放的民族变成了压迫者民族,变成了处在"资本主义灭亡前夜"、实行帝国主义掠夺的民族。

而其他民族呢?

彼·基辅斯基像背诵记得烂熟的规则那样,重复说马克思主义者应当"具体地"谈问题,但他自己并不**运用**这条规则。我们在自己的提纲中特意提供了具体回答的范例,可是彼·基辅斯基却不愿意把我们的错误给我们指出来,如果他在这里发现了错误的话。

我们的提纲(第6条)指出,为了具体起见,在自决问题上至少应当区分**三类**不同的国家。(显然,在一个总的提纲里不能谈到每一个别的国家。)第一类是西欧(以及美洲)的各先进国家,在那里,民族运动是**过去的**事情。第二类是东欧,在那里,民族运动是**现在的事情**。第三类是半殖民地和殖民地,在那里,民族运动在很大程度上是**将来的事情**。①

这对不对呢? 彼·基辅斯基本应把他的批评指向**这里**。然而他甚至没有觉察到,理论问题究竟**何在**! 他没有看到,只要他还没有驳倒我们提纲(第 6 条)中的上述论点(要驳倒它是不可能的,因为它是正确的),他的关于"时代"的议论就像一个人"挥舞"宝剑而不出手攻击。

他在文章的末尾写道:"同弗·伊林的意见相反,我们认为,对于多数⟨!⟩西欧⟨!⟩国家来说,民族问题还没有解决……"

这岂不是说,法兰西人、西班牙人、英吉利人、荷兰人、德意志人、意大利人的民族运动并没有在 17、18、19 世纪或更早的时候完成吗? 在文章开头,"帝国主义时代"这个概念被曲解成这样:似乎民族运动已经完成,而不仅是在西欧各先进国家里已经完成。同一篇文章的结尾却说,**正是**在西欧国家"民族问题"还"没有解决"!! 这岂不是思想混乱吗?

在西欧各国民族运动是早已过去的事情。在英、法、德等国,"祖国"已经唱完自己的歌了,已经扮演过自己的历史角色了,**也就是说**,在那里,不可能再有进步的、能唤起新的人民群众参加新的经济生活和政治生活的民族运动了。在那里,提到历史日程上来的问题,不是从封建主义或从宗法制的蒙昧状态过渡到民族进步,

---

① 见本版全集第 27 卷第 262—263 页。——编者注

过渡到文明的和政治上自由的祖国,而是从已经过时的、资本主义过度成熟的"祖国"过渡到社会主义。

东欧的情况则不同。譬如,对乌克兰人和白俄罗斯人来说,只有梦幻中住在火星上的人才会否认:这里的民族运动还没有完成,这里**还**正在唤醒民众掌握本族语言和本族语言的出版物(而这是资本主义获得充分发展、交换彻底渗入最后一家农户的必要条件和伴随物)。在这里,"祖国"**还**没有唱完自己的全部历史之歌。在这里,"保卫祖国"**还**可能是保卫民主、保卫本族语言和政治自由、反对压迫民族、反对中世纪制度,而今天英吉利人、法兰西人、德意志人和意大利人说什么在这场战争中保卫祖国,则是撒谎,因为他们实际上保卫的并**不是**本族语言,**不是**本民族发展的自由,而是他们作为奴隶主的权利、他们的殖民地、他们的金融资本在别国的"势力范围"等等。

在半殖民地和殖民地,民族运动的历史比在东欧还要年轻一些。

所谓"高度发达的国家"和帝国主义时代是指**什么**;俄国的"特殊"地位(彼·基辅斯基的文章第2章第4节的标题)以及并非俄国一国的"特殊"地位究竟**何在**;民族解放运动**在什么地方**是骗人的鬼话,**在什么地方**是活生生的和具有进步意义的现实,——对于这一切彼·基辅斯基一无所知。

3. 什么叫做经济分析?

反对自决的人的种种议论的焦点,就是借口说在一般资本主义或帝国主义的条件下它"不能实现"。"不能实现"这几个字，常常在各种各样的和不明确的意义上被使用。因此，我们在自己的提纲中要求像在任何一次理论争论中都必须做到的那样：弄清楚所谓"不能实现"是什么意思。我们不仅提出了问题，还作了解释。说**一切**民主要求在帝国主义时代"不能实现"，是指不经过多次革命在政治上难以实现或者不能实现。

说自决不能实现是指在经济上不可能，那是根本不对的。

我们的论点就是如此。理论分歧的焦点就在这里，这是我们的论敌在任何稍微严肃一点的争论中都必须十分重视的问题。

现在就来看一看彼·基辅斯基关于这个问题是怎样议论的吧。

他坚决反对把不能实现解释为由于政治原因而"难以实现"。他直接用经济上不可能这层意思来回答问题。

　　他写道："这是不是说，自决在帝国主义时代不能实现，如同劳动货币在商品生产下不能实现一样呢？"彼·基辅斯基随即回答说："是的，是这个意思！因为我们谈的正是'帝国主义'和'民族自决'这两个社会范畴之间的逻辑矛盾，如同劳动货币和商品生产这另外两个范畴之间存在着的逻辑矛盾一样。帝国主义是对自决的否定，任何魔术家都无法把自决和帝国主义结合起来。"

不管彼·基辅斯基用以挖苦我们的"魔术家"这个字眼多么吓人，我们还是应当向他指出，他根本不懂什么叫做经济分析。"逻辑矛盾"——当然，在正确的逻辑思维的条件下——**无论**在经济分析中**或**在政治分析中都是不应当有的。因此，在恰恰应当作经济分析**而不是**作政治分析的时候，搬出**一般**"逻辑矛盾"来搪塞，这无论如何是不适当的。**无论**经济因素**或**政治因素都属于"社会范畴"。可见，彼·基辅斯基虽然一开始就斩钉截铁地回答说，"是的,是这个意思"(就是说,自决不能实现,如同劳动货币在商品生产下不能实现**一样**),可是后来他实际上只是兜圈子,而没有作出经济分析。

怎样证明劳动货币在商品生产下不能实现呢? 通过经济分析。这种分析也同一切分析一样,不容许有"逻辑矛盾",它运用的是经济的而且**仅仅是**经济的(而不是一般"社会的")范畴,并且从中得出劳动货币不能实现的结论。在《资本论》第 1 章中,根本没有谈到什么政治、政治形式或一般"社会范畴",这里所分析的**只是**经济因素,商品交换和商品交换的发展。经济分析表明(当然是用"逻辑"推理的方法),在商品生产下劳动货币不能实现。

彼·基辅斯基根本不想进行经济分析! 他把帝国主义的经济本质同它的政治趋势**搅在一起**,这一点从他那篇文章第一节第一句话里就可以看出来。这句话是:

> "工业资本是前资本主义的生产和商业借贷资本的合成物。借贷资本曾为工业资本效劳。现在资本主义克服了各种形式的资本,产生一种最高级的、统一的资本即金融资本,因此,整个时代都可以称为金融资本时代,而与这种资本相应的对外政策体系便是帝国主义。"

从经济上来看,这整个定义都毫无用处,因为全是空话,而没有确切的经济范畴。但是现在我们不可能详细地谈这个问题。重要的是彼·基辅斯基把帝国主义称为"对外政策体系"。

第一,这实质上是错误地重述考茨基的错误思想。

第二,这纯粹是而且仅仅是给帝国主义下的政治定义。彼·基辅斯基想用帝国主义是"政策体系"这个定义来回避他曾经答应要作的**经济**分析,当时他说过,自决在帝国主义时代不能实现,即在经济上不能实现,如同劳动货币在商品生产下不能实现"一样"！①

考茨基在同左派争论时说：帝国主义"仅仅是对外**政策体系**"（即兼并政策体系），决不能把资本主义的某一经济阶段，某一发展梯级称为帝国主义。

考茨基错了。当然，作字眼上的争论是不明智的。禁止在这种或那种意义上使用帝国主义这个"字眼"是不可能的。但是，如果要进行讨论，就必须把概念弄清楚。

从经济上来看，帝国主义（或金融资本的"时代"，问题不在于字眼）是资本主义发展的最高阶段，即这样一个阶段，此时生产已经达到巨大的和极为巨大的规模，以致**垄断代替了自由竞争**。帝国主义的**经济**本质就在于此。垄断既表现为托拉斯、辛迪加等等，也表现为大银行的莫大势力、原料产地的收买和银行资本的集中等等。一切都归结于经济垄断。

这种新的经济即垄断资本主义（帝国主义就是垄断资本主义）的政治上层建筑，就是**从民主转向**政治反动。民主适应于自由竞争。政治反动适应于垄断。鲁·希法亭在他的《金融资本》一书中说得好："金融资本竭力追求的是统治，而不是自由。"

把"对外政策"和一般政策分开，或者甚至把对外政策和对内政策对立起来，是根本错误的、非马克思主义的、非科学的想法。

---

① 彼·基辅斯基是否知道，马克思用一个多么不礼貌的字眼来称呼这样的"逻辑手法"？我们**决**不对彼·基辅斯基**使用**这个不礼貌的字眼，但不得不指出：把恰恰在进行争论的东西、恰恰还须要加以证明的东西随心所欲地塞进某一概念的**定义**中去，——马克思把这称为"骗子手法"。

再说一遍，我们**不**对彼·基辅斯基使用马克思的这个不礼貌的用语。我们只是揭示他的错误的根源。（以上的文字在手稿上被勾去了。——俄文版编者注）

帝国主义无论在对外或对内政策中,都同样力求破坏民主,实行反动。从这个意义上说,帝国主义无疑就是对**一般民主即一切民主**的"否定",而决不是对种种民主要求中的**一个**要求即民族自决的"否定"。

帝国主义既然"否定"民主,**同样**也"否定"民族问题上的民主(即民族自决)。所谓"同样",也就是说它力求破坏这种民主。在帝国主义时代实现这种民主与在帝国主义时代实现共和制、民兵制、由人民选举官吏等等,在同样的程度、同样的意义上更加困难(同垄断前资本主义相比)。根本谈不上"在经济上"不能实现。

大概,使彼·基辅斯基在这里犯错误的还有这样一个情况(除了完全不懂经济分析的要求而外):从庸人的观点看来,所谓兼并(即在违反居民意志的情况下吞并异族地区,即破坏民族自决)也就是金融资本向更广阔的经济领土"扩展"(扩张)。

不过,用庸人的概念是不能研究理论问题的。

从经济上说,帝国主义就是垄断资本主义。为了垄断一切,不仅要从国内市场(本国市场)上,同时还要从国外市场上,从全世界上把竞争者排除掉。"在金融资本的时代",有没有甚至在别国内排除竞争的**经济上的**可能性呢? 当然有,这种手段就是使竞争者在金融上处于依附地位,收买其原料产地以至全部企业。

美国的托拉斯是帝国主义即垄断资本主义经济的最高表现。为了排除竞争者,托拉斯不限于使用经济手段,而且还常常采取政治手段乃至刑事手段。但是,如果认为用纯粹经济的斗争方法在经济上不能实现托拉斯的垄断,那就大错特错了。相反地,现实处处证明这是"可以实现"的:托拉斯通过银行破坏竞争者的信用(托拉斯老板就是银行老板,因为收买了股票),托拉斯破坏竞争者的原料运输(托拉斯老板就是铁路老板,因为收买了股票),托拉斯在一定时期内把价格压低到成本以下,不惜为此付出数以百万计的代价,以便迫使竞争者破产,从而**收买**他的企业和原料产地(矿山、土地等等)。

这就是对托拉斯的实力和对它们的扩张所作的纯经济分析。这就是实行扩张的纯经济的途径:**收买**企业、工厂、原料产地。

一国的大金融资本也随时可以把别国即政治上独立的国家的竞争者的一切收买过去,而且它向来就是这样做的。这在经济上是完全可以实现的。不带政治"兼并"的经济"兼并"是**完全**"可以实现"的,并且屡见不鲜。你们在关于帝国主义的著作里随时都可以看到这样的说法,例如:阿根廷实际上是英国的"商业殖民地",葡萄牙实际上是英国的"附庸",等等。这是对的,因为在经济上依附英国银行,对英国负有债务,当地的铁路、矿山、土地被英国收买,等等,——这一切都使上述国家在经济意义上被英国所"兼并",但是并没有破坏这些国家的政治独立。

这些国家的政治独立就叫做民族自决。帝国主义力图破坏这种独立,因为在实行政治兼并的情况下,经济兼并往往更方便,更便宜(更容易收买官吏、取得承租权、实行有利的法令等等),更如意,更稳妥,——就像帝国主义力图用寡头政治代替一般民主一样。但是说什么在帝国主义时代自决**在经济上**"不能实现",这简直是胡说八道。

彼·基辅斯基用一种非常随便和轻率的方法来回避理论上的困难,用德语来说这叫做"信口开河",即青年学生在饮酒作乐时常有的(也是很自然的)胡吹乱扯。请看下面这个例子。

他写道："普选制、八小时工作制以至共和制，**从逻辑上说**都是和帝国主义相容的，尽管帝国主义极不喜欢〈！！〉它们，所以实现起来就极为困难。"

诙谐的字眼有时可以使学术著作增色，假如在谈论一个重大问题时，**除了**这些字眼，还从经济和政治方面对种种概念进行分析的话，我们决不反对所谓帝国主义并不"喜欢"共和制这种信口开河的说法。彼·基辅斯基用信口开河代替这种分析，掩盖缺乏分析。

"帝国主义不喜欢共和制"这句话是什么意思呢？为什么会这样呢？

共和制是资本主义社会的政治上层建筑的可能形式之一，而且在现代条件下是最民主的形式。说帝国主义"不喜欢"共和制，这就是说帝国主义和民主之间有矛盾。很有可能，彼·基辅斯基"不喜欢"或者甚至"极不喜欢"我们的这个结论，但这个结论是不容置疑的。

其次，帝国主义和民主之间的这一矛盾是怎样一种性质的呢？是逻辑矛盾还是非逻辑矛盾呢？彼·基辅斯基用"逻辑"这个字眼时，却没有想一想，因而也没有觉察到，这个字眼在这里**恰好**是用来替他**掩盖**他所谈论的**问题**（既掩盖读者的耳目，也掩盖作者的耳目）！这个问题就是经济同政治的关系，帝国主义的经济条件和经济内容同政治形式之一的关系。在人的推论中出现的一切"矛盾"，都是逻辑矛盾；这是空洞的同义反复。彼·基辅斯基用这种同义反复来回避问题的**实质**：这是两种**经济**现象或命题之间的"逻辑"矛盾（1）？还是两种**政治**现象或命题之间的"逻辑"矛盾（2）？或者是**经济**现象或命题同**政治**现象或命题之间的"逻辑"矛盾（3）？

要知道，问题的实质就在这里，因为提出的是在某种政治形式下在经济上不能实现还是可以实现的问题！

彼·基辅斯基如果不避开这个实质，他大概就会看到，帝国主义同共和制之间的矛盾，是最新资本主义（即垄断资本主义）的经济同一般政治民主之间的矛盾。因为彼·基辅斯基永远也不能证明，有哪一项重大的和根本的民主措施（由人民选举官吏或军官、实行最充分的结社集会自由等等），与共和制相比，同帝国主义之间的矛盾较小一些（也可以说，更为帝国主义所"喜欢"）。

所以我们得出的正是**我们**在提纲中所坚持的那个论点：帝国主义同**所有一切**政治民主都是矛盾的，都是有"逻辑"矛盾的。彼·基辅斯基"不喜欢"我们的这个论点，因为它打破了彼·基辅斯基的不合逻辑的结构，但是有什么办法呢？有些人仿佛要驳斥某些论点，其实暗中恰恰搬出这些论点，说什么"帝国主义不喜欢共和制"，这难道能够令人容忍吗？

其次，为什么帝国主义不喜欢共和制呢？帝国主义怎样把自己的经济同共和制"结合起来"呢？

彼·基辅斯基没有考虑这个问题。现在我们不妨向他提一下恩格斯讲过的下面一段话。这里谈的是民主共和国。问题是这样提出的：在这种管理形式下财富能不能实行统治呢？就是说，问题正是关于经济和政治之间的"矛盾"。

恩格斯回答说："……民主共和国已经不再正式讲什么〈公民之间的〉财产差别了。在这种国家中，财富是间接地但也是更可靠地运用它的权力的。其形式一方面是直接收买官吏（美国是这方面的典型例子），另一方面是政府和交易所结成联盟……"①

---

① 见《马克思恩格斯文集》第4卷第192页。——编者注

这就是对于民主在资本主义制度下"可以实现"的问题所作的经济分析的范例,而自决在帝国主义制度下"可以实现"的问题,只是这个问题的一小部分!

民主共和国"在逻辑上"是同资本主义矛盾的,因为它"正式"宣布富人和穷人平等。这是经济制度和政治上层建筑之间的矛盾。帝国主义和共和制之间存在着同样的矛盾,而且这种矛盾被加深和加剧了,因为垄断代替了自由竞争,使一切政治自由都更加"难以"实现。

资本主义怎样和民主结合起来呢? 通过间接地行使资本的无限权力! 为此可以采取两种经济手段:(1)直接收买;(2)政府和交易所结成联盟。(在我们的提纲中,这一点是用如下的话表述的:在资产阶级制度下,金融资本可以"随意收买和贿赂任何政府和官吏"。)

既然商品生产、资产阶级、货币权力统治一切,因此在任何一种管理形式下,在任何一种民主制度下,收买(直接的或通过交易所)都是"可以实现"的。

试问,在帝国主义代替了资本主义,即垄断资本主义代替了垄断前的资本主义以后,我们所考察的这种关系起了什么变化呢?

唯一的变化就是交易所的权力加强了! 因为金融资本是最大的、发展到垄断地步的、同银行资本融合起来的工业资本。大银行正在同交易所融合起来,吞并交易所。(在关于帝国主义的著作中常常谈到交易所的作用下降,但这只是从任何一个大银行本身就是交易所这个意义上说的。)

其次,既然一般"财富"完全能够通过收买和通过交易所来实现对任何民主共和国的统治,那么,彼·基辅斯基怎么能断言拥有亿万资本的托拉斯和银行的巨大财富,不能"实现"金融资本对别国,即对政治上独立的共和国的统治而不陷入可笑的"逻辑矛盾"呢??

怎么? 在别国内收买官吏"不能实现"吗? 或者"政府和交易所结成联盟",这仅仅是与本国政府结成联盟吗?

＊　　　　＊　　　　＊

读者从这里可以看出,为了剖析和通俗地说明 10 行糊涂文字,需要写大约 10 个印刷页。我们不能这样详尽地分析彼·基辅斯基的每个论断——真的,他没有一个论断不是糊涂的! ——而且也没有这个必要,因为对主要的问题已经作了分析。剩下的我们将大略提一下。

4. 挪威的例子

挪威在 1905 年即在帝国主义最猖狂的时代,"实现了"似乎是不能实现的自决权。因此,"不能实现"的说法不仅在理论上是荒谬的,而且也是可笑的。

彼·基辅斯基想反驳这一点,他挖苦我们是"唯理论者"(同这有何相干? 唯理论者仅限于下论断,而且是抽象的论断,而我们指出了最具体的事实! 彼·基辅斯基使用"唯理论者"这个外国字眼,恐怕正如他在自己文章的开头以"精炼的形式"提出自己的见解时使用"精炼的"这个词一样……怎样说得更委婉一些呢? ……一样地不那么"恰当"吧?)。

彼·基辅斯基责备我们说,在我们看来"重要的是现象的外表,而不是真正实质"。那么我们就来考察一下真正实质吧。

　　反驳一开始就举了一个例子,说颁布反托拉斯法的事实并不能证明禁止托拉斯是不能实现的。完全正确,只是例子举得不恰当,因为它是**驳斥彼·基辅斯基**的。法律是一种政治措施,是一种政治。任何政治措施也不能禁止经济。不管波兰具有什么样的政治形式,不管它是沙皇俄国的一部分还是德国的一部分,不管它是自治区还是政治上独立的国家,这都不能禁止或消除波兰对帝国主义列强金融资本的依附和后者对波兰企业股票的收买。

　　挪威在1905年所"实现"的独立,仅仅是政治上的独立。它并不打算触及也不可能触及经济上的不独立。我们的提纲所说的正是这一点。我们指出,自决仅仅涉及政治,因此甚至提出经济上不能实现的问题,也是错误的。而彼·基辅斯基却搬出政治禁令对经济无能为力的例子来"反驳"我们!"反驳"得太妙了!

　　其次。

　　"单凭一个甚至许多个关于小企业战胜大企业的例子,还不足以驳倒马克思的如下正确论点:资本主义发展的整个进程都伴随着生产的积聚和集中。"

　　这个论点也是以一个不恰当的**例子**为根据的。选择这样的例子,是为了转移人们(读者和作者)对争论的真正实质的注意。

　　我们的提纲指出,从劳动货币在资本主义制度下不能实现那种意义上来说自决在经济上不能实现,是不正确的。能够证明**劳动货币**能够实现的"例子"一个也举不出来。彼·基辅斯基默认我们在这一点上是正确的,因为他转而去对"不能实现"作**另外的**解释。

　　他为什么不直截了当地说出来呢? 为什么不公开地、确切地提出**自己的**论点,说"自决就其经济上的可能性来说在资本主义制度下不能实现,它是同发展进程相抵触的,因而是反动的或者只是一个例外"呢?

因为作者只要一公开说出他的相反的论点,立刻就会揭穿自己,所以他只好遮遮掩掩。

无论我们的纲领或爱尔福特纲领,都承认经济集中和大生产战胜小生产的规律。彼·基辅斯基隐瞒了一个事实,即两者都不承认政治集中或国家集中的规律。如果这同样是或者也算是一个规律,那么彼·基辅斯基为什么不加以阐述并建议把它补充到我们的纲领中去呢?他既然发现了国家集中这个新规律,发现了这个具有实际意义的、可以使我们纲领消除错误结论的规律,却又让我们保留一个不好的和不全面的纲领,他这样做对吗?

彼·基辅斯基对这个规律没有作任何表述,也没有建议要补充我们的纲领,因为他隐隐约约地感到,那样一来他就会成为笑柄。如果把这种观点公开表现出来,除大生产排挤小生产的规律之外又提出一个大国排挤小国的"**规律**"(与前一规律联在一起或相提并论),那时,人人都会对这种"帝国主义经济主义"的妙论哈哈大笑!

为了说明这一点,我们只向彼·基辅斯基提一个问题:为什么不带引号的经济主义者**不谈**现代托拉斯或大银行的"瓦解",不谈这种瓦解是可能的和能够实现的呢?为什么甚至一个带引号的"帝国主义经济主义者"也不得不承认大国瓦解是可能的和能够实现的,并且这还不仅是一般瓦解,而是例如,"小民族"(请注意这一点!)从俄国分离出去(彼·基辅斯基论文的第2章第4节)呢?

最后,为了更清楚地说明我们的作者扯到哪里去了,为了向他提出警告,我们必须指出,我们大家都公开承认大生产排挤小生产的规律,谁也不怕把"小企业战胜大企业"的个别"例子"叫做反动现象。直到现在还**没有一个**反对自决的人敢把挪威同瑞典分离叫做反动现象,虽然从1914年起我们就在著作中提出了这个问题。①

只要还保持着例如手工作业台,大生产就不能实现;认为使用机器的工厂可以"瓦解"为手工工场,那是极端荒谬的。建立大帝国的帝国主义趋势完全可以实现,并且在实践中常常通过一些在政治意义上独立自主的国家建立帝国主义联盟的形式来实现。这种联盟是可能的,它不仅表现为两国金融资本的经济结合,同时也表现为在帝国主义战争中的军事"合作"。**在帝国主义条件下**,民族斗争、民族起义和民族分离是完全"可以实现"的,并且已见诸行动,甚至变得更加剧烈,因为帝国主义不是阻止资本主义的发展和人民群众民主意向的增长,而是**加剧**这种民主意向和托拉斯的反民主意向之间的对抗。

只有从"帝国主义经济主义"即面目全非的马克思主义的观点出发,才可以忽视帝国主义政治中的下列特殊现象:一方面,当前的帝国主义战争告诉我们一些事例,依靠金融联系和经济利益能使政治上独立的小国卷进大国之间的斗争(英国和葡萄牙)。另一方面,破坏无论在经济上或政治上都比自己的帝国主义"庇护者"软弱得多的小民族方面的民主制,结果不是引起起义(如爱尔兰),便是使整团整团的官兵投向敌方(如捷克人)。在这种情况下,从金融资本的观点来看,为了不使"自己的"军事行动有遭到破坏的

---

　　① 见本版全集第25卷第256—262页。——编者注

危险,给予**某些**小民族以尽可能多的民主自由乃至实行国家独立,这不仅是"可以实现"的,而且对托拉斯,对**它们的**帝国主义政治,对**它们的**帝国主义战争,**有时是**直接有利的。忘记政治的和战略的相互关系的特点,不管适当不适当,一味背诵"帝国主义"这个记得烂熟的词,这决不是马克思主义。

关于挪威,彼·基辅斯基告诉我们说,第一,它"向来就是一个独立国家"。这是不对的,这种错误只能用作者的信口开河满不在乎和对政治问题的不重视来解释。挪威在1905年以前**不是**独立国家,它只享有非常广泛的自治权。瑞典只是**在挪威同它分离以后**才承认挪威是一个独立的国家。如果挪威"向来就是一个独立国家",那么瑞典政府就不可能在1905年10月26日向外国宣布,它现在承认挪威是一个独立国家。

第二,彼·基辅斯基用许多引文来证明:挪威朝西看,瑞典则是朝东看;在前者"起作用"的主要是英国金融资本,在后者——是德国金融资本,等等。他由此便得出一个扬扬得意的结论:"这个例子〈即挪威〉完全可以纳入我们的公式。"

请看,这就是"帝国主义经济主义"的逻辑典范! 我们的提纲指出,金融资本可以统治"任何"国家,"哪怕是独立国家",因此,说什么从金融资本的观点来看"不能实现"自决的一切论断,都是糊涂观念。人们给我们列举一些材料,这些材料都**证实**我们的关于别国金融资本**无论在挪威分离以前或在挪威分离以后**都始终起作用的论点,——他们却以为这是在**驳斥我们!!**

谈金融资本因而**忘记**政治问题,难道这就是谈论政治吗?

不是。政治问题决不会因为有人犯了"经济主义"的逻辑错误就不再存在。英国金融资本无论在挪威分离以前或分离以后,都一直在挪威"起作用"。德国金融资本在波兰同俄国分离以前,曾经在波兰"起作用",今后不管波兰处于**怎样的**政治地位,德国金融资本还会"起作用"。这个道理太简单了,甚至叫人不好意思重申,但是,既然有人连这个简单的道理都忘记了,那又有什么办法呢?

关于挪威的这种或那种地位、关于挪威从属瑞典、关于分离问题提出之后工人的态度等政治问题,会不会因此就不存在了呢?

彼·基辅斯基回避了这些问题,因为它们刺痛了"经济派"。但是,在实际生活中,这些问题以前存在,现在仍然存在。在实际生活中提出过这样的问题:不承认挪威有分离权的瑞典工人能不能当社会民主党的党员呢? **不能**。

瑞典贵族当时主张对挪威发动战争,牧师们也是如此。这一事实并不因为彼·基辅斯基"忘记"读挪威人民的历史就不存在。瑞典工人作为社会民主党党员,可以劝告挪威人投票反对分离(挪威于1905年8月13日就分离问题举行了全民投票,结果368 200票赞成分离,184票反对分离,参加投票的约占有投票权的人数的80%)。可是,如果瑞典工人像瑞典贵族和瑞典资产阶级那样,否认挪威人有不通过瑞典人、不顾及瑞典人的意愿而自行解决这一问题的权利,那他们就是**社会沙文主义者**,就是**决不容许留在社会民主党内的恶棍**。

对我们的党纲第9条就应该这样来运用,而我们的"帝国主义经济主义者"却试图**跳过**这一条。先生们,你们要跳过去,就非投入沙文主义的怀抱不可!

而挪威工人呢? 从国际主义的观点看来,他们是否必须投票

赞成分离呢？根本不是。他们作为社会民主党党员，可以投票反对分离。他们只有向反对挪威有分离**自由**的瑞典黑帮工人伸出友谊之手，才是违背了自己作为社会民主党党员的义务。

有些人不愿意看到挪威工人和瑞典工人的地位之间的这一起码差别。不过他们既然**避开**我们直截了当地向他们提出的这一极其具体的政治问题，他们也就揭穿了自己。他们默不作声、借词推托，从而让出了阵地。

为了证明在俄国也可能发生"挪威"问题，我们特意提出一个论点：在**纯军事的和战略的**条件下，单独的波兰国家即使**现在**也是完全可以实现的。彼·基辅斯基想要"争论"一下，但是却没有作声！！

我们再补充一句，根据**纯军事和战略的**考虑，在**这场**帝国主义战争的某种结局下（如瑞典并入德国，德国人取得一半胜利），甚至芬兰也完全**可能**成为一个单独的国家，但这并不会破坏金融资本的任何一种业务的"可实现性"，不会使收买芬兰铁路和其他企业股票的事情"不能实现"。①

彼·基辅斯基想用惊人之语来掩饰他所讨厌的政治问题，这是他整篇"议论"的一大特色。他说："……每一分钟〈在第1章第

---

① 如果在当前战争的一种结局下，在欧洲建立波兰、芬兰等新国家完全"可以实现"（同时丝毫不会破坏帝国主义的发展条件和它的实力，反而会**加强**金融资本的影响、联系和压力），那么，在战争的另一种结局下，建立匈牙利、捷克等新国家**同样**也"可以实现"。英帝国主义者现在已经在谋划自己一旦取得胜利时如何实现这第二种结局。帝国主义时代既不会消灭各民族要求政治独立的意向，也不会消灭这种意向在世界帝国主义关系**范围内**的"可实现性"。**超出**这一范围，则无论俄国的共和制或世界任何地方的任何巨大的民主改革，不经过多次革命就"不能实现"，没有社会主义就不能巩固。彼·基辅斯基对于帝国主义同民主之间的关系，简直是一窍不通。

2节的末尾,一字不差地这样写着〉达摩克利斯剑[90]都可能掉下,断送'独立'工场〈"暗指"小小的瑞典和挪威〉的生机"。

照这么说来,真正的马克思主义想必是这样的:尽管**瑞典**政府曾把挪威从瑞典分离出去叫做"革命措施",但挪威这个独立的国家总共不过存在了10来年。既然我们读过希法亭的《金融资本》一书,并且把他的意思"理解"为"每一分钟"——要说就把话说到底!——小国都可能消失,那么我们又何必去分析由此而产生的**政治**问题呢?又何必去注意我们把马克思主义歪曲成"经济主义",把自己的政策变成了对道地的俄国沙文主义者的言论的随声附和呢?

俄国工人在1905年争取共和国,想必是犯了莫大的错误,因为无论法国的、英国的或其他什么国家的金融资本,早就动员起来要反对它,如果它出现了的话,"每一分钟"都可能用"达摩克利斯剑"将它砍掉!

＊　　　　＊　　　　＊

"最低纲领中的民族自决要求……不是空想的:它并不同社会发展相抵触,因为它的实现并不会妨碍社会发展。"彼·基辅斯基在其文章中作了关于挪威的"摘录"的那一节里,反驳马尔托夫的这段话。其实他的"摘录"一再**证实**下面这个尽人皆知的事实:挪威的"自决"和分离**并没有阻止**一般的发展,特别是金融资本业务的扩大,**也没有阻止**英国人对挪威的收买!

我们常常见到这样一些布尔什维克,例如1908—1910年间的阿列克辛斯基,他们**恰恰**在马尔托夫讲得正确的时候去反对他!这样的"盟友"千万不能要!

5. 关于"一元论和二元论"

彼·基辅斯基指责我们"对要求作了二元论的解释",他写道:

"国际的一元论的**行动**,被二元论的**宣传**所代替。"

统一的行动是同"二元论"的宣传相对立的,——这听起来似乎完全是马克思主义的、唯物主义的。可惜,我们如果仔细地研究一下,我们就必须说,这和杜林的"一元论"一样,是**口头上的**"一元论"。恩格斯在反对杜林的"一元论"时写道:"如果我把鞋刷子综合在哺乳动物的**统一体**中,那它决不会因此就长出乳腺来。"①

这就是说,只有那些在客观现实中是**统一的**事物、属性、现象和行动,才可以**称为**"统一的"。而我们的作者恰巧忘记了这件"**小事情**"!

第一,他认为我们的"二元论"就在于:我们向被压迫民族工人首先提出的要求(这里只是就民族问题而言),**不同于**我们对压迫民族工人的要求。

为了审查一下彼·基辅斯基在这里的"一元论"是不是杜林的"一元论",必须看一看**客观现实**中的情况是怎样的。

从民族问题的角度来看,压迫民族工人和被压迫民族工人的**实际**地位是不是一样的呢?

不,不一样。

(1)**在经济上**有区别:压迫民族的资产者用一贯加倍盘剥被压

---

① 　见《马克思恩格斯文集》第9卷第45页,黑体是列宁用的。——编者注

迫民族工人的办法取得**超额利润**,压迫国家的工人阶级有一部分人可以从中分享一点残羹剩饭。此外,经济资料表明,压迫民族工人当"工头"的百分数要比被压迫民族工人**高**,压迫民族工人升为工人阶级**贵族**的百分数也**大**①。这是事实。压迫民族工人**在一定程度上**参与**本国**资产阶级掠夺被压迫民族工人(和多数居民)的勾当。

(2)**在政治上**有区别:与被压迫民族工人比较,压迫民族工人在政治生活的许多方面都占**特权地位**。

(3)**在思想上**或精神上有区别:压迫民族工人无论在学校中或在实际生活中,总是受着一种轻视或蔑视被压迫民族工人的教育。例如,凡是在大俄罗斯人中间受过教育或生活过的大俄罗斯人,对这一点**都有体会**。

总之,在客观现实中**处处**都有差别,就是说,在不以个人意志和意识为转移的客观世界中,到处都有"二元论"。

既然如此,我们应当怎样看待彼·基辅斯基的所谓"国际的一元论的行动"这句话呢?

这是一句响亮的空话,如此而已。

国际**实际上**是由**分别**属于压迫民族和被压迫民族的工人组成的,**为了使国际的行动统一**,就必须对两种不同的工人进行**不同的**宣传:从真正的(而不是杜林式的)"一元论"观点看来,从马克思的唯物主义观点看来,只能这样谈问题!

例子呢? 我们(两年多以前在合法刊物上!)已经举了关于挪威的例子,而且任何人也没有试图反驳我们。在从实际生活中举

---

① 例如,可参看古尔维奇论美国移民和工人阶级状况的一部英文著作(《移民与劳动》)。

出的这一具体事例中，挪威工人和瑞典工人的**行动**所以是"一元论的"、统一的、国际主义的，**只是**由于瑞典工人**无条件地**坚持挪威的分离自由，而挪威工人则**有条件地**提出关于这次分离的问题。如果瑞典工人不是**无条件地**赞成挪威人的分离自由，那他们就成了**沙文主义者**，就成了想用暴力即战争把挪威"留住"的瑞典地主们的沙文主义同谋。如果挪威工人**不是有条件地**提出分离问题，即社会民主党党员也可以投票和宣传反对分离，那挪威工人就违背了国际主义者的义务，而陷入了狭隘的、**资产阶级的**挪威民族主义。为什么呢？因为实行分离的是**资产阶级**，而不是无产阶级！因为挪威资产阶级（也同各国资产阶级一样）**总是**力求分裂本国和"异国"的工人！因为在觉悟的工人看来，任何民主要求（其中也包括自决）都要服从社会主义的最高利益。譬如说，挪威同瑞典的分离势必或者可能引起英德之间的战争，**由于这种原因**，挪威工人就应当反对分离。而瑞典工人作为社会党人，**只有**在一贯地、彻底地、经常地**反对**瑞典政府而拥护挪威分离**自由**的情况下，才有权利和有可能在类似的场合进行反对分离的宣传。否则，挪威工人和挪威人民就**不相信**而且也**不能**相信瑞典工人的劝告是诚恳的。

反对自决的人倒霉的地方，就在于他们只会拿一些僵死的抽象概念来敷衍了事，而**不敢**彻底分析实际生活中任何一个具体的例子。我们的提纲已经具体指出，在纯军事和战略的种种条件一定的配合下，波兰新国家**现在**是完全"可以实现"的[①]。无论波兰人或者彼·基辅斯基，对这一点都没有表示过异议。但谁也不愿意**想一想**，从默认我们是正确的这一事实中得出的结论是什么。

[①]　参看本版全集第 27 卷第 255—257 页。——编者注

由此而得出的结论显然是：为了教育俄国人和波兰人采取"统一的行动"，国际主义者**决不能**在两者中间进行同样的宣传。大俄罗斯（和德国）工人应当无条件地赞成波兰的分离自由，否则**在目前**他们**实际上**就成了尼古拉二世或兴登堡的奴仆。而波兰工人**只能**有条件地主张分离，因为想用某个帝国主义资产阶级的胜利来投机（像"弗腊克派"那样），那就意味着充当**它的**奴仆。这种差别是国际的"一元论的行动"的条件，不了解这种差别，就等于不了解为了采取"一元论的行动"来反对比如莫斯科附近的沙皇军队，为什么革命军队必须从下诺夫哥罗德向西挺进，而从斯摩棱斯克向东挺进。

＊　　　＊　　　＊

第二，我们这位杜林式一元论的新信徒指责我们没有注意在社会变革时期"国际的各个民族支部的最紧密的组织上的团结"。

彼·基辅斯基写道：在社会主义制度下，自决将消亡，因为那时国家也将消亡。这句话仿佛是专为反驳我们而写的！但是我们曾经用了**三行字**（我们的提纲的第1条的最后三行）说得清清楚楚："民主也是一种国家形式，它将随着国家的消失而消失。"①彼·基辅斯基在他的文章的第**3**节（第1章）中，用**好几页**篇幅所重复的正是这个真理，——当然是为了"反驳"我们！——而且在重复时加以**歪曲**。他写道："我们设想并且从来就设想，社会主义制度是一种严格民主〈！！？〉集中的经济体制，在这种体制下，国家作为一部分居民统治另一部分居民的机构将会消失。"这是糊涂观点，因为民主**也**是"一部分居民对另一部分居民"的统治，**也**是一种

① 见本版全集第27卷第255页。——编者注

国家。作者显然不了解社会主义胜利后国家**消亡**是怎么一回事，这个过程的条件是什么。

不过重要的还是他的有关社会革命时代的"反驳"。作者先拿"自决的信奉者"这个吓人的字眼骂了我们一顿，接着说："我们设想这个过程〈即社会变革〉将是所有〈!!〉国家的无产者的统一行动，他们将打破资产阶级〈!!〉国家的疆界，拆掉界碑〈这同"打破国界"无关吗?〉，炸毁〈!!〉民族共同体并建立阶级共同体。"

请"信奉者"的严峻审判官恕我们直说：在这里讲了一大堆空话，可是根本看不到"思想"。

社会变革不可能是**所有**国家的无产者的统一行动，理由很简单：地球上的大多数国家和大多数居民，直到今天甚至还没有达到或者刚刚开始达到资本主义的发展阶段。关于这点我们在提纲第6条中已经讲了①，但是，彼·基辅斯基只是由于不经心或者不善于思考而"没有觉察到"，我们提出这一条并不是无的放矢，而恰恰是为了驳斥那些把马克思主义歪曲得面目全非的言论。**只有**西欧和北美各先进国家才已成熟到可以实现社会主义的地步。彼·基辅斯基在恩格斯给考茨基的一封信⁹¹（《〈社会民主党人报〉文集》）中可以读到对这种实在的而不只是许愿的"思想"的具体说明：幻想什么"**所有**国家的无产者的统一行动"，就是把社会主义推迟到希腊的卡连德日⁹²，也就是使它"永无实现之日"。

不是所有国家的无产者，而是少数达到**先进**资本主义发展阶段的国家的无产者，将用统一行动实现社会主义。正因为彼·基辅斯基不懂这个道理，他才犯了错误。在**这些**先进国家（英、法、德

① 见本版全集第27卷第262—263页。——编者注

等国)里,民族问题早就解决了,民族共同体早已过时了,**在客观上**已不存在"全民族的任务"。因此**现在**只有在这些国家里,才可以"炸毁"民族共同体,建立阶级共同体。

在**不**发达的国家里,在我们(我们的提纲第 6 条中)列为第二类和第三类的国家里,也就是在整个东欧和一切殖民地和半殖民地,情形就不同了。这里的民族通常**还**是受压迫的、资本主义不发达的民族。在这些民族中**客观上**还有全民族的任务,即**民主的**任务,**推翻异族压迫**的任务。

恩格斯曾拿印度作为这些民族的例子,他说,印度可能要进行一次反对胜利了的社会主义的革命①,——因为恩格斯同可笑的"帝国主义经济主义"大不相同,"帝国主义经济主义"认为,在先进国家中取得胜利的无产阶级,不必采取一定的**民主**措施,就可以"自然而然地"消灭各个地方的民族压迫。无产阶级将改造它取得了胜利的那些国家。这不能一下子做到,而且也不能一下子"战胜"资产阶级。我们在自己的提纲中特意着重指出了这一点,而彼·基辅斯基又没有想一想,我们在谈到民族问题的时候强调这一点,究竟是**为了什么**。

当先进国家的无产阶级在推翻资产阶级、击退它的反革命企图的时候,不发达的和被压迫的民族不会等待,不会停止生活,不会消失。既然它们甚至可以利用 1915—1916 年的这场战争——它同社会革命比较起来不过是帝国主义资产阶级的一次小小的危机——来发动起义(一些殖民地、爱尔兰),那么毫无疑问,它们更会利用各先进国家的国内战争这种**大危机**来发动起义。

---

① 参看《马克思恩格斯文集》第 10 卷第 480 页。——编者注

社会革命的发生只能是指一个时代,其间既有各先进国家无产阶级同资产阶级的国内战争,又有不发达的、落后的和被压迫的民族所掀起的**一系列**民主的、革命的运动,其中包括民族解放运动。

为什么呢? 因为资本主义发展得不平衡,而客观现实使我们看到,除了高度发达的资本主义民族,还有许多在经济上不那么发达和完全不发达的民族。彼·基辅斯基根本没有从不同国家在经济上的成熟程度来考虑社会革命的**客观**条件,所以说,他指责**我们**"臆想出"某地应实行自决,实际上是诿过于人。

彼·基辅斯基煞费苦心地反复重述从马克思和恩格斯的著作中摘来的引文,说我们应当"不是从头脑中臆想出,而是通过头脑从现有的物质条件中发现"使人类摆脱这种或那种社会灾难的手段。每当我读到这些重复的引文时,总是不能不想起臭名昭著的"经济派",他们是这样无聊地……咀嚼着他们关于资本主义已在俄国获得胜利的"新发现"。彼·基辅斯基想用这些引文来"吓倒"我们,因为据说我们是从头脑中臆想出在帝国主义时代实行民族自决的条件! 不过恰巧在同一个彼·基辅斯基那里,我们却读到了如下一段"不小心的自供":

> "单是我们**反对**〈黑体是原作者用的〉保卫祖国这一事实,就再清楚不过地表明,我们将积极反抗一切对民族起义的镇压,因为我们将以此同我们的死敌——帝国主义进行斗争。"(彼·基辅斯基的文章的第2章第3节)

要批评一个有名的作者,要**答复**他,就不能不完整地引用他的文章的论点,哪怕是几个最主要的论点。但是,即使只是完整地引出彼·基辅斯基的一个论点,那也随时都可以发现,他的每一句话都有两三个歪曲马克思主义的错误和疏忽的地方!

（1）彼·基辅斯基没有注意到，民族起义**也**是"保卫祖国"！任何人只要稍微思索一下，都会相信事情正是这样的，因为**任何**"起义的民族"，都是为了"**保卫**"本民族不受压迫民族的压迫，都是为了保卫自己的语言、疆土和祖国。

一切民族压迫都引起**广大人民群众**的反抗，而遭受民族压迫的居民的一切反抗**趋势**，都是民族起义。如果说我们经常看到（特别在奥地利和俄国），被压迫民族的资产阶级**只是**空谈民族起义，实际上却背着本国人民**而且针对**本国人民，同压迫民族的资产阶级进行反动的交易，那么在这种情形下，革命的马克思主义者不应当批评民族运动，而应当反对缩小这一运动、使之庸俗化和把它歪曲为无谓争吵。顺便指出，奥地利和俄国的很多社会民主党人都忘记了这一点，他们把自己对许多细小的、庸俗的、微不足道的民族纠纷（例如，为了用哪种文字写的街名应当放在街名牌的上边、哪种文字应当放在下边而发生争吵和斗殴）所抱的**正当的**反感，变成否认支持民族斗争。我们不会"支持"什么摩纳哥公国成立共和国的喜剧式的把戏，也不会"支持"南美洲一些小国或太平洋某岛屿的"将军们"实行"共和的"冒险，但是我们不能因此就在重大的民主运动和社会主义运动中放弃共和国的口号。我们嘲笑而且应当嘲笑俄国和奥地利各民族间微不足道的民族纠纷和民族争吵，但是我们不能因此就不支持民族起义或一切重大的反民族压迫的全民斗争。

（2）如果在"帝国主义时代"民族起义是不可能的，那么彼·基辅斯基也就无权来谈论民族起义了。如果这种起义是可能的，那么他的一切关于"一元论"、关于我们"臆想出"一些在帝国主义条件下实现自决的例子等等无穷尽的空话，就**统统**不攻自破了。

彼·基辅斯基自己在打自己的嘴巴。

如果"我们""积极反抗对民族起义的镇压"（彼·基辅斯基"**自己**"认为这是可能的事情），那么这是什么意思呢？

这就是说，**行动**是双重的，如果用我们这位作者所用的文不对题的哲学术语来说，就是"二元论的"。(a)第一，遭受民族压迫的无产阶级和农民，同遭受民族压迫的资产阶级**一起**采取**反对**压迫民族的"行动"；(b)第二，压迫民族的无产阶级或其中有觉悟的一部分采取**反对**压迫民族的资产阶级和跟着它走的一切分子的"行动"。

彼·基辅斯基讲了许许多多反对"民族联盟"、民族"幻想"、民族主义"毒害"和"煽动民族仇恨"以及诸如此类的话，这全是空话，因为作者既然劝告压迫国家的无产阶级（我们不要忘记，作者认为这个无产阶级是一个了不起的力量）"积极反抗对民族起义的镇压"，他也就是在**煽动**民族仇恨，也就是在**支持**被压迫国家的工人"同资产阶级的联盟"。

（3）如果说在帝国主义条件下民族起义是可能的，那么民族战争也是可能的。从政治上说，这两者之间没有任何重大差别。军事史学家把起义也看做战争，这是完全正确的。彼·基辅斯基由于不加思索，不仅打了自己的嘴巴，而且也打了否认在帝国主义条件下有发生民族战争的**可能性**的尤尼乌斯和"国际"派的嘴巴。而否认这种可能性，就是否认帝国主义条件下民族自决的观点的唯一可以设想的理论基础。

（4）因为——什么是"民族"起义呢？就是力图实现被压迫民族的**政治**独立，即建立**单独的**民族国家的起义。

如果说压迫民族的无产阶级是一个了不起的力量（正如作者

对帝国主义时代所预料的和应当预料的那样），那么，这个无产阶级下定决心，"积极反抗对民族起义的镇压"，这**是不是**对建立单独的民族国家的**促进**呢？当然是！

我们这位大胆否认自决"可以实现"的作者居然说，各先进国家的觉悟的无产阶级应当**促进**这个"不能实现的"措施的实现！

（5）**为什么**"我们"应当"积极反抗"对民族起义的镇压呢？彼·基辅斯基只举了一个理由："因为我们将以此同我们的死敌——帝国主义进行斗争。"这个理由的全部**力量**，就在于"死"这个**有力的**字眼，总之，在作者那里论据的力量被代之以严厉的响亮的词句的力量，被代之以"把木橛钉入资产阶级发抖的躯体"这类符合阿列克辛斯基风格的漂亮话。

但是，彼·基辅斯基的这个论据是**不正确的**。帝国主义同资本主义一样，都是我们的"死"敌。这是事实。但是任何一个马克思主义者都不会忘记，资本主义比封建主义进步，而帝国主义又比垄断前的资本主义进步。这就是说，我们应当支持的**不是**任何一种反对帝国主义的斗争。我们**并不**支持反动阶级反对帝国主义的斗争，我们**并不**支持反动阶级反对帝国主义和资本主义的起义。

这就是说，如果作者承认必须援助被压迫民族的起义（"积极反抗"镇压就是援助起义），那么他也就承认民族起义的**进步性**，承认在起义胜利后建立单独的新国家和划定新疆界等等的**进步性**。

作者简直**没有**一个政治论断是可以自圆其说的！

顺便指出，我们的提纲在《先驱》杂志第2期上发表以后爆发的1916年的爱尔兰起义证明，说民族起义**甚至**在欧洲也可能发生，这决不是毫无根据的！

6. 彼·基辅斯基所涉及和歪曲了的其他政治问题

我们在自己的提纲中指出，所谓解放殖民地就是实行民族自决。欧洲人常常忘记殖民地人民**也**是民族，容忍这种"健忘"就是容忍沙文主义。

彼·基辅斯基"反驳"说：

"就无产阶级这个词的本义来说"，在纯粹的殖民地**没有无产阶级**（第2章第3节末尾）。"既然如此，'自决'是向谁提出的呢？向殖民地的资产阶级？向费拉[93]？向农民？当然不是。**社会党人**〈黑体是彼·基辅斯基用的〉向殖民地提出自决口号，是荒唐的，因为向没有工人的国家提出工人党的口号，根本就是荒唐的。"

不管说我们观点"荒唐"的彼·基辅斯基多么气愤，我们还是不揣冒昧，恭恭敬敬地向他指出：他的论据是错误的。只有臭名昭著的"经济派"才认为，"工人党的口号"**仅仅**是向工人提出的。[1] 不对，这些口号是向全体劳动居民、向全体人民提出的。我们党纲中的民主要求那一部分（彼·基辅斯基"根本"没有想一想它的意义），是专门向全体人民提出的，因此我们在党纲的这一部分里讲的是"人民"。[2]

---

① 我们劝彼·基辅斯基再读一读亚·马尔丁诺夫之流在1899—1901年间所写的东西。他在那里可以为"自己"找到许多论据。

② "民族自决"的某些可笑的反对者反驳我们的理由是："民族"是被分成阶级的！我们常常对这些面目全非的马克思主义者指出，我们在党纲民主要求那一部分里谈的是"人民专制"。

　　我们估计殖民地和半殖民地有 10 亿人口,对于我们这个十分具体的说法,彼·基辅斯基根本无意反驳。在这 10 亿人口中,有 7 亿以上(中国、印度、波斯、埃及)属于有工人的国家。但是,在每个马克思主义者看来,即使向那些没有工人而只有奴隶主和奴隶等等的殖民地国家提出"自决",也不仅不是荒唐的,而且是必须的。彼·基辅斯基只要略微想一想,大概就会明白这个道理,同时也会懂得,"自决"向来就是"向"被压迫民族和压迫民族这两种民族提出的。

　　彼·基辅斯基的另一个"反驳"是:

　　"因此,我们向殖民地只限于提出否定的口号,也就是说,只限于由社会党人对本国政府提出'从殖民地滚出去!'的要求。这个在资本主义范围内不能实现的要求,会加剧反对帝国主义的斗争,但是并不违背发展的趋势,因为社会主义社会不会占有殖民地。"

　　作者不能或者是不愿意多少考虑一下政治口号的理论内容,这简直令人吃惊!难道因为我们不使用理论上精确的政治术语而只用一些鼓动词句,问题就会有所改变吗?说"从殖民地滚出去",就是用鼓动的词句来避开理论的分析!我们党的任何一个鼓动员,在说到乌克兰、波兰、芬兰等等时,都有权对沙皇政府("自己的政府")说"从芬兰等等地区滚出去",但是,头脑清楚的鼓动员都懂得,不能仅仅为了"加剧"而提出肯定的或否定的口号。只有阿列克辛斯基式的人物才会坚持用"加剧"反对某种祸害的斗争的愿望来为"退出黑帮杜马"这个"否定的"口号作辩护。

　　加剧斗争是主观主义者的一句空话,他们忘记了:为了说明任何一个口号是正确的,马克思主义要求对经济现实、政治形势和这一口号的政治意义进行精确的分析。翻来覆去说这一点,真叫人不好意思，但是既然非这样不可，那又有什么办法呢？

用鼓动性的叫喊来打断对理论问题的理论争辩，这种阿列克辛斯基式的手法我们见得多了，这是拙劣的手法。"从殖民地滚出去"这个口号的政治内容和经济内容有一点而且只有一点：给殖民地民族分离自由，建立单独国家的自由！彼·基辅斯基既然认为帝国主义的**一般**规律妨碍民族自决，使之成为空想、幻想等等，那么，怎能不加思索便认定世界上**多数**民族是这些一般规律中的例外呢？显然，彼·基辅斯基的"理论"不过是对理论的一种讽刺罢了。

在大多数殖民地国家里，都有商品生产和资本主义，都有金融资本的千丝万缕的联系。既然从商品生产、资本主义和帝国主义的**角度看来**，"从殖民地滚出去"是一种"不科学"的，是已经被伦施、库诺等人**自己**"驳倒了"的"空想"要求，那又怎能向各帝国主义国家和政府提出这个要求呢？

作者在议论时没有动过一点**脑筋**！

作者没有想一想，所谓解放殖民地"不能实现"，**仅仅**是指"不经多次革命就不能实现"。他没有想一想，**由于**欧洲实行社会主义革命，解放殖民地是可以实现的。他没有想一想，"社会主义社会"**不仅**"不会占有"殖民地，而且也**根本**"不会占有"被压迫民族。他没有想一想，在我们所考察的这个问题上，俄国"占有"波兰或土耳其斯坦，这无论在经济上或政治上都是**没有**差别的。他没有想一想，"社会主义社会"愿意"从殖民地滚出去"，**仅仅**是指给它们自由分离的**权利**，**决**不是指**提倡它们分离**。

由于我们把分离权的问题和我们是不是提倡分离的问题区别开来，彼·基辅斯基就骂我们是"魔术家"，为了向工人"科学地论证"这种见解，他写道：

　　"如果工人问一位宣传员，无产者应当怎样对待独立〈即乌克兰的政治独立〉问题，而他得到的回答是：社会党人争取分离权，但同时进行反对分离的宣传，那么工人会怎样想呢？"

　　我想，我可以对这个问题作出十分明确的答复。这就是，我认为任何头脑清楚的工人都会**想**：彼·基辅斯基**不善于思想**。

　　每一个头脑清楚的工人都会"想"：正是这位彼·基辅斯基教我们工人喊"从殖民地滚出去"。这就是说，我们大俄罗斯工人应当要求本国政府滚出蒙古、土耳其斯坦和波斯，英国工人应当要求英国政府滚出埃及、印度和波斯等等。但是，难道这就意味着**我们无产者想要**同埃及的工人和费拉，同蒙古、土耳其斯坦或印度的工人和农民实行分离吗？难道这就意味着**我们**要劝告殖民地的劳动群众去同觉悟的欧洲无产阶级实行"分离"吗？完全不是这么回事。我们无论过去、现在或将来，一贯主张各先进国家的觉悟工人同**一切**被压迫国家的工人、农民和奴隶最紧密地接近和融合。我们一向劝告而且还将劝告一切被压迫国家（包括殖民地）的一切被压迫阶级**不要**同我们分离，而要尽可能紧密地同我们接近和融合。

　　如果我们要求本国政府滚出殖民地——不用鼓动性的空喊，而用确切的政治语言来说，就是要求它**给予**殖民地充分的分离**自由**，真正的**自决权**，如果我们一旦夺取了政权，我们自己一定要让这种权利实现，给予这种自由，那么，我们向现在的政府要求这一点而且我们自己在组成政府时将**做到**这一点，这**决**不是为了"提倡"实行分离，相反地，是为了促进和加速各民族的**民主的**接近和融合。我们要尽一切努力同蒙古人、波斯人、印度人、埃及人接近和融合，我们认为做到这一点是我们的义务和**切身利益**之所在，否则,欧洲的社会主义就将是**不巩固的**。我们要尽量给这些比我们更落后和更受压迫的人民以"无私的文化援助",用波兰社会民主党人的很好的说法来讲,就是帮助他们过渡到使用机器,减轻劳动,实行民主和社会主义。

如果我们要求给予蒙古人、波斯人、埃及人以及所有**一切**被压迫的和没有充分权利的民族以分离自由,那么这决不是因为**我们主张**它们**分离**,而**仅仅是**因为我们主张**自由的**、**自愿的**接近和融合,但不主张强制的接近和融合。**仅仅是**因为这一点!

我们认为,在这方面,蒙古或埃及的农民和工人同波兰或芬兰的农民和工人之间的**唯一**差别,就在于后者发展程度高,他们在政治上比大俄罗斯人更有经验,在经济上更加训练有素,等等。因此,他们大概**很快**就会说服本国人民:他们现在仇恨充当刽子手的大俄罗斯人是合乎情理的,但是把这种仇恨转移到**社会主义**工人和社会主义俄国身上,那就不明智了;经济的利益以及国际主义和民主主义的本能和意识,都要求各民族在社会主义社会中尽快地接近和融合。因为波兰人和芬兰人都是具有高度文化的人,所以他们大概很快就会相信这种说法是正确的,而波兰和芬兰的分离在社会主义胜利以后,可能只实行一个短时期。文化落后得多的费拉、蒙古人和波斯人分离的时间可能要长一些,但是我们要像上面所说的那样,力求通过无私的文化援助来缩短分离的时间。

我们在对待波兰人和蒙古人方面,没有而且也不可能有**任何**别的差别。宣传民族分离自由同**我们**组成政府时坚决实现这种自由,同宣传民族的接近和融合,没有而且也不可能有**任何**"矛盾"。———

———我们确信,任何一个头脑清楚的工人、真正的社会主义者、真正的国际主义者,对于我们和彼·基辅斯基的争论①都会这样"想"的。

　　一种主要的疑惑像一根红线贯穿着彼·基辅斯基的文章:既然整个发展的趋势是民族**融合**,为什么我们要宣传民族**分离**自由,并且要在掌握政权时实现这种自由呢? 我们回答说,其理由也同下面一点一样:虽然整个发展的趋势是消灭社会的一部分对另一部分的暴力统治,但是我们还是宣传并且在我们掌握政权时要实行无产阶级专政。专政就是社会的一部分对整个社会的统治,而且是直接依靠暴力的统治。为了推翻资产阶级并且击退它的反革命的尝试,必须建立无产阶级这个唯一彻底革命的阶级的专政。无产阶级专政问题具有如此重要的意义,以致凡是否认或仅仅在口头上承认无产阶级专政的人都不能当社会民主党的党员。然而不能否认,在某些情况下,作为例外,例如,在某一个小国家里,在它的大邻国已经完成社会革命之后,资产阶级和平地让出政权**是可能的**,如果它深信反抗已毫无希望,不如保住自己的脑袋。当然,更大的可能是,即使在各小国家里,不进行国内战争,社会主义

---

①　　看来,彼·基辅斯基不过是继德国和荷兰的某些马克思主义者之后,**重复**"从殖民地滚出去"这个口号罢了,他不但没有考虑这个口号的理论内容和意义,而且也没有考虑俄国的具体特点。荷兰和德国的马克思主义者局限于"从殖民地滚出去"这个口号,在一定程度上是可以原谅的,因为第一,对多数**西欧**国家说来,民族压迫的**典型**情况就是殖民地压迫,第二,在西欧各国,"殖民地"这个概念是特别清楚、明了和重要的。

　　而在俄国呢? 它的特点恰恰在于:"**我们的**""殖民地"同"我们的"被压迫民族之间的差别是不清楚、不具体和不重要的!

　　对于一个例如用德语写文章的马克思主义者来说,忘记了俄国的**这一**特点,是情有可原的,对于彼·基辅斯基来说,这就不可原谅了。一个不但愿意**重复**而且还愿意**思考**的俄国社会主义者必须懂得,对俄国说来,试图在被压迫民族和殖民地之间找出某种重大的差别,那是特别荒谬的。

也**不会**实现,因此,承认这种战争应当是国际社会民主党的**唯一纲领**,虽然对人使用暴力并不是我们的理想。这个道理只要作**相应的改变**(mutatis mutandis),同样可以适用于各个民族。我们主张民族融合,但是没有分离自由,**目前**便不能从强制的融合、从兼并过渡到自愿的融合。我们承认经济因素的主导作用(这完全正确),但是像彼·基辅斯基那样加以解释,那就是把马克思主义歪曲得面目全非。甚至现代帝国主义的托拉斯和银行,尽管在发达的资本主义的条件下到处同样不可避免,但在不同国家里其具体形式却并不相同。美、英、法、德这些先进的帝国主义国家的政治形式更加各不相同,虽然它们在本质上是一样的。在人类从今天的帝国主义走向明天的社会主义革命的道路上,同样会表现出这种多样性。一切民族都将走向社会主义,这是不可避免的,但是一切民族的走法却不会完全一样,在民主的这种或那种形式上,在无产阶级专政的这种或那种形态上,在社会生活各方面的社会主义改造的速度上,每个民族都会有自己的特点。再没有比"为了历史唯物主义"而一律用浅灰色给自己描绘**这**方面的未来,在理论上更贫乏,在实践上更可笑的了:这不过是苏兹达利城的拙劣绘画[94]而已。即使实际情况表明,**在社会主义无产阶级取得初次胜利以前**,获得解放和实行分离的仅占现在被压迫民族的$1/500$,**在社会主义无产阶级在全球取得最后胜利以前**(也就是说,在已经开始的社会主义革命的大变动时期),实行分离的同样只占被压迫民族的$1/500$,并且时间极其短暂,——**即使**在这种情况下,我们劝告工人现在不要让压迫民族中不承认和不宣传**一切**被压迫民族有分离自由的社会主义者跨进自己的社会民主党的大门,这无论在理论上或政治实践上都是对的。因为实际上我们不知道而且也不可能知道,在实践中到底有多少被压迫民族需要实行分离,以便贡献自己的一份力量,使得民主的**形式**和向社会主义过渡的**形式**多样化。至于现在否认分离自由,那在理论上是极端虚伪的,在实践上则是替压迫民族的沙文主义者效劳,这一点我们每天都了解到、看到和感觉到。

彼·基辅斯基在给我们前面所引的那段话所作的脚注中写道:"我们强调指出,我们完全赞成'反对暴力兼并……'的要求。"

我们曾经说过,这个"要求"等于承认自决,如果不把这个要求归结为自决,就不可能正确地确定"兼并"这个概念,对我们这个十分明确的说法,作者根本不置可否! 大概他认为,为了进行争论只须提出论点和要求就够了,而不必加以证明吧!

他接着写道:"……总之,对一系列可以加强无产阶级反帝意识的要求,我们完全接受其**否定的**提法,何况在现存制度的基础上,根本不可能找出相应的**肯定的**提法。反对战争,但是不赞成民主的和平……"

不对,从头到尾都错了。作者读过我们的"和平主义与和平口号"这个决议(小册子《社会主义与战争》第 44—45 页①),看来,甚至同意这个决议,但显然并没有理解它。我们**赞成**民主的和平,只是提醒工人不要受人欺骗,似乎在现今的资产阶级政府的条件下,如决议中所说,"不经过多次革命",民主的和平也能实现。我们宣告,"抽象地"宣传和平,即**不考虑**各交战国**现有**政府的真实阶级本质,尤其是帝国主义本质,那就是蒙蔽工人。我们在《社会民主党人报》(第 47 号)的提纲中明确指出,在目前这场战争中,如果革命使我们党掌握了政权,党要立刻向各交战国建议缔结民主的和约。②

---

① 见本版全集第 26 卷第 167—168 页。——编者注
② 见本版全集第 27 卷第 55 页。——编者注

彼·基辅斯基为了让自己和别人相信他"仅仅"反对自决，并不反对一般民主，竟说我们"不赞成民主的和平"。这岂不可笑？

我们不必再一一分析彼·基辅斯基所举的其他例子了，因为不值得浪费篇幅来反驳这些只会使每个读者付之一笑的、极为幼稚的逻辑错误。社会民主党没有并且也不可能有任何一个"否定的"口号，只是为了"加强无产阶级的反帝意识"，而不肯定地回答社会民主党在自己执政时应当**怎样**解决有关的问题。不同某种肯定的解决办法配合起来的"否定的"口号，不会"加强"只会削弱意识，因为这样的口号是无谓的空谈，空洞的叫喊，没有内容的高调。

彼·基辅斯基不懂得"否定"或痛斥**政治**灾难和**经济**灾难的两种口号之间的区别。这种区别在于：一定的经济灾难是一般资本主义所固有的，不管它具有怎样的政治上层建筑；不消灭资本主义，在经济上就**不可能**消灭这些灾难，举不出任何一个例子来证明可能做到这一点。反之，政治灾难在于违背民主制，"在现存制度的基础上"，即在资本主义制度下，民主制在经济上是完全可能的；在资本主义制度下，作为例外，在一个国家里实现它的这一部分，而在另一个国家里实现它的另一部分。作者又一次没有理解的，恰恰是可能实现一般民主的一般条件！

在离婚问题上也是如此。我们请读者回忆一下，在关于**民族**问题的争论中第一次接触到这个问题的是罗莎·卢森堡。她提出了一个完全合理的见解：我们社会民主党人集中派要维护国内（州或边疆区等等）的自治，就必须坚持由全国政权即全国国会决定重大国务问题，关于**离婚**的立法就属于这样的问题。离婚的例子清楚地表明，谁现在不要求充分的离婚自由，谁就不配做一个民主主义者和社会主义者，因为没有这种自由，被压迫的女性就会惨遭践蹯，——虽然不难理解，承认有离开丈夫的**自由**，并不等于**号召**所有的妻子都离开丈夫！

彼·基辅斯基"反驳"说：

"如果在**这种**场合〈即妻子**想**离开丈夫〉，妻子**不能**实现自己的权利〈离婚权利〉，那么这种权利又有什么用处呢？ 或者，假使这一权利的实现取决于**第三者**的意志，或者更糟糕，取决于向这个妻子'求爱'的人的意志，那又怎么办呢？ 难道我们要争取宣布**这样的**权利吗？ 当然不是!"

这一反驳表明，他根本不了解**一般**民主同资本主义的关系。使被压迫阶级不能"实现"自己的民主权利的条件，在资本主义制度下是常见的，不是个别情形，而是典型现象。在资本主义制度下，离婚权多半是不能实现的，因为被压迫的女性在经济上受压迫，因为在资本主义制度下，不管有什么样的民主，妇女始终是"家庭女奴"，是被关在卧室、育儿室和厨房里的女奴。在资本主义制度下，选举"自己的"人民法官、官吏、教师、陪审员等等的权利，同样多半是不能实现的，其原因就是工人和农民在经济上受压迫。关于民主共和国，情况也是如此：我们的党纲"宣布"民主共和国为"人民专制"，虽然一切社会民主党人都很懂得，在资本主义制度下，连最民主的共和国也只是导致资产阶级收买官吏，导致交易所和政府结成联盟。

只有根本不会思考或根本不懂马克思主义的人，才会由此得出结论说：共和国毫无用处，离婚自由毫无用处，民主毫无用处，民族自决毫无用处! 马克思主义者却懂得，民主**并不**消除阶级压迫，而只是使阶级斗争变得更单纯，更广泛，更公开，更尖锐；我们需要的正是这一点。离婚自由愈充分，妇女就愈明白，使他们做"家庭奴隶"的根源是资本主义，而不是无权。国家制度愈民主，工人就愈明白，罪恶的根源是资本主义，而不是无权。民族平等愈充分（没有分离的自由，这种平等就**不是**充分的），被压迫民族的工人就愈明白，问题在于资本主义，而不在于无权。如此等等。

我们再说一遍：老是讲马克思主义的常识，真叫人不好意思，但是既然彼·基辅斯基不知道，那又有什么办法呢？

彼·基辅斯基关于离婚问题的议论，同组委会的一位国外书记谢姆柯夫斯基的论调（记得是在巴黎《呼声报》[95]上）如出一辙。后者议论道：不错，离婚自由并不等于号召所有的妻子都离开丈夫，但是，如果你向一位太太证明说，夫人，别人的丈夫个个都比您的丈夫强，那就会造成同样的结果！！

谢姆柯夫斯基发表这种议论时忘记了，性情古怪并不违背社会主义者和民主主义者的义务。谢姆柯夫斯基如果要使任何一位太太相信，别人的丈夫个个都比她的丈夫强，那谁也不会认为这就违背了民主主义者的义务；充其量人们只会说：在一个大党里难免有一些大怪人！但是假定有一个否认离婚自由的人，例如向法庭、警察局或教会控告要跟他离婚的妻子，而谢姆柯夫斯基却想替这个人作辩护，并把他叫做民主主义者，那我们相信，谢姆柯夫斯基在国外书记处的多数同事虽然是一些蹩脚的社会主义者，但**甚至**连这些人也不会支持他！

谢姆柯夫斯基和彼·基辅斯基都"谈论了"离婚，都暴露了对问题的无知，回避了问题的实质，因为离婚权也像**所有**一切民主权利一样，在资本主义制度下是难以实现的，有条件的，有限制的，极其表面的，但是尽管如此，任何一个正派的社会民主党人不但不能把否认这一权利的人叫做社会主义者，甚至不能把他们叫做民主主义者。问题的全部实质就在这里。**一切**"民主制"就在于宣布和实现在资本主义制度下只能实现得很少和附带条件很多的"权利";不宣布这些权利,不立即为实现这些权利而斗争,不用这种斗争精神教育群众,社会主义是**不可能**实现的。

彼·基辅斯基不懂得这一点,又在自己的文章中回避了一个和他所研究的专题有关的重要问题。这个问题就是:我们社会民主党人**怎样**消灭民族压迫呢?彼·基辅斯基讲了一些诸如世界将"洒遍鲜血"之类的空话(这与问题毫不相干),以此敷衍了事。实际上只有一点:社会主义革命什么都会解决!或者像赞成彼·基辅斯基的观点的人常说的那样:自决在资本主义制度下是不可能的,而在社会主义制度下又是多余的。

这种观点在理论上是荒谬的。在政治实践上是沙文主义的。这样看问题就是不了解民主的意义。没有民主,就不可能有社会主义,这包括两个意思:(1)无产阶级如果不通过争取民主的斗争为社会主义革命作好准备,它就不能实现这个革命;(2)胜利了的社会主义如果不实行充分的民主,就不能保持它所取得的胜利,并且引导人类走向国家的消亡。因此,说自决在社会主义制度下是多余的,正像说民主在社会主义制度下是多余的一样,是十分荒谬、十分糊涂的。

自决在资本主义制度下并**不比**一般民主**更加**不可能,在社会主义制度下如果说它是多余的,则一般民主也**同样**是多余的。

经济变革为消灭**各**种政治压迫创造必要的前提。正因为如此,当提出的问题是**怎样**消灭民族压迫时,拿经济变革来支吾搪塞,这是不合逻辑的,不正确的。不实现经济变革,就不能消灭民族压迫。这是无可争辩的。但是,如果仅仅**限于**这一点,那就意味着陷入了可笑而又可怜的"帝国主义经济主义"。

必须实行民族**平等**,宣布、规定和实现各民族的平等"权利"。大概除彼·基辅斯基一个人之外,**所有的人都会同意**这一点。但是,正是在这里有一个人们常常回避的问题:否认有成立自己民族国家的**权利**,不就是否认平等吗?

当然是的。因此,彻底的**即**社会主义的民主派宣布、规定并且要实现这一权利,不这样就没有走向各民族完全自愿的接近和融合的道路。

7. 结论。阿列克辛斯基的手法

我们这里分析过的远不是彼·基辅斯基的全部论断,要**全部**加以分析,就必须写出一篇比本文长四倍的文章,因为作者的论断没有一个是正确的。他文章中**正确的东西**(如果数字没有差错的话),只有一个提供了关于银行数字的脚注。其余的一切,全是胡说八道,其中夹杂着一些空话,如"把木橛钉入发抖的躯体","我们不仅要审判凯旋的英雄,还要把他们判处死刑,消灭他们","新世界将在痛苦万状的痉挛中诞生","这里要谈的不是证书和法律,不是宣布各族人民自由,而是确立真正自由的关系、摧毁世世代代的奴隶制、消灭一般社会压迫特别是民族压迫"等等。

这些空话掩盖和反映出两件"事情":第一,它们的基础是"**帝国主义经济主义**""**思想**",这种"帝国主义经济主义"同臭名昭著的1894—1902年间的"经济主义"一样,把马克思主义歪曲得面目全非,对社会主义同民主制的关系一窍不通。

第二,我们在这些空话中亲眼看到阿列克辛斯基手法的再现,关于这一点我们要专门谈一谈,因为在彼·基辅斯基的文章中有整整一节(第2章第5节:《犹太人的特殊地位》),**完全**是按照这种手法写的。

从前,还在1907年伦敦代表大会期间,布尔什维克就摒弃了阿列克辛斯基,当时他为了回答理论上的论据,竟装出一副鼓动家的姿态,大喊大叫,文不对题地使用了一些反对一切剥削和压迫之类的响亮词句。"看啊,这简直是嚎叫了",——当时我们的代表们这样说。然而"嚎叫"并没给阿列克辛斯基带来什么好结果。

现在我们看到,彼·基辅斯基也在照样"嚎叫"。他不知道应当怎样回答提纲所提出的一系列理论问题和论据,于是装出一副鼓动家的姿态,开始大喊大叫,讲一些关于犹太人遭受压迫的空话,虽然每一个多少能够思考的人都明白,无论一般犹太人问题或彼·基辅斯基的一切"喊叫",都同论题根本没有一点关系。

阿列克辛斯基的手法决不会带来什么好结果。

载于1924年《星》杂志第1期和第2期

译自《列宁全集》俄文第5版第30卷第77—130页

论"废除武装"的口号

（1916年9月）

在许多国家里，主要是在瑞典、挪威、荷兰、瑞士这些置身于当前战争以外的小国家里，有人主张取消社会民主党的最低纲领中的"民兵制"或"武装人民"这项旧条文，而代之以"废除武装"的新条文。国际青年组织的机关刊物《青年国际》（«Jugend-Internationale»）杂志第3期发表了一篇主张废除武装的编辑部文章。我们看到，罗·格里姆为瑞士社会民主党代表大会所起草的关于战争问题的"提纲"对"废除武装"这一思想作了让步。罗兰-霍尔斯特在1915年的瑞士《新生活》（«Neues Leben»）杂志中似乎主张"调和"这两种要求，其实也是主张作这种让步。国际左派的机关刊物《先驱》（«Vorbote»）杂志第2期刊登了荷兰马克思主义者怀恩科普的一篇赞成武装人民这个旧要求的文章。从下面所刊载的一些文章中可以看出，斯堪的纳维亚的左派赞成"废除武装"，不过他们有时承认其中有和平主义的成分。

现在我们就来研究一下主张废除武装的人的论点。

一

主张废除武装的基本前提之一，是下面这个并非经常直率地谈出来的想法：我们反对战争，根本反对任何战争，我们这种观点的最明确最清楚的表达就是要求废除武装。

关于这种想法的错误，我们在论尤尼乌斯的小册子的文章中已经谈过了，读者可以去看看那篇文章①。社会主义者如果还是社会主义者，就不能反对一切战争。决不能让自己被当前的帝国主义战争蒙住眼睛。对于帝国主义时代来说，典型的战争就是各"大"国之间的这种战争，但是，像被压迫民族反对压迫者、争取解放的民主的战争和起义，也不是完全不可能的。无产阶级反对资产阶级、争取社会主义的国内战争是不可避免的。在一国取得胜利的社会主义反对其他的资产阶级国家或反动国家的战争是可能的。

废除武装是社会主义的理想。在社会主义社会里不会有战争，因此，废除武装将会实现。但是，谁指望**不通过社会革命和无产阶级专政**来实现社会主义，谁就不是社会主义者。专政是直接依靠**暴力**的国家政权。在 20 世纪这个时代（以及在整个文明时代），暴力不是拳头，不是木棍，而是**军队**。把"废除武装"写进纲领，就意味着笼统地说：我们反对使用武器。这也和假使我们说我们反对使用暴力一样，没有一点马克思主义的气味！

我们知道，国际间对于这个问题的争论，主要是甚至完全是用德语进行的，德语使用两个词②，它们之间的差别很难用俄语表达出来。一个词的原意是"裁军"，例如考茨基和考茨基主义者用这个词来表达裁减军备的意思。另一个词的原意是"废除武装"，主

---

① 见本卷第 1—15 页。——编者注
② 这两个德文词是"Abrüstung"（"裁军"）和"Entwaffnung"（"废除武装"）。——编者注

Россійская Соціаль-Демократическая Рабочая Партія
Пролетаріи всѣхъ странъ, соединяйтесь!

СБОРНИКЪ
СОЦІАЛЬ-
ДЕМОКРАТА

Центральнаго Органа Россійской
Соціаль-Демократической
Рабочей Партіи

Декабрь 1916

№ 2

Цѣна 1 франкъ

Изданіе Центральнаго Комитета Р. С.-Д. Р. П.

1916 年《〈社会主义党人报〉文集》第 2 辑封面
（按原版缩小）

要是左派用这个词来表达废除军国主义,废除任何军国主义(军事)制度的意思。我们在本文中所要谈的是**第二种**要求,即某些**革命**社会民主党人常常提出的要求。

考茨基派恰恰是向帝国主义大国的现政府宣传"裁军",这是最庸俗的机会主义和资产阶级和平主义,它**实际**上——同甜蜜的考茨基派的"善良愿望"相反——使工人离开革命斗争。因为这种宣传给工人灌输一种思想,似乎帝国主义列强的资产阶级现政府**并没有**被金融资本的千万条绳索和彼此之间几十个或几百个相应的(即掠夺的、强盗的、准备帝国主义战争的)**秘密条约**所捆住。

二

被压迫阶级如果不努力学会掌握武器,获得武器,那它只配被人当做奴隶对待。我们如果不想变成资产阶级和平主义者或机会主义者,就不能忘记,我们是生活在阶级社会里,除了进行阶级斗争和推翻统治阶级的政权之外,我们没有而且也不可能有其他摆脱这个社会的出路。

在任何一个阶级社会里,不管它建立在奴隶制、农奴制或现在的雇佣劳动制之上,压迫阶级总是武装起来的。不仅现在的常备军,而且现在的民兵——甚至在最民主的资产阶级共和国,例如在瑞士——都是资产阶级**反对**无产阶级的武装。这是一个很简单的道理,几乎用不着作特别的说明。只要指出一切资本主义国家都毫无例外地使用军队(包括民主共和国的民兵在内)镇压罢工者就够了。武装资产阶级以反对无产阶级,这是现代资本主义社会的一个最重大、最基本和最重要的事实。

面对这样的事实,有人竟劝告革命社会民主党人提出"废除武装"的"要求"！这就等于完全放弃阶级斗争的观点和任何革命的念头。我们的口号应当是:武装无产阶级,以便战胜、剥夺资产阶级,并且解除其武装。这是革命阶级唯一可行的策略,这种策略是从资本主义军国主义的整个**客观发展**中得出的,是由这个发展所决定的。无产阶级只有把资产阶级的武装解除**以后**,才能销毁一切武器而不背弃自己的世界历史任务。无产阶级无疑会做到这一点,但只能在那个时候,决不能在那个时候以前。

如果说当前的战争在反动的基督教社会主义者和动辄哭泣的小资产者中间**只会**引起恐怖和惊慌,只会使他们厌恶一切使用武器的行为,厌恶流血和死亡等等,那我们就应当说,资本主义社会历来就是**永无终结的恐怖**。如果说当前这场在一切战争中最反动的战争正在进行准备,使这个社会**以恐怖而终结**,那么我们就没有任何理由陷于绝望。现在大家都看到,正是资产阶级自己在准备一场唯一正当的革命战争,即反对帝国主义资产阶级的国内战争,在这种情况下,关于废除武装的"要求"(正确些说,是梦想),客观上正是绝望的表现。

如果有谁认为这是一种脱离实际生活的理论,那我们就要提醒他注意两件具有世界历史意义的事实:一方面是托拉斯和妇女从事工厂劳动的作用;另一方面是1871年的巴黎公社和俄国1905年的十二月起义。

资产阶级的事业就是发展托拉斯,把儿童和妇女赶进工厂,在那里折磨他们,腐蚀他们,使他们过着极端贫困的生活。我们不"要求"这种发展,不"支持"这种发展,我们反对这种发展。但是**怎**

样反对呢？我们知道,托拉斯和妇女从事工厂劳动是进步的。我们不愿意倒退到手工业,倒退到垄断前的资本主义和妇女从事家务劳动。要通过托拉斯等等前进,并且要超过它们走向社会主义!

这一考虑到**客观**发展**进程**的论断,只要相应地改变一下,就可适用于现在人民的军事化。今天,帝国主义资产阶级不仅使全体人民而且使青年军事化。明天,它也许要使妇女军事化。对此我们应当说:那更好! 快点前进吧! 军事化进行得愈快,反对资本主义的武装起义就来得愈快。社会民主党人如果没有忘记巴黎公社的例子,那么怎么会被青年的军事化等等吓倒呢? 这并不是什么"脱离实际生活的理论",也不是什么幻想,而是事实。如果社会民主党人竟无视一切经济的和政治的事实,开始对帝国主义时代和帝国主义战争必然会使这些事实重演表示怀疑,那就真正糟糕透顶了。

有一位看到过巴黎公社的资产者,1871年5月曾在一家英国报纸上写道:"如果法兰西民族都是妇女,那是一个多么可怕的民族啊!"在公社时期,妇女和13岁以上的儿童同男子并肩战斗。在未来的推翻资产阶级的战斗中,也不可能不是这样。无产阶级的妇女决不会坐视武装精良的资产阶级去枪杀武装很差或手无寸铁的工人。她们会像1871年那样,再次拿起武器,而且从目前被吓倒了的民族中,正确些说,从目前与其说是被各国政府破坏不如说是被机会主义者破坏的工人运动中,虽然迟早不定,但无疑会产生一个革命无产阶级的"可怕的民族"的国际同盟。

现在军事化正在深入到全部社会生活中。帝国主义就是大国为瓜分和重新瓜分世界而进行的残酷斗争,因此它必然导致包括中立国和小国在内的一切国家的进一步军事化。对此无产阶级的妇女该怎么办呢？只是咒骂任何战争以及和军事有关的一切，只是要求废除武装吗？真正革命的被压迫阶级的妇女，决不会甘心充当这种可耻的角色。她们会对自己的儿子说：

"你快长大了。人家会给你枪。你要拿起枪来，好好地学军事。这种本领是无产者所需要的，这并不是为了去打自己的兄弟，去打别国的工人，像在当前这场掠夺战争中所做的那样，像社会主义的叛徒劝你去做的那样，而是为了反对自己国家的资产阶级，为了不是靠善良的愿望，而是用战胜资产阶级和解除**它的**武装的办法来消灭剥削、贫困和战争。"

谁由于当前的战争而拒绝进行这种宣传——恰恰是这种宣传，——那他就最好干脆别说什么国际革命社会民主运动、社会主义革命、以战争反对战争的大话。

三

主张废除武装的人反对纲领中的"武装人民"这一条，其理由之一就是认为这个要求似乎容易导致对机会主义让步。我们在前面已经考察了废除武装同阶级斗争和社会革命的关系这一最重要的问题。现在我们来考察一下废除武装的要求同机会主义的关系问题。这个要求不被接受的最重要原因之一，就是它和它产生的幻想必然会削弱和冲淡我们同机会主义的斗争。

毫无疑问，这个斗争是国际当前的一个主要问题。反对帝国主义的斗争如果不同反对机会主义的斗争紧密地联系起来，那只是一句空话或欺人之谈。齐美尔瓦尔德和昆塔尔的主要缺点之一,第三国际的这些萌芽可能遭到失败(挫折、破产)的基本原因之一恰恰在于,关于同机会主义作斗争的问题甚至没有公开地提出,更不用说在必须同机会主义者决裂这个意义上加以解决了。机会主义在欧洲工人运动中暂时取得了胜利。在所有大国中都形成了两个主要的机会主义派别:第一,普列汉诺夫、谢德曼、列金、阿尔伯·托马以及桑巴、王德威尔得、海德门、韩德逊等先生们公开的、无耻的因而危险比较小的社会帝国主义。第二,隐蔽的、考茨基主义的机会主义,如德国的考茨基—哈阿兹派和"社会民主党工作小组",法国的龙格、普雷斯曼、迈耶拉等人,英国的拉姆赛·麦克唐纳和"独立工党"的其他首领,俄国的马尔托夫、齐赫泽等人,意大利的特雷维斯和其他一些所谓左派改良主义者。

公开的机会主义公开地直接地反对革命,反对正在开始的革命运动和革命爆发,同政府直接结成联盟,尽管这种联盟有各种不同的形式,从参加内阁起到参加军事工业委员会止。隐蔽的机会主义者,即考茨基主义者对于工人运动更有害得多,更危险得多,因为他们用娓娓动听的也算是"马克思主义的"词句与和平主义的口号,把他们为自己同前一类人结成联盟作辩护的行为掩盖起来。反对这两种占统治地位的机会主义的斗争,应当在无产阶级政治的**一切**领域内,即在议会活动、工会、罢工和军事等等领域内进行。

这**两种**占统治地位的机会主义的主要特点是什么呢?

这就是:对于**当前战争同革命的联系**的具体问题**以及革命的其他具体问题**闭口不谈,加以掩盖,即使谈,也唯恐触犯警察的禁令。尽管在战前人们曾无数次非正式地指出过并且在巴塞尔宣言中又正式地指出过**这场**即将到来的战争同无产阶级革命的联系,但他们还是这样做。

废除武装的要求的主要缺点,恰恰在于它避开了革命的一切具体问题。也许主张废除武装的人赞成进行一种不要武装的完全新式的革命吧?

四

其次,我们决不反对争取改良的斗争。我们不想忽视这样一种令人失望的可能性,即尽管群众的不满和骚动多次爆发,尽管我们很努力,但是仍然没有从这场战争中产生革命,在这种最坏的情况下人类还会经历第二次帝国主义战争。我们赞成的是那种**也**应当反对机会主义者的改良纲领。假如我们把争取改良的斗争完全让给机会主义者,而自己却躲到某种"废除武装"的幻境中去,逃避可悲的现实,那他们只会感到高兴。"废除武装"就是逃避丑恶的现实,而决不是反对这种现实。

顺便指出,某些左派对问题的提法,比如保卫祖国的提法,其中很大的一个缺点就是回答得不够具体。指出在**这场**帝国主义战争中保卫祖国是资产阶级的反动骗局,比提出反对"任何"保卫祖国的"一般"命题在理论上要正确得多,在实践上要重要得多。后一种做法既不正确,也不能"打击"工人政党内工人的直接敌人——机会主义者。

关于民兵制问题,我们应当作出具体的和实际需要的回答,指出:我们不赞成资产阶级的民兵制,而只赞成无产阶级的民兵制。因此,我们不仅"不用一文钱和一个人"去帮助常备军,而且不去帮助资产阶级的民兵,即使在美国、瑞士、挪威等这样的国家里也应当如此。况且我们看到,在最自由的共和国(例如瑞士)内,民兵愈来愈普鲁士化,它已堕落到被用来镇压罢工者。我们可以要求:由人民选举军官,废除一切军法,外国工人和本国工人享有同等权利(这一条对于像瑞士这样的帝国主义国家尤其重要,因为它们愈来愈多地、愈来愈无耻地剥削外国工人,使他们处于无权的地位);其次,给予国内比如每一百居民以建立学习军事的自由团体的权利,自由选举教官,由国家支付薪金,等等。只有这样,无产阶级才能真正为**自己**而不是为奴隶主去学习军事,而这是完全符合无产阶级的利益的。俄国革命证明,革命运动的任何一次胜利,哪怕是局部的胜利,比如夺取了某个城市、某个工厂区、某一部分军队等等,都必然**迫使**胜利了的无产阶级恰恰要实现这样的纲领。

最后,同机会主义作斗争当然不能单靠纲领,而只能通过始终不懈的监督,使纲领真正实现。破产了的第二国际的一个最大的和致命的错误就在于,人们言行不符,养成了一种昧着良心讲革命空话的习惯(请看考茨基之流今天对待巴塞尔宣言的态度)。我们从这一方面来考察废除武装的要求时,首先应当提出它的**客观**意义问题。废除武装作为一种社会思想,是由一定的社会环境产生的,并且能够影响一定的社会环境,而不是某个人或某个小团体的古怪想法,显然,这种思想来源于个别小国的特殊的、例外的"安静"生活条件,这些国家长期置身于世界的流血战争之外,并且希望这样继续下去。为了证实这一点,只要想想挪威那些主张废除武装的人的论点就够了。他们说:"我们国小兵少,我们无法反对大国"(因此也就无法反对别人强迫我们去同某一大国集团结成帝国主义**联盟**!),"我们希望在自己的偏僻的一隅安安静静地过日子,继续执行与世无争的政策,要求废除武装、成立有约束力的仲裁法庭、保持永久中立等等"（大概是像比利时那样的"永久"中立吧?）。

小国想站在一旁;小资产阶级企图远远离开世界历史上的大搏斗,利用自己的相对的垄断地位来维持消极守旧的状态,——这就是使废除武装的思想能够在某些小国内收到一定的成效和得到一定的传播的**客观**社会环境。当然,这种企图是反动的,完全建筑在幻想上的,因为帝国主义总是要把小国卷进世界经济和世界政治的漩涡。

我们以瑞士为例来说明这一点。它的帝国主义环境客观上决定了瑞士工人运动的**两条**路线。机会主义者力图同资产阶级联合起来,把瑞士变成一个民主共和制的垄断联盟,以便从帝国主义资产阶级的游客身上捞取利润,并尽量安静地利用这种"安静的"垄断地位使自己获得尽量多的好处。实际上,这种政策是占有特权地位的小国家的一个不大的工人特权阶层同本国资产阶级结成联盟来**反对**无产阶级群众的政策。瑞士的真正社会民主党人则力图利用瑞士的相对的自由和"国际"地位(同各个最文明的国家毗邻,其次,值得庆幸的是瑞士没有"自己独立的"语言,而是讲三种世界语言)来扩大、加强和巩固全欧洲无产阶级革命分子的**革命**联盟。我们要帮助本国资产阶级,使它能长久地保持靠阿尔卑斯山的魅力而安安静静地做买卖的垄断地位,我们也许也可以从中得到一点好处——这就是瑞士机会主义者的政策的**客观**内容。我们要帮助法国人、德国人、意大利人中的革命无产阶级结成联盟,以便推翻资产阶级——这就是瑞士革命社会民主党人的政策的客观内容。但是很遗憾,瑞士的"左派"执行这个政策还很不够,他们于1915年在阿劳举行的党代表大会的出色的决议(承认群众的革命斗争)仍然只是一纸空文。不过我们现在谈的不是这一点。

现在我们感到兴趣的问题是:废除武装的要求是不是符合瑞士社会民主党人的革命方针呢? 显然,不符合。废除武装的"要求"客观上符合工人运动中机会主义的、狭隘民族的、受小国眼界限制的路线。"废除武装"客观上是小国地地道道民族的、特殊民族的纲领,而决不是国际革命社会民主党的国际性的纲领。

————

附言:在英国机会主义的"独立工党"的机关刊物《社会主义评论》(«The Socialist Review»)杂志[96](1916年9月)最近一期第287页上,我们读到了该党纽卡斯尔代表会议的决议:拒绝支持**任何政府**进行的**任何战争**,即使"在名义上"这也算是"防御性的"战争。而在第205页上,我们在编辑部文章中看到如下一段声明:"我们不赞成新芬党人的起义〈1916年的爱尔兰起义〉。我们不赞成任何武装起义,正像我们不赞成任何其他形式的军国主义和战争一样。"

这些"反军国主义者",**这类**不是在小国而是在大国内主张废除武装的人,是最凶恶的机会主义者,这难道还需要加以证明吗? 不过,他们把武装起义也看做是军国主义和战争的"形式之一",这在理论上是完全正确的。

载于1916年12月《〈社会民主党人报〉文集》第2辑

译自《列宁全集》俄文第5版第30卷第151—162页

遇到三棵松树就迷了路

(1916 年 9—10 月)

崩得的《公报》[97]第 1 号(1916 年 9 月)上刊载了一个崩得分子 1916 年 2 月 26 日寄自彼得堡的一封来信,信中写道:

"我们接受护国这种提法的困难增加了许多倍,因为我们无论如何不能像目前我们的俄国同志所做的那样,对波兰问题保持沉默。〈不要忘记,这位先生所说的"同志"就是波特列索夫之流。〉现在甚至连我们中间的护国派都不愿意对俄国运用'没有兼并'的提法,在心理上现在不能接受护国的人认为,这一点是反对护国的一个有力的论据,因为他们讽刺地问道:你们究竟保卫什么呢? 而波兰独立的思想是得到上层的承认的。"

(不知道是哪些上层。)

当我们在 1915 年的决议中声明,在崩得那里占上风的是亲德沙文主义的时候[①],科索夫斯基之流的先生们只能用谩骂来回答。可是现在他们党内的同事却在他们的机关报上证实了我们的声明! 既然"护国派"崩得分子不愿意"对俄国"(请注意,一个字也没有提到德国!)运用"没有兼并"的提法,那么实际上这同亲德沙文主义究竟又有什么区别呢?

如果崩得分子愿意并且善于思考的话,他们就会看到他们在兼并问题上迷了路。走出迷途和糊涂状态的道路只有一条,那就

---

① 见本版全集第 26 卷第 169 页。——编者注

是：接受我们还在 1913 年就说明了的纲领①。也就是说，为了自觉地和忠实地执行否定兼并的政策，被压迫民族的社会主义者和民主主义者应当在自己的一切宣传鼓动工作中宣布：压迫民族的社会主义者（不管是大俄罗斯人还是德意志人，在对待乌克兰人的态度上还有波兰人，等等）如果不彻底地和无条件地主张受**他们本民族**压迫的（或被强制留住的）民族有分离的自由，那他们就是坏蛋。

如果崩得分子现在和将来都不愿意接受这个结论，那**只能**说明他们不愿意同俄国的波特列索夫之流，德国的列金、休特古姆以至累德堡（他**不赞成**阿尔萨斯—洛林有分离的自由）之流，波兰的民族主义者（确切些说，社会沙文主义者）等等争吵罢了。

理由很充分，还有什么可说的！

载于1931年《列宁文集》俄文版
第17卷

译自《列宁全集》俄文第5版
第30卷第144—145页

---

① 见本版全集第24卷第237—243页。——编者注

给意大利社会党代表大会的贺词[98]

(1916 年 10 月上半月)

亲爱的同志们:

我代表俄国社会民主工党中央委员会向意大利社会党代表大会表示祝贺,祝大会的工作取得成功。

各交战国的社会党如果不背叛社会主义,不投靠资产阶级,就能够而且应当在"本国"战时书报检查机关和军事当局势力所及的范围以外,在可以自由讨论、自由表明社会党人对战争的态度的自由国家内,召开自己的代表大会、协商会议或代表会议,而**第一个**这样做的,就是意大利社会党。我希望,摆脱了爱国主义口套的意大利社会党代表大会,在反对欧洲几乎所有社会党背叛社会主义的斗争中,继续作出重大贡献,作出比整个意大利社会党迄今为止所作的更大的贡献。

在齐美尔瓦尔德和昆塔尔,我们党的代表和你们党的代表曾经在一起工作过。使我们疏远的唯一严重的分歧,就是同社会沙文主义者即口头上的社会主义者和实际上的沙文主义者决裂是否必然和必要的分歧。社会沙文主义者是这样一些人,他们提出或者证明在当前的帝国主义战争中应当"保卫祖国",他们在这场瓜分殖民地和争夺世界霸权的反动的强盗战争中直接或间接地支持"自己的"政府和"自己的"资产阶级。我们认为,同社会沙文主义者决裂是历史的必然，对于无产阶级为社会主义进行真正的而不是仅仅提出口头抗议的革命斗争是必要的。你们党的代表曾持另外一种观点，认为**不**同社会沙文主义者（"sciovinisti"）决裂，无产阶级也可以战胜他们。

我们希望，全世界社会主义运动中事态的发展，将一步一步地消除我们之间这一分歧的根源。

一方面，在全世界，不仅在各交战国内，而且在各主要的中立国内，例如在先进的资本主义国家美国，工人运动**实际上**愈来愈分裂：一些人主张在这场帝国主义战争和在由现代的各个所谓"大"国的全部政治所准备和培植的今后的帝国主义战争中"保卫祖国"，一些人反对这种主张。

另一方面，最近我们在社会党中央机关报《Avanti！》[99]上特别满意地读到一篇题为《德国社会党人代表会议闭幕》的编辑部文章。德国社会党的这次代表会议是近几个月来全世界社会主义运动中的最突出的事件之一，因为在会上发生冲突的不仅仅是德国而且是**全世界**社会主义运动中的**三个**主要派别。第一个是公开的社会沙文主义者派别，如德国的列金和大卫之流，俄国的普列汉诺夫、波特列索夫、契恒凯里之流，法国的列诺得尔和桑巴，意大利的比索拉蒂和他的党。第二个是哈阿兹—考茨基派，这个派别赞同社会沙文主义的基本思想，即在这场战争中"保卫祖国"，并企图把这种思想同真正的社会主义和国际主义调和起来。第三个是真正社会主义的和国际主义的派别，即德国的"国际"派和"德国国际社会党人"。

《Avanti！》上述文章（1916年9月27日第269号）中评价这三个派别时说：

"……毫无疑问，德国无产阶级最后将战胜企图同贝特曼–霍尔韦格[100]以及其他的战争拥护者进行卑鄙的交易而损害无产阶级阶级斗争的列金、艾伯特和大卫之流。我们衷心地深信这一点。"

我们也深信这一点。

«Avanti!»接着写道："然而德国社会党人的代表会议并不能使我们确信，以哈阿兹为主要代表的那部分反对派今后的行为将会怎样。"

"李卜克内西、梅林、克拉拉·蔡特金、罗莎·卢森堡和所有其他'怠工者和祖国叛徒'所组成的'国际'派，将始终不渝地坚守自己的岗位。"

"……我们觉得哈阿兹是比较不彻底的。"

«Avanti!»说明，哈阿兹和被我们的报刊称之为世界社会主义运动中的**考茨基派**的哈阿兹集团是"不彻底"的，理由是：

"**他们不接受李卜克内西和他的同志们所得出的合乎逻辑的和理所当然的结论。**"

«Avanti!»就是这样写的。

我们衷心地欢迎«Avanti!»的这些言论。我们深信，德国社会民主党的中央机关报和考茨基派的主要机关报«Vorwärts»在1916年10月7日就«Avanti!»的这些话发表的评论是错误的，它说：

"«Avanti!»对德国党的事情和活动**所得到的**情报**不完全合乎实际**。"

我们深信，«Avanti!»所得到的情报"完全合乎实际"，它不是偶然地发现哈阿兹集团不正确而李卜克内西集团正确。因此我们希望，意大利社会党能够因捍卫李卜克内西的原则和策略而在国际社会主义运动中占据卓越的地位。

我们党的处境比意大利党要困难得多。我们的一切报刊都被扼杀了。但是我们因侨居国外，可以帮助我们国内的同志进行斗争。我党在俄国进行的反对战争的斗争，是真正先进的**工人**和工人**群众**的斗争，下面两件事实就可以证明这一点：第一，由俄国工业最发达的省份的工人选出的我们党的工人代表彼得罗夫斯基、沙果夫、巴达耶夫、萨莫伊洛夫和穆拉诺夫等人，由于进行反对战争的革命宣传而被沙皇政府流放到西伯利亚去了。[101]第二，在他们流放以后很久，属于我党的彼得堡先进工人断然拒绝参加军事工业委员会。

1917年1月将召开协约国社会党人代表会议[102]。我们曾经一度尝试过去参加在伦敦举行的类似的代表会议[103]，可是当我们的代表刚刚要大胆揭露欧洲社会党人叛变的真相时，就被剥夺了发言权。因此，我们认为，类似的代表会议只适合比索拉蒂、普列汉诺夫、桑巴这类先生们。因此，我们打算拒绝参加代表会议，而写一封信给欧洲工人，揭露社会沙文主义者欺骗人民的勾当。

我再一次向意大利社会党代表大会表示祝贺，祝大会的工作取得成功。

载于1931年《列宁文集》俄文版　　　　　译自《列宁全集》俄文第5版
第17卷　　　　　　　　　　　　　　　　第30卷第146—150页

在瑞士社会民主党
代表大会上的讲话[104]

(1916 年 10 月 22 日〔11 月 4 日〕)

不久以前,瑞士社会民主党很荣幸地激起了丹麦正式的社会民主党的领袖——斯陶宁格部长先生对它的愤怒。斯陶宁格在今年 9 月 15 日给另一个(也是冒牌社会主义的)部长王德威尔得的信中自豪地说:"我们〈丹麦党〉坚决地、明确地表示不再参加由意大利党和瑞士党发起的、在'齐美尔瓦尔德运动'的名义下进行的组织上有害的分裂活动。"

我代表俄国社会民主工党中央委员会向瑞士社会民主党代表大会表示祝贺,并且希望这个党今后继续支持革命社会民主党人的国际团结,这种团结是在齐美尔瓦尔德开始的,其结果一定是社会主义运动同它的部长叛徒和社会爱国主义叛徒彻底决裂。

这种决裂在一切发达的资本主义国家中日益成熟。在德国,卡尔·李卜克内西的同道者奥托·吕勒同志遭到了机会主义者和所谓中派的攻击,因为他在德国党的中央机关报上说过,分裂是不可避免的(1916 年 1 月 12 日《前进报》)。但事实愈来愈清楚地表明,吕勒同志是正确的,在德国的确存在着两派:一派帮助资产阶级和政府进行掠夺战争,另一派主要是秘密地开展自己的活动,在真正的群众中间散发真正社会主义的呼吁书,组织群众性的游行示威和政治罢工。

在法国,"重建国际联系委员会"[105]不久以前出版了一本小册子《齐美尔瓦尔德的社会党人与战争》,在这本小册子里我们看到,法国党内已经形成了三个主要派别。第一派是多数派,小册子斥责他们是同我们的阶级敌人缔结了神圣团结条约的社会民族主义者和社会爱国主义者。据这本小册子说,第二派是少数派,这一派是龙格和普雷斯曼这两位议员的拥护者,他们在最重要的问题上同多数派的步调是一致的,并且不自觉地助长多数派的声势,用麻醉不满分子的社会主义良心的办法把他们争取到自己方面,迫使他们追随党的官方政策。小册子把齐美尔瓦尔德派称为第三派。齐美尔瓦尔德派认为,法国卷入这场战争并不是由于德国向它宣战,而是由于它的帝国主义政策,这种政策已经用条约和借款把法国同俄国联结起来。这个第三派明确地宣布,**"保卫祖国不是社会党人的事情。"**

无论在我们俄国或在英国和中立的美利坚合众国,总之,在全世界,实际上都形成了这三个派别。这些派别的斗争将决定最近工人运动的命运。

请允许我再就另一个问题讲几句话,这个问题近来人们谈论得非常多,而我们俄国社会民主党人在这个问题上具有特别丰富的经验:这就是关于恐怖主义的问题。

我们还没有得到任何关于奥地利革命社会民主党人的消息,那里也有革命社会民主党人,可是关于他们的消息一般却非常少。

因此我们不知道，弗里茨·阿德勒同志杀死施图尔克[106]，这也许是采用恐怖主义作为一种策略，即不断组织与群众革命斗争毫无联系的政治谋杀，这也许只是从主张保卫祖国的奥地利正式的社会民主党人的机会主义的、非社会主义的策略转到采取革命的群众斗争策略的过程中的一个个别的步骤。看来第二个假设比较符合实际情况，因此，意大利党中央委员会通过的并且已在10月29日《前进报》上发表的向弗里茨·阿德勒表示敬意的决议，应当得到充分的同情。

无论如何我们深信，俄国革命的经验和反革命的经验已经证明，我们党进行了20多年的斗争，反对把恐怖主义当做策略，这是正确的。但是不应当忘记，这个斗争是同反对机会主义的残酷斗争紧密联系在一起的。机会主义总是反对被压迫阶级对压迫者使用任何暴力。我们则始终主张在群众斗争中并且配合这种斗争而使用暴力。第二，我们把反对恐怖主义的斗争同多年以来的即在1905年12月以前许多年就已开始的关于武装起义的宣传联系起来。我们认为，武装起义不仅是无产阶级对政府政策的最好的回答，而且是争取社会主义和民主的阶级斗争发展的必然结果。第三，我们并不局限于原则上承认使用暴力和宣传武装起义。例如，还在革命以前四年我们就赞成群众对他们的压迫者使用暴力，特别是在街头游行示威的时候。我们竭力使全国掌握每一次这种游行示威的实践经验。我们已经开始更多地考虑组织群众对警察和军队进行顽强的、有步骤的反抗，通过这种反抗吸引尽可能多的军队到无产阶级同政府之间的斗争中来，吸引农民和军队自觉地参加这种斗争。这就是我们在反对恐怖主义的斗争中所采取的策略，我们深信这一策略是成功的。

　　最后,同志们,我再一次向瑞士社会民主党代表大会表示祝贺,并希望你们的工作取得成就。(鼓掌)

载于1916年《瑞士社会民主党1916年11月4—5日在苏黎世商人联合会举行的党的代表大会的会议记录》

译自《列宁全集》德文版第23卷第119—122页

论单独媾和

（1916 年 10 月 24 日〔11 月 6 日〕）

俄国和德国已在举行单独媾和的谈判。这种谈判是正式的，并且在主要问题上两国已经达成协议。

不久以前，伯尔尼社会党的报纸根据它掌握的情报刊登了这样的言论。[107]驻伯尔尼的俄国大使馆立即正式辟谣，而法国沙文主义者把散播这种谣言说成是"德国人在捣鬼"，但是，这家社会党的报纸认为辟谣没有任何意义，它为了证实上述言论还举出一个事实：德国的（毕洛）和俄国的"国家要人"（施秋梅尔、吉尔斯和一个来自西班牙的外交官）现在恰恰都在瑞士，同时瑞士商界也从俄国商界得到类似的肯定消息。

不言而喻，双方都同样可能进行欺骗：俄国不会承认在进行关于单独媾和的谈判，德国不管谈判进行与否和进行得顺利与否，都不会不企图制造俄国同英国的不和。

为了弄清单独媾和问题，我们不应当从关于目前瑞士发生的、实际上无法验证的事情的传闻和消息出发，而应当从最近几十年来确凿的**政治事实**出发。让穿着马克思主义的外衣而扮演普利什凯维奇和米留可夫的奴才或小丑角色的普列汉诺夫、契恒凯里、波特列索夫这伙先生们拼命去证明"德国的罪过"和俄国进行战争的"防御性质"吧，——觉悟的工人过去和现在都不听这些小丑的话。

引起这场战争的是各大国之间的帝国主义关系,即它们为瓜分赃物、由谁并吞哪些殖民地和小国的斗争,同时,在这场战争中居于首位的是**两种**冲突。第一是英德之间的冲突。第二是德俄之间的冲突。这三个大国、这三个拦路抢劫的大强盗是这场战争中的主角,其余的都是胁从的伙伴。

两种冲突都是由这些国家战前**几十年**中的**全部**政治准备好了的。英国打仗是为了夺取德国的殖民地和打垮自己的这个主要对手,因为德国以自己的优良技术、组织、经商能力无情地打击了英国,而且打击得如此沉重,以致英国不打仗就**不能保持**自己的世界霸权。德国打仗是因为德国资本家认为(这也是完全合乎情理的),他们在掠夺殖民地和附属国方面居于世界首位是他们“神圣的”资产阶级权利,德国打仗同时还是为了控制巴尔干国家和土耳其。俄国打仗是为了夺取加利西亚,因为俄国为了镇压乌克兰人民特别需要占领加利西亚(除了加利西亚以外,乌克兰人民没有也不可能有一个自由的——当然是相对而言——角落);同时也是为了夺取亚美尼亚和君士坦丁堡,然后再控制巴尔干国家。

除了俄德两国的强盗“利益”的冲突之外,还存在着俄英两国同样深刻甚至更加深刻的冲突。俄国的帝国主义政治的任务是由各大国长期的竞争和客观的国际相互关系决定的,这个任务简要地说来就是:在英法两国的帮助下,在欧洲打败德国,以便掠夺奥地利(夺取加利西亚)和土耳其(夺取亚美尼亚,特别是君士坦丁堡);然后再在日本和**同一个**德国的帮助下,在亚洲打败英国,以便夺取**整个**波斯和彻底瓜分中国等等。

许多世纪以来,沙皇政府一直想占领君士坦丁堡和亚洲的愈来愈大的一部分地区,它一贯推行相应的政策,并且为此而利用各大国之间的一切矛盾和冲突。英国比德国更长期、更坚决、更强有力地反对这些企图。1878年，俄军逼近君士坦丁堡时，英国把舰队开到达达尼尔海峡并且威胁说，一旦俄国人出现在"萨尔格勒"①，他们便要向俄国人开火。1885年，为了瓜分中亚细亚的赃物（阿富汗；俄军向中亚细亚纵深推进，威胁到英国人对印度的统治），俄国险些同英国发生战争。1902年，英国同日本结成联盟，准备了日本对俄国的战争。在1878—1902年这一长时期中，英国一直是俄国强盗政治的头号劲敌，因为俄国使英国对许多别国人民的统治有受到破坏的危险。

而现在呢？请看在这场战争中所发生的事情吧。那些脱离无产阶级而投靠资产阶级的"社会党人"的言论是令人难以容忍的，他们说俄国方面进行这场战争是为了"保卫祖国"或者"救国"（齐赫泽）。甜蜜的考茨基之流的言论也是令人难以容忍的，他们谈论什么民主的和约，似乎现在的各国政府以及任何资产阶级政府都**能够**缔结这种和约。事实上，这些政府都被彼此之间的**秘密条约**网束缚住了，这些秘密条约有的是同自己的盟国缔结的，有的是为**反对**自己的盟国而缔结的，而且这些条约的内容也不是偶然的，不仅仅是由"恶意"确定的，而是由帝国主义对外政策的全部进程和发展决定的。有些"社会党人"用谈论一般的好事情（保卫祖国、签订民主的和约）的陈词滥调来蒙蔽工人的耳目，而**不揭露自己的**政府签订的关于掠夺他国的**秘密**条约，——这样的"社会党人"已经完全背叛了社会主义。

从社会党人阵营中发出关于亲善和约的言论，这无论对德国、

―――――――――

①　萨尔格勒是君士坦丁堡的旧俄文名称。——编者注

英国或俄国的政府都只有好处,因为第一,这会使人们相信现在的政府可能缔结这种和约,第二,这会使人们不去注意这些政府的强盗政治。

战争是政治的继续。而政治**在战争时期**也在"继续"！德国同保加利亚和奥地利缔结了分赃的秘密条约,并且继续在进行这种谈判。俄国同英法等国缔结了秘密条约,**所有这些**秘密条约都是为了**抢劫和掠夺**,为了掠夺德国的殖民地,掠夺奥地利和瓜分土耳其等等。

"社会党人"在这种情况下向各国人民和各国政府谈论什么亲善和约,这无异于神父看到狼狈为奸的妓院鸨母和警察局长坐在教堂前排,就向他们和向人们"布道":要爱他人,要遵守基督的训诫。

毫无疑问,俄英之间订有包括关于君士坦丁堡的秘密条约。大家知道,俄国很想得到这个地方,而英国不想给,即使给的话,以后不是要想方设法夺回去,便是在作出"让步"时要附加种种不利于俄国的条件。秘密条约的原文还不知道,但是,英国和俄国之间的斗争恰恰是围绕着这个问题而进行的,而且现在还在进行,这一点不仅知道,而且是丝毫不容置疑的。同时大家知道,俄国和日本两国之间除了原有的条约(如1910年签订的让日本"并吞"朝鲜和俄国并吞蒙古的条约)之外,在这次战争期间又缔结了**新的**秘密条约,它不仅是针对中国的,而且**在一定程度上也是针对英国的**。虽然条约的原文还不清楚,但这一点是没有疑问的。日本在1904—1905年间在英国的帮助下打败了俄国,现在它正在审慎地创造机会,要在俄国的帮助下打败英国。

在俄国的"当权人士"中,即在血腥的尼古拉的宫廷奸党、贵族、军队等等中,有一个亲德派。在德国,最近到处都可以看出资产阶级(和跟着它走的社会沙文主义者)发生了转变:主张同俄国亲善、同俄国单独媾和、讨好俄国而集中全力打击英国。德国方面有这种计划,那是很显然的,是没有疑问的。从俄国方面来看,事情是这样的:沙皇政府当然宁肯首先彻底打败德国,以便"拿到"尽可能多的地方——整个加利西亚、整个波兰、整个亚美尼亚和君士坦丁堡——并且"打垮"奥地利等等。那时在日本帮助下再掉过头打英国就比较方便了。但是,力量显然不够。关键就在这里。

从前的社会主义者普列汉诺夫先生把事情描绘成这样,似乎俄国的反动派总的说来想同德国媾和,而"进步的资产阶级"则想消灭"普鲁士的军国主义"并且同"民主的"英国保持友好;这是童话,是把自己降低到政治上幼稚的人的水平。其实,沙皇政府**也好**,俄国的一切反动分子**也好**,整个"进步的"资产阶级(十月党人和立宪民主党人[108])**也好**,所向往的都是**一件事情**:在欧洲掠夺德国、奥地利和土耳其,在亚洲打败英国(夺取整个波斯、整个蒙古和整个西藏等等)。这些"亲爱的朋友们"所争论的仅仅是**什么时候和怎样**从打德国掉过头来打英国的问题。仅仅是什么时候和怎样打的问题!

如何解决亲爱的朋友们之间所争论的这个唯一的问题,取决于**军事上和外交上的考虑**,这些考虑只有沙皇政府才完全知道,而米留可夫和古契柯夫之流只知道其中的四分之一。

把整个波兰从德国和奥地利手中夺过来!沙皇政府**赞成**这样做。但是力量够不够呢?英国会不会允许呢?

把君士坦丁堡和海峡夺过来!打败和肢解奥地利!沙皇政府完全赞成这样做。但是力量够不够呢?英国会不会允许呢?

沙皇政府知道俄国已经牺牲了几百万士兵，**还能抓多少人去当兵**，知道已经消耗了多少炮弹，还能补充多少炮弹（日本在对华战争日益迫近而且完全可能爆发的情况下，是**不会**再供应炮弹的！）。沙皇政府知道过去和现在俄英两国关于君士坦丁堡、关于英国在萨洛尼卡和美索不达米亚的兵力等问题进行秘密谈判的情况。沙皇政府知道这一切，手里有各种牌，正在作精确的估计，——在有疑问的、没有把握的因素，即"军事运气"的因素起着特别重大作用的事情上一般可能做到的精确估计。

米留可夫和古契柯夫之流知道得愈少，就胡说八道得愈多。而普列汉诺夫、契恒凯里、波特列索夫之流则对沙皇政府的秘密交易一无所知，甚至忘记了过去知道的东西，他们不研究可以从外国报刊上获得的材料，不考察沙皇政府对外政策在战前的进程，也不注意**它**在战时的进程，因此他们简直是在扮演社会主义的伊万努什卡[109]的角色。

沙皇政府确信，即使有自由派的全力帮助，有军事工业委员会的热心赞助，有普列汉诺夫、格沃兹杰夫、波特列索夫、布尔金、契尔金、齐赫泽（"救国"，可不是闹着玩的！）、克鲁泡特金之流和其他奴才先生们对增加炮弹这一崇高事业的大力协助，——即使在所有上述情况下，以及在一切可能卷入和已经卷入战争的盟国现有的军事力量（或者说没有军事力量）的情况下，它也**不可能**得到更多的东西，不可能**更强有力地**打败德国，或者要做到这一点必须付出无比高昂的代价（例如，**还要牺牲1 000万俄国士兵**，还要花几十亿卢布来招募、训练和装备新兵，还要打几年仗），因此，沙皇政府**不能不谋求**同德国单独媾和。

如果"我们"在欧洲追逐过多的猎物，那么"我们"就要担这样的风险：把"自己的"军事资源消耗净尽，在欧洲几乎什么也捞不着，而在亚洲又失去获得"自己的东西"的机会，——沙皇政府就是这样判断的，从帝国主义利益的观点来看，这种判断是**正确的**。沙皇政府比资产阶级的机会主义的空谈家米留可夫、普列汉诺夫、古契柯夫、波特列索夫之流判断得**更正确**。

如果在欧洲拿不到更多的东西，即使纠合了罗马尼亚和希腊（"我们"从它那里已经拿了一切能够拿到的东西）也是如此，那就不如拿可能拿到的东西！英国现在什么也**不会**给"我们"。德国可能会把库尔兰和波兰的一部分归还我们，多半会把加利西亚的东部归还我们（这对"我们"特别重要，因为我们要镇压乌克兰运动，即历史上一直沉睡的几百万人民争取自由和争取使用母语的运动），此外还多半会归还土属亚美尼亚。如果**现在**得到这些地方，我们可以退出战争，**变得更加强大**，而**明天**我们就能在日本和德国的帮助下，在采取灵活政策的条件下，以及在米留可夫、普列汉诺夫、波特列索夫之流对"拯救"心爱的"祖国"这一事业进一步的赞助下，在对英战争中得到亚洲的一块好地方（整个波斯和通向辽阔海洋的波斯湾，波斯湾和君士坦丁堡不同，后者只能通向地中海，而且要经过一些岛屿，这些岛屿容易被英国所占领并设防固守，使"我们"没有通向公海的任何出口），如此等等。

沙皇政府正是这样判断的，我们再说一遍，沙皇政府这样判断，不仅从狭隘君主主义者的观点来看，而且从一般帝国主义者的观点来看都是正确的。沙皇政府比自由派、普列汉诺夫和波特列索夫之流知道得更多，而且看得更远。

所以完全可能，我们明天或后天一觉醒来，就会看到三国君主这样的宣言："我们倾听心爱的人民的呼声，决定让人民过和平幸福的日子,实行停战并且召开全欧和平会议。"三国君主甚至会讲几句俏皮话,重复王德威尔得、普列汉诺夫和考茨基用过的一些字眼,说什么我们许下"诺言"("诺言"即使在物价飞涨时代,也是唯一廉价的东西),要讨论关于裁减军备、关于"永久的"和平等问题。王德威尔得、普列汉诺夫和考茨基一定会随着跑到召开全欧和平会议的城市去举行他们的"社会党人"代表大会;善良的愿望、甜蜜的语句和必须"保卫祖国"的表白会用各种语言说个不休。为了掩饰从反德的英俄帝国主义联盟转向反英的德俄同样性质的联盟,气氛会制造得很不赖的!

　　不管这场战争是不是即将这样结束,或者俄国会再"坚持"一阵子,力求战胜德国和更多地掠夺奥地利,不管单独媾和的谈判是不是狡猾的讹诈者玩弄的一种手腕(沙皇政府会拿拟好了的对德条约草案向英国说:你如果不拿出多少十亿卢布并作出什么样的让步或保证,我明天就在这个条约上签字),——**无论如何**,帝国主义战争**不可能**不用帝国主义和约来结束,**除非**把这场战争变成无产阶级争取社会主义反对资产阶级的国内战争。除这后一种结局以外,帝国主义战争无论如何会使英国、德国和俄国这三个最强大的帝国主义国家中的这个或那个国家靠牺牲弱小国家(塞尔维亚、土耳其、比利时等)而变得更加强大,并且完全可能,战后**所有**这三个强盗在瓜分赃物(各殖民地、比利时、塞尔维亚、亚美尼亚)之后会更加强大,而他们将进行的全部争吵只是按什么比例来瓜分**这些**赃物。

　　不管怎么样,地道的公开的社会沙文主义者,即直接承认在这场战争中"保卫祖国"的家伙,还有隐蔽的暧昧的社会沙文主义者,即鼓吹缔结"没有战胜者和战败者"的**一般**"和约"等等的考茨基主义者,都将受到愚弄,遭到侮辱,这是不可避免的、必然的、毫无疑问的。发动这场战争的那些政府或同样的资产阶级政府所缔结的任何和约,都会清楚地向各国人民表明,上述两种社会党人扮演了什么样的帝国主义奴才的角色。

不管这场战争的结局怎样,实际将证明有一些人说得对:摆脱这场战争的唯一的社会主义的出路,只能是无产阶级进行争取社会主义的国内战争。实际将证明有一些俄国社会民主党人说得对:沙皇政府战败和在军事上彻底破产,"在任何情况下"都为害较小,因为历史永远不会停滞不前,历史在这场战争期间也在前进;如果欧洲无产阶级现在不能向社会主义前进,不能在第一次帝国主义大战期间挣脱社会沙文主义者和考茨基主义者的桎梏,那么东欧和亚洲就只有在沙皇政府在军事上被彻底打垮因而没有**任何**可能实行半封建式的帝国主义政治的情况下,才能一日千里地向着民主制前进。

战争一定会摧毁一切软弱无能的东西,其中包括社会沙文主义和考茨基主义。帝国主义和约会使**这些**软弱无能的东西更加明显,更加可耻,更加可恶。

载于1916年11月6日《社会民主党人报》第56号

译自《列宁全集》俄文第5版第30卷第184—192页

整整十个"社会党人"部长

（1916年10月24日〔11月6日〕）

社会沙文主义国际局[110]书记胡斯曼向丹麦不管部部长、丹麦的所谓"社会民主"党领袖斯陶宁格发了一个贺电：

"从报上得悉，您被任命为部长。我表示衷心的祝贺。这样，我们在全世界就有十个社会党人部长了。事业在前进！谨致最良好的祝愿。"

事业确实在前进。第二国际在迅速前进，——向同民族主义自由派政策完全融合前进。德国极端的机会主义者和社会沙文主义者的战斗机关报开姆尼茨《人民呼声报》[111]引用了这个电报，并且挖苦说："社会党国际局书记毫无保留地祝贺社会民主党人接受部长职位。但是在战前不久，各国党的代表大会和历次国际代表大会都曾激烈地反对这样做！时间在变化，人们的观点也在变化，对这个问题的观点也在变化。"

海尔曼、大卫和休特古姆之流有充分的权利轻蔑地拍拍胡斯曼、普列汉诺夫和王德威尔得之流的肩膀……

不久以前，斯陶宁格发表了他写给王德威尔得的一封信，信中充满了亲德社会沙文主义者挖苦法国社会沙文主义者的语句。斯陶宁格在这封信中还自豪地说："我们〈丹麦党〉坚决地、明确地表示不再参加由意大利党和瑞士党发起的、在齐美尔瓦尔德运动的名义下进行的组织上有害的分裂活动。"原话一字不差就是这样！

　　丹麦形成为民族国家是在 16 世纪,丹麦的人民群众早已完成了资产阶级解放运动。丹麦百分之九十六以上的人口是在本国出生的丹麦人。德国的丹麦人不到 20 万(丹麦的人口共 290 万)。因此可以断定,丹麦资产阶级谈论什么建立"独立的民族国家"是当前任务,这是多么拙劣的资产阶级欺人之谈! 丹麦的资产者和君主派在 20 世纪说这样的话,他们现在**占领的殖民地**的人口几乎等于德国的丹麦人的数目,而且丹麦政府正在拿这些殖民地的人**民做交易**。

　　谁说在我们的时代不拿人做交易? 这样的交易有人做得很出色。丹麦以几百万的价格(还没有成交)把 3 个岛(当然都是有居民的)卖给美国。

　　此外,丹麦帝国主义的特点是依靠在乳制品和肉制品市场上的有利垄断地位来获得超额利润:把乳制品和肉制品通过运费最低的海路运到伦敦这个世界最大的市场去销售。因此,丹麦的资产阶级和丹麦的富裕农民(与俄国民粹派的胡说相反,他们是最纯粹的资产者)已变成了英国帝国主义资产阶级的"阔绰"寄食者,变成了它的特别稳定而又特别优厚的利润的分享者。

　　丹麦"社会民主"党完全屈服于这种国际环境,过去和现在都坚决支持德国社会民主党的右翼即机会主义者。丹麦社会民主党人投票赞成资产阶级君主政府的军事拨款,美其名曰"为了维护中立"。在 1916 年 9 月 30 日的代表大会上,十分之九的大多数主张参加内阁,同政府勾结! 伯尔尼一家社会党的报纸的记者报道说,在丹麦反对内阁主义的是格尔松·特里尔和编辑耶·彼·宋德博。特里尔在一篇出色的演说中捍卫了革命的马克思主义观点,并且在党决定参加内阁以后,退出了中央委员会,退出了党,声明不愿意做**资产阶级**政党的党员。近几年来,丹麦"社会民主"党同资产阶级激进派没有丝毫差别。

向格·特里尔同志致敬!胡斯曼说得对,"事业在前进",——朝着这样的方向前进:革命的马克思主义者,革命无产阶级**群众**的代表,正在毫不含糊地、斩钉截铁地同帝国主义资产阶级的同盟者和代理人普列汉诺夫—波特列索夫—胡斯曼之流划清界限,这在政治上是诚实的,对社会主义来说是必要的,后者虽然拥有大多数**"领袖"**,但是不代表被压迫群众的利益,而代表投靠资产阶级的少数享有特权的工人的利益。

俄国觉悟的工人既然选举了被流放到西伯利亚去的人做代表,既然投票反对参加支持帝国主义战争的各级军事工业委员会,他们难道愿意加入十个部长的"国际"吗?难道愿意加入**斯陶宁格之流**的国际吗?难道愿意加入**特里尔等人**相继退出的国际吗?

载于1916年11月6日《社会民主党人报》第56号

译自《列宁全集》俄文第5版第30卷第193—195页

瑞士社会民主党内
齐美尔瓦尔德左派的任务[112]

(1916 年 10 月底—11 月初)

　　瑞士社会民主党苏黎世代表大会(1916 年 11 月 4—5 日)彻底证明:该党关于赞同齐美尔瓦尔德会议和承认**群众性的革命斗争**的决定(1915 年阿劳代表大会的决议)始终是一纸空文;在党内已经完全形成一个"中派",即相当于德国的考茨基—哈阿兹派和"工作小组"派以及法国的龙格—普雷斯曼派的派别。这个以罗·格里姆为首的"中派"把"左的"言论同"右的"即机会主义的实践结合起来了。

　　所以,瑞士社会民主党内齐美尔瓦尔德左派的任务,就是立刻无条件地把自己的力量团结起来,经常去影响党,使阿劳代表大会的决议不致变成一纸空文。齐美尔瓦尔德左派之所以非常迫切地需要团结自己的力量,是因为阿劳代表大会和苏黎世代表大会都十分明确地表达了瑞士无产阶级的革命的和国际主义的同情。仅仅通过对李卜克内西表示同情的决议是不够的;还应当认真贯彻他提出的口号:目前各国社会民主党需要**重建**(Regeneration)[113]。

　　瑞士社会民主党内齐美尔瓦尔德左派的纲领应当大致如下。

一　对战争和一般资产阶级
政府的态度

1.无论在当前的帝国主义战争或正在准备的新的帝国主义战争中，瑞士方面的"保卫祖国"，都无非是资产阶级对人民的欺骗，因为如果瑞士参加目前的这场战争或其他类似的战争，事实上都无非站在**某一个**帝国主义集团一边①参加掠夺性的反动战争，而决不是进行争取"自由"、"民主"、"独立"等等的战争。

2.瑞士社会民主党对瑞士资产阶级政府和瑞士各资产阶级政党必须抱完全不信任的态度。因为：(a)这个政府同各帝国主义"大"国的资产阶级有着极其密切的经济和金融联系，并且完全依附他们；(b)它在国际和国内事务中早已全面转向政治反动（建立政治警察；对欧洲的反动派和欧洲各君主国卑躬屈膝等等）；(c)它多年来的全部政策（1907年的军事改组等等；埃格利"案件"、卢瓦"案件"等等）证明，它愈来愈变成反动透顶的瑞士主战派和军人集团手中的工具。

3.因此，瑞士社会民主党最迫切的任务，就是揭穿向帝国主义资产阶级和军阀卑躬屈膝的政府的实质，揭露政府用民主之类的词句欺骗人民，说明这个政府完全可能（在统治瑞士的整个资产阶级的同意下）把瑞士人民的利益出卖给这个或那个帝国主义集团。

---

① 手稿上，在"站在……一边"上方写着"与……结成联盟"。——俄文版编者注

4. 所以，一旦瑞士卷入这场战争，社会民主党的责任就是无条件地驳斥"保卫祖国"的口号，揭穿用这个口号来欺骗人民的行为。在这样的战争中，工人和农民将不是为了自己的利益，也不是为了民主，而是为了帝国主义资产阶级的利益去牺牲性命。瑞士的社会党人和其他先进国家的社会党人一样，**只有**在自己的祖国经过了社会主义改造之时，才可以而且应当主张用武力保卫祖国，即保卫无产阶级反对资产阶级的社会主义革命。

5. 社会民主党和它的议员无论在平时或战时，都决不能投票赞成军事拨款，这种投票是决不能拿任何"保卫中立"之类的骗人言论来辩护的。

6. 无产阶级对战争的回答应当是：宣传、准备和实现以推翻资产阶级统治、夺取政权和实现社会主义制度为目的的群众性的革命行动。只有社会主义制度才能使人类摆脱战争，**各**国工人实现社会主义制度的决心现在正空前迅速地增强起来。

7. 革命行动应当包括游行示威和群众性的罢工，但是无论如何不应当拒绝服兵役。恰恰相反，只有不拒绝拿起武器，而掉转枪口对准**自己的**资产阶级，才符合无产阶级的任务，才同国际主义的优秀代表如卡·李卜克内西提出的口号相一致。

8. 政府在战前或战时对废除或限制政治自由所采取的任何细小步骤，都应当促使社会民主党的工人建立秘密组织，以便经常地不屈不挠地进行用战争对付战争的宣传，向群众解释战争的真正性质，不要因为怕遭到牺牲而畏缩不前。

二　物价飞涨和群众不堪忍受的经济状况

9.不仅在各交战国家,而且在瑞士,由于物价飞涨和生活用品不足,战争已使少数富人大发横财,使群众陷入极其困苦的境地。社会民主党的主要任务应当不是同这一灾祸进行改良主义的斗争,而是进行革命斗争,即经常地不屈不挠地宣传和准备这种斗争,决不因为遭到不可避免的暂时困难和失败而畏缩不前。

10.针对资产阶级的许多财政改革方案,社会民主党的主要任务应当是揭露资产阶级把动员和战争的重担转嫁给工人和贫苦农民的企图。

社会民主党无论在什么情况和什么借口下都不能同意征收间接税。允许社会民主党人同意征收间接税的阿劳代表大会(1915年)的决定以及苏黎世代表大会(1916年)通过的胡贝尔—格里姆起草的决议,都应当废除。社会民主党的各级组织都应当立即开始积极筹备定于1917年2月在伯尔尼召开的党代表大会,并且只选举赞成废除上述决议的人出席代表大会。

在保持资本主义制度即让群众永远贫困的情况下,帮助资产阶级政府摆脱目前的困难,这是自由派官吏的任务,而决不是革命的社会民主党的任务。

11.社会民主党人应当尽量广泛地向群众宣传必须立即实行全联邦统一的、高额的、累进的财产税和所得税,税率**不低于**下列百分数:

财　产	收　入	税　率
20 000 法郎 ——	5 000 ——	免税
50 000 法郎 ——	10 000 ——	10％
100 000 法郎 ——	25 000 ——	40％
200 000 法郎 ——	60 000 ——	60％
		等等

包伙住房费税：

每天　4 法郎以下 ——	免税
每天　5 法郎 ——	1％
每天 10 法郎 ——	20％
每天 20 法郎 ——	25％等等

12. 社会民主党人必须无情地驳斥社会民主党内的许多机会主义者也在散布的资产阶级谎言：说什么宣传实行革命的高额财产税和所得税是"不切合实际的"。恰恰相反，这是唯一切合实际的和唯一社会民主主义的政策，因为第一，我们不应当迁就富人"可以接受的东西"，而应当面向广大的穷苦的群众，他们之所以对社会民主党抱着冷淡或不信任态度，在很大程度上正是因为它的改良主义和机会主义的性质。第二，迫使资产阶级作出让步的唯一方法，不是同资产阶级"做交易"，不是"迁就"资产阶级的利益或偏见，而是准备群众的革命**力量**去**反对**资产阶级。我们愈是能使更多的人民相信实行革命的高额税是公正的和用斗争来争取它是必要的，资产阶级就会愈快地让步，而我们则要利用每一个即使是微小的让步来为完全剥夺资产阶级进行坚持不懈的斗争。

13. 规定一切职员和官吏、联邦委员会委员等的最高薪俸为每年 5 000—6 000 法郎（视家庭人数多少而定）。禁止敛积任何其他的收入，违者给以监禁处分并没收这些收入。

14. 强制转让工厂，首先是为保证居民生活资料所必需的工厂,以及土地超过 15 **公顷**(超过 40"英亩")的农业企业(在瑞士的 252 000 个农业企业中,这样的企业只占 22 000 个,也就是说,不到总数的 $\frac{1}{10}$)。在进行这种改造的基础上采取系统的措施,来提高粮食生产,保证供应人民以廉价的食品。

15. 把瑞士全部水力资源立即强制转让给国家,这也同实行其他转让一样,可以采用征收上述财产税和所得税的方法。

三 进行特别迫切的民主改造和利用政治斗争与议会制度

16. 利用议会讲坛以及动议权和全民投票不应采取改良主义的方式,就是说不是为了拥护资产阶级"可以接受的"、因而不能消除群众主要的和根本的灾难的改良,而是为了宣传瑞士要进行社会主义改造,这种改造在经济上是完全能够实现的,并且由于不堪忍受的物价飞涨和金融资本的压迫,由于战争造成的推动整个欧洲无产阶级走上革命道路的国际关系,这种改造就更加迫切需要。

17. 取消对与男子相对而言的妇女政治权利的**一切**限制。在战争和物价飞涨使广大人民群众忐忑不安、尤其是使妇女关心和注意政治的时候,向群众说明实行这种改造的特别迫切性。

18. 外国侨民必须入瑞士籍(强制加入国籍),不必交纳任何费用。在瑞士的每一个外国侨民,住满 3 个月以后,即应入瑞士籍,如果有特别正当理由可以申请延期,但不得超过 3 个月。向群众说明,不仅从一般的民主观点来看,而且从瑞士的帝国主义的环境已使它在整个欧洲成为外国侨民百分数最高的国家这一点来看,瑞士特别需要立即实行这种改革。十分之九的外国侨民都操瑞士三种语言中的一种。外国工人政治上的无权地位和被隔绝状态正在加强本来就在增长的政治反动，削弱无产阶级的国际主义团结。

19. 立即开展鼓动工作，宣传社会民主党参加1917年国民院选举的候选人，只能在选民事先全面讨论政治纲领的基础上，特别是在讨论对待战争和保卫祖国的态度问题、在讨论是用改良主义斗争还是用革命斗争来制止物价飞涨的问题的基础上提出。

四　党的宣传、鼓动和组织
工作的当前任务

20. 如果不进行经常的不屈不挠的工作来扩大社会民主党对群众的影响，如果不把被剥削劳动群众的一些**新的**阶层吸引到运动中来，那就不能真正贯彻阿劳代表大会关于群众革命斗争的决定。争取社会革命的宣传鼓动工作，必须进行得更具体、更生动、更切合实际，不仅要使在资本主义制度下永远占无产阶级和一切被压迫阶级少数的有组织的工人能够理解，而且要使在资本主义的残酷压迫下不能好好地组织起来的多数被压迫者能够理解。

21. 为了影响更广大的群众，党必须更经常地印发传单，向群众说明，革命的无产阶级正在为瑞士的社会主义改造而斗争，这种改造是十分之九的居民所必需的，是对他们有利的。组织党的一切支部，特别是组织青年团体开展散发传单的公开竞赛，在大街上挨家挨户地进行鼓动工作；更加重视和加强对农业工人、雇农、日工和贫苦农民（贫苦农民不剥削雇佣工人，不依靠物价飞涨发财致富,却因物价飞涨而受苦)的鼓动工作。要求党的议会代表(国民院议员、联邦院议员、州议会议员等等)不要利用自己特别有利的政治地位在议会中讲一些理所当然地引起工人的厌恶和不信任情绪的改良主义废话,而要利用这种地位在城市特别是农村的无产阶级和半无产阶级**最落后的**阶层中宣传社会主义革命。

22. 坚决摒弃关于工人阶级、职员等等的经济组织保持"中立"的理论。向群众说明被战争特别明显地证实了的真理,即所谓的"中立"是资产阶级的欺骗或伪善,实际上意味着**消极地**服从资产阶级及其特别卑鄙的事业,如帝国主义战争。加强社会民主党在工人阶级、小资产阶级贫苦阶层或职员的一切团体中的工作,在所有这些团体内建立社会民主党人的专门的小组,不断地进行准备工作,使革命的社会民主党在所有这些团体中取得多数地位和领导地位。向群众说明,这个条件对于争取革命斗争的胜利具有特别重要的意义。

23. 在青年入伍以前和服役期间,都要扩大和加强社会民主党在军队中的工作。在各个部队里建立社会民主党小组。用社会主义观点说明在唯一正当的战争中,即在无产阶级为了从雇佣奴隶制下解放人类而对资产阶级进行的战争中,使用武器的历史必然性和正当性。宣传反对孤立的**暗杀行动**,把革命部队的斗争同无产阶级及全体居民中被剥削者的广泛运动结合起来。加紧宣传奥尔滕代表大会决议[114]的下述部分,即劝告士兵在军队被用来镇压罢工者的时候拒绝执行命令,并且不应当仅仅限于消极地拒绝执行命令。

24. 向群众说明,按照上面详细阐述的彻底的革命社会民主主义的方针所进行的实际工作,同现代工人运动的**三个主要**派别之间一贯的**原则性的**斗争有着不可分割的联系，这三个派别在**一切**文明国家里都已经形成，在瑞士（特别是在1916年苏黎世代表大会上）也彻底显露出来了。这三个派别是：（1）社会爱国主义者，也就是那些公开承认在1914——1916年的这场帝国主义战争中"保卫祖国"的人。这是工人运动中代表资产阶级的机会主义派别；（2）齐美尔瓦尔德左派，他们根本反对在帝国主义战争中"保卫祖国"，主张同作为资产阶级代理人的社会爱国主义者决裂，主张进行群众的革命斗争，同时要**完全**改变社会民主党的策略，使之适应这种斗争的宣传和准备工作；（3）所谓"中派"（德国的考茨基—哈阿兹，"工作小组"；法国的龙格—普雷斯曼）[①]，主张第一个派别和第二个派别实行统一。这样的"统一"只会束缚革命的社会民主党的手脚，使它不能开展工作，使党的原则同党的实践没有密切的充分的联系，从而把群众引入歧途。

在瑞士社会民主党1916年苏黎世代表大会上关于国民院党团问题的三篇发言里，即在普拉滕、奈恩和格罗伊利希的发言里，已经特别清楚地承认，瑞士社会民主党内不同的社会民主主义政治派别的斗争**早已成为事实**。当普拉滕谈到必须坚决按照革命的社会民主主义精神进行工作时，多数代表显然是赞同他的。奈恩直接地、明确地、肯定地声明，在国民院党团内部经常有两个派别进行斗争，工人组织应当自己设法选派真正意见一致的拥护革命派别的人到国民院中去。当格罗伊利希谈到党抛掉了自己原先的"宠儿"（Lieblinge）而找到了新的"宠儿"时，他也承认了不同派别的存在和斗争的事实。但是，任何一个有觉悟有头脑的工人都不

---

① 德国社会民主党报刊有时把"中派"同"齐美尔瓦尔德派"**右翼**相提并论，这是完全公正的。

会同意"宠儿的理论"。正是为了使不同派别不可避免的必要斗争不致变成"宠儿"之间的竞争、私人的冲突、琐碎的猜疑和争吵等等,正是为了这一点,社会民主党全体党员必须关心不同的社会民主主义政治派别的**公开的原则性的**斗争。

25.加强同格吕特利联盟[115]进行**原则性**的斗争,要把它看做**资产阶级的**工人政策的倾向在瑞士土壤上的明显表现,这些倾向就是机会主义、改良主义、社会爱国主义、用资产阶级民主的幻想腐蚀群众。通过格吕特利联盟的具体活动的例子向群众说明社会爱国主义和"中派"的政策的全部错误和危害。

26.立刻着手准备决定在伯尔尼召开的党的二月(1917年)代表大会代表的选举工作,要使这次选举在每个党组织都讨论原则的纲领和具体的政治纲领的基础上进行。本纲领应当成为彻底的革命的社会民主党人国际主义者的纲领。

党的一切领导岗位、出版事务委员会、一切代表机关、一切执行委员会等等的负责人的选举,也必须在同样讨论纲领的基础上进行。

每个地方组织都应当对地方党的机关刊物进行细心的监督,使之不仅贯彻社会民主党的一般观点和策略,而且贯彻社会民主党的**明确规定的**政治**纲领**。

五　瑞士社会民主党人的国际任务

27.瑞士社会民主党人要使自己承认国际主义不致成为毫不负责的空话("中派"的拥护者和第二国际时代一般社会民主党人

就一贯只讲这样的空话)，第一，必须彻底地不断地进行斗争，争取外国工人同瑞士工人在组织上接近，并且在共同的团体中打成一片，争取他们的完全(公民的和政治的)平等。瑞士帝国主义的特点恰恰在于：瑞士资产阶级对毫无权利的外国工人的剥削愈来愈厉害，它把自己的希望寄托在这两类工人的疏远上。

第二，必须尽一切努力，在瑞士的德意志、法兰西和意大利工人中间建立一个**统一的**，在工人运动整个实践中真正统一的，同样坚决、同样有原则地跟法兰西人(瑞士罗曼语区的)、德意志人、意大利人的社会爱国主义进行斗争的**国际主义**派别。本纲领应当成为瑞士境内**所有三种**主要民族或语言的工人的共同的、统一的纲领的基础。如果不能使瑞士各民族中站在革命的社会民主党方面的工人打成一片，国际主义就是一句空话。

为了便于他们真正打成一片，应当使瑞士社会民主党的一切报纸(以及工人、职员等等的经济团体的机关报)都出版附刊(起初即使是周刊(月刊)，即使每期只出两个版面也好)，**用三种文字**刊印，并且根据每天的政治生活来阐明这个纲领。

28.瑞士社会民主党人**只**应当支持其他各国社会党内站在齐美尔瓦尔德左派一边的革命的国际主义分子，同时这种支持不应当是抽象的。特别重要的是：要在瑞士翻印在德国、法国、意大利秘密印发的反对政府的宣言，要把那些宣言译成三种文字，在瑞士无产阶级和一切邻国的无产阶级中散发。

29.瑞士社会民主党不但不应当在伯尔尼代表大会(1917年2月)上对昆塔尔代表会议的决议表示赞同，无条件的赞同，而且还应当要求自己立刻完全在组织上同设在海牙的社会党国际局断绝关系，因为它是同社会主义利益毫不相容的机会主义和社会爱国主义的堡垒。

30.瑞士社会民主党在了解欧洲各先进国家工人运动的情况和把这个工人运动的革命分子联合起来方面,具有特别有利的条件,它不应当消极地等待这一运动内部斗争的发展,而应当**走在**这个斗争的**前面**。这就是说,它应当沿着齐美尔瓦尔德左派的道路前进,这条道路的正确性已经在德、法、英、美和一切文明国家的社会主义运动的进程中日益明显地表现出来了。

1918年用法文印成单行本

译自《列宁全集》俄文第5版
第30卷第196—208页

瑞士社会民主党对战争态度的提纲[116]

(1916 年 12 月初)

1. 当前的世界战争是帝国主义战争，它是为了在政治上和经济上剥削世界，争夺销售市场、原料产地和投资领域，压迫弱小民族等等而进行的。

从进行战争的两个集团来说，所谓"保卫祖国"云云，都无非是资产阶级对人民的欺骗。

2. 瑞士政府是瑞士资产阶级事务的管理者，而瑞士资产阶级完全依赖国际金融资本，并且同各大国的帝国主义资产阶级有着极其密切的联系。

因此，数十年来瑞士政府天天实行愈来愈反动的政策和秘密的外交，破坏和侵犯人民的民主权利和自由，对军人集团卑躬屈膝，经常地、无耻地牺牲广大居民群众的利益，使之服从一小撮金融寡头的利益；——所有这一切都决不是偶然的现象，而是上述经济事实的必然结果。

由于瑞士资产阶级政府受到金融寡头利益的这种约束，以及由于这个或那个帝国主义强国集团的强大压力，瑞士现在随时都有可能卷入当前的战争。

3. 因此目前对瑞士来说，"保卫祖国"也无非是一句虚伪的词句，因为实际上这里的问题并不是保卫民主、独立和广大人民群众的利益等等,而相反地,是要准备工人和小农去进行屠杀,以保持资产阶级的垄断地位和特权,是要加强资本家的统治和政治上的反动。

4. 根据这些事实,瑞士社会民主党根本拒绝"保卫祖国",要求迅速复员,号召工人阶级用无产阶级阶级斗争的最严厉的手段去回答瑞士资产阶级的战争准备,如果一旦发生战争,也用这种手段来回答。

这些手段中,应当特别指出下列各点:

(a)不要任何国内和平;加紧进行原则性的斗争,既反对一切资产阶级政党,又反对资产阶级在工人运动中的代理人的联盟——格吕特利联盟,同时反对社会党内部的格吕特利倾向。

(b)无论在和平时期或战争时期都反对一切军事拨款,不管这种拨款是在何种借口下提出的。

(c)支持各交战国工人阶级反对战争和反对本国政府的一切革命运动和一切斗争。

(d)推动瑞士国内群众性的革命斗争:罢工,游行示威和反对资产阶级的武装起义。

(e)经常地在军队中进行宣传,为此要在军队中以及在应征的适龄青年中建立社会民主党的专门的小组。

(f)由工人群众自己建立秘密组织,作为对政府限制或取消政治自由的回答。

(g)通过有计划地向工人进行解释,开展经常的准备工作,使所有工人组织和职员组织的领导机构,都一无例外地转到那些承认并且能够进行上述反战斗争的人手里。

5. 党提出在瑞士实行社会主义改造,作为1915年阿劳党代表大会已经承认的群众性的革命斗争的目的。这种改造在经济上是能够立即实现的。它是把群众从物价飞涨和饥饿的恐怖中解放出来的唯一有效的手段。它的到来是目前整个欧洲面临着的危机的结果,是为彻底消灭军国主义和一切战争所绝对需要的。

党声明说,所有资产阶级和平主义的及社会和平主义的反对军国主义和战争的言论,都不承认这个目的和达到这个目的的革命道路,这种言论是一种幻想或谎言,只会使工人阶级放弃一切反对资本主义基础的严肃斗争。

党在不断争取改善雇佣奴隶的状况的同时,号召工人阶级和它的代表在一般的鼓动、议会演说、提案等等中把立即在瑞士实行社会主义改造的宣传提上议程,说明由依靠无产者群众的无产阶级政府来代替资产阶级政府的必要性,说明采取剥夺银行和大企业、取消一切间接税、按照革命的高税率对大宗收入征收单一的直接税等这样一些措施的迫切性。

载于1931年《列宁文集》俄文版
第17卷

译自《列宁全集》俄文第5版
第30卷第209—211页

对论最高纲领主义的文章的意见[117]

(1916 年 12 月 7 日〔20 日〕以后)

第 6 页(第 2 段)。这里必须补充：波特列索夫现在**在行动上**放弃了这些含有对改良主义根本否定的论点（考茨基＋希法亭等人的）。波特列索夫成了改良主义者。

（不能局限于声明："我们并没有打算证明。"应当把这一点作为**已被证明的东西**提出来，并向波特列索夫挑战：您，特别是《事业》杂志[118]的马斯洛夫之流，在行动上，然而是羞羞答答、不声不响地，**已从这一立场**完全转到了改良主义。）

第 7 页(第 1 条末尾)"群众性行动"?? 最好换一种说法，不用这个词，这个词有缺陷，因为它**在很大程度上**是由于**德国书报检查**制度造成的(**革命**的代名词)，它模糊革命的概念。（关于这一点还必须跟潘涅库克＋拉狄克之流算账!! 举一例：在瑞士没有德国那种书报检查制度，这里，"群众性行动"这一术语也**已经**在产生对改良主义者有利的误解。）

但这不是主要的，主要的在于您的想法**根本错了**，似乎"它〈最低纲领〉的那些要求……总起来就导致向根本不同的社会制度**过渡**"(第 7 页，第 2 条**等**)(第 **9** 页也有)。

这是完全不正确的!! **无论**是最低纲领的某些要求（"它的那些要求"），**还是**最低纲领的要求的**全部总和**，任何时候都**不**导致

"向根本不同的社会制度过渡"。这种想法意味着从根本上转到改良主义的立场和背弃社会主义革命的观点。

最低纲领是一种原则上**可以**和资本主义**相容，没有超越**资本主义范围的纲领。

或许您是想说，在社会发展到对社会主义来说在客观上已经成熟的时候，实现最低纲领的**全部**要求**就会导致**社会主义？然而这也并非如此。只能说，实践中**最可能的**情况是，为实现最低纲领的**主要**要求而进行的任何重大斗争，都**将爆发**为争取社会主义的斗争，**我们**无论如何要力求做到这一点。

还不要忘记被潘涅库克＋拉狄克所忘记的一点，即帝国主义就是少数最富强的民族对附属民族的千百万人的剥削。因此，最富强的民族，**在保持着**对附属民族的统治的**情况下**，在其内部**可能实现**最充分的民主。奴隶制的古希腊是这样。现在的新西兰和英国也是这样。

（一个枝节问题：第 8 页不好。**不**应当这么说。例如，在帝国主义和物价飞涨的时代，**仅仅**通过一些改良，"面包"恰恰是得不到。

第 8 页——针对波特列索夫的指责而进行申辩。需要的不是申辩，而是进攻：**你们像 1904 年俄国的自由派一样，只局限于一些改良**。）

第 10 页—— 1905 年自由派**只局限于一些改良**；我们要求革命、宣传革命、准备革命等等。这里问题不在于"具体形式"，而在于任何一次革命的基本原则（实质）：**新的**阶级推翻旧的阶级，夺取**"全部政权"**(*der* Macht)。

（第 10 页末尾：极不谨慎、极不恰当地谈无产阶级的"改良"，虽然您是想讲"革命"!! 诸如"就像1904年在俄国一样,不是实行种种改良,而是实行**一种改良**"之类。)

整个第11页都是非常错误的。为了反对社会主义革命,**帝国主义**会答应实行八小时工作制和"武装人民"。斗争将恰恰**不是**为了这一点,也根本**不是**为了最低纲领而展开起来。

帝国主义将答应召集"布里根式的杜马"以及实行一些改良,以**反对**革命。我们要拥护革命。

"现实生活中最重要的问题",将来**不是**,现在也**不是**您所提出的那些问题,而是物价飞涨(1)+(2)帝国主义性质的战争。

用改良来制止物价飞涨(在存在托拉斯等的条件下),就像用改良来反对俄国1904—1905年的专制制度一样,是无济于事的。

您对关于改良、关于最低纲领和关于民主的问题的提法都是不正确的。

> 我想建议**暂且**(为《保险问题》杂志[119]写一篇短文)只用对比形式改写一下:您,波特列索夫先生,是个十足的**改良主义者**,您只局限于"种种改良",您**忘记了**"不是'种种改良,而是一种改良'"这一"提法"的作用和意义,**忘记了**所引证的考茨基+希法亭+鲍威尔等人的言论的作用和意义。《事业》杂志=思想上完全定型的**改良主义**的机关刊物、资产阶级工人党的机关刊物。

"三条鲸鱼"[120]是把争取改良的斗争扩展**到**革命。在齐美尔瓦尔德左派宣言中也是这样提出问题的:要把争取改良的每一次斗争引导、转变**为**争取革命的**斗争**。

我看,民族自决根本不能作为"最重要的东西"提出:您这是走得比我们迄今所说的远出十倍。这样做,您会迫使我和——啊,多么可怕!——和布哈林联合起来反对您!!!

　　是否把这个问题暂时搁一下,将文章改写成类似♯那样,并且制定一个比如说关于对最低纲领等的态度的提纲之类的东西寄给执行局等机构?

　　　　━━━━━━━━━━━━

♯　"最高纲领主义"这个说法,无非是**一个改良主义者**对**革命者**（为了应付书报检查机关而说的"改良主义的坚决反对者"）的非难。一般来说,要用书报检查通得过的形式来说清**这种**问题是特别困难的事,也是棘手的,非常棘手的事!!

译自《列宁全集》俄文第 5 版
第 30 卷第 385—388 页

资产阶级的和平主义与
社会党人的和平主义[121]

(1916 年 12 月 19 日〔1917 年 1 月 1 日〕)

第一篇(或章)
世界政治中的转变

有迹象表明,这种转变已经到来或正在到来。那就是:由帝国主义战争转向帝国主义和平。

两个帝国主义集团无疑地已经大伤元气;再打下去有困难;一般资本家特别是金融资本家,可耻地大发"战争"横财,即从人民身上剥皮,至少已经剥下了两张皮,再剥就很困难了;美国、荷兰、瑞士等中立国的金融资本家已经饱腹,他们在战争中已发了大财,但是,由于缺乏原料和粮食,再做这种"有利可图的"生意已经不容易了;德国拼命想使它的主要帝国主义竞争者英国的某个盟国脱离英国;德国政府,继它之后还有许多中立国的政府,都发表了和平主义的言论,——这些都是最主要的迹象。

有没有迅速结束战争的可能呢?

对这个问题很难给以肯定的回答。据我们看来,有两个可能性是比较明显的:

第一个是德国同俄国单独媾和,尽管不通过缔结书面的正式条约那种通常的形式。第二个是不单独媾和;英国及其盟国实际上还能支持一年、两年等等。在第一种情况下,战争即使不是在现在,也一定会在最近的将来停下来,而且不可能指望在它的进程中发生重大变化。在第二种情况下,战争就可能遥遥无期地拖延下去。

现在就来谈第一种情况。

德国同俄国之间不久以前进行过单独媾和的谈判;尼古拉二世本人,或者说最有权势的宫廷奸党是赞成单独媾和的;世界政治中出现了由俄国同英国结成反对德国的帝国主义联盟转变为俄国同德国结成反对英国的同样的帝国主义联盟的迹象,——所有这些都是不容置疑的。

特列波夫代替了施秋梅尔;沙皇政府公开声明说,俄国对君士坦丁堡的"权利"是各盟国一致公认的;德国正在建立一个单独的波兰国家,——这些迹象似乎表明单独媾和的谈判毫无结果。也许沙皇政府进行这种谈判,**只是**为了恫吓英国,使之正式明确承认血腥的尼古拉对君士坦丁堡的"权利",并且从它那里获得对这种权利的某些"郑重的"保证?

既然这场帝国主义战争的主要的、基本的内容,是俄德英三大帝国主义竞争者、三大强盗之间的分赃,所以这样的推测决非令人难以置信。

另一方面,沙皇政府愈觉得在事实上即在军事上不可能夺回波兰,占领君士坦丁堡,击破德国的坚固防线(德国由于最近在罗马尼亚取得了胜利,已大大拉平、缩短和巩固了自己的防线),就愈**不得不**同德国单独媾和,**即**从联英反德的帝国主义联盟转向联德反英的帝国主义联盟。为什么不是这样呢？俄国同英国曾经因为两个帝国主义国家在中亚细亚的分赃之争而几乎打起来！英国同德国曾经在1898年进行过关于联合起来**反对**俄国的谈判，而且英国同德国曾暗中商定，"一旦"葡萄牙不履行自己经济上的义务，就瓜分它的殖民地！

德国帝国主义领导集团愈来愈想要联俄反英，这一意向早在几个月以前就已很明显了。显然，联合的基础是要瓜分加利西亚（扼杀乌克兰鼓动和乌克兰自由的中心，对于沙皇政府是很重要的）和亚美尼亚，**也许还有罗马尼亚！**一家德国报纸已透露了一个"暗示"：罗马尼亚可以由奥地利、保加利亚和俄国三国瓜分！德国可能同意再向沙皇政府作某些"小让步"，以便同俄国，也许还同日本联合起来反对英国。

尼古拉二世同威廉二世之间可能秘密地缔结了单独的和约。外交史上有过缔结秘密条约的先例，这种秘密条约除两三个人以外，任何人甚至连部长们都不知道。外交史上有过这样的例子：当各"大国"去参加"全欧"会议的时候，事先已秘密商定了各主要竞争者之间的主要问题（如1878年柏林会议[122]以前，俄国同英国已达成了关于掠夺土耳其的秘密协定）。假定说，沙皇政府考虑到，在俄国目前情况下，如果签订政府间的正式的单独和约，那就可能导致由米留可夫和古契柯夫或米留可夫和克伦斯基组成政府，因而拒绝签订那样的和约，但同时它却同德国缔结秘密的、非正式的、但同样"持久的"条约，规定"高级的缔约双方"在将来的和会上共同采取**某种**路线，——这种情况是毫不足怪的！

这种假定是否正确，不能肯定。但是无论如何，这种假定同喋喋不休地空谈现任各国政府之间，乃至任何资产阶级政府之间会在不承认兼并的基础上缔结和约等等相比，它包含的**真理**即对**实际情况**的分析，要多一千倍。这种空谈要么是天真的愿望，要么是掩盖真相的弥天大谎。这个时期、这场战争和现在企图缔结的和约的真相，就是进行**帝国主义的分赃**。问题的实质就在这里。跟资产阶级政策不同的社会党人的政策的根本任务，就是要了解这种真相，说出这种真相，"说出实际情况"，而资产阶级政策的主要任务是要隐瞒和掩盖这种真相。

两个帝国主义集团都抢得了一定数量的赃物，而且恰恰是两个最主要、最厉害的强盗——德国和英国抢得最多。英国没有丧失自己的一寸土地和殖民地就"得到了"德国的一些殖民地和土耳其的一部分（美索不达米亚）。德国几乎丧失了自己的一切殖民地，但是它在欧洲得到了更宝贵得多的领土，即占领了比利时、塞尔维亚、罗马尼亚、法国的一部分和俄国的一部分等等。问题在于分赃，同时，每个强盗团伙的"头目"，即英国和德国，也应当多多少少犒劳一下自己的盟国，因为这些盟国除保加利亚和意大利（在较小的程度上）外，都损失很大。最弱的盟国损失得最多：在英国集团内，被摧毁的有比利时、塞尔维亚、门的内哥罗和罗马尼亚；在德国集团内，土耳其丧失了亚美尼亚和美索不达米亚的一部分。

到目前为止，德国所得到的赃物无疑要比英国多得多。到目前为止，德国是胜利了，它比战前任何人所预料的不知道要强了多少倍。因此很明显，尽可能迅速地缔结和约对德国有利，因为它的竞争者在可以设想的最有利的（虽然不是很有把握的）情况下，还能够投入更多的新兵等等。

客观的形势就是这样。目前帝国主义分赃之争的局面就是这样。**这种**局面首先在德国集团的资产阶级和政府中间，其次在各中立国的资产阶级和政府中间,引起了一些和平主义的愿望、言论和行动,这是非常自然的。而资产阶级及**其**政府不得不竭力愚弄人民,用关于民主的和约、关于弱小民族的自由、关于裁减军备等空话,用这些虚伪透顶的空话来掩盖帝国主义和约的丑恶面目即瓜分赃物,这也是很自然的。

如果说愚弄人民对资产阶级来说是理所当然的,那么社会党人应当怎样履行自己的义务呢? 下一篇(或章)谈这个问题。

第二篇(或章)
考茨基与屠拉梯的和平主义

考茨基是第二国际最有威望的理论家,是德国的所谓"马克思主义中派"的最著名的领袖,是在帝国国会中组织了特别党团"社会民主党工作小组"(哈阿兹和累德堡等人)的反对派的代表。现在德国有些社会民主党的报纸登载了考茨基论和平条件的文章,这些文章转述了"社会民主党工作小组"就德国政府提议和谈的著名照会所作的正式声明。这个声明在要求政府提出一定的和平条件的时候,还讲过下面一句值得注意的话:

"……要使这份照会〈德国政府的照会〉导致和平,一切国家必须切实放弃兼并别国土地以及把任何国家的人民置于别国政权的政治、经济和军事控制之下的念头……"

考茨基转述了这个论点并且加以具体化,他在自己的文章中周密地"证明",君士坦丁堡不应当归俄国,土耳其不应当成为任何国家的附属国。

　　我们现在就来仔细考察一下考茨基及其伙伴们所提出的这些政治口号和论据。

　　当问题涉及到俄国即德国的帝国主义竞争者的时候,考茨基就提出一个不是抽象的、"一般的",而是完全具体的、明确的要求:君士坦丁堡不应当归俄国。他用这种办法来**揭露俄国的……真正的帝国主义阴谋**。可是,当问题涉及到德国时,考茨基却**不揭露自己的政府**的**具体的**帝国主义阴谋,而只限于表示"一般的"愿望或主张:土耳其不应当成为任何国家的附属国!! 因为那个承认考茨基是自己的党员并且任命他担任自己主要的、指导性的理论刊物《新时代》杂志的编辑的政党的多数派正在帮助本国资产阶级和政府进行帝国主义战争。

　　考茨基的政策,按其实际内容来说,同法国和英国所谓战斗的社会沙文主义者(即口头上的社会主义者,实际上的沙文主义者)的政策究竟有什么区别呢? 后者不是也公开揭露德国具体的帝国主义步骤,而对被英国和俄国所侵占的国家或民族则用"一般的"愿望或主张敷衍了事吗? 不是对侵占比利时和塞尔维亚大叫大嚷,而对侵占加利西亚、亚美尼亚和非洲殖民地却默不作声吗?

　　其实,考茨基和桑巴—韩德逊的政策都同样是帮助**自己的**帝国主义政府,都把主要注意力集中在竞争者和敌人的阴谋上,而对于"**自己的**"资产阶级的**同样的**帝国主义步骤则用一些含糊的、一般的词句和善良的愿望加以掩饰。如果我们只是像基督教徒那样把善良的一般词句看做好心,而不揭示其**实际的**政治意义,那我们就不再是马克思主义者,也根本不再是社会主义者了。难道我们不是经常看到,所有帝国主义列强的外交都以娓娓动听的"一般"词句和"民主的"声明自我标榜,借以**掩饰**它们对弱小民族的掠夺、欺凌和压迫吗？

"土耳其不应当成为任何国家的附属国……"　如果我仅仅这样说，那么从表面上看，似乎我主张让土耳其有充分的自由。但是实际上我只是重复德国外交家们通常所说的一句话，他们**蓄意撒谎**，口是心非，用这句话来掩盖**目前**德国**既**在经济上**又**在军事上已把土耳其变成自己的附属国的**事实**！如果我是德国的社会党人，那我所说的"一般的"词句只会对德国外交**有利**，因为这些词句的真正意义是为德国帝国主义**涂脂抹粉**。

"……一切国家必须切实放弃兼并以及把任何国家的人民置于……经济控制之下的念头……"

多么娓娓动听啊！帝国主义者几千次地"放弃"兼并以及在金融上压迫弱小民族的"念头"，但是难道不应当拿**事实**来加以对照？事实不是证明德、英、法、美等国的每一家大银行都"**控制着**"弱小民族吗？既然在各弱小民族的铁路等企业中的投资已达数十亿之多，那么目前富强国家的资产阶级政府又怎能**在事实上**放弃兼并和对其他民族的经济控制呢？

到底是谁真正反对兼并等等呢？是那些空口说些娓娓动听的话——其客观意义完全等于洒在头顶王冠的强盗和资本主义的强盗头上的基督圣水——的人呢，还是那些向工人解释说不推翻帝国主义资产阶级及其政府就不能制止兼并和金融压迫的人？

关于考茨基所鼓吹的和平主义，还可以看看意大利的实例。

著名的改良主义者菲力浦·屠拉梯 1916 年 12 月 25 日在意大利社会党的中央机关报《Avanti!》(《前进报》)上发表了一篇题名《废话》的文章。他写道，1916 年 11 月 22 日意大利社会党的一批议员向议会提出了缔结和约的提案。在这个提案中,它"认为英、德两国代表所宣布的原则是一致的,这些原则应当作为可能缔结的和约的基础,它提请政府在美国及其他中立国的调停下开始和谈"。屠拉梯本人这样叙述社会党人的提案的内容。

1916 年 12 月 6 日,议院"埋葬了"社会党人的提案,将它"延期"讨论。12 月 12 日,德国的首相以自己的名义向国会提出要做的事情,正是意大利社会党人所希望做的事情。12 月 22 日威尔逊发出照会,用菲·屠拉梯的话来说,他"是转述和重复社会党人的提案的想法和理由"。12 月 23 日,其他中立国登上舞台,转述威尔逊的照会。

屠拉梯感叹说:有人责备我们,说我们把自己出卖给德国了;难道威尔逊和各中立国也把自己出卖给德国了吗?

12 月 17 日,屠拉梯在议会中发表了演说,其中有一段话引起了极其巨大的——而且是理所当然的——轰动。据《前进报》报道,原话如下:

"……假定说,进行德国向我们建议的那种讨论,能够大体上解决撤出比利时和法国,复兴罗马尼亚、塞尔维亚以及(要是你们愿意的话)门的内哥罗这样一些问题;我还要向你们补充一句:修改意大利边界,即把那些无疑是属于意大利并且适合于战略保障的地方划归意大利……" 刚说到这里,资产阶级的和沙文主义的议院就把屠拉梯的话打断了;全场高呼:"妙极了!原来你也想要做到这一切啊!屠拉梯万岁!屠拉梯万岁!……"

屠拉梯似乎感到资产阶级的这种喝彩有点不妙,于是就想加以"更正"或"解释",他说:

"……先生们,请不要乱开玩笑。容许民族统一的适宜性和权利是我们向来承认的,这是一回事;为了这个目的而引起战争或为战争辩护,则是另一回事。"

无论屠拉梯的这个"解释"，或者《前进报》替他辩护的文章，无论屠拉梯 12 月 21 日的一封信，或者某个署名"bb"的在苏黎世的《民权报》上发表的文章，都丝毫"更正"不了事实，都消除不了**屠拉梯露出了马脚**这一事实！…… 正确些说，露出马脚的不是屠拉梯，而是考茨基和（往下我们就能看到）法国的"考茨基主义者"所代表的整个社会党人的和平主义。意大利的资产阶级报刊抓住了屠拉梯演说中的这段话而欢呼起来，是很有道理的。

上述那位"bb"企图替屠拉梯辩护，说他讲的仅仅是"民族自决权"。

这种辩护实在拙劣！大家知道，"民族自决权"在马克思主义者的纲领中是（而在国际民主派的纲领中向来就是）指保护**被压迫**民族，试问，它同这里的问题有什么相干呢？它同帝国主义战争，即同为瓜分殖民地、为**压迫**其他国家而进行的战争，同进行掠夺和压迫的列强**之间**为着**谁**能**更多地**压迫他国人民的战争有什么相干呢？

以民族自决为借口来替帝国主义的、不是民族的战争辩护，这同阿列克辛斯基、爱尔威和海德门等人的言论有什么区别呢？他们就是以法国的**共和制**同德国的君主制相对立为借口，尽管大家都知道，这场战争并不是由于共和主义同君主制原则相冲突，而是由于两个帝国主义集团要瓜分殖民地等等而引起的。

屠拉梯解释和申辩说，他**决不**替战争"辩护"。

我们就相信这位改良主义者、考茨基的信徒屠拉梯的话，说他的**意图**不是替战争辩护吧。可是谁不知道，在政治上要考虑的不是意图而是行动，不是愿望而是事实，不是想象而是现实呢？

就算屠拉梯没有想替战争辩护，就算考茨基没有想替德国把土耳其置于德国帝国主义的附庸地位辩护，但是**事实上**，这两位好心肠的和平主义者**恰恰是在替战争辩护！**这就是问题的本质。假如考茨基不是在谁也不读的干巴巴的杂志上，而是在议会的讲坛上，向活跃的、敏感的、具有南方人气质的资产阶级听众说了这样的一句话："君士坦丁堡不应当归俄国，土耳其不应当成为任何国家的附庸国"，那么，机灵的资产者高呼"妙极了！对！考茨基万岁！"，就会没有什么可奇怪的了。

屠拉梯实际上（不管他是否想要这样做，是否意识到了这一点）所采取的，是建议各帝国主义强盗做一笔友好的交易的资产阶级经纪人的观点。"解放"那些属于奥地利的意大利人的土地，**实际上**就是暗中给意大利资产阶级参加一个大帝国主义集团的帝国主义战争的一种报酬，就是瓜分非洲殖民地，划分达尔马提亚和阿尔巴尼亚的势力范围以外的一件小小的附加物。采取资产阶级的观点，对改良主义者屠拉梯来说，也许是理所当然的，但是考茨基实际上同屠拉梯丝毫没有区别。

谁要是不想粉饰帝国主义战争，不帮助资产阶级把这种战争冒称为民族战争即解放各民族的战争，不站在资产阶级改良主义的立场上，谁就不应当像考茨基和屠拉梯那样讲话，而应当像卡尔·李卜克内西那样讲话，即应当向**自己的**资产阶级指明：它讲什么民族解放，那是欺人之谈；如果无产阶级不"掉转枪口"对准**自己的政府**，这场战争之后不可能有民主的和平。

如果一个人是真正的马克思主义者，真正的社会主义者，而不是资产阶级的改良主义者，那么他的立场就应当是这样，也只能是这样。真正为民主的和平而奋斗的，不是那些重复一般的、空洞的、不负责任的、善良的和平主义愿望的人，而是那些既揭穿这场战争的帝国主义性质，又揭穿这场战争所准备的帝国主义和平的帝国主义性质的人，是号召人民起来革命反对各国罪恶的政府的人。

某些人有时企图这样来替考茨基和屠拉梯辩护，他们说，当时除了反对政府的"暗示"，在合法的范围内不可能走得更远，而这类和平主义者已作了这样的"暗示"。对此应当这样来回答：第一，不可能合法地说出真相，这并不能作为掩盖真相的理由，而只能说明必须有非法的，即不受警察和书报检查机关摆布的组织和刊物；第二，历史上常常有这样的情况，即社会主义者**必须**同一切合法性决裂；第三，即使在农奴制的俄国，杜勃罗留波夫和车尔尼雪夫斯基还是善于说出真相：或者对 1861 年 2 月 19 日的宣言[123]只字不提，或者对当时的自由派冷嘲热讽，而当时自由派的言论同目前考茨基和屠拉梯的言论如出一辙。

在下一篇中，我们将谈到法国的和平主义，这种和平主义反映在刚刚开完的法国工人组织和社会党组织的两个代表大会的决议中。

第三篇（或章）

法国社会党人和工会活动家的和平主义

法国工会总联合会[124]（C. G. T.——Confédération Générale du Travail）的代表大会和法国社会党[125]的代表大会刚刚闭幕。目前社会党人的和平主义的真正意义和真正作用，在这里表现得特别明显。

请看工会代表大会的决议,该决议是由以臭名远扬的茹奥(Jouhaux)为首的狂热的沙文主义者多数派、无政府主义者布鲁特舒和……"齐美尔瓦尔德派"梅尔黑姆全体**一致**通过的:

> "全国各团体联盟、各工团(工会)联合会和劳动介绍所的代表会议,获悉美国总统'请各交战国公开说明自己关于结束战争的条件的意见'的照会之后,——
>
> 请求法国政府对这一建议表示同意;
>
> 要求政府首先向自己的盟国提出类似的建议,使和平早日实现;
>
> 代表会议声明:只有在一切大小民族都有独立权、领土不可侵犯权和政治上经济上的自由的条件下,作为持久和平保证之一的各民族的联盟才能有保障。
>
> 与会的各组织有责任支持并且在工人群众中传播这种思想,以便结束目前这种不明朗的局面,这种局面只对工人阶级所一向反对的秘密外交有利。"

这就是"纯粹的"和平主义即完全是考茨基所主张的那种和平主义的典范,而这种和平主义已经得到了这个同马克思主义毫无共同之处的、主要是由沙文主义者组成的正式工人组织的赞同。摆在我们面前的是一个重要的、值得给予最严重注意的文件,是沙文主义者同"考茨基主义者"根据用空洞的和平主义词句拼凑的纲领实行**政治联合**的文件。如果说我们在前一篇中曾力图指出,沙文主义者与和平主义者、资产者与社会党内的改良主义者观点一致的**理论**基础是什么,那么现在我们看到,这种一致已经在另一个帝国主义国家中**实际地**实现了。

1915年9月5—8日,梅尔黑姆在齐美尔瓦尔德代表会议上说过:"党、茹奥先生们和政府,这是一顶帽子下面的三个脑袋"("Le Parti, les Jouhaux, le gouvernement, ce ne sont que trois têtes sous un bonnet"),也就是说,它们是一致的。1916年12月26日梅尔黑姆在工会总联合会代表会议上**同茹奥一起**投票赞成和平主义的决议案。1916 年 12 月 23 日,德国社会帝国主义者的一家最露骨最极端的机关报——开姆尼茨的《人民呼声报》发表了一篇题为《各资产阶级政党的瓦解与社会民主党统一的恢复》的编辑部文章。这篇文章当然对休特古姆、列金、谢德曼之流、德国社会民主党的整个多数派和德国政府的爱好和平大加赞扬,并且宣布说:"战后召开的党的第一次代表大会,应当撇开少数拒绝交纳党费的狂热分子〈即卡尔·李卜克内西的支持者!〉,在党执行委员会、社会民主党帝国国会党团和工会的政策的基础上恢复党的统一"。

德国公开的社会沙文主义者同考茨基之流、同"社会民主党工作小组"实行"统一"的思想和政策,在这里表现得最明显不过了。这是以和平主义词句为基础的统一,是茹奥和梅尔黑姆 1916 年 12 月 26 日在法国所实行的"统一"!

意大利社会党的中央机关报《前进报》在 1916 年 12 月 28 日的编辑部文章中写道:

"如果说比索拉蒂和休特古姆,博诺米和谢德曼,桑巴和大卫,茹奥和列金转到了资产阶级民族主义的营垒,背叛了〈hanno tradito,叛变了〉他们曾经答应忠心耿耿为之效劳的国际主义者的思想统一,那么我们还是要同我们的德国同志如李卜克内西、累德堡、霍夫曼、迈耶尔,以及同我们的法国同志如梅尔黑姆、勃朗、布里宗、拉芬-杜然斯等不曾变节、不曾动摇的人站在一起。"

你们看,多糊涂啊:

比索拉蒂和博诺米早在战前就作为改良主义者和沙文主义者**被开除**出意大利社会党了。《前进报》把他们同休特古姆和列金相提并论,这当然完全正确,但是休特古姆、大卫和列金是德国假社会民主党、真社会沙文主义政党的领袖,同一个《前进报》却反对开除他们，反对同他们决裂，反对建立第三国际。《前进报》完全正确地声称，列金和茹奥已经转到资产阶级民族主义营垒中去了，同时把李卜克内西和累德堡、梅尔黑姆和布里宗同他们对立起来。但是我们知道，梅尔黑姆**是同茹奥一起投票的**，而列金通过开姆尼茨的《人民呼声报》宣称，他确信只要把李卜克内西的同志们除外就能恢复党的统一，也就是**同累德堡所加入**的"社会民主党工作小组"（考茨基也在内）"统一"！！

这种糊涂观念之所以产生，是由于《前进报》把资产阶级的和平主义同革命的社会民主党的国际主义混淆起来了，而像列金和茹奥那样有经验的政客非常清楚社会党人的和平主义和资产阶级的和平主义是**一回事**。

既然在我们援引了全文的这个一致通过的决议中，**事实上除了资产阶级和平主义的空谈之外一无所有**，没有**丝毫**革命意识，没有**一点**社会主义思想，那么茹奥先生和他的沙文主义的报纸《战斗报》[126]对茹奥同梅尔黑姆的"意见一致"，怎么会不真正感到高兴呢！

在资产阶级政府未被推翻，资产阶级未被剥夺以前，所谓"一切大小民族都有经济上的自由"，也和空谈在现代社会中**全体**公民，即小农和富农，工人和资本家都有"经济上的自由"一样，是对人民的**欺骗**。如果不谈这一点，只谈"一切大小民族都有经济上的自由"，那岂不是可笑吗？

茹奥和梅尔黑姆一致投票赞成的决议案，从头到尾充满着"资产阶级民族主义"的思想，《前进报》公正地指出了茹奥的这种资产阶级民族主义，但是奇怪的是，它却**没有**看出梅尔黑姆也有这个东西。

资产阶级民族主义者一向是处处玩弄关于**一般的**"各民族的联盟"和"一切大小民族都有经济上的自由"的"一般"词句。社会主义者与资产阶级民族主义者不同，他们过去和现在都说：当**某些民族**（如英吉利和法兰西）在向国外投资，即把**亿万法郎的资本**贷给落后的弱小民族以取得高额利息，而落后的弱小民族在遭受它们的奴役的时候，高谈"大小民族都有经济上的自由"，这是可恶的弥天大谎。

社会党人对茹奥和梅尔黑姆一致投票赞成的决议案的**每一句话**，本来应当提出坚决的抗议。社会党人应当同这个决议案针锋相对，指出：威尔逊的论调是明显的谎言和伪善，因为威尔逊是靠战争发了数十亿横财的资产阶级的代表，是拼命武装美国以便进行**第二次**帝国主义战争的政府的首脑。社会党人应当指出：法国资产阶级政府被金融资本束缚住了手脚，是它的奴隶，而且也被同英俄等国缔结的、彻头彻尾掠夺性的和反动的帝国主义秘密条约束缚住了手脚，它在关于民主的和"公正的"和平问题上，除散布这类谎言以外，再也没有别的事情可讲可做。社会党人应当指出：争取这种和平的斗争并不是要重复一般的、无谓的、空洞的、不负责任的、实际上只是粉饰帝国主义罪恶的、善良的、甜蜜的和平主义的词句，而是要向人民说出**真相**，告诉他们：要得到民主的和公正的和平，就必须推翻各交战国的资产阶级政府，而且为此必须利用千百万工人的武装，利用居民群众因物价飞涨和帝国主义战争的惨祸而产生的普遍愤懑情绪。

这就是社会党人应当说的话，他们决不应说茹奥和梅尔黑姆的决议案中的那些话。

与工会总联合会代表大会同时在巴黎举行的法国社会党代表

大会,非但没有说这些话,反而通过了一个**更坏的**决议,表决时赞成的有 2 838 票,反对的有 109 票,弃权的有 20 票,也就是说,该决议是由社会沙文主义者(列诺得尔之流,即所谓"多数派")和**龙格派**(龙格的拥护者,即法国的考茨基主义者)的联盟通过的!! 同时齐美尔瓦尔德派布尔德朗和昆塔尔派(kinthalien,昆塔尔代表会议的参加者)拉芬–杜然也都投票赞成这个决议!!

我们不打算援引该决议的原文,因为它过于冗长而又索然无味,里面除了声明准备在法国继续支持所谓"保卫祖国",即支持法国联合英国和俄国这两个更强大的强盗一起进行的帝国主义战争外,**还有**一些谈论和平的甜言蜜语。

由此可见,在法国,社会沙文主义者同和平主义者(或考茨基主义者)、同一部分齐美尔瓦尔德派的联合,不仅在工会总联合会而且在社会党内部都已经成了事实。

第四篇(或章)
十字路口的齐美尔瓦尔德

报道工会总联合会代表大会的法国报纸是在 12 月 28 日到伯尔尼的,而伯尔尼和苏黎世的社会党的报纸在 12 月 30 日就登载了伯尔尼国际社会党委员会(I. S. K.——"Internationale Sozia-listische Kommission"),即齐美尔瓦尔德联盟执行机关的新的号召书。这个在 1916 年 12 月底发表的号召书,谈到了德国、威尔逊以及其他中立国方面提出的和平建议,并且把这些政府的言论叫做——这当然是非常公道的——"玩弄和平的滑稽把戏","愚弄本国人民的把戏",“外交家耍的和平主义的虚伪花招”。

与这种滑稽把戏和谎言针锋相对,号召书指出:能够实现和平等等的“唯一力量",就是国际无产阶级“把斗争的武器对准本国的敌人而不是对准自己的兄弟"的“坚强意志”。

上面的引文清楚地向我们表明了两种根本不同的政策,这两种政策过去在齐美尔瓦尔德联盟内部好像是和睦共处的,现在已彻底分道扬镳了。

一方面,屠拉梯明确地而且非常公正地说,德国和威尔逊等等的建议只是意大利“社会党人的”和平主义的“转述”;德国社会沙文主义者的声明和法国社会沙文主义者的投票表明,这两国的社会沙文主义者都十分珍视用和平主义来掩盖**他们的**政策的好处。

另一方面,国际社会党委员会的号召书把各交战国和中立国政府的和平主义叫做滑稽把戏和伪善。

一方面,茹奥跟梅尔黑姆、布尔德朗和龙格联合,拉芬-杜然跟列诺得尔、桑巴和托马联合,而德国的社会沙文主义者休特古姆、大卫和谢德曼宣布即将同考茨基和“社会民主党工作小组”“恢复社会民主党的统一”。

另一方面,国际社会党委员会的号召书呼吁“社会党的少数派”同“自己的政府”“及其社会爱国主义的仆从(Söldlinge)”作坚决的斗争。

二者必居其一。

是揭穿资产阶级和平主义的空洞性、荒谬性和虚伪性呢,**还是**把它“转述”为“社会党人的”和平主义?**是**同茹奥和列诺得尔之流,列金和大卫之流这些政府的“仆从”作斗争呢,**还是**在法国式或德国式的空洞的和平主义的花言巧语的基础上同他们联合?

这就是目前区别齐美尔瓦尔德右派和齐美尔瓦尔德左派的分水岭,前者始终极力反对同社会沙文主义者分裂,后者早在齐美尔瓦尔德就不无根据地考虑过要公开同右派划清界限,要在代表会议上和会后在刊物上发表单独的纲领。和平的迫近或者哪怕是某些资产阶级分子对和平问题的加紧讨论,都不是偶然地而是必然地使得这两种政策特别明显地分道扬镳了。这是因为资产阶级的和平主义者和"社会党人"中模仿他们的人或他们的应声虫,过去和现在都认为和平是一种根本不同的东西,就是说,这两种色彩的和平主义者始终不能理解"战争是和平政治的继续,和平是战争政治的继续"这一思想。1914 — 1917 年的这场帝国主义战争是1898—1914 年间(如果不说更早时期的话)的帝国主义政治的继续,这一点,无论资产者或社会沙文主义者过去和现在都不愿看到。**现在**,如果各国的资产阶级政府不被革命所推翻,和平就只能是作为帝国主义战争的继续的帝国主义和平,这一点,无论资产阶级的和平主义者或社会党的和平主义者都看不到。

人们过去用些毫无意义的、庸俗的关于一般进攻或防御的话来评价这场战争,现在又用同样庸俗的老生常谈来评价和平,可是忘记了具体的历史情况,忘记了帝国主义列强之间斗争的具体的实际情况。而社会沙文主义者,即各国政府和资产阶级在工人政党内部的代理人,特别利用和平即将到来的机会,甚至利用关于和平的议论,来**掩盖**被战争揭穿了的他们的根深蒂固的改良主义和机会主义,来恢复自己已经丧失了的对群众的影响,这是理所当然的。因此我们看到,无论德国或法国的社会沙文主义者都拼命地试图同"反对派"中的一部分不坚定的、无原则的、和平主义的分子"实行联合"。

　　而在齐美尔瓦尔德联盟内部也许会进行一些尝试,来掩盖两种不可调和的政策路线的分歧。可以预见会进行两种尝试。"实际事务上的"调和就是把响亮的革命词句(如国际社会党委员会号召书中的词句)同机会主义与和平主义的实践机械地结合起来。过去第二国际中的情形就是这样。胡斯曼和王德威尔得的号召书中以及几次代表大会一些决议中的极端革命的词句,只是掩盖了大多数欧洲党的极端机会主义的实践,而不是改造、破坏、反对这种实践。这种策略在齐美尔瓦尔德联盟内部能不能再次获得成功,尚属疑问。

　　"原则上的调和者"则将试图这样来伪造马克思主义,比如,说改良并不排斥革命,说对国界、国际法或军费预算作某些"改善"的帝国主义和平,可以同革命运动并存而作为"扩展"这个运动的"一个因素",等等,等等。

　　这是伪造马克思主义。当然,改良并不排斥革命。可是现在的问题不在这里,而在于:革命者不要在改良主义者面前排斥**自己**,也就是说,社会党人不要用改良主义的工作来代替自己的革命工作。欧洲正处在革命形势中。战争和物价飞涨正在加剧这种革命形势。由战争转到和平,还决不等于消除了战争,因为无论如何不能认为,目前手中握着优良武器的千百万工人,一定会无条件地让资产阶级"和平地解除武装",而不去执行卡·李卜克内西的忠告,即掉转枪口对准**自己的**资产阶级。

　　问题并不像和平主义者即考茨基主义者所提的那样:要么进行改良主义的政治运动,要么拒绝改良。这是对问题的资产阶级的提法。事实上问题是这样摆着的:要么进行革命斗争,如果革命不能完全成功,改良就是它的副产品(这是全世界一切革命史所证明了的);要么只是空谈改良和答应改良,仅此而已。

目前以和平主义形式表现出来的考茨基、屠拉梯和布尔德朗的改良主义,不仅把关于革命的问题抛在一边(这就**已经**是对社会主义的背叛),不仅实际上拒绝进行任何系统的、顽强的革命工作,而且还居然说街头游行示威是冒险行为(考茨基在1915年11月26日《新时代》杂志上说过这样的话),还居然拥护同革命斗争的公开死敌休特古姆、列金、列诺得尔之流以及托马等人实行统一。

这种改良主义同革命的马克思主义是绝对不能调和的,革命的马克思主义要求全面地利用欧洲当前的革命形势来直接宣传革命,推翻各国资产阶级政府,由武装起来的无产阶级夺取政权,同时即使在进行革命斗争的过程中也决不拒绝、决不放弃利用改良来发展这种斗争。

不久的将来一定会表明,欧洲的一般的事态的发展,特别是改良主义-和平主义同革命的马克思主义的斗争,其中也包括齐美尔瓦尔德联盟内两部分人的斗争,将如何展开。

1917年1月1日于苏黎世

载于1924年《列宁文集》俄文版第2卷

译自《列宁全集》俄文第5版第30卷第239—260页

关于战争问题的根本原则①

(1916 年 12 月 25 日〔1917 年 1 月 7 日〕以前)

在当前的战争中必须拒绝保卫祖国,关于这个问题,瑞士左派社会民主党人的意见是一致的。工人,或者至少是工人中的优秀分子的意见也是主张拒绝保卫祖国。

这样看来,在当前一般社会主义运动的最迫切的问题上,特别是在瑞士社会党的最迫切的问题上,似乎已有了必要的意见一致。但是,如果我们再进一步考察一下,就必然会得出结论:这种一致仅仅是**表面现象**。

其实人们对下面的一点根本没有弄清楚,更谈不上意见一致,即:宣布拒绝保卫祖国的声明本身就意味着对发表这种声明的政党的革命意识和革命能力提出**非常高的要求**,——当然其先决条件是这种声明不变成一句空话。但是,如果只简单地、不加思索地宣布拒绝保卫祖国,就是说,不了解这些要求,对此毫无认识,并且不改变和"重建"(用卡尔·李卜克内西的话来说)**一切宣传、鼓动和组织工作**,一句话,党的全部活动,使之适应**最高的**革命任务,那么,这种声明就会变成一句空话。

如果我们把这种声明当做是一个需要**认真对待**和切实**实行**的政治口号,那我们就应当仔细想一想,所谓拒绝保卫祖国究竟指的

---

① 列宁在页边写道:"草稿(没有寄出)"。——俄文版编者注

是什么意思。

首先,我们建议各交战国和一切面临战争威胁的国家的无产者和被剥削者拒绝保卫祖国。根据几个交战国的经验,我们现在已经完全确实地知道,在当前的战争中拒绝保卫祖国**实际上**是什么意思。这意味着,否定现代资产阶级社会的一切基础,即不仅在理论上,不仅"一般地",而且在实践上,直接地,立刻铲除现代社会制度的根源。**只有**当我们不仅是在理论上非常坚定地相信变资本主义为社会主义的时机已经完全成熟,而且承认这种社会主义变革,即社会主义革命在实践中已经可以立即直接实现的时候,我们才能这样去做,难道这还不明白吗?

但是,有些人在谈到拒绝保卫祖国的时候,几乎总是把这一点忽略了。他们至多也只是"在理论上"承认把资本主义变成社会主义的时机已经成熟了,**至于立即根本改变党的全部活动,以适应直接面临的社会主义革命,他们连听也不愿意听!**

据说,人民对这一点没有准备!

但是,这种说法前后不一到了可笑的地步。二者必居其一:要么我们根本不宣布立即拒绝保卫国家,要么我们必须**立即**开展或开始开展关于直接实行社会主义革命的有步骤的宣传。当然,在某种意义上说,"人民"既"没有准备"拒绝保卫国家,又"没有准备"实行社会主义革命,但是不能由此得出结论说,我们有权在今后两年———两年!———中推迟有步骤地开始这种准备工作!

其次,人们用什么来对抗保卫祖国和国内和平的政策呢? 用反战的革命斗争,即1915年阿劳党代表大会的决议所承认的"群众性的革命斗争"。毫无疑问,这是一个很好的决议,但是……但是这次党代表大会以来党的历史和党的**实际**政策恰恰证明,这个决议只是**一纸空文**。

群众性的革命斗争的**目的**是什么呢？关于这一点，党没有正式谈过，人们也根本不谈。或者认为这是不言而喻的，或者直接承认这个目的就是"**社会主义**"。人们用社会主义来对抗资本主义（或帝国主义）。

但是，这恰恰（在理论上）是极不合逻辑的，在实践上是毫无内容的。说不合逻辑，是因为它**太**一般化了，太含混了。同资本主义（或帝国主义）相对立的、作为目的的一般"社会主义"，现在不仅考茨基分子和社会沙文主义者承认，就是许多资产阶级的社会政治家们也承认。但是目前的问题并不在于两种社会制度的一般对立，而在于反对**具体祸害即今天的物价飞涨、今天的**战争危险或**当前的战争的具体的**"群众性的革命斗争"的**具体**目的。

1871[①]—1914年间，整个第二国际用一般社会主义来对抗资本主义，而且**恰恰是这种太一般的**"概括"使它遭到了破产。它恰恰忽略了它那个时代的一种特殊祸害，对这种祸害弗里德里希·恩格斯大约在30年以前，即在1887年1月10日就用下面这段话作了说明：

"……在社会民主党内部，包括帝国国会党团在内，也有某种小资产阶级社会主义的代表。其表现形式是：虽然承认现代社会主义的基本观点和变一切生产资料为社会财产的要求是合理的，**但是认为只有在遥远的、实际上是无限渺茫的未来才有可能实现这一切。因此，人们现在只须从事单纯的社会补缀工作**……"（《论

---

① 《列宁全集》俄文第4版和第5版的俄文译文已将此年份订正为"1889"。——编者注

住宅问题》序言）。①

　　"群众性的革命斗争"的具体目的，只能是社会主义**革命**的**具体措施**，而**不是**一般"社会主义"。有人建议明确地指出这些具体措施，像荷兰同志在他们载于《国际社会党委员会。公报》第 3 号（1916 年 2 月 29 日在伯尔尼出版）的纲领中所做的那样：废除国债、剥夺银行、剥夺一切大企业，——有人建议不仅把这些十分具体的措施载入党的正式决议，而且在党的日常宣传鼓动中，在一切集会、一切议会演说、提案中系统地极其通俗地加以说明，可是他们所得到的还是这种否定的或支吾其词的、彻头彻尾诡辩的回答，说什么人民对这一点还没有准备好等等！

　　其实问题恰恰在于，要立即开始并且不断地进行这种准备工作！

　　再次，党已"承认了"群众性的革命斗争。这很好。但是，党**有能力**做这样的事情吗？它为此作了准备没有？它研究过**这些**问题，收集过相应的资料，建立过**相应的**机构和组织，在人民中间同人民一道讨论过有关的问题没有？

　　根本没有考虑这回事！党顽固地坚持它那旧的、纯粹议会主义的、纯粹工联主义的、纯粹改良主义的、纯粹合法主义的轨道。党显然**没有能力**去促进和领导群众性的革命斗争，它显然丝毫没有为此作准备。旧的常规统治一切，而"新的"言论（拒绝保卫祖国，进行群众性的革命斗争）**不过是空话而已**！而党内的左派没有意识到这一点，没有在各地，在党的活动的一切领域中，有步骤地

———————

①　见《马克思恩格斯文集》第 3 卷第 243 页，着重号和黑体都是列宁用的。——编者注

坚决地聚集自己的一切力量去同这种祸害作斗争。

例如，人们在读到格里姆关于战争问题的提纲中下面这一句话（最后一句话）时，不能不表示遗憾：

"党的机关在这种情况下〈也就是在有战争危险的情况下，为了发动铁路职工的群众性的罢工等等〉，应当同全国的工会组织一起采取一切必要的措施。"

这个提纲是在今年夏天发表的，而在1916年9月16日《瑞士五金工人报》**127**（报头上署有编者的名字：奥·施内贝格尔和卡·迪尔）上，人们可以读到以编辑部名义写的如下的一段话（我几乎可以说，是对格里姆的提纲或虔诚愿望的如下的**正式答复**）：

"在这样一个时刻，'工人没有祖国'这个说法……无聊透了……因为现在全欧洲绝大多数工人同资产阶级肩并肩地在战场上跟本国'敌人'奋战已经两年了，而那些留在家里的人尽管过着贫困的生活，还是愿意'坚持到底'，毫无疑问，一旦瑞士遭到外国侵犯，我们也会看到同样的情形！！！"

他们一方面提出决议，说党应当"同工会组织一起"发动革命的群众性的罢工，但另一方面却不同**格吕特利派**，即党内和工会内的社会爱国主义的、改良主义的、纯粹合法主义的**派别**及其代表进行斗争，这难道不是"考茨基主义的"政策，不是那种软弱无力的词句、左的高调和机会主义的做法的政策吗？

如果人们不是**每天**向群众说明和证明，"领导"同志奥·施内贝格尔、卡·迪尔、保·普夫吕格尔、海·格罗伊利希、胡贝尔以及其他**许多人恰恰持那样的**社会爱国主义观点，**恰恰**实行**那样的**社会爱国主义政策，即当问题涉及**德国内的德意志人**而不是瑞士人的时候，格里姆那样"勇敢地"出来揭露和斥责……的政策，这是"教育"群众呢，还是腐蚀群众，使群众意气沮丧？咒骂外国人而偏袒"自己的""同胞"……这是"国际主义的"吗？这是"民主的"吗？

　　海尔曼·格罗伊利希用下面一段话描述了瑞士工人的状况，瑞士社会主义运动的危机以及社会党**内**格吕特利政策的**实质**：

　　"……生活水平提高得很少，而且仅限于工人阶级的上层分子〈请听，请听！〉。工人群众仍处于贫穷困苦之中。因此，对过去所走的道路是否正确常常发生怀疑。批评家们正在寻找新的道路，特别希望一种更坚决的行动能成功。为此人们正在进行尝试，但是这些尝试照例〈?〉遭到失败〈??〉，这就更加促使人们回到旧的策略〈在这里愿望不也就是思想之父吗?〉……　世界大战到来了……　生活状况空前恶化，达到了连那些过去过得还不坏的阶层也陷入贫困的地步，因而正在加强革命的情绪〈请听！请听！〉……　党的领导确实不能胜任自己的任务并且过分地受了〈??〉急性人的影响〈是这样吗？是这样吗?〉……　格吕特利联盟中央委员会采取'实际的民族政策'，想在党外推行这种政策。……为什么它不在党内〈请听！请听!〉这样做呢？为什么它几乎老是只要我去同极端激进派作斗争呢?"（《给霍廷根格吕特利联盟的公开信》,1916 年 9 月 26 日）

　　格罗伊利希就是这样说的。所以事情完全不是这样：似乎有几个"心怀恶意的外国人"（像党内的格吕特利分子暗中认为或在刊物上暗示，党外的格吕特利分子则公开说出来的那样）在失去了耐性的情况下，想把革命精神灌输到他们"通过外国人的眼镜"考察过的工人运动中去。不，不是别人，正是海尔曼·格罗伊利希（他所起的实际政治作用同这个小民主共和国的资产阶级的劳动部长所起的作用是一样的）告诉我们说：只有上层工人的状况有某些改善，而**群众**仍处于贫困之中；"革命情绪的加强"不是由可恶的外国人的"煽动"，而是由"生活状况空前恶化"引起的。

　　所以呢？

　　所以，如果我们这样说那会是绝对正确的：

　　　　　要么瑞士人民将挨饿，而且一个星期比一个星期饿得更厉害，天天都有被卷入帝国主义战争的危险，也就是说,有为资本家的利益去送死的危险;**要么**他们听从一部分无产阶级优秀分子的劝告,积聚自己的力量去实行社会主义革命。

社会主义革命? 那是空想! 那是"遥远的、实际上遥遥无期的"可能性!……

这决非比拒绝在这次战争中保卫祖国、比进行反对这次战争的群众性的革命斗争更大的空想。不要被一些话所陶醉,不要被一些话所吓倒。现在几乎每个人都准备承认反对战争的革命斗争,但是,人们必须想一想用革命手段去结束这种战争这个重大任务! 不,这不是空想。革命在一切国家中都**在日益成长**,**现在**问题不是:要么继续安静地勉强生活下去,要么去从事冒险。恰恰相反,现在的问题是:要么忍饥挨饿,并且为**别人**、为**别人的利益**去送死,要么为社会主义、为十分之九的人类的利益而付出巨大的牺牲。

有人说社会主义革命是空想! 谢天谢地,瑞士人民没有"独立的"或"自主的"语言,他们说的是毗邻的交战国的三种世界语言。因此,毫不奇怪,瑞士人民清楚地知道这些国家中正在发生什么事情。在德国,事情已发展到了这样的地步:由**一个机构**领导 **6 600 万人**的经济生活,由一个机构组织 6 600 万人的国民经济,而担负极大牺牲的是绝大多数人民;所有这些无非是为了使"3 万个上层分子"能够把数十亿的战争横财装进自己的腰包,使千百万人为本民族中这些"尊贵的和优秀的"代表人物的利益去送死。所以根据这些**事实**和这个**经验**来看,不能认为如下的一点是"空想":一个小国,它既没有君主制又没有容克,在它那里资本主义得到了高度的发展,它的居民也许比在其他一切资本主义国家中都更好地组织在各种团体中，——这样一个小国，**为了把自己从饥饿和战争危险中拯救出来**，会做德国实际上正在尝试的**那种事情**。当然，这里有不同之处：在德国，为了少数人发财致富和保证得到巴格达和夺取巴尔干，要让千百万人去送死或变成残废；而在瑞士，充其量只需剥夺3万个资产者，就是说，决不置他们于死地，而只要他们服从如此"可怕的"命运，即他们"**只能**"得到6 000—10 000法郎的收入，其余的收入则应当交给社会主义的工人政府，以便保证人民免遭饥饿和战争危险。

但是各大国是永远不会容许一个社会主义的瑞士的，瑞士社会主义革命的初步尝试都会遭到这些强国优势兵力的镇压！

如果第一，瑞士革命的初步尝试可能进行，但是**没有**得到毗邻国家的阶级运动的响应；第二，这些强国没有陷于"消耗战"的绝境，没有使最能忍耐的人民也几乎忍无可忍，则那种镇压就会是肯定无疑的。而现在来自彼此敌对的各大国的军事干涉，只是在整个欧洲爆发革命的前奏。

也许有人认为，我会这样天真地相信，"靠说服"就能解决像社会主义革命那样的问题吧？

不，我只想作一些**说明**，并且只是说明一个**局部问题**，这就是：如果我们愿意真正严肃地对待**拒绝保卫祖国**的问题，那么，党的全部宣传工作应当作怎样的**改变**。仅仅说明一个局部问题，此外我没有别的奢望。

假定有人认为，我们为了进行争取社会主义革命的直接斗争，可以或者应当放弃争取改良的斗争，这种看法是完全错误的。事情决不是这样。我们无法知道，什么时候能达到目的，客观条件什么时候会允许爆发**这种**革命。我们应当支持任何的改善，支持群众状况在经济上和政治上的任何真正改善。我们同改良主义者（即瑞士的格吕特利派）的区别，并不在于我们反对改良，他们赞成改良。完全不是这样。他们只是限于改良，因此，用《瑞士五金工人报》（第　号）①的一个（少有的！）革命的撰稿人的中肯的话来说，他们堕落到充当地道的"资本主义护士"的地步。我们向工人说：你们投票赞成比例选举制等等吧，但是不要把自己的活动只限于这一点，而是要把有步骤地传播立即实行社会主义革命的思想提到首要地位，要做好这方面的准备工作，同时要在各方面对党的一切活动作相应的根本改变。资产阶级民主的条件常常迫使我们对许多小的、非常小的改良采取这种或那种立场，但是应当善于或学会**这样地**（以这样的方式）采取争取改良的立场，即我们——为了把问题说得简单而又明了起见——在每半个小时的演说中，用5分钟讲改良，而用25分钟讲即将到来的革命。

不进行艰巨的、付出许多牺牲的群众性的革命斗争，就不可能有社会主义革命。但是，如果人们承认群众性的革命斗争和争取立即结束战争的努力，但又拒绝立即实行社会主义革命，那就是前后不一致！不要后者，前者就等于零，就是空口说白话。

没有艰巨的**党内斗争**也是不行的。如果我们认为，在整个瑞士社会民主党内，"内部和平"**能够**占上风，那不过是装模作样、弄虚作假，不过是一种小市民的鸵鸟政策。问题并不在于是"内部和平"还是"党内斗争"。只要读一读上面提到的海尔曼·格罗伊利希的那封信，并且考察一下最近几年来党内所发生的事件，就会认识到这种看法是十分荒谬的。

---

① 第40号。——编者注

实际上问题是这样的：**要么**采取**现在**这种隐蔽的、使群众意气沮丧的党内斗争**形式**，**要么**国际主义革命派同党内外的格吕特利派进行公开的原则性的斗争。

这样的"内部斗争"，例如，海·格罗伊利希攻击"极端激进派"或"急性人"，而没有指明这些怪物是谁，也没有对他们的政策下一个确切的定义；又如，罗·格里姆在《伯尔尼哨兵报》上发表百分之九十九的读者都根本读不懂的、充满了暗示的文章，谩骂那些"通过外国人的眼镜"看事物的人或那些起草格里姆所讨厌的决议的"真正罪魁"；——这样的内部斗争会使群众**意气沮丧**，会使他们在这里只看到或猜到"领袖之间的争吵"，**而不了解实质是什么**。

但是，这样的斗争，例如，党**内**的格吕特利派（它比党外的格吕特利派重要得多，危险得多）被迫**公开**反对左派，同时这两**派**都到处提出自己的独立见解和政策，彼此之间展开**原则性**的斗争，**真正**把带有原则性的重要问题提交给党员群众，而不只是提交给一些"领袖"去解决，——这样的斗争是必要的、有益的，它可以**培养群众**的独立自主精神，教育他们去完成具有全世界历史意义的革命任务。

原文是德文

译自《列宁文集》俄文版
第 17 卷第 108—126 页

论保卫祖国问题的提法

（1916 年 12 月 25 日〔1917 年 1 月 7 日〕以前）

资产阶级和工人运动中追随资产阶级的人，如格吕特利派，常常这样提出问题：

要么我们在原则上承认保卫祖国的职责，要么我们就使我们的国家没有防御能力。

这种提法是完全错误的。

实际上问题是这样摆着的：

要么我们让自己为了帝国主义资产阶级的利益去送死，要么我们就使大多数被剥削者以及我们自己不断地进行准备，以便用比较小的牺牲达到夺得银行、剥夺资产阶级、最终地制止物价飞涨和结束战争的目的。

＊　　　　＊　　　　＊

问题的第一种提法是彻头彻尾资产阶级的，而不是社会主义的。人们没有注意到：我们生活在帝国主义时代；目前的战争是帝国主义战争；在这次战争中，无论在什么条件下，瑞士都不是**反对帝国主义**，而是站在这个或那个帝国主义大国集团**一边**，即实际上成为这些或那些掠夺成性的大国的帮凶。人们没有注意到，瑞士资产阶级早就通过千丝万缕的联系同帝国主义"休戚与共"：或者通过各大银行之间的种种关系和"合伙经营"，或者通过资本输出，或者通过靠外国百万富翁掏腰包而存在的旅游业，或者通过对无权的外国工人进行无耻剥削等等。

　　总而言之，人们忘记全部社会主义科学，忘记一切社会主义思想，粉饰帝国主义的强盗战争，把"自己的"资产阶级描绘成无辜的羔羊，而把现代瑞士老奸巨猾的银行经理描绘成威廉·退尔[128]式的英雄，闭起眼睛来不看本国和外国银行家、外交家所缔结的秘密协定，并且用"保卫祖国"这一迷惑人民的"通俗的"漂亮词句来掩盖所有这些不可思议的资产阶级的欺人之谈！

载于1929年8月1日《真理报》
第174号

译自《列宁全集》德文版第23卷
第161—162页

告国际社会党委员会和
各国社会党书的提纲草稿[129]

(1916 年 12 月 25 日〔1917 年 1 月 7 日〕以前)

1. 在世界政治中,许多资产阶级政府从进行帝国主义战争转而公开主张缔结帝国主义的和约,与这种转变的同时,目前世界社会主义运动的发展也发生了一种转变。

2. 第一种转变引起了许多和平主义的、善良而伤感的言论、诺言和约许,帝国主义资产阶级和帝国主义政府正在竭力用这些东西愚弄各国人民,"和平地"使他们乖乖地为掠夺性战争付出代价,和平地解除千百万无产者的武装,用小小的让步来掩盖正在准备的关于瓜分殖民地和在金融上(如果可能也在政治上)扼杀弱小民族的交易。进行这种交易就是将来的帝国主义和约的内容,就是要公开地继续履行**两个**帝国主义交战集团**各**大国之间现有的,特别是在战时缔结的掠夺性的秘密条约。

3.① 第二种转变就是已背叛社会主义而转到资产阶级民族主义或帝国主义方面去的社会沙文主义者这一派,同以德国的考茨基、意大利的屠拉梯和法国的龙格—普雷斯曼—梅尔黑姆之流为代表的**齐美尔瓦尔德右派**"和解"。这两派在空空洞洞、毫不负责

---

① 与第 4 条合起来。

的和平主义言论的基础上联合起来了，这些言论实际上是在**掩盖**帝国主义政策和帝国主义和约，不是揭穿它们，而是**粉饰**它们。这两个派别正在采取坚决步骤来竭力欺骗工人，巩固用社会主义词句掩盖起来的资产阶级的工人政策在工人运动中的统治地位，即那些帮助各国政府和资产阶级进行掠夺性的帝国主义战争（美其名曰"保卫祖国"）的工人阶级领袖和特权阶层的工人政策在工人运动中的统治地位。

4.社会和平主义的政策，或者说社会和平主义词句的政策，目前在欧洲各主要国家的社会党内占优势（如考茨基在德国社会民主党刊物上发表5篇和平主义的文章，社会帝国主义的领袖们在开姆尼茨《人民呼声报》上同时发表声明，表示完全愿意在和平主义词句的基础上同考茨基主义者实行和平和统一；1917年1月7日德国的考茨基反对派发表和平主义宣言；龙格派和列诺得尔之流在法国社会党代表大会上一起投票表决；茹奥和梅尔黑姆以及布鲁特舒在工会总联合会代表大会上**赞成**用欺骗人民的和平主义词句草拟的决议案；1916年12月17日屠拉梯发表这种和平主义演说，而且整个意大利社会党为他的立场辩护）。**两个**帝国主义集团现在的即**资产阶级**的政府之间正在准备缔结和约，**不管其条件如何**，这种政策都意味着把社会党的和工会（茹奥和梅尔黑姆）的组织变成各国政府搞阴谋诡计和帝国主义秘密外交的**工具**。

5.目前两个帝国主义集团的资产阶级政府正在准备的和约的可能条件，实际上是由战争已经引起和可能引起的**实力**方面的**变化**决定的。这些变化大致主要是：(a)德国帝国主义集团目前比它的对手要强得多，而且德国及其盟国的军队所占领的土地是它们在对世界（殖民地、弱小国家和金融资本的势力范围等等）重新实行帝国主义瓜分时掌握的**抵押品**,而这种瓜分将只是正式用和约固定下来;(b)英国帝国主义集团希望在春天改善自己的军事地位;(c)但是战争已经造成了极端贫困的现象,而且**主要的**是,金融寡头感觉到,他们已通过空前的"战争横财"向各国人民掠夺了许多东西,**再**掠夺更多的东西有困难,同时他们又害怕无产阶级革命,因此,某些资产阶级人士力求通过两个帝国主义强盗集团之间的交易尽快地结束战争;(d)在世界政治中,已经可以看出从英俄的反德联盟到德俄的反英(同样是帝国主义性质的)联盟的转变,后者的基础是:沙皇政府无力夺取它同法、英、意等国缔结的秘密条约答应给它的君士坦丁堡,它为了弥补自己的损失,力求瓜分加利西亚和亚美尼亚,也许还有罗马尼亚等地,同时它也想联合德国反对英国以便掠夺亚洲;(e)世界政治中的另一个巨大转变,就是美国金融资本靠牺牲欧洲发了横财,它最近已经把自己的军备扩充到空前的规模(日本帝国主义也是这样,虽然它要弱小得多),因此非常乐意利用**关于……欧洲**的廉价的和平主义论调来转移"自己的"工人对扩充军备的注意!

6.资产阶级由于害怕无产阶级革命,不得不千方百计地掩盖和粉饰这种客观的政治形势,这种帝国主义的真相,转移工人对它的注意,愚弄工人,而他们的拿手好戏就是讲些不负责任的、假仁假义的、谎话连篇的外交场合中常用的空话,即空谈什么"民主的"和约、"一般"弱小民族的自由和"限制军备"等等。这样来愚弄人民,对帝国主义的资产阶级来说是比较容易的,因为,例如**每一个国家的**资产阶级在谈论"没有兼并的和约"时,都只讲自己的**对手**所兼并的土地,而对**自己已经**兼并的土地则"讳莫如深"。德国人"忘记了",他们**实际上**兼并的地方不仅有君士坦丁堡、贝尔格莱德、布加勒斯特和布鲁塞尔，而且还有阿尔萨斯—洛林、石勒苏益格的一部分和普鲁士属波兰等等。沙皇政府和它的仆从，即俄国的帝国主义资产者（包括普列汉诺夫和波特列索夫之流，即俄国组织委员会的党中的多数派在内）"忘记了"，俄国兼并的土地不仅有埃尔泽鲁姆和加利西亚的一部分，而且还有芬兰和乌克兰等等。法国的资产者"忘记了"，他们同英国人一起夺取了德国的殖民地。意大利的资产者"忘记了"，他们正在掠夺的黎波里、达尔马提亚和阿尔巴尼亚等等，等等。

7. 在这种客观形势下，任何真诚的社会党人的政策和任何诚实的无产阶级的政策（更不用说自觉的马克思主义者的政策了）的显而易见的和必须执行的任务，首先就是要彻底地、系统地、勇敢地、毫无保留地**揭穿自己的政府和自己的资产阶级的和平主义的和民主的花招**。否则，一切关于社会主义、工团主义和国际主义的言论都是对人民的欺骗，因为揭穿自己的帝国主义对手的兼并行为（不管是直接点对手的名，还是只用反对"一般"兼并的词句和掩盖自己意图的"外交"手腕加以暗示），对**一切**卖身求荣的新闻记者、一切帝国主义者（包括像谢德曼、桑巴、普列汉诺夫之流那样的假社会主义者在内）是有直接利益和好处的。

8. 屠拉梯、考茨基、龙格和梅尔黑姆之流完全不了解自己的这个直接义务，他们是国际社会主义运动中的一个完整的派别，每个人**实际上**，**客观上**——不管他们的愿望多么善良——都在帮助"自己的"帝国主义资产阶级**愚弄**人民，**粉饰**它的帝国主义目的。这些社会和平主义者，即口头上的社会主义者，实际上的资产阶级和平主义谎言的传播者，目前所起的作用同基督教的牧师几世纪以来所起的作用是一模一样的，不过后者是用关于博爱和基督训诫的空话来粉饰压迫阶级，即奴隶主、封建主和资本家的政策，使被压迫阶级**容忍**他们的统治。

9. 不是欺骗工人而是擦亮工人眼睛的政策应当包括下列各项：

（a）每个国家的社会党人，正是在现在，当和平问题已经提上日程的时候，应当坚定不移地、比平常更有力地揭露**自己的**政府和**自己的**资产阶级，揭露**它们**同自己的帝国主义盟国已经缔结和正在缔结的关于瓜分殖民地、划分势力范围、在其他国家共同兴办金融企业、收买股票、实行垄断和租让等等的秘密条约。

因为正在准备中的帝国主义和约的真正的、实际的、非虚假的**基础**和实质，就在于此而且**仅**在于此，其他一切都是对人民的欺骗。赞成民主的、没有兼并等等的和约的人，不是那些赌咒发誓、重复这些字眼的人，而是那些**真正揭露自己的**资产阶级正在用**行动**破坏真正社会主义和真正民主的这些伟大原则的人。

因为任何一个议员、编辑、工会书记、新闻记者和社会活动家，**随时都能**收集到被政府和金融家隐瞒起来的材料，其中包含着帝国主义交易的实际基础的**真相**，所以社会党人**不履行**这个义务，就是**背叛**社会主义。毫无疑问，特别是现在，**任何一个**政府都不会允许在刊物上自由地揭露它的实际政策、它的条约、金融交易等等。但是这并不能成为拒绝进行揭露的口实，而只能作为必须不屈从书报检查而自由地，即不接受书报检查秘密出版书报的理由。

因为**别的**国家的社会党人不能揭露同"自己的"民族交战的国家的政府和资产阶级，这不仅是由于对该国语言、历史、特点等等不了解，而且还由于进行**这种**揭露是**帝国主义的**阴谋，而不是**国际主义的**义务。

　　国际主义者不是那些赌咒发誓说自己是国际主义者的人，而只是那些真正按照国际主义原则同**自己的**资产阶级、**自己的**社会沙文主义者、**自己的**考茨基主义者作斗争的人。

　　（b）每个国家的社会党人目前在自己的鼓动中首先应当强调：必须不仅完全不信任**自己的**政府的任何政治言论，而且完全不信任**事实上**为这个政府服务的**自己的**社会沙文主义者的任何政治言论。

　　（c）每个国家的社会党人首先应当向群众说明这个无可争辩的真理：目前，真正持久的、真正民主的（没有兼并等等的）和约，**只有**在这样的条件下才能缔结，即它将**不是由**现在的政府，而且根本**不是由资产阶级**的政府，而是由推翻了资产阶级统治并对资产阶级实行剥夺的**无产阶级**的政府缔结。

　　战争特别明显地而且实际地证明了现在转到资产阶级方面去了的社会主义运动的一切领袖在战前反复说过的真理：现代资本主义社会，特别是①在各先进国家内，过渡到社会主义的条件已经完全成熟了。例如，如果说，德国为了一两百个金融寡头或贵族、君主之流的利益，能够做到由**一个中央机构**来指导6 600万人民的全部经济生活，以便集中人民的力量去进行掠夺性的战争，那么，贫苦的群众为了十分之九的居民的利益，也是完全能够做到**这一点**的，如果觉悟的工人摆脱了社会帝国主义者和社会和平主义者的影响，领导他们去进行斗争的话。

　　争取社会主义的全部鼓动应当从抽象的、一般的鼓动转变为具体的、直接实践的鼓动：要剥夺银行，依靠群众并且为了群众的

---

　　①　手稿上，在"特别是"这个词上方写有"至少"这个词。——俄文版编者注

利益，做军需品供应总署在德国正在做的**同样的事情**！

（d）每个国家的社会党人都应当向群众说明这个无可争辩的真理：如果是认真地、真心诚意地对待"民主的和约"这几个字，而不是用这几个字来进行**基督教式的**虚伪空谈以掩盖**帝国主义的**和约，那么工人**现在唯一能够真正实现这种和约的方法，就是掉转枪口对准自己的政府**（也就是履行卡尔·李卜克内西的劝告，李卜克内西为此被判处苦役，他用另一种说法说出了我们党在1914年11月1日的宣言①中所说的东西：变帝国主义战争为无产阶级反对资产阶级和争取社会主义的国内战争）。

1912年11月24日由**各国**社会党共同签署的巴塞尔宣言**正是针对**后来果真爆发了的**这场战争**而写的，它曾警告各国政府说，在即将到来的这场战争中将爆发**"无产阶级革命"**，它援引了巴黎公社的例子，说出了社会主义的叛徒们现在不敢说出的真理。因为，如果说，巴黎工人在1871年能够利用拿破仑第三为了实现其称霸的目的而发给他们的优良武器，来进行英勇的、受到全世界社会主义者称赞的尝试——推翻资产阶级，夺取政权以实现社会主义，那么，现在，当几个国家的人数多得多的、更有组织、更有觉悟的工人掌握着更优良得多的武器的时候，当群众在战争过程中天天都受到教育并且日益革命化的时候，进行这种尝试的可能性要大一千倍，而且有取得胜利的希望。目前在各国开始系统地进行这种宣传鼓动工作的主要障碍，决不是"群众的疲惫"，像谢德曼和考茨基之流所诡称的那样，因为"群众"还没有疲惫得不再互相残杀，而且如果阶级敌人不就瓜分土耳其、罗马尼亚、亚美尼亚和非

---

① 见本版全集第26卷第12—19页。——编者注

洲等等达成协议，他们在春天还将进行大规模的互相残杀；主要的障碍是一部分觉悟的工人**信任**社会帝国主义者和社会和平主义者。因此破坏对这些派别、**思想**和**政策**的信任，应当是当前的主要任务。

只有最坚决、最普遍、最有力地开始进行这种宣传鼓动工作，只有真心实意地支持群众日益不满的一切革命表现，支持罢工和游行示威，才能**证明**，从最广大群众的**情绪**来看，这种尝试在多大程度上能够实现。群众的罢工和游行示威已经迫使俄国的资产阶级代表公开承认革命正在到来，迫使黑尔费里希在帝国国会中说："与其看到波茨坦广场上的尸体，不如把左派社会民主党人关到牢狱里去"，也就是迫使承认左派的鼓动是**有**群众基础的。

社会党人在**任何**场合下都应当明确地向群众指出，两条道路必择其一：要么继续为了资本家的利润而互相残杀，忍受物价飞涨、饥饿、数十亿债务的奴役、用民主的和改良的诺言掩盖起来的帝国主义**停战**的欺诈；要么举行反对资产阶级的起义。

一个革命的政党曾经在全世界面前公开警告各国政府说，一旦爆发后来果真爆发了的**这场**战争，就将举行"无产阶级革命"；现在，群众已经很好地武装起来，受过良好的军事训练，并且已充分意识到，迄今为止他们帮助帝国主义者进行屠杀，这是一种荒谬的犯罪的行为，在这样的时候，如果这个党不劝告工人和群众集中全副精力举行起义，那它就是在道义上实行自杀。

（e）社会党人应当把反对改良主义的斗争放在自己工作的首位，因为改良主义经常用资产阶级思想来腐蚀革命的工人运动，而且它现在已经采取一种比较特殊的形式。这就是：它"依靠"资产阶级在战后一定会实行的种种改良！改良主义者这样提出问题：

好像我们鼓吹、宣传和准备无产阶级的社会主义革命，就"忽略了""实际的东西"，"丧失了"改良的机会。

社会沙文主义者和竟然把街头游行示威称为"冒险"的考茨基的信徒所惯用的对问题的这种提法，是根本不科学的、虚伪的，是资产阶级的欺人之谈。

在战争期间，世界资本主义不仅向一般集中前进了一步，而且在比过去更大的规模上在一般垄断向**国家资本主义**过渡方面前进了一步。朝着这个方向进行经济改革是不可避免的。

在政治方面，帝国主义战争证明：正是从帝国主义者的观点来看，**有时**同政治上独立而金融上处于依附地位的小民族结成联盟，要比在战时去冒爱尔兰或捷克"事件"（即起义或整团整团地倒向敌人一边）的危险有利得多。因此，完全可能，帝国主义除了推行它永远不会完全放弃的直接扼杀弱小民族的政策以外，在个别场合下它还推行同新的小民族国家或像波兰那样的畸形国家结成"自愿的"（即仅仅通过金融压迫造成的）联盟的政策。

但是，决不能由此得出结论说，社会民主党人可以"投票"赞成或者附和帝国主义者的这种"改良"，而不背叛自己的事业。

只有资产阶级的改良主义者（**实际上考茨基、屠拉梯和梅尔黑姆已经转到他们的立场上去了**）才会这样提出问题：**要么放弃革命，实行改良；要么任何改良都不能实行。**

世界历史的全部经验以及1905年俄国革命的经验所教导我们的正好与此相反：**要么进行革命的阶级斗争，而改良向来是它的副产品（在革命没有取得完全胜利的情况下），要么任何改良都不能实行。**

因为只有群众的革命毅力，不是第二国际过去仅仅在纸面上谈论的那种群众的革命毅力,而是由走在革命前头而不做革命尾巴的政党本身进行全面的革命宣传鼓动并且把群众组织起来的那种群众的革命毅力,才是**唯一的真正能够**改变现状的力量。

在像目前这样的世界历史上的"**关键**"时代,社会民主党只有公开宣布革命,把一切反对革命或"怀疑"革命的分子从工人党内清洗出去,只有用革命精神来进行党的**全部**工作,才能保证群众要么在广大群众支持革命的情况下取得事业的完全胜利,要么在革命没有取得完全胜利的情况下得到一些改良,也就是说得到资产阶级的一些让步。

否则,在谢德曼和考茨基之流的政策下,**丝毫**不能保证改良不会落空,即使实行一些改良那也要受到反动警察的种种限制,这种限制会使无产阶级**不**可能依靠这些改良重新掀起争取革命的斗争。

(f)社会党人应当认真地贯彻执行卡尔·李卜克内西的口号。**群众**对这位名人的同情是革命工作得以顺利进行的一个**保证**。谢德曼、考茨基之流对这位名人的态度是阳奉阴违的典型表现,他们**口头上**向"全世界的李卜克内西们"致敬,**实际上**却反对李卜克内西的策略。

李卜克内西不仅已经同谢德曼之流(列诺得尔、普列汉诺夫、比索拉蒂之流)彻底决裂,而且已经同考茨基**派**(龙格、阿克雪里罗得、屠拉梯)彻底决裂。

李卜克内西早在**1914年10月2日**给党执行委员会的信中就已经宣布过:

"我声明,我深信德国的党如果不想丧失称为社会民主党的权利,如果想在世界人民心目中恢复目前基本上丧失了的威信,它应当彻底**重建**"(《用阶级斗争反对战争！关于"李卜克内西案件"的材料》第22页)(德国秘密刊印："作为手稿刊印！")。

各国的党都应当接受李卜克内西的这个口号,当然,如果认为不把谢德曼、列金、列诺得尔、桑巴、普列汉诺夫、王德威尔得之流开除出党,或者不同向考茨基、屠拉梯、龙格、梅尔黑姆派让步的政策彻底决裂,也能实现这个口号,那就太可笑了。

＊　　　　＊　　　　＊

10.因此,我们提议召开齐美尔瓦尔德派的代表会议,并且向这次代表会议提出如下建议:

(1)把龙格—梅尔黑姆、考茨基、屠拉梯等人这个派别的社会和平主义作为资产阶级改良主义坚决地、无条件地加以驳斥(根据上述提纲);社会和平主义在昆塔尔代表会议上已经从原则上被驳斥,现在应当对上述**派别的**代表替社会和平主义所作的具体辩护加以驳斥。

(2)在组织上也宣布坚决同社会沙文主义决裂。

(3)要向工人阶级指出它的直接的、刻不容缓的革命任务,因为群众对战争、对资产阶级的娓娓动听的和平主义谎言已忍无可忍了。

(4)公开指出并且谴责意大利社会党和瑞士社会民主党采取同齐美尔瓦尔德和昆塔尔两次代表会议的整个精神和一切决定完全背道而驰的政策;意大利社会党已经走上了和平主义的道路,瑞士社会民主党于1916年11月4日在苏黎世投票赞成实行间接税,并且由于"中派分子"罗·格里姆同社会爱国主义者格罗伊利希、古·弥勒之流结成联盟,在1917年1月7日决定将原定在1917年2月11日召开的专门讨论战争问题的党代表大会不定期地延期,而现在则又默不作声地容忍这些社会爱国主义领袖们公开进行威胁的最后通牒:如果党拒绝保卫祖国,他们就辞去议员职务。

他们写的是用一般词句表述的"一般的"革命的决议,而**实际上搞的却是改良主义**;一面侈谈国际主义,一面拒绝按照真正国际主义原则去**共同**讨论作为国际联合组织一部分的每个党的根本策略问题。第二国际的可悲经验已经充分证明这种做法是极端有害的。

我们党还在齐美尔瓦尔德代表会议召开之前以及召开期间,就认为有义务让同志们了解,我们坚决斥责和平主义、抽象的和平说教,认为这是资产阶级的欺人之谈(在齐美尔瓦尔德代表会议上散发的我们党的决议,其德译文载于小册子《社会主义与战争》①中,其法译文同一些决议的译文一起载于单行本)。之所以在齐美尔瓦尔德代表会议上就单独成立了**齐美尔瓦尔德左派**,我们之所以参加了左派的建立,这正是为了表明,**只有**齐美尔瓦尔德联盟同社会沙文主义作斗争,我们才支持它。

我们深信:现在事情已经清清楚楚,齐美尔瓦尔德多数派,或者说齐美尔瓦尔德右派已经**完全**变了,他们不是同社会沙文主义作斗争,而是让出全部阵地,在空洞的和平主义词句的纲领的基础上同社会沙文主义同流合污。因此,我们认为自己有义务公开声明:在这种情况下,支持关于齐美尔瓦尔德联盟统一的幻想,支持它为建立第三国际而斗争,会给工人运动带来极大的危害。我们声明,这种情况如不改变,我们就不再做齐美尔瓦尔德联盟的成

---

①　见本版全集第 26 卷第 163—169 页。——编者注

员，这不是进行"威胁"，也不是提出"最后通牒"，而是公开说明自己的决定。

载于1931年《列宁文集》俄文版
第17卷

译自《列宁全集》俄文第5版
第30卷第273—285页

给伯尔尼国际社会党委员会委员
沙尔·奈恩的公开信

（1916 年 12 月 26—27 日〔1917 年 1 月 8—9 日〕）

敬爱的同志：今年 1 月 7 日，国民院议员罗伯特·格里姆先生在党的执行委员会会议上，同所有社会民族主义者一道，并且在很大程度上以他为首，**主张**通过延期召开党代表大会的决议，这使人忍无可忍，同时也彻底暴露了罗·格里姆这位国民院议员先生的面目。

在齐美尔瓦尔德选出的国际社会党委员会主席，齐美尔瓦尔德代表会议和昆塔尔代表会议的主席，整个齐美尔瓦尔德联盟在全世界面前的这位最有"威信的"代表，同社会爱国主义者一道，并且以他为首，公开背叛齐美尔瓦尔德运动，建议破坏早就确定的——在欧洲一个最自由的、就地点和时间条件来说最有国际影响的国家里——为解决在帝国主义战争中保卫祖国问题而专门召开的党代表大会！！

如果不戳穿国民院议员罗·格里姆先生的假面具，这个事实就会使整个齐美尔瓦尔德运动永远蒙受耻辱，使它永远成为一幕滑稽剧。面对这样的事实难道能够保持缄默，能够安之若素吗？

在欧洲各国社会党当中，唯有瑞士社会党不受战时书报检查机关和军事当局的阻挠，在公开的代表大会上直接地和正式地参加齐美尔瓦尔德联盟，支持它，给国际社会党委员会提供两名委员，在全世界面前作为齐美尔瓦尔德运动最主要的代表。这里我们撇开意大利党不谈，因为它受戒严状态的限制，处境要困难得多。瑞士社会党由于要同公开的社会爱国主义者（他们到1916年秋才脱离党而成为单独的格吕特利联盟）进行斗争等原因，经过一再拖延之后，在1916年11月4—5日召开的苏黎世代表大会上最后作出决定：于1917年2月在伯尔尼召开党的特别代表大会来解决战争问题和关于保卫祖国的问题。可是现在，该党内有人决意要阻挠和破坏这次代表大会，而且恰恰在战时不让工人**自己**来讨论和解决对军阀制度和保卫祖国的态度问题。

这些人的政策打了整个齐美尔瓦尔德运动一记耳光，而他们的首领原来就是国际社会党委员会的主席！

难道这不是完全背叛齐美尔瓦尔德运动吗？难道这不是**污辱**齐美尔瓦尔德的全部决议吗？

只要考察一下对推迟代表大会正式提出的某些理由，就会理解这套手法的全部意义。

"请注意，工人还没有准备"解决这个问题！

齐美尔瓦尔德和昆塔尔的所有宣言和决议多次指出：在帝国主义战争中，即在两大帝国主义集团为掠夺殖民地和扼杀弱小民族而进行的战争中，保卫祖国就是背叛社会主义；这不管对"大国"或对某些暂时保持中立的小国来说，都是一样。齐美尔瓦尔德和昆塔尔的所有正式文件几十次反复说明这个思想。瑞士社会党的所有报纸，特别是国民院议员罗·格里姆先生主编的《伯尔尼哨兵报》，发表了几百篇文章和评论来反复咀嚼这个思想。在对卡·李卜克内西、霍格伦、马克林等人表示同情的声明中，曾经几百次强调全体齐美尔瓦尔德派的共同信念：这些人**正确地**了解**群众**的处境和利益；**群众**即大多数被压迫者和被剥削者的同情在**他们**一边；各国的（无论参战的"大国"德国的，或者中立的小国瑞典的）无产者凭自己的阶级本能正在掌握在帝国主义战争中保卫祖国就是**背叛社会主义**这个真理。

可是现在，国际社会党委员会的主席却在瑞士社会党内社会爱国主义的所有**坚定代表**海·格罗伊利希、保·普夫吕格尔、胡贝尔、曼茨-舍皮等人的衷心赞许和热烈支持下，提出一个虚伪的、骗人的理由，说什么党代表大会所以延期是因为"工人还没有准备"。

这是令人愤慨、令人难以容忍的伪善和谎言。大家都知道（就连《格吕特利盟员报》[130]也公开说出了这个痛心的事实），代表大会所以延期，是因为上述社会爱国主义者**害怕**工人，**害怕**工人作出反对保卫祖国的决定，他们**威胁**说，如果通过拒绝保卫祖国的决定，他们就辞去国民院议员的职务。瑞士社会党内社会爱国主义者的"领袖们"，甚至在战争已经进行了两年半的今天，还主张"保卫祖国"，即**保卫**这个或那个集团的帝国主义资产阶级。这些领袖**决意破坏代表大会**，践踏瑞士社会党工人的意志，不许他们在战时讨论和确定自己对战争、对"祖国保卫者"即对帝国主义资产阶级奴仆的态度。

这就是人所共知的推迟代表大会的真正原因，这就是投靠瑞士社会党内的社会爱国主义者而**反对**瑞士觉悟工人的国际社会党委员会主席对齐美尔瓦尔德运动的背叛！

这就是公开的社会爱国主义的《格吕特利盟员报》所说的那个痛心的事实。顺便指出，该报是一向洞悉社会党**内的格吕特利派**领袖格罗伊利希、普夫吕格尔、胡贝尔、曼茨-舍皮之流的思想和行

动的,它在 1917 年 1 月 7 日会议召开前**三天**就写道:①

主张推迟代表大会的另一个"正式"理由是:在 1916 年 12 月或者甚至是在 11 月专门选出的起草关于战争问题的决议案的委员会,"还没有取得一致的意见"!!

似乎格里姆之流以前不知道:格罗伊利希、普夫吕格尔、古·弥勒、胡贝尔、曼茨-舍皮、奥托·朗格等这些"领袖们",**完全**同意"格吕特利联盟"的社会爱国主义观点,他们参加**社会**党只是为了**欺骗**社会党工人;只要他们还留在党内,还没有转到社会爱国主义的格吕特利党中去,瑞士社会党内在这个问题上就**不可能**取得一致的意见!

似乎格里姆之流在 1916 年夏天还没有看清楚,在保卫祖国问题上没有而且也不可能有一致的意见,因为在 1916 年夏天,普夫吕格尔和古·弥勒等人曾经发表了一个**社会爱国主义的**提纲,而格里姆在**国民院**里当然**不能不几千次**看到格罗伊利希之流甚至可说是国民院中的社会民主党党团的大多数议员的社会爱国主义观点!

格里姆之流想欺骗瑞士社会党工人。因此,他们在任命委员会时**没有公布**委员名单。而《格吕特利盟员报》倒说了**真话**,公布了名单,并且还说出了一个不言而喻的和人所共知的真理:**类似的委员会不可能作出一致的决定**!

为了欺骗工人,格里姆之流**没有**作出**立即**公布委员会决议案的决定,而对工人**隐瞒**了真相。其实决议案早已拟好,**甚至已经秘密地印出来了**!!

果然不出所料,在**承认**"保卫祖国"即替在战争时期**背叛社会**

---

① 手稿上此处留下了准备补上引文的空白。——俄文版编者注

主义的行为辩护的决议案上签名的有胡贝尔、普夫吕格尔、克勒蒂、古·弥勒等人,尽管人们已经一千次揭穿了战争的帝国主义性质!! 在**反对**"保卫祖国"的决议案上签名的则有诺布斯、阿福尔特尔、施米德、奈恩、格拉贝等人。

请看,格里姆和社会爱国主义者对社会党工人玩弄多么卑鄙无耻的把戏:

他们大喊大叫,说工人没有准备,可是恰恰在这样喊叫的时候,这些领袖**自己却把已经准备好的决议案藏起来**不给工人看,因为这些决议案明确地向工人摆出了两类思想,**两种**不可调和的政策——社会爱国主义的政策和齐美尔瓦尔德的政策!!

格里姆和社会爱国主义者昧着良心欺骗工人,因为正是他们决意破坏代表大会,不公布决议案,不让工人公开权衡和讨论两种政策,而他们却大喊大叫,说什么工人"没有准备"!

主张推迟代表大会的另一些"正式"理由是:要制止物价飞涨,要进行选举运动,等等。

这些理由简直是对工人的嘲弄。我们社会民主党人**并不**反对为改良而斗争,但是我们与社会爱国主义者不同,与机会主义者和改良主义者不同,**我们不仅**为改良而斗争,而且要使这一斗争**服从**革命斗争,这一点谁不知道呢? 齐美尔瓦尔德宣言和昆塔尔宣言一再阐明的正是这种政策,这一点谁不知道呢? 我们并不反对进行选举和实行一些改良来控制物价飞涨,但是我们**首先**要向群众公开地说明**真相**:如果不剥夺银行和大企业,即实行社会革命,就**不可能**制止物价飞涨。

针对这场战争,**由于**这场战争,齐美尔瓦尔德联盟的**每个**宣言号召无产阶级做什么呢?

号召他们进行群众性的革命斗争，调转枪口对准自己国内的敌人(见1916年12月底发表的国际社会党委员会的最新宣言《告工人阶级书》)，也就是调转枪口对准**自己的**资产阶级和**自己的**政府。

难道每个稍微善于思考的人由此还不明白，正是**拒绝**保卫祖国的政策，才同真正革命的和真正社会主义的反对物价飞涨的斗争、才同真正社会主义的而不是资产阶级改良主义式的利用选举运动**相联系**吗？

社会爱国主义的政策，在帝国主义战争中"保卫祖国"的政策，正是**改良主义的**政策，即在制止物价飞涨和进行选举运动中搞资产阶级改良主义的**而不是**社会主义的斗争，这难道还不明白吗？

怎么能"借口"要同物价飞涨等等作斗争而"推迟"解决"保卫祖国"问题的(也就是要**在社会爱国主义政策和社会主义政策之间**进行选择的)代表大会呢?? 格里姆和社会爱国主义者搬出这个虚伪的、骗人的理由，是想向工人**隐瞒**这一真相:他们想用资产阶级改良主义的精神而不是用齐美尔瓦尔德的精神，来进行反对物价飞涨的斗争和进行选举等等。

1916年8月6日，格里姆在苏黎世向115位来自瑞士全国的工人代表发表了演说[131]，他向他们宣扬的正是同物价飞涨进行资产阶级改良主义的而且仅仅是改良主义的斗争! 格里姆正以"坚定的步伐"走向**自己的目的**:同社会爱国主义者接近，**反对社会党工人**，**反对齐美尔瓦尔德运动**。

但是这里特别令人作呕的一点，就是格里姆用**拼命**咒骂**非瑞士的**社会爱国主义者的办法来**掩盖**自己转向社会爱国主义者方面去的行为。这就是格里姆背叛行为的一个最深刻的根源，这就是

1917年1月7日事件暴露的全部欺骗政策的一个最深刻的渊源。

请看《伯尔尼哨兵报》吧,这个报纸对俄、法、英、德、奥等国的……总之,除了瑞士以外的所有国家的社会爱国主义者,竭尽其谩骂之能事! 格里姆甚至把德国社会民主党执行委员会委员社会爱国主义者艾伯特叫做"妓院雇用的打手"(《伯尔尼哨兵报》……日第……号)。

请看,这位格里姆是个多么勇敢的人! 是个多么侠义的战士! 他是多么英勇地从伯尔尼攻击……柏林的社会爱国主义者啊! 这位骑士是多么高尚地对……伯尔尼和苏黎世的社会爱国主义者讳莫如深啊!

可是,柏林的艾伯特同苏黎世的格罗伊利希、曼茨-舍皮、普夫吕格尔又有什么区别呢? 同伯尔尼的古斯塔夫·弥勒、施内贝格尔、迪尔又有什么区别呢? **根本没有。他们统统是社会爱国主义者**。他们全都站在完全相同的原则立场上。他们所有的人向群众传播的**不是社会主义的思想,而是**"格吕特利派的"思想,也就是改良主义的、民族主义的、资产阶级的思想。

1916年夏天,格里姆草拟了一个关于战争问题的提纲,他故意写得很长、很含糊,打算欺骗左派和右派,打算利用两者的分歧"捞一把"。他在提纲的结尾写了这样一句话:

"党机关和工会机关应当取得协议"(指在发生战争危险和必须采取群众性革命行动的情况下)。

但是,领导瑞士工会的是些什么人呢? 其中恰恰有施内贝格尔和迪尔。1916年夏天,他们两人都是《瑞士五金工人报》的编辑,他们按照反动的、改良主义的和社会爱国主义的精神办报,**公开赞成"保卫祖国",直接反对齐美尔瓦尔德的全部**政策。

而领导瑞士社会党的,正像 1917 年 1 月 7 日的事件再次证明的那样,是社会爱国主义者格罗伊利希、普夫吕格尔、曼茨-舍皮、胡贝尔等人。

这样,结果怎样呢?

结果就是:格里姆在自己的提纲中建议党把**反战**的群众性革命行动的领导权**恰恰**托付给施内贝格尔、迪尔、格罗伊利希、普夫吕格尔之流这伙社会爱国主义者! 而这些人恰恰是这种行动的**反对者**,恰恰是**改良主义者**!!

现在,在 1917 年 1 月 7 日以后,格里姆的全部"策略"已经被彻底揭穿了。

他希望被人看做左派的领袖,国际社会党委员会的主席,齐美尔瓦尔德派的代表和领导者,他用种种"最最革命的"词句欺骗工人,**实际上**是用这些词句来**掩盖**党的腐朽的、社会爱国主义的、资产阶级改良主义的实践。

他赌咒发誓,说他同情卡·李卜克内西和霍格伦等人,拥护**他们**,执行**他们**的政策。

可是,德国的卡·李卜克内西和中立的小国瑞典的霍格伦**并没有**同**外国的**而是同本国的社会爱国主义者作斗争,他们攻击的是本国的,柏林和斯德哥尔摩的,而不是别的国家的改良主义者和民族主义者。他们无情地揭露了社会爱国主义者,因而光荣地受到**柏林的**和**斯德哥尔摩的**格罗伊利希、普夫吕格尔、施内贝格尔和迪尔之流的仇视。

法国的沙文主义者赞扬德国人李卜克内西,而德国的沙文主义者赞扬英国人马克林,他们这样做是为了骗人,是想用歌颂**别人**具有国际主义精神的"国际主义"词句来掩盖**自己的**民族主义,这难道难以理解吗？格里姆的所作所为完全一样，**除了**瑞士的**以外**，他咒骂所有国家的社会爱国主义者，他这样做正是为了掩盖自己转到瑞士社会爱国主义者方面去的行为，这难道难以理解吗？

格里姆痛骂德国的社会爱国主义者艾伯特，说他是"妓院雇用的打手"，**因为**他从德国工人那里盗走了《前进报》，并且一面大喊大叫反对分裂，一面把左派**逐出了**或者正在逐出党外。

那么，格里姆在本国，在瑞士，同可悲的 1917 年 1 月 7 日的可悲的勇士们一起干些什么呢？

难道格里姆没有从瑞士工人那里盗走他郑重许诺过的解决关于保卫祖国问题的专门的代表大会吗？难道格里姆大喊大叫反对分裂时不是在准备把齐美尔瓦尔德派开除出党吗？

我们不会像小孩子那样天真，我们会正视现实！

在 1917 年 1 月 7 日的会议上，格里姆的新伙伴和庇护人社会爱国主义者同他一道大喊大叫反对分裂，并且特别责备青年组织搞分裂活动，有一个人大骂党的书记普拉滕，说"他不是党的书记，而是党的叛徒"。

人们说出这样的话来，而"领袖们"却想向党隐瞒这些话，对此难道可以保持缄默吗？这类手法难道不会引起瑞士社会党工人的愤慨吗？

青年联盟和普拉滕的过错在哪里呢？就在于他们是齐美尔瓦尔德的真诚拥护者，是真诚的齐美尔瓦尔德派，而不是钻营利禄之徒。就在于他们**反对**推迟代表大会。如果说造谣者大喊大叫，说什么反对推迟代表大会的，而且根本"反对格里姆陛下"的，只是齐美尔瓦尔德左派这个特殊的派别，那么 1917 年 1 月 7 日的事件岂不正好说明这是造谣吗？沙·奈恩同志，尽管您从来没有直接或间接地、正式或非正式地加入齐美尔瓦尔德左派，难道您没有起来反对格里姆吗？

责难别人搞分裂！——这是一种真正陈腐的责难，现在，正是各国的社会爱国主义者在各国进行这种责难，以便掩盖**他们**把李卜克内西派和霍格伦派逐出党外的真相。

载于1924年《无产阶级革命》
杂志第4期

译自《列宁全集》俄文第5版
第30卷第286—295页

致拥护反战斗争以及同投靠本国政府的社会党人斗争的工人

(1916 年 12 月 26 日〔1917 年 1 月 8 日〕以后)

国际局势日益明朗,也日益严重。最近,两大交战集团把这次战争的帝国主义性质暴露得特别明显。各资本主义国家的政府、资产阶级的和平主义者和社会党的和平主义者愈热衷于和平主义的词句,愈热衷于民主的和约和没有兼并的和约等词句,这些词句的毫无内容和极端虚伪就暴露得愈快。德国正在扼杀一些小民族,把它们置于铁蹄之下,还明目张胆地决定不放弃一切战利品,除非拿其中一部分换取一大片殖民地,它正在用一些假仁假义的和平主义词句来掩盖自己准备立即缔结帝国主义和约的打算。

英国和它的盟国也牢牢抓住它们占领的德国殖民地、土耳其的一部分领土等等,把为占领君士坦丁堡而进行的无休无止的大厮杀,把扼杀加利西亚、瓜分奥地利、搞垮德国,叫做为争取"公正的"和平而斗争。

如果每一个国家的群众不在无产阶级领导下进行反对本国政府的革命斗争,不推翻资产阶级统治,不实行社会主义变革,就谈不上真正反对战争、消灭战争和建立持久和平,——在大战初期只有少数人在理论上确信的这一真理,现在已为愈来愈多的觉悟工人清楚地意识到了。战争使各国人民的力量空前地集中起来,它

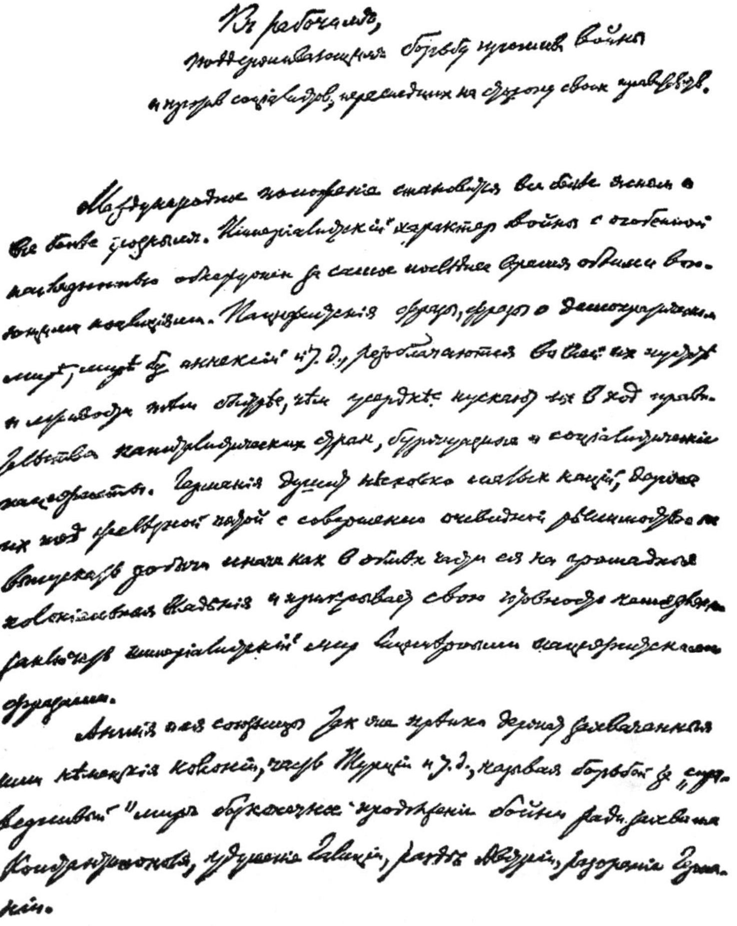

1916 年列宁《致拥护反战斗争以及同投靠本国政府的
社会党人斗争的工人》一文手稿第 1 页
（按原稿缩小）

本身就把人类领上这条摆脱绝境的唯一出路,迫使人类沿着国家资本主义的道路大踏步前进,并且实际表明,应当而且可以怎样在革命的无产阶级领导下不是为了资本家的利益,而是通过剥夺资本家,为了目前因战争所造成的饥饿和其他灾祸而面临死亡的群众的利益,实行有计划的社会经济。

这条真理愈明显,社会党的工作中的两种不可调和的倾向、政策和方向之间的鸿沟就愈深。我们在齐美尔瓦尔德代表会议上就指出了这两种倾向,当时我们就单独作为齐美尔瓦尔德左派出现,会后又立即以这个左派的名义向各国社会党和全体觉悟的工人发表了一篇宣言。这条鸿沟隔开了如下的两方:一方企图掩饰已经暴露出来的正式的社会主义的破产,掩盖它的代表人物投靠资产阶级和各国政府的行为,使群众容忍这种对社会主义的彻底背叛;另一方则力求充分揭露这种破产的深刻程度,揭穿离开无产阶级而投靠资产阶级的"社会爱国主义者"的资产阶级政策,使群众摆脱他们的影响,为进行真正反对战争的斗争创造可能性和奠定组织基础。

在齐美尔瓦尔德代表会议上占多数的齐美尔瓦尔德右派,拼命反对同社会爱国主义者分裂和建立第三国际的想法。从那时以来,这种分裂在英国已经成为确凿的事实,而在德国,则1917年1月7日"反对派"的最近一次代表会议已向一切并非故意闭眼不看事实的人表明,实际上在这个国家里也有两个不可调和地敌对的工人政党在按照截然相反的方向进行工作:一个是社会主义的、以卡·李卜克内西等人为首的、在很大程度上从事秘密活动的党;另一个是彻头彻尾资产阶级的、社会爱国主义的、使工人容忍战争和迁就政府的党。世界上没有一个国家没有出现这种分裂。

在昆塔尔代表会议上,齐美尔瓦尔德右派已经不再占多数,因而不能再继续执行**自己的**政策了;这个右派投票赞成反对社会爱国主义的社会党国际局的决议,即对社会党国际局进行最严厉的谴责的决议,并赞成反对社会和平主义的决议,后一决议警告工人不要相信和平主义的谎言,不管这些谎言披着什么样的社会主义外衣。社会和平主义没有向工人说明,指望**不推翻资产阶级**、**不建立社会主义**就能求得和平乃是一种幻想,社会和平主义只是重弹资产阶级和平主义的老调,它诱劝工人相信资产阶级,掩盖各国的帝国主义政府和它们彼此间的交易,使群众放弃已经成熟、已经被事变提上日程的社会主义革命。

结果怎样呢? 在昆塔尔代表会议以后,法、德、意等最大国家的齐美尔瓦尔德右派完全滚进了被这次代表会议所谴责和所摒弃的社会和平主义的泥坑! 在意大利,社会党默认了本党议会党团和主要发言人屠拉梯的和平主义词句,虽然正是在目前这个时候,德国、协约国及一些中立国的资产阶级政府的代表(中立国的资产阶级已经和正在大发战争横财)也在使用完全相同的词句,正是在目前这个时候,这些和平主义词句的整个骗局已昭然若揭。实际上,使用和平主义的词句是为了掩盖瓜分帝国主义赃物的斗争中的新的转变!

在德国,齐美尔瓦尔德右派的头子考茨基也发表了这种毫无内容、毫不负责、实际上只是让工人把希望寄托在资产阶级身上和相信幻想的和平主义宣言。德国的真正的社会党人,真正的国际主义者,即真正执行卡尔·李卜克内西策略的"国际"派和"德国国际社会党人",应当正式声明同这个宣言毫无关系。

在法国,齐美尔瓦尔德代表会议的参加者梅尔黑姆、布尔德朗和昆塔尔代表会议的参加者拉芬-杜然,都投票**赞成**一些极其空洞的、按其客观意义来说虚伪透顶的和平主义的决议,这些决议在目前局势下对帝国主义资产阶级如此**有利**,以致在齐美尔瓦尔德和昆塔尔的历次声明中被斥责为社会主义叛徒的茹奥和列诺得尔也都投了赞成票!

梅尔黑姆和茹奥一道,布尔德朗、拉芬-杜然和列诺得尔一道,都投票赞成这些决议,这不是偶然的现象,不是个别的插曲,而是一个鲜明的标志,它说明社会爱国主义者早就到处准备同社会和平主义者**勾结在一起**,以便**反对**国际主义的社会党人。

许多帝国主义政府的照会中都使用和平主义词句,考茨基、屠拉梯、布尔德朗和梅尔黑姆也使用同样的和平主义词句,列诺得尔则友好地向这些政府和这些人伸出了手,——这一切都暴露了**实际政策中的和平主义无非是对人民的一种安慰**,无非是**帮助**各国政府驱使群众继续进行帝国主义大厮杀的一种手段!

瑞士是齐美尔瓦尔德派唯一可以自由集会并且有自己基地的欧洲国家,在这里,齐美尔瓦尔德右派的彻底破产暴露得更加明显。瑞士社会党在战争期间不受政府的任何阻挠召开过几次代表大会,并且最有条件促进德意志、法兰西、意大利工人反对战争的国际主义团结,它正式参加了齐美尔瓦尔德联盟。

可是现在,这个党的领袖之一,齐美尔瓦尔德代表会议和昆塔尔代表会议的主席,伯尔尼国际社会党委员会的最著名的成员和代表,国民院议员罗·格里姆,却在一个对无产阶级政党具有决定意义的问题上**转到本国**社会爱国主义者**方面去了**,在1917年1月7日瑞士社会党执行委员会会议上,他设法通过了一项决议:不定期地**推迟**为解决关于保卫祖国问题以及对待曾谴责过社会和平主义的昆塔尔代表会议的各项决议的态度问题而专门召开的代表大会!

格里姆在 1916 年 12 月发表的国际社会党委员会签署的号召书中,说各国政府的和平主义词句是欺人之谈,但是他一个字也没有谈到把梅尔黑姆和茹奥、拉芬-杜然和列诺得尔联系在一起的社会和平主义。格里姆在这个号召书中呼吁社会党的少数派进行斗争,反对各国政府及其社会爱国主义的仆从,但与此同时,他却同瑞士党内的"社会爱国主义的仆从"一道**埋葬**党代表大会,这就激起了瑞士工人中一切觉悟而忠诚的国际主义者的正当的义愤。

1917 年 1 月 7 日党执行委员会的决议表明,瑞士社会爱国主义者已完全**战胜**了瑞士社会党工人,瑞士的反对齐美尔瓦尔德运动的人已完全**战胜**了齐美尔瓦尔德运动,这一事实是任何借口也掩盖不了的。

资产阶级在工人运动中的忠实而公开的奴仆的报纸《格吕特利盟员报》说出了人所共知的真相,它说格罗伊利希、普夫吕格尔之类的社会爱国主义者(还可以而且应当把宰德尔、胡贝尔、朗格、施内贝格尔、迪尔之流加进去)不让召开代表大会,不让工人解决关于保卫祖国的问题,并且威胁说,如果召开代表大会并根据齐美尔瓦尔德精神来解决这个问题,他们就**辞去议员职务**。

格里姆在党执行委员会会议上和在 1917 年 1 月 8 日的《伯尔尼哨兵报》上,散布令人愤慨和令人难以容忍的谎言,借口工人还没有准备、必须掀起制止物价飞涨的运动、"左派"自己也同意延期等等,来替延期召开代表大会辩护。**132**

实际上正是左派,即忠诚的齐美尔瓦尔德派,一方面为了考虑到两害相权取其轻,另一方面为了揭穿社会爱国主义者和他们的新伙伴格里姆的真正意图,曾经提议延期到 **3** 月,投票时又赞成延期到 **5** 月,并且建议各州执行委员会会议在 **7** 月以前召开,但是**所有**这些建议都被以齐美尔瓦尔德代表会议和昆塔尔代表会议的主席罗·格里姆为首的"祖国保卫者"拒绝了!!

实际上问题恰恰在于:或者容忍伯尔尼国际社会党委员会和格里姆的报纸大骂**外国的**社会爱国主义者,起初以沉默,后来以罗·格里姆的叛变来**掩护瑞士的**社会爱国主义者;或者执行真正的国际主义政策,首先同**本国的**社会爱国主义者进行斗争。

实际上问题在于:或者用革命的词句掩盖社会爱国主义者和改良主义者在瑞士党内的统治;或者在制止物价飞涨问题和反对战争问题上,在把社会主义革命提上日程的问题上,提出**革命的**纲领和策略以反对社会爱国主义者。

实际上问题在于:或者容忍在齐美尔瓦尔德运动内恢复可耻地破产了的第二国际的**坏传统**,容忍人们把领袖们在党执行委员会内的决定和言论对工人群众隐瞒起来,容忍人们用革命词句**掩**饰社会爱国主义者和改良主义者的卑鄙行为;或者做**真正的**国际主义者。

实际上问题恰恰在于:**或者**在瑞士(它的党对整个齐美尔瓦尔德联盟具有头等重要意义)坚持明确的、有原则的、政治上诚实的划分:把社会爱国主义者同国际主义者、资产阶级改良主义者同革命者区别开来,把帮助无产阶级实现社会主义革命的无产阶级顾问同企图用改良和改良诺言引诱工人放弃革命的资产阶级代理人或"仆从"区别开来,把格吕特利派同社会党区别开来;——**或者**模糊和腐蚀工人的意识,在社会党内执行格吕特利派即社会党自己队伍中的社会爱国主义者的"格吕特利"政策。

让瑞士社会爱国主义者这些想在党内执行格吕特利政策即本国资产阶级政策的"格吕特利派"去咒骂外国人吧，让他们去保卫瑞士党的"不可侵犯性"而拒绝其他党的批评吧，让他们坚持使德国党和其他一些国家的党在1914年8月4日遭到破产的资产阶级改良主义的陈腐政策吧，我们这些不是口头上而是行动上拥护齐美尔瓦尔德联盟的人，把国际主义理解为另一种东西。

我们决不能对已经彻底暴露的、被齐美尔瓦尔德代表会议和昆塔尔代表会议的主席推崇备至的下列企图熟视无睹：原封不动地保留腐朽的欧洲社会主义运动中的一切，通过虚伪地宣称同卡·李卜克内西团结在一起来**回避**这位国际工人领袖的实际口号，**回避**他的"彻底重建"各个旧党的号召。我们相信，全世界热烈拥护卡·李卜克内西和他的策略的一切觉悟工人，都站在我们一边。

我们要公开揭露已转到资产阶级改良主义的和平主义方面去的齐美尔瓦尔德右派。

我们要公开揭露罗·格里姆背叛齐美尔瓦尔德运动的行为，要求召开代表会议，解除他的国际社会党委员会成员的职务。

齐美尔瓦尔德这个词是国际社会主义和革命斗争的口号。这个词不应当被用来掩饰社会爱国主义和资产阶级改良主义。

拥护真正的国际主义！真正的国际主义要求**首先**反对本国的社会爱国主义者。拥护真正的革命策略！而要实行这种策略，就不能同社会爱国主义者妥协来**反对**社会主义的革命工人。

载于1924年《无产阶级革命》
杂志第5期

译自《列宁全集》俄文第5版
第30卷第296—305页

青 年 国 际

（短　评）

（1916 年 12 月）

这是"国际社会主义青年组织联盟的战斗宣传机关刊物"的名称，它从 1915 年 9 月 1 日起用德文在瑞士出版。这个刊物已经出版了 6 期，我们必须对它作一些说明，并且尽量把它推荐给我们党内一切有机会同国外各社会民主党和青年组织接触的党员，以引起他们的注意。

欧洲多数正式的社会民主党，现在都采取了极其卑鄙的社会沙文主义和机会主义的立场。德国和法国的党，英国的费边党[133]和"工党"[134]，瑞典、荷兰（特鲁尔斯特拉的党），丹麦以及奥地利的党等等都是这样。在瑞士党内，虽然极端的机会主义者已经分离出去（对工人运动来说这是很幸运的）而组织了非党的"格吕特利联盟"，但是许多机会主义的、社会沙文主义的和考茨基派的领袖仍然留在社会民主党内，他们对于党的工作有**巨大的**影响。

在欧洲的这种情况下，社会主义青年组织联盟面临着一项巨大、光荣而又艰巨的任务，这就是**捍卫**革命的国际主义，**捍卫**真正的社会主义，反对已经转到帝国主义资产阶级方面去的并且占有优势的机会主义。《青年国际》杂志刊载了一些维护革命的国际主义的好文章,在整个刊物中都贯穿着一种卓越的精神:痛恨在当前这场战争中"保卫祖国"的社会主义叛徒,殷切希望肃清正在腐蚀着国际工人运动的沙文主义和机会主义。

当然,青年机关刊物**还缺乏**理论上的明确性和坚定性,也许这在任何时候都是难免的,因为它毕竟是血气方刚、热情奔放和正在探索途中的青年的机关刊物。但是,我们对**这样一些**人缺乏理论上的明确性所抱的态度,应当完全不同于我们对我国"组委会分子"、"社会革命党人"、托尔斯泰主义者、无政府主义者以及整个欧洲的考茨基主义者("中派")等人头脑中的糊涂理论和缺乏彻底的革命精神所抱的态度。有些成年人正在把无产阶级引入迷途,却妄想领导和教训别人,这是一回事。我们必须同这种人作**无情的**斗争。有些**青年**组织公开声明,它们还在学习,它们的基本任务就是为各社会党培养工作人才,这是另一回事。对这些人应当尽量帮助,要尽可能地耐心对待他们的错误,并且竭力设法主要是用**说服**而不是用斗争的办法来逐步纠正他们的缺点。有些上了岁数的人或者老年人,往往**不善于**正确地对待那些不得不**通过不同的道路**,即通过和他们父辈**不同的道路,以不同的方式**,在不同的环境下接近社会主义的青年。因此,我们应当无条件地**支持**青年联盟**的组织上的独立,这不仅**是因为机会主义者害怕这种独立,而且按事情的实质来说也应当如此。如果青年没有充分的独立性,他们既**不能**把自己锻炼成为优秀的社会主义者,也**不能**培养自己去引导社会主义运动**前进**。

我们主张青年联盟完全独立,但也主张有充分的自由对他们的错误进行同志式的批评!我们不应当讨好青年。

我们在上面提到的这个优秀的机关刊物首先犯了下面三个

错误：

(1)在裁军(或"废除武装")的问题上持不正确的立场,对这种立场我们已在前面的一篇专文①中进行了批评。我们有理由认为,这种错误完全是由一种善良愿望造成的,这种愿望就是想强调指出努力争取"彻底消灭军国主义"的必要性(这是完全对的),但是忘记了国内战争在社会主义革命中的作用。

(2)在社会主义者和无政府主义者对国家的态度的区别问题上(正如在一些别的问题上一样,例如关于我们反对"保卫祖国"这个口号的**理由**问题),Nota-Bene 同志的文章(第 6 期)犯了很大的错误。作者想提供一个"关于一般国家的明确概念"(除了关于帝国主义强盗国家的概念之外)。他引了马克思和恩格斯的一些言论。除了别的一些结论外,他得出了下面两个结论：

(a)"……如果以为社会主义者和无政府主义者之间的区别在于前者赞成国家,后者反对国家,那就完全错了。实际上,区别是在于革命的社会民主党想要组织新的社会生产,集中的生产,即技术上最进步的生产;而分散的无政府主义的生产只能意味着向旧技术、向旧生产形式倒退。"这是不对的。作者提出的问题是社会主义者和无政府主义者**对国家**的态度有什么不同,但他回答的**不是**这个问题,而是**另一个**问题：是他们对未来社会经济基础的态度有什么区别。当然,这是一个很重要的和必要的问题。但是由此不能得出结论说,可以忘记社会主义者和无政府主义者在对国家态度上的**主要**区别。社会主义者主张在争取工人阶级解放的斗争中利用现代国家及其机关,同样也主张必须利用国家作为从资本

---

① 见本卷第 171—181 页。——编者注

主义到社会主义的特殊的过渡形式。无产阶级专政就是这样的过渡形式，它**也**是一种国家。

无政府主义者想"废除"国家，把它"炸毁"（"sprengen"），像Nota-Bene同志在一个地方所说的那样，不过他错误地把这种观点加在社会主义者身上了。社会主义者——可惜作者把恩格斯关于这个问题所说的话引得太不完全了——承认**在资产阶级被剥夺以后**，国家会"自行消亡"，逐渐"自行停止"。

（b）"社会民主党是或者至少应当是群众的教师，它现在比任何时候都更加需要强调自己在原则上敌视国家……　目前的战争表明，国家观念的根蒂已经深深渗入工人的心灵。"Nota-Bene同志就是这样写的。要"强调""在原则上敌视"国家，就必须真正"明确地"了解这种态度，但是作者恰恰没有明确的了解。"国家观念的根蒂"一语是十分含混的，非马克思主义的，非社会主义的。不是"国家观念"和对国家观念的否定相冲突，而是机会主义的政策（即以机会主义的、改良主义的、资产阶级的态度来对待国家）和革命的社会民主党的政策（即以革命的社会民主党的态度来对待资产阶级国家，来利用国家反对资产阶级以便推翻这个阶级）相冲突。这是两种完完全全不同的东西。我们打算以后写一篇专文来探讨这个极端重要的问题。**135**

（3）在"国际社会主义青年组织联盟的原则声明"（作为"书记处的草案"载于第6期）中，还有不少不确切的地方，并且根本没有提到**主要的东西**，就是说，没有把目前在全世界社会主义运动中进行斗争的三个基本派别（社会沙文主义、"中派"、左派）作一鲜明的对比。

再说一遍，对这些错误应当加以反驳和澄清，应当尽量设法同青年组织接触和接近，从多方面来帮助它们，但是要**善于**对待它们。

载于 1916 年 12 月《〈社会民主
党人报〉文集》第 2 辑

译自《列宁全集》俄文第 5 版
第 30 卷第 225—229 页

为机会主义辩白是徒劳的

（1916 年 12 月）

巴黎的《我们的言论报》(不久以前，法国政府为了讨好沙皇政府已经把这家报纸查封了，查封的理由是在马赛实行哗变的俄国士兵当中发现了几份《我们的言论报》!)，对齐赫泽代表所扮演的"可悲的"角色表示愤慨。齐赫泽得到当局的许可，曾经在高加索公众大会上发表演说，号召居民不要组织"骚动"(捣毁店铺等)，而要组织合作社等。"在省长、上校、神父和警察局长保护下安排的"(《我们的言论报》第 203 号)这位**冒牌的**社会民主党人的这次旅行，据说很成功。

尔·马尔托夫立即急急忙忙在崩得分子的《公报》上郑重地提出抗议，反对"把齐赫泽描绘成某种"(?? 不是"某种"，而是"像所有取消派分子那样的")"扼杀正在觉醒的革命精神的人"。马尔托夫从事实和原则两方面替齐赫泽辩护。

在事实方面，他反驳说:《我们的言论报》援引的是高加索黑帮报纸的消息;同齐赫泽一起发表演说的还有另外两个人:米科拉泽是一个退伍军官，是"该县一个著名的激进社会活动家"，而洪达泽神父"因为参加社会民主主义运动而在 1905 年受过审判"(马尔托夫补充说:"大家知道，当时农村神父参加格鲁吉亚社会民主主义运动，是很常见的现象。")。

马尔托夫就是这样替齐赫泽"辩护"的。但是辩护得很糟糕。既然黑帮的报纸写的是齐赫泽同神父一起发表演说,那么,这丝毫不能驳倒**事实**,马尔托夫自己也承认他们发表过演说。

至于洪达泽"在1905年受过审判",这不能说明任何问题,因为那时无论加邦或阿列克辛斯基也都"受过审判"。洪达泽和米科拉泽**现在**属于哪个党或同情哪个党,他们是不是**护国派分子**,这才是马尔托夫应当打听清楚的,如果他想寻求真理而不是想"充当律师"的话。"该县一个著名的激进社会活动家"——这句话在我们这里,在我们报刊上,指的往往就是自由派的地主。

马尔托夫斥责《我们的言论报》作了"完全不真实的描写",想以此来掩盖他一点也推翻不了的**真相**。

但是,主要的还不在这里。这还不算什么,厉害的还在后头哩。马尔托夫用事实方面的反驳并没有驳倒齐赫泽的行为的"可悲",却用**原则方面的**辩护**证实了**这一点。

马尔托夫写道:"毫无疑问,齐赫泽同志〈?? 波特列索夫之流的同志?〉认为,不仅必须反对高加索历次骚动所采取的反动方向,因为它受了〈? 它们受了?〉黑帮分子的影响,而且还必须反对其破坏性的形式(捣毁店铺,对商人使用暴力),一般说来,人民的不满情绪即使不受反动的影响,也可能用这种形式表现出来。"请注意:"毫无疑问"!

而且马尔托夫比瓦·马克拉柯夫唱得更像夜莺:群众软弱无力、像一盘散沙,"不知所措,而且觉悟很低……" "这种'暴动'的道路不会达到目的,而且从无产阶级利益来看,归根到底是有害的……" 一方面,"如果一个革命政党因为正在发生的运动带有自发的和不适当的过火行为,而对它不屑一顾,那它就不是一个好政党";另一方面,"如果一个政党认为自己的革命天职,就是拒绝同过火行为这类不适当的行动作斗争,那它也同样不是一个好政党……""由于在我们俄国……有组织的反战运动直到今天还没有开始〈?〉,由于无产阶级觉悟分子的涣散不仅不允许把我们的情况同 1904—1905 年相比,而且也不能同 1914—1915 年〈?〉相比,——所以在物价飞涨等等基础上爆发的人民骚动,尽管是很重要的**征兆**,但是不能〈?〉**直接**〈?〉成为我们所从事的运动的源泉。适当地'利用'这种骚动的唯一办法,就是把其中爆发出来的不满情绪纳入某种有组织的斗争轨道,离开了有组织的斗争就谈不上由群众提出革命的任务。因此,在发挥群众主动精神的基础上,即使〈!!〉号召组织合作社,迫使市杜马规定价格以及采取诸如此类的治标办法,也比玩弄……更革命〈哈哈!〉和更有益,轻率的投机'简直是罪恶的'",等等。

当你读到这些令人愤怒的言论时,是很难保持平静的。看来,甚至连崩得的报纸的编辑部也感到马尔托夫是在骗人,因此给他的文章加上了含含糊糊的按语,说"以后还要谈论……"

问题是再清楚不过了。假定说,齐赫泽遇到的是那样一种形式的骚动,他认为那种形式不适当,那么很明显,反对那种**不适当的**形式是他作为一个革命者的权利和义务……为了什么呢? 是为了发起适当的**革命**行动呢,还是为了进行适当的**自由派**的斗争?

全部问题就在这里! 而马尔托夫恰恰把这一点搞糊涂了!

齐赫泽先生把以革命形式表现出来的"群众的不满情绪""纳入了"**自由派**斗争的"**轨道**"(只是办和平的合作社,只是合法地、经过省长同意之后才向市杜马施加压力,等等),而不是纳入了适当的**革命**斗争的轨道。问题的实质就在这里,马尔托夫却在替自由派的政策帮腔并为之辩护!

一个革命的社会民主党人一定会说：捣毁小店铺是不妥当的，应当更认真地，譬如同巴库、梯弗利斯、彼得格勒的工人一起，同时组织游行示威，我们要把仇恨指向政府，把一部分期望和平的军队争取到自己方面来。齐赫泽先生**是不是这样**说的呢？ 不是的，他号召去进行**自由派可以接受的**"斗争"！

马尔托夫在那个建议采取"群众性的革命行动"的"纲领"上签字倒是满爽快的[136]——应当向工人表明自己是个革命者才对！——可是当这种革命行动在俄国刚刚开始，他就千方百计地为"左的"**自由派分子**齐赫泽辩护。

"在俄国，有组织的反战运动直到今天还没有开始……" 第一，这不符合实际情况。譬如在彼得格勒它已通过散发传单，召开群众大会，举行罢工和游行示威的形式而开始了。第二，**如果说**在外省某个地方它还没有开始，**那就应当使之开始**，而马尔托夫却硬把齐赫泽先生"所开始的"自由派的运动说成是"更革命的"。

这难道不是为机会主义的卑鄙行为辩白吗？

载于1916年12月《〈社会民主党人报〉文集》第2辑

译自《列宁全集》俄文第5版
第30卷第230—233页

齐赫泽党团及其作用

(1916 年 12 月)

我们一向指出,齐赫泽这伙先生们**并不代表社会民主主义的无产阶级**,真正的社会民主工党永远不会同这个党团和解和联合。我们举了几个无可争辩的事实作为我们的理由:(1)齐赫泽所用的"救国"这一提法本质上同护国主义没有丝毫区别;(2)齐赫泽党团从来没有反对过波特列索夫先生之流,即使在马尔托夫反对他的时候;(3)这个党团没有反对参加军事工业委员会,这是一个具有决定意义的事实。

对这些事实谁都不曾企图反驳。齐赫泽的信徒们干脆避而不谈。

指责我们进行"派别活动"的《我们的言论报》和托洛茨基,在事实的压力下也愈来愈反对组织委员会和齐赫泽了;但是我们的言论派只是在我们批评和事实批评的"压力下"才一步一步地退却,并且他们**直到现在也没有说过**一句决定性的话。同齐赫泽党团统一呢,还是分裂?——他们现在还不敢考虑这一点!

《崩得国外委员会公报》第 1 号(1916 年 9 月)载有 1916 年 2 月 26 日自彼得格勒寄来的一封信。这封信是一个很珍贵的文件,它完全证实了我们的估计。写信人直截了当地承认"孟什维主义阵营中显然存在着危机",但是——特别值得玩味的是——关于**那**

些反对参加军事工业委员会**的孟什维克**他却**根本不谈**！关于他们，他在俄国没有看见过也没有听说过！

他说，在齐赫泽党团的 5 个成员中有 3 个反对"防御立场"（同组织委员会一样），**有两个赞成**。

他写道："那些为党团服务的人无法使党团中的多数改变他们所采取的立场。反对防御立场的一个地方的'发起小组'出来帮党团中多数的忙。"

那些为党团服务的人就是波特列索夫、马斯洛夫、正统派等这一类自称为社会民主党人的自由派知识分子先生。我们一再指出，这帮**知识分子**是机会主义和自由派工人政策的"策源地"，这一点**现在已由这个崩得分子证实了**。

他接着写道："生活提出来的〈不是普利什凯维奇和古契柯夫提出来的吗？〉……新机关即工人团，愈来愈成为工人运动的中心。〈作者谈的是古契柯夫式的，或用过去的术语来说，是斯托雷平式的工人运动，因为他不承认其他的工人运动！〉**在选举工人团时曾达成妥协：不是防御和自卫，而是救国，因为救国这个词的含义更广泛**。"

请看，**崩得分子**揭穿了齐赫泽，也揭露了马尔托夫所捏造的关于齐赫泽的谎言！齐赫泽和组织委员会**在把古契柯夫式的一伙人（格沃兹杰夫和布雷多等）选入军事工业委员会时曾达成妥协**。齐赫泽所使用的提法，就是同波特列索夫和格沃兹杰夫之流**妥协**！

马尔托夫过去和现在一直隐瞒这一点。

妥协并没有到此为止。宣言也是用妥协的方法草拟的。**崩得分子**认为这种妥协的特点是：

"**明确性消失了**。""党团多数和'发起小组'的代表仍然表示不满，因为这个宣言毕竟是在表述防御立场这一点上前进了一大步。""**妥协——实质上是德国社会民主党的立场,但对俄国也是适用的。**"

崩得分子就是这样写的。

看来,事情不是很明显吗? 只有一个党,即组织委员会的、齐赫泽的、波特列索夫的党。其中互相斗争的两派**进行协商**,达成妥协,仍然留在一个党内。妥协是**在**参加军事工业委员会的**基础上**达成的。现在争论的只是怎样说明"理由"(也就是欺骗工人的办法)。经过妥协以后所采取的"实质上是德国社会民主党的立场"。

怎么样? 我们说组织委员会的党是社会沙文主义的党,难道这不对吗? 作为一个党,难道组织委员会和齐赫泽同德国的休特古姆之流不是一样的吗?

连崩得分子也不得不承认他们同休特古姆之流一模一样!

齐赫泽之流和组织委员会虽然也对妥协"表示不满",但是他们无论何时何地都没有反对过这种妥协。

这是 1916 年 2 月的事情,而 1916 年 4 月马尔托夫带着"发起小组"**137**的委托书出现在昆塔尔,代表**整个**组织委员会。

这不是欺骗国际吗?

看看现在的结果吧! 波特列索夫、马斯洛夫和正统派创办了**自己的机关刊物《事业》**杂志,公开鼓吹护国主义,**聘请普列汉诺夫为撰稿人**,把德米特里耶夫、切列万宁、马耶夫斯基、格·彼得罗维奇等先生们这伙曾经作为取消派支柱的知识分子聚集在一起。我在 **1910 年 5 月**(《争论专页》)**138**以布尔什维克名义说过的关于**独立派-合法派集团**①最后团结一致的话,完全被证实了。

---

　① 见本版全集第 19 卷第 280—293 页。——编者注

《事业》杂志无耻地采取沙文主义和改良主义的立场。只要看看正统派女士怎样歪曲马克思的话,断章取义地把它引来作为同兴登堡联合的论据(是"哲学的"论据,可不是闹着玩的!),马斯洛夫先生怎样从各方面替改良主义辩护(特别是《事业》杂志第 2 期),波特列索夫先生怎样责备阿克雪里罗得和马尔托夫搞"最高纲领主义"和无政府工团主义,整个杂志怎样把防御责任硬说成是"民主"事业,并且小心翼翼地避开沙皇政府是不是为了掠夺的目的而进行这场镇压加利西亚、亚美尼亚等等的反动战争这个讨厌的问题,——只要看看这些事实就够了。

齐赫泽党团和组织委员会都默不作声。斯柯别列夫向"全世界的李卜克内西们"致敬,虽然**真正的**李卜克内西无情地揭穿并痛斥了**本国的**谢德曼分子和考茨基分子,而斯柯别列夫却经常同俄国的谢德曼分子(波特列索夫之流、契恒凯里等)和俄国的考茨基分子(阿克雪里罗得等)讲团结友好。

马尔托夫在《呼声报》**139**第 2 号(1916 年 9 月 20 日在萨马拉出版)上代表自己及其在国外的朋友宣布,拒绝给《事业》杂志撰稿,**同时**替齐赫泽辩白,**同时**(1916 年 9 月 12 日《通报》第 6 号)他要公众相信,似乎他同托洛茨基以及同《我们的言论报》分道扬镳,原因在于否认俄国资产阶级革命的"托洛茨基派"的思想,但是大家知道这是撒谎,马尔托夫退出《我们的言论报》,是因为后者不能容忍马尔托夫替组织委员会**辩白**! 马尔托夫在同一《通报》上替自己那种甚至使罗兰-霍尔斯特感到愤慨的欺骗德国公众的行为**辩护**,那种欺骗行为就是,他在用德文出版的小册子**140**里**恰恰**把彼得格勒和莫斯科的孟什维克的宣言中关于他们**同意参加**军事工业委员会的**那一部分**删去了!

请回忆一下马尔托夫在退出编辑部之前同托洛茨基在《我们的言论报》上的一次论战吧。马尔托夫责备托洛茨基说，直到现在他还不知道在紧要关头是不是要跟考茨基走。托洛茨基告诉马尔托夫说，他的作用就是充当把革命工人"引诱"到波特列索夫之流以及组织委员会的机会主义的、沙文主义的政党那边去的"钓饵"等等。

论战者双方都重复了**我们的**理由。双方都对。

不管他们怎样把齐赫泽之流的真相隐瞒起来，但真相还是大白于天下。齐赫泽的作用就是设法同波特列索夫之流妥协，用不肯定的或几乎是"左的"词句来**掩盖**机会主义的、沙文主义的政策。而马尔托夫的作用就是替齐赫泽辩白。

载于 1916 年 12 月《〈社会民主党人报〉文集》第 2 辑

译自《列宁全集》俄文第 5 版第 30 卷第 234—237 页

关于对倍倍尔在斯图加特代表大会上提出的决议案的修正案¹⁴¹

（1916 年 12 月）

我记得很清楚，在这个修正案最后定稿之前，我们直接同倍倍尔进行了长时间的商谈。初稿更直接得多地谈到了关于革命鼓动和革命行动的问题。我们曾把初稿交给倍倍尔看，他回答说：不能接受，因为那样检察当局会解散我们的党组织，在还没有出现任何严重的形势以前，我们不必那样做。后来同一些职业法学家商量，对行文作了多次修改，以便合法地表达同样的思想，终于找到了倍倍尔同意采用的方案。

载于 1916 年 12 月《〈社会民主党人报〉文集》第 2 辑

译自《列宁全集》俄文第 5 版第 30 卷第 238 页

给波里斯·苏瓦林的公开信[142]

（1916 年 12 月）

苏瓦林公民说，他的信也是写给我的。此外，他的文章涉及国际社会主义运动一些极其重要的问题，因此我更乐意回答他。

苏瓦林认为，那些以为"保卫祖国"同社会主义不相容的人的观点是"非爱国主义的"观点。他本人"保卫"虽然投票反对军事拨款，却又声明赞成"保卫祖国"的屠拉梯、累德堡、布里宗等人的观点，即所谓"中派"（我宁愿说它是"泥潭派"）或考茨基派（因该派在理论和著作方面的主要代表是卡尔·考茨基而得名）的观点。顺便指出，苏瓦林断言，"他们〈即谈论第二国际破产的俄国同志〉把像考茨基、龙格等等这样的人……同谢德曼和列诺得尔之类的民族主义者等同起来了"，他这样说是不正确的。无论是我或我所加入的党（俄国社会民主工党中央委员会），都从来没有把社会沙文主义者的观点同"中派"的观点等同起来。在我们党的正式声明中，即在中央委员会 1914 年 11 月 1 日发表的宣言和 1915 年 3 月通过的决议①（这两个文件已经**全文**转载在我们的小册子《社会主义与战争》里，这本小册子苏瓦林是知道的）中，我们始终把社会沙文主义者同"中派"区别开来。我们认为，前者已经转到资产阶级方面去了。对这种人，我们要求不仅进行斗争，而且实行决裂。而

---

① 见本版全集第 26 卷第 12—19、163—169 页。——编者注

后者是不坚定的、动摇的,他们力图把社会主义的群众同沙文主义的领袖联合起来,因而给无产阶级带来极大的危害。

苏瓦林说,他想"从马克思主义的观点来考察事实"。

但是,从马克思主义的观点来看,像"非爱国主义"这种一般化的抽象定义,是毫无价值的。祖国、民族——这是历史的范畴。如果在战争时期,问题是要保卫民主或反对民族压迫,我是决不反对这种战争的,如果"保卫祖国"这几个字是指进行这类性质的战争或起义,我并不害怕这几个字。社会主义者永远站在被压迫者一边,因此,他们不会反对以进行反对压迫的民主斗争或社会主义斗争为目的的战争。由此可见,否认1793年战争即法国反对反动的欧洲君主国的战争或加里波第战争等等的正当性,那是非常可笑的……　如果不愿意承认目前可能爆发的被压迫民族反对它们的压迫者的战争,如爱尔兰人反对英国的起义或摩洛哥反对法国、乌克兰反对俄国的起义等等的正当性,那是同样可笑的……

从马克思主义的观点来看,必须根据每一个具体情况,就每一次具体战争,确定战争的政治内容。

但是,怎样确定战争的政治内容呢?

任何战争都仅仅是政治的继续。当前的战争是哪种政治的继续呢?它是1871年到1914年间法、英、德三国社会主义和民主的唯一代表——无产阶级的政治的继续呢,还是帝国主义政治,即反动的、日趋衰落的、垂死的资产阶级进行殖民地掠夺和压迫弱小民族的政治的继续呢?

只要明确而正确地提出问题,就能得到十分清楚的答案:当前的战争是帝国主义战争,是奴隶主的战争,这些奴隶主是为了自己的耕畜而争吵,他们想巩固奴隶制,使之流传万世。这次战争就是

1899 年茹尔·盖得所说的那种"资本主义掠夺",所以他预先斥责了自己以后的背叛行为。那时盖得说:

> "有另外一些战争……它们每天都在发生,那就是争夺销售市场的战争。从这方面来看,战争不仅不会消失,反而很可能连绵不断。这多半是资本主义战争,是各国资本家为了利润,为了占有世界市场而让我们付出血的代价的战争。请设想一下,在欧洲每个资本主义国家里,由社会党人指挥这种为了掠夺而进行的相互残杀! 请设想一下,除法国的米勒兰之外,英国的米勒兰、意大利的米勒兰和德国的米勒兰都把无产者拖进这种资本主义的掠夺而使之彼此攻打! 同志们,我要问你们,那还有什么国际团结? 一旦米勒兰主义成为普遍现象,我们就不得不向一切国际主义'告别',而成为民族主义者,可是无论你们或我,都永远不会同意做民族主义者。"(见茹尔·盖得的《警惕!》(«En Garde!»)1911 年巴黎版第 175—176 页)

说法国在 1914—1917 年的这场战争中是为争取自由、民族独立和民主等等而斗争,那是不正确的……　法国是为了保持自己的殖民地和保持英国的殖民地而斗争,而德国是有更多的权利得到这些殖民地的,——当然,这是从资产阶级权利的观点来看。法国是为了把君士坦丁堡等地方送给俄国而斗争……　因此进行这场战争的,不是民主的革命的法国,不是 1792 年的法国,不是 1848 年的法国,不是公社的法国。进行这场战争的是资产阶级的法国,反动的法国,沙皇政府的盟国和朋友,"全世界的高利贷者"(这话不是我说的,是《人道报》[143]的一位撰稿人利西斯说的),它保护的是自己的赃物,是占有殖民地的"神圣权利",是用自己借给弱小民族或不富裕民族的数十亿款子来"自由"剥削全世界的"神圣权利"。

别说什么很难区别革命战争和反动战争吧。您想要我除了已经指出过的科学标准以外,再指出一个纯粹实际的、为大家所理解的标准吗?

　　这个标准就是：任何一个规模较大的战争都是事先准备好的。当正在准备革命的战争时，民主主义者和社会主义者**不怕预先声明**，他们主张在这种战争中"保卫祖国"。反之，当正在准备反动的战争时，任何一个社会主义者都**不敢事先**即在宣战以前决定他将在这种战争中赞成"保卫祖国"。

　　马克思和恩格斯在1848年和1859年并没有害怕号召德国人民参加反对俄国的战争。

　　然而，相反地，1912年在巴塞尔，社会党人却不敢说要在他们已经预料到的、而且在1914年真的爆发了的战争中"保卫祖国"。

　　我们党不怕公开声明，如果爱尔兰能够掀起反对英国的战争或起义，摩洛哥、阿尔及利亚和突尼斯能够掀起反对法国的战争或起义，的黎波里能够掀起反对意大利的战争或起义，乌克兰、波斯和中国能够掀起反对俄国的战争或起义等等，我们党是会同情这种战争或起义的。

　　而社会沙文主义者呢？"中派分子"呢？比方说，如果日本和美国之间爆发一场准备了几十年之久的、完全是帝国主义的、威胁着几千万人的战争，他们敢不敢公开地正式声明，他们赞成或者将赞成"保卫祖国"呢？请他们试试看！我敢担保他们不会这样做，因为他们心里非常清楚，如果他们敢于这样做，他们就会成为工人群众的笑柄，被工人群众嗤之以鼻，被赶出社会党。正因为如此，所以社会沙文主义者和"中派分子"将避免就这个问题公开发表任何声明，继续支吾其词、撒谎骗人、混淆问题，用法国社会党在1915年最近一次代表大会上所通过的关于"遭受进攻的国家有权进行自卫"的诡辩来敷衍了事。

　　好像问题在于**谁先进攻**，而不在于**战争的原因是什么，它的目**

的何在，哪些阶级在进行战争。例如，能不能设想，头脑健全的社会主义者在1796年，当革命的法国军队开始同爱尔兰人结盟的时候，可以承认英国有权"保卫祖国"呢？要知道，当时进攻英国的恰恰是法国人，而且法国军队甚至还准备在爱尔兰登陆。明天，如果俄国和英国接受了德国的教训，一旦遇到波斯联合印度、中国以及正在经历自己的1789年和1793年过程的亚洲其他国家的革命人民一起进攻时，我们能不能承认俄国和英国有权"保卫祖国"呢？

这就是我对说什么我们赞同托尔斯泰思想的那种非常可笑的责难的回答。我们党无论对托尔斯泰学说或和平主义都是反对的。它早就声明，社会党人应当在这次战争中竭力把它变成无产阶级为争取社会主义而反对资产阶级的国内战争。

如果您对我说，这是空想，那我就回答说，法英等国的资产阶级显然不会赞同您的意见，因为，如果它们没有预感到和预见到革命必然会日益增长和即将到来，那它们当然不会充当可耻而又可笑的角色，甚至监禁和征召"和平主义者"。

这使我联想到苏瓦林也提到的分裂问题。分裂！这是一个稻草人，社会党的领袖们极力用它来吓唬别人，他们自己也怕得要命！苏瓦林说："**现在**建立新的国际有什么好处呢？""它的活动不会有结果，因为它的人数很少。"

但是要知道，正是法国的普雷斯曼和龙格、德国的考茨基和累德堡的"活动"才是没有结果的，每天的事实都在证实这一点，**其原因就是他们害怕分裂**！而德国的卡·李卜克内西和奥·吕勒恰恰因为不害怕分裂，公开声明**必须**分裂（见吕勒1916年1月12日发表在《前进报》上的信），并且毫不动摇地实行分裂，所以，**尽管他们人数不多**，他们的活动对无产阶级具有伟大的意义。李卜克内西和吕勒仅仅是两个人对 108 个人。但是这两个人却代表千百万人，代表被剥削的群众，代表大多数居民，代表人类的未来以及日益发展和成熟的革命。而那 108 个人只是代表在无产阶级队伍中一小撮资产阶级奴仆惯于拍马屁的本性。当布里宗也有中派或泥潭派那种弱点的时候，他的活动是没有结果的。可是相反地，当布里宗在行动上破坏"统一"，当他在议会中勇敢地高呼"打倒战争！"或者当他公开说出真相，声明协约国打仗是为了把君士坦丁堡送给俄国的时候，他的活动就不再是没有结果的了，就是在组织无产阶级，唤醒和激励无产阶级。

真正革命的国际主义者为数很少？这是无稽之谈！且看看 1780 年法国和 1900 年俄国的例子吧。觉悟的和坚定的革命者在前一种情况下是那个时代的革命阶级——资产阶级的代表，而在后一种情况下是当代革命阶级——无产阶级的代表，他们当时为数极少，只是个别人，顶多只占本阶级的 $\frac{1}{10\,000}$，甚至只占 $\frac{1}{100\,000}$，但是过了几年以后，这些极其个别的人，这些似乎是极其微不足道的少数人，却使群众，使几百万、几千万人跟着他们走了。为什么呢？因为这少数人真正代表这些群众的利益，因为他们相信即将到来的革命，因为他们准备全心全意为革命服务。

人数很少吗？但是从什么时候起，革命者是根据自己占多数还是占少数来提出自己的政策呢？当我们党在 1914 年 11 月宣布必须同机会主义者分裂①，并且声明这种分裂将是对他们 1914 年 8 月的背叛行为的唯一正确和应有的回答时，在许多人看来，这个声明无非是那些完全脱离生活和脱离实际的人的宗派主义的狂妄

----

① 见本版全集第 26 卷第 12—19 页。——编者注

行为。但是，请看看两年以后发生的事情。在英国，分裂已是既成事实；社会沙文主义者海德门不得不离开党。在德国，大家亲眼看到分裂日益加深。柏林、不来梅和斯图加特的组织甚至光荣地被开除出党……被开除出德皇走狗的党，即德国的列诺得尔、桑巴、托马、盖得之流这些先生们的党。而法国呢？一方面，这些先生们的党声明，它仍然拥护"保卫祖国"；另一方面，齐美尔瓦尔德派在自己的《齐美尔瓦尔德的社会党人与战争》这本小册子里却声明"保卫祖国"不是社会党人的事情。这难道不是分裂吗？

在这次最大的世界危机持续了两年之后，对无产阶级当前策略的最重要问题作出截然相反的回答的人，怎么能够在一个党内真心诚意地同心协力地工作呢？

再看看美国这个中立国家吧。那里不是也开始分裂了吗？一方面，尤金·德布兹，这位"美国的倍倍尔"，在社会党人的刊物上声明，他只承认一种战争，即争取社会主义胜利的国内战争，他宁愿被杀死，也不愿投票赞成哪怕是拿一分钱去做美国的军费（见1915年9月11日《向理智呼吁报》[144]第1032号）。但是另一方面，美国的列诺得尔和桑巴之流却宣布"保卫祖国"和"准备战争"。美国的龙格和普雷斯曼之流——可怜虫！——则竭力使社会沙文主义者同革命的国际主义者和好。

现在已存在着两个国际。一个是桑巴—休特古姆—海德门—普列汉诺夫之流的国际，另一个是卡·李卜克内西、马克林（苏格兰的一位教员，他因为支持工人的阶级斗争而被英国资产阶级判处苦役）、霍格伦（瑞典的一位议员，他因为进行反战的革命鼓动而被判处苦役，在齐美尔瓦尔德曾经是"齐美尔瓦尔德左派"的创始人之一）以及因从事反战的鼓动而被判处终生流放西伯利亚的5

名国家杜马代表等人的国际。一方面,是那些**帮助本国政府进行帝国主义战争**的人的国际,另一方面,是那些**为反对这场战争而进行革命斗争**的人的国际。因此,无论议会吹牛家的雄辩或社会主义"大政治家"的"外交手腕",都无法使这两个国际统一起来。第二国际已寿终正寝。第三国际已经诞生。尽管它还没有接受第二国际的主教们和神父们的洗礼,反而被他们革出教门(见王德威尔得和斯陶宁格的演说),但是,这并不妨碍它天天获得新的力量。第三国际将使无产阶级有可能摆脱机会主义者的影响,它一定能在日益成熟和日益临近的社会革命中领导群众走向胜利。

在结束这封信以前,我应当对苏瓦林本人的论战答复几句。他要求(住在瑞士的社会党人)缓和针对伯恩施坦、考茨基和龙格等人个人的批判……　从我这方面来说,我不能同意这种请求。首先我要向苏瓦林指出,我对"中派分子"不是进行个人的批判,而是进行政治上的批判。休特古姆、普列汉诺夫之流这班先生们对群众的影响已经无法挽回:他们已经威信扫地,以至于到处都要警察来保护。但是"中派分子"宣传"统一"和"保卫祖国",力求达成妥协,拼命用种种言论来掩饰最深刻的分歧,这给工人运动造成极大的危害,因为这会延缓社会沙文主义者道义威望的彻底破产,因而也就会保持社会沙文主义者对群众的影响,使第二国际机会主义者的僵尸复活。根据这一切理由,我认为反对考茨基和"中派"其他代表人物的斗争,是我的社会主义天职。

苏瓦林除了向别的一些人呼吁之外,还向"吉尔波、列宁以及一切具有置身于'搏斗之外'这种优越条件的人发出呼吁,这种优越条件常常使人可以对社会主义运动中的一些人和事作出正确的判断,但本身可能也包含着某些不便之处"。

　　暗示是明显的。累德堡在齐美尔瓦尔德直截了当地讲过这个意思，他责备我们"齐美尔瓦尔德左派"从国外向群众发出革命的号召。我不妨对苏瓦林公民重复一下我在齐美尔瓦尔德向累德堡说过的话。自从我在俄国被捕以后，到今天已经有29年了。在这29年当中，我没有停止过向群众发出革命的号召。我在监狱里，在西伯利亚，后来在国外都这样做。我在革命的刊物上也经常看到那种与出自沙皇检察官之口的相似的"暗示"，这些"暗示"责备我不够正大光明，因为我在国外向俄国的群众发出革命的号召。这些"暗示"出自沙皇的检察官之口是不足为奇的。但是，老实说，我曾等待累德堡提出别的论据。累德堡大概忘记了，马克思和恩格斯在1847年起草他们有名的《共产党宣言》时，也是从国外向德国工人发出革命的号召！如果没有一些革命者流亡国外，往往就不可能有革命斗争。法国就不止一次地提供过这种经验。苏瓦林公民如果不学累德堡和……沙皇检察官的坏榜样，那也许会好一些。

　　苏瓦林还说，托洛茨基"被我们〈法国少数派〉看做是国际内极左派当中最左的一个，却被列宁随随便便地斥之为沙文主义者。应当承认，这有点过分"。

　　是的，当然"这有点过分"，但过分的不是我，而是苏瓦林。因为我从来没有斥责过托洛茨基的立场是沙文主义的立场。我指责他什么呢？我指责他经常在俄国提出"中派"的政策。请看事实。俄国社会民主工党从1912年1月起就正式分裂了[145]。我们党（团结在中央委员会周围的一派）责备另一派即组织委员会（它的最有名的领袖是马尔托夫和阿克雪里罗得）搞机会主义。托洛茨基曾经加入过马尔托夫的党，只是在1914年才脱离它。那时候战争已经到来了。我们这一派的杜马党团的 5 个成员（穆拉诺夫、彼得罗夫斯基、沙果夫、巴达耶夫和萨莫伊洛夫）都被流放到西伯利亚。我们的工人在彼得格勒投票**反对**参加各级军事工业委员会（对我们来说，这是一个最重要的实际问题；它对俄国如此重要，就好像法国的关于参加政府的问题一样）。另一方面，组织委员会中最著名最有威望的著作家波特列索夫、查苏利奇和列维茨基等人却赞成"保卫祖国"，赞成参加各级军事工业委员会。马尔托夫和阿克雪里罗得虽然提出抗议并且反对参加这些委员会，但是并没有同他们那个党断绝关系，该党内有一派已经成了沙文主义的，同意参加各级军事工业委员会。因此，我们在昆塔尔也责备过马尔托夫，说他想代表整个组织委员会，可是实际上他也许只能代表其中的一派。后来该党在杜马中的代表（齐赫泽、斯柯别列夫等人）发生了意见分歧。这些代表中一部分人赞成"保卫祖国"，另一部分人反对。可是他们都赞成参加各级军事工业委员会，并且使用模棱两可的必须"救国"的说法，而这实质上无非是用另外的字眼表达休特古姆和列诺得尔的"保卫祖国"口号。不但如此，他们也决不反对波特列索夫的立场（其实波特列索夫的立场同普列汉诺夫的立场是一样的；马尔托夫所以公开反对波特列索夫并且拒绝给他的杂志撰稿，是因为他已邀请普列汉诺夫撰稿）。

而托洛茨基呢？他一方面同马尔托夫的党断绝了关系，但又继续责备我们，说我们是分裂派。他向左转了一点，甚至建议同俄国社会沙文主义者的领袖们决裂，但是他没有彻底向我们说明，他愿意同齐赫泽党团统一还是分裂。而这恰恰是一个极重要的问题。事实上，如果明天实现和平，那么我们后天就将再次进行杜马选举。那时我们马上就会面临一个问题：我们同齐赫泽站在一起呢,还是反对他? 我们反对这种联合。马尔托夫赞成。而托洛茨基呢? 不知道。托洛茨基是在巴黎出版的俄文报纸《我们的言论报》的编辑之一,该报已经出了 500 号,可是其中连一句肯定的话也没有说过。因此我们不能同意托洛茨基。

但是问题不仅仅在我们。托洛茨基在齐美尔瓦尔德不愿意参加"齐美尔瓦尔德左派"。当时托洛茨基和罕·罗兰-霍尔斯特同志代表"中派"。请看罗兰-霍尔斯特同志现在在荷兰社会党人的《论坛报》[146](1916 年 8 月 23 日第 159 号)上所写的一段话吧:"谁要是像托洛茨基和他那个集团那样愿意进行反对帝国主义的革命斗争,谁就应当克服流亡者之间的意见分歧(其中大部分带有十足的个人性质而且是分裂极左派的)所造成的后果,谁就应当参加列宁派。'革命的中派'是不可能有的。"

很抱歉,我对我们同托洛茨基和马尔托夫的关系说得太多了。法国社会党人的刊物经常谈这个问题,可是它提供给读者的消息往往很不确切。应当使法国的同志们更好地了解有关俄国社会民主主义运动的事实。

列　宁

载于 1918 年 1 月 27 日《真理报》(法文)第 48 号(非全文)

全文载于 1929 年《无产阶级革命》杂志第 7 期

译自《列宁全集》俄文第 5 版第 30 卷第 261—272 页

关于 1905 年革命的报告[147]

(1917 年 1 月 9 日〔22 日〕)

青年朋友们,同志们!

今天我们纪念"流血星期日"十二周年,我们有充分理由把这一天看做俄国革命的开端。

成千上万的工人——他们并不是社会民主主义者,而是信仰上帝、忠于皇上的人——在加邦神父的率领下,从城内各个地方前往首都中心区,前往冬宫前的广场,以便向沙皇呈递请愿书。工人们举着圣像前进,而他们当时的领袖加邦已经上书沙皇,保证他的人身安全,请求他出来接见人民。

军队调来了。轻骑兵和哥萨克挥舞军刀扑向人群,开枪扫射跪下来央求哥萨克放他们过去谒见沙皇的手无寸铁的工人。根据警察局的报告,当场死了 1 000 多人,伤了 2 000 多人。工人的愤怒不是笔墨所能形容的。

这就是 1905 年 1 月 22 日流血星期日的大致情况。

为了使你们更清楚地了解这个事件的历史意义,我不妨把工人的请愿书念几段给你们听听。请愿书的开头是这样的:

"我们,住在彼得堡的工人,特来求见陛下。我们是些不幸的、受到侮辱的奴隶,我们备受专横暴政的欺压。当我们忍无可忍的时候,我们停止了工作,请求我们的厂主哪怕是给我们生活中必不可少的东西。但是这个要求被拒绝了,因为厂主认为这一切都是不合法的。我们这里成千上万的工人也像

全俄国的人民一样,没有一点人权。由于陛下的官吏之故,我们已变成了
奴隶。"

请愿书列举了下面的要求:实行大赦,实现舆论自由,发给正
常的工资,逐步把土地转交给人民,根据普遍的、平等的选举召开
立宪会议。请愿书最后写道:

"陛下!请不要拒绝帮助您的人民!请消除陛下和人民之间的隔阂吧!
请陛下降旨,并宣誓实现我们的请求,那时陛下将使俄国变成一个幸福的俄
国;否则,我们就准备死在这里。我们只有两条道路:不是自由和幸福,就是
坟墓。"

现在人们读这份由神父领导的没有文化教养的工人的请愿
书的时候,会产生一种特殊的感觉。人们不禁会感到,这份天真
的请愿书同那些想以社会主义者自居、实际上不过是资产阶级
清谈家的社会和平主义者目前作出的各种和平决议,颇为相似。
革命前俄国的没有受过教育的工人不知道:沙皇是一个**统治阶
级**即大地主阶级的首脑,这些大地主已经同大资产阶级有千丝
万缕的联系,并且准备用一切暴力手段来维护他们的垄断、特权
和利润。今天的社会和平主义者总想以"受过高等教育的"人士
自居——可不是开玩笑的! ——但是他们不知道,期待正在进
行帝国主义强盗战争的资产阶级政府来实现"民主的"和平,正
如以为通过和平请愿能推动血腥的沙皇实行民主改革的想法一
样,是非常愚蠢的。

尽管这样,他们之间仍然有很大的区别:今天的社会和平主义
者在很大程度上是伪君子,他们企图通过心平气和的劝说使人民
脱离革命斗争;而革命前俄国没有受过教育的俄国工人,却用事
实证明了他们是正直的人,他们第一次觉醒过来,开始具有政治

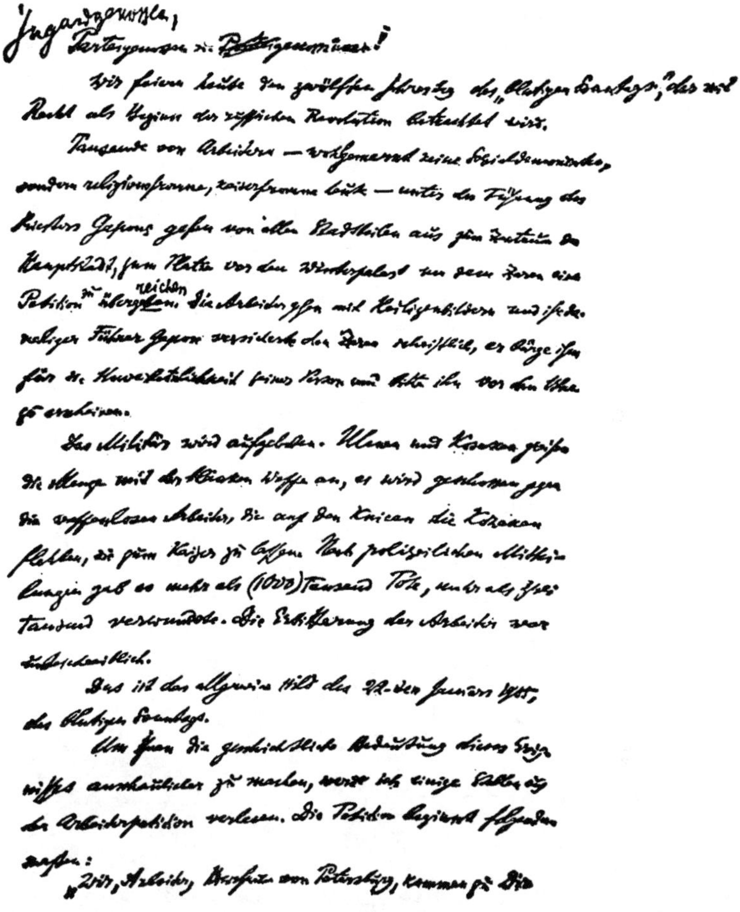
Jugendgenossen,
Parteigenossen u. ~~Partei~~genossinnen!

Wir feiern heute den zwölften Jahrestag des „Blutigen Sonntags", der mit Recht als Beginn der russischen Revolution betrachtet wird.

Tausende von Arbeitern — wohlgemerkt keine Sozialdemokraten, sondern religiösfromme, kaisertreue Leute — unter der Führung des Priesters Gapon gehen von allen Stadtteilen aus zum Zentrum der Hauptstadt, zum Platze vor dem Winterpalast um dem Zaren eine Petition zu überreichen. Die Arbeiter gehen mit Heiligenbildern und ihr damaliger Führer Gapon versicherte den Zaren schriftlich, er bürge ihm für die Unverletzlichkeit seiner Person und bitte ihn vor dem Volke zu erscheinen.

Das Militär wird aufgeboten. Ulanen und Kosaken greifen die Menge mit der blanken Waffe an, es wird geschossen gegen die waffenlosen Arbeiter, die auf den Knieen die Kosaken flehten, sie zum Kaiser zu lassen. Nach polizeilichen Mitteilungen gab es mehr als (1000) Tausend Tote, mehr als zwei tausend Verwundete. Die Erbitterung der Arbeiter war unbeschreiblich.

Das ist das allgemeine Bild des 22-ten Januars 1905, des Blutigen Sonntags.

Um Ihnen die geschichtliche Bedeutung dieses Ereignisses anschaulicher zu machen, werde ich einige Stellen aus der Arbeiterpetition verlesen. Die Petition beginnt folgendermaßen:

„Wir, Arbeiter, Einwohner von Petersburg, kommen zu Dir

1917年列宁《关于1905年革命的报告》手稿第1页

（按原稿缩小）

觉悟。

　　而 1905 年 1 月 22 日的历史意义,恰恰在于广大人民群众的这种觉醒:他们开始具有政治觉悟并且起来进行革命斗争。

　　"俄国还没有革命的人民",——当时俄国自由派的领袖彼得·司徒卢威先生在"流血星期日"**前两天**这样写道,他那时在国外办了一个自由的、秘密的刊物。在这位"受过高等教育的"、高傲自大的和愚蠢透顶的资产阶级改良主义者的领袖看来,认为没有文化的农民国家能够产生革命的人民,这种想法是荒谬绝伦的!当时的改良主义者正如现在的改良主义者一样,深信不可能发生真正的革命!

　　1905 年 1 月 22 日(俄历 9 日)以前,俄国的各革命党派都是由很少的一群人组成的,而当时的改良主义者(也正像现在的改良主义者一样!)骂我们是"宗派"。几百名革命组织者,几千名地方组织的成员,每月最多不过出版一次的半打革命小报(这些小报主要是在国外出版,经过重重困难,付出重大代价,辗转寄到俄国),这就是 1905 年 1 月 22 日以前以革命的社会民主党为首的俄国各革命党派的情况。这种情况就给既目光短浅又目空一切的改良主义者提供了一种表面上的理由,断言俄国还没有革命的人民。

　　但是,在几个月之内,情况就大变了!几百名革命的社会民主党人"突然"增加到了几千名,这几千名革命的社会民主党人又成了两三百万无产者的领袖。无产阶级的斗争在 5 000 万—10 000 万农民群众当中引起了巨大的风潮,在有的地方还引起了革命运动;农民运动得到了军队的响应,又引起了军人的起义,并且使得一部分军队同另一部分军队发生武装冲突。于是这个拥有 13 000 万人口的大国就陷入了革命之中,于是这个昏睡的俄国就变成了革命无产阶级和革命人民的俄国。

必须研究这次转变,了解它的可能性,它的所谓方法和道路。

这次转变的最重要手段就是**群众性的罢工**。俄国革命的特点就在于:按其社会内容来说是**资产阶级民主革命**,按其斗争手段来说却是**无产阶级**革命。这次革命之所以是资产阶级民主革命,因为它直接追求的而且依靠自己的力量所能够直接达到的目的,是建立民主共和国、实行八小时工作制和没收大量的贵族大地产,即1792年和1793年的法国资产阶级革命大部分已经实现了的一些措施。

俄国革命同时也是无产阶级革命,不仅因为无产阶级是运动的领导力量和先锋队,而且还因为无产阶级特有的斗争手段即**罢工**,是发动群众的主要方法,是种种具有决定意义的事件波浪式前进中的最突出的现象。

俄国革命是世界历史上群众性的政治罢工起了非常巨大作用的**第一次**——但决不是最后一次——伟大的革命。是的,如果不根据**罢工的统计材料**来研究俄国革命的种种事件以及革命的政治形式更换的**基础**,那就永远也不能了解这些事件以及政治形式的更换。

我很清楚地知道,干巴巴的统计数字是非常不适合作口头报告的,是会把听众吓跑的。但是为了使你们能够估价整个运动的真正客观基础,我还是不能不引证几个化成整数的数字。俄国在革命前**10**年内,罢工者的人数平均每年为43 000。所以在革命前整整10年里,罢工者的总数为43万。1905年1月,即革命的第一个月内,罢工者的人数为44万。这就是说,在仅仅**1个月**之内就比在过去整整10年中还**多**!

在世界上任何一个资本主义国家,甚至在最先进的国家如英国、美国和德国,都没有发生过像 1905 年俄国那样大规模的罢工运动。罢工者的总数为 280 万,比工厂工人总数多一倍! 这当然不是说,俄国城市工厂工人比他们的西欧弟兄教育程度更高、更有力量或斗争能力更强。其实恰好相反。

但是,这表明无产阶级的潜力是多么巨大。这表明,在革命时期——根据俄国历史上的最确切的材料,我可以毫不夸大地肯定说——无产阶级**能够**发挥比平时大**一百倍**的斗争力量。这表明,人类直到 1905 年还不知道,当要真正为了伟大目标而斗争、真正革命地进行斗争的时候,无产阶级的力量可以并且一定会增加到多么令人吃惊、多么了不起的程度!

俄国革命的历史告诉我们,最英勇不屈、最奋不顾身地进行斗争的,正是雇佣工人的先锋队,雇佣工人的精华。工厂的规模愈大,罢工就进行得愈顽强,在同一年内罢工的次数就愈多。城市愈大,无产阶级在斗争中的作用也就愈大。在工人觉悟程度最高和人数最多的三个大城市——彼得堡、里加和华沙,罢工的人数,按工人总数的比例来说,要比其他一切城市的罢工人数多得多,更不用提农村了。[1]

俄国的五金工人——在其他资本主义国家大概也一样——是无产阶级的先锋队。在这里我们看到一个富有教益的事实:在 1905 年,俄国全国每 100 个工厂工人当中,罢工者有 160 人次。而在同年,每 100 个**五金工人**当中,罢工者有 320 人次! 据统计,在 1905 年,每一个俄国工厂工人因为罢工平均要损失 10 个卢布

---

[1]　手稿上这一段被勾去了。——俄文版编者注

（按战前汇率，约合 26 个法郎），可以说这是为了斗争而作出的牺牲。如果我们只拿五金工人来说，那么我们所得到的数目就要比这**大两倍**！工人阶级最优秀的分子走在前面，吸引动摇者，唤醒沉眠者，鼓励软弱者。

一个突出的特点是，在革命时期**经济**罢工和政治罢工交织在一起。毫无疑问，只有把这两种罢工形式紧密结合起来，才能保证运动具有强大的威力。如果被剥削的广大群众不是每天都直接看到一些例子，说明各个工业部门的雇佣工人怎样迫使资本家立即直接改善他们的生活状况，那么要把这些群众吸引到革命运动中来是不可能的。这个斗争使全俄国人民群众的精神面貌为之一新。只是到这个时候，农奴制的、沉睡不醒的、宗法制的、虔信宗教的、恭顺的俄国，才真正从自己身上抛掉了旧亚当[148]；只是到这个时候，俄国人民才受到了真正民主的、真正革命的教育。

如果说资产阶级先生们以及他们的俯首帖耳的应声虫，即社会党内的改良主义者，也装模作样地谈论"教育"群众，那么他们所谓的教育通常是指摆出一副老师架子，搞学究式的东西，腐蚀群众，向群众灌输资产阶级偏见。

离开群众本身的独立政治斗争特别是革命斗争，在这种斗争之外，永远不可能对群众进行真正的教育。只有斗争才能教育被剥削的阶级，只有斗争才能使它认识到自己的力量有多大，扩大它的眼界，提高它的能力，启迪它的智力，锻炼它的意志。因此，甚至连反动派也不得不承认，1905 年这个斗争的一年，这个"疯狂的一年"，把宗法制的俄国最终埋葬了。

现在我们进一步来看看 1905 年罢工斗争时俄国五金工人和纺织工人的对比情况。五金工人是工资最高、最有觉悟、最有文化的无产者。1905年，俄国纺织工人的人数，比五金工人多一倍半以上，他们是最落后的、工资最低的群众，他们往往还没有同自己在乡间的农民家庭完全割断联系。这里我们可以看到如下的非常重要的事实。

在整个1905年当中，特别是在年底，五金工人的罢工表明，政治罢工超过了经济罢工。反之，我们看到，在纺织工人当中，1905年初，**经济**罢工占压倒优势，只是到年底才转变为政治罢工占优势。因此，显而易见，只有经济斗争，只有为争取立即直接改善其生活状况的斗争，才能唤醒被剥削群众最落后的部分，才能给他们真正的教育，并且——在革命时代——在短短几个月之内把他们组成政治战士的军队。

要做到这一点，当然必须使工人的先锋队不要把阶级斗争理解成为少数上层分子谋利益的斗争，如同改良主义者经常蒙骗工人的那样，而要使无产者真正成为大多数被剥削者的先锋队，引导这大多数人本身参加斗争，如同在1905年的俄国曾经发生的情形那样，如同在即将到来的欧洲无产阶级革命中无疑应当发生而且一定会发生的情形那样。[①]

1905年初，在全国出现了第一次罢工运动的巨大浪潮。同年春天，我们看到第一次大规模的，不仅是经济的而且是政治的**农民运动**已在俄国兴起。这个转折具有什么样的划时代的意义，只有记得如下情况的人才能了解，这种情况就是：俄国的农民只是在1861年才摆脱了最恶劣的农奴制度，他们大部分人都是文盲，生活极其贫困，受地主压迫，被神父愚弄，由于相隔很远，交通几乎完

① 手稿上以上四段被勾去了。——俄文版编者注

全闭塞,他们互相不通往来。

1825 年俄国第一次发生了反对沙皇制度的革命运动,参加这次运动的几乎全是贵族。[149]从那时候起,到 1881 年亚历山大二世被恐怖分子刺死时止,站在运动前列的都是中间等级的知识分子。他们发扬了高度的自我牺牲精神,并且以自己英勇的、恐怖主义的斗争方法震惊了全世界。毫无疑问,这些牺牲并不是枉然的,他们直接或间接地促进了以后俄国人民的革命教育。但是他们的直接目的,即唤起人民革命这个目的,并没有达到而且也不可能达到。

只有无产阶级的革命斗争才达到了这个目的。只有蔓延全国的群众性罢工浪潮,加上日俄帝国主义战争的惨痛教训,才把广大的农民群众从沉睡中唤醒。"罢工者"这个词在农民中间获得了新的意义:它的含义同叛逆者、革命者之类的词相近,而这以前是由"大学生"这个词表达的。但是"大学生"属于中等阶层,属于"有学问的人",属于"绅士",所以他们对于人民是异己的。相反,"罢工者"却来自民间,本身也是被剥削者;他们被赶出彼得堡之后,常常回到农村,向自己的农村同志们讲述那已经烧遍了城市的、既反对资本家也反对贵族的烈火。在俄国农村中出现了新型的人——青年农民,即所谓"有觉悟的人"。他们同"罢工者"联系,他们读报纸,向农民讲述城里发生的事件,向农村的同志们解释政治要求的意义,并且号召他们去进行反对贵族大地主、反对神父和官吏的斗争。

农民成群地聚集起来,讨论自己的处境,逐渐地加入了斗争:他们成群结队地起来反对大地主,烧毁他们的邸宅和庄园,或者抢劫他们的财物,夺取他们的粮食和其他的生活用品,打死警察,要求把贵族的土地即大地产转交给人民。

1905 年春天,农民运动还只是处于萌芽状态,它所波及的县份还只是少数,即 $1/7$ 左右。

但是,城市无产阶级的群众性罢工和农村农民运动的结合,已足以动摇沙皇政府最"牢固的"和最后的支柱。我指的是**军队**。

海军和陆军中的**军人起义**开始了。在革命时期,每次罢工运动和农民运动浪潮的高涨,都伴随着全国各地的军人起义。其中最有名的一次起义就是黑海舰队"波将金公爵"号装甲舰的起义。"波将金公爵"号装甲舰落入起义者手中之后,参加了敖德萨的革命,这次革命失败后,曾企图占领其他港口(如克里木的费奥多西亚),也没有成功,终于在康斯坦察投降了罗马尼亚当局。

现在我来跟你们详细谈谈黑海舰队这次起义中的一段小插曲,使你们能够具体了解事件发展到高潮时的情况:

"革命的工人和水兵举行会议,这些会议日益频繁起来。因为不准军人参加工人的群众大会,所以工人就成群结队地开始来参加士兵的群众大会。参加会议的有成千上万的人。共同起事的主张获得了热烈的响应。在一些进步的连队里选出了代表。

于是军事当局决定采取措施。有些军官企图在群众大会上发表'爱国的'演说,可是结果很惨:那些善于争论的水兵迫使自己的长官抱头鼠窜。由于这种办法不灵,便决定完全禁止召开群众大会。1905 年 11 月 24 日早晨,把一个全副武装的战斗连布置在海军营房的大门口。海军少将皮萨列夫斯基厉声命令说:'不准任何人走出营房! 违者枪毙!'水兵彼得罗夫从接受命令的这个连里走出来,当众把子弹上了膛,第一枪打死了比亚韦斯托克团里的上尉施泰因,第二枪打伤了海军少将皮萨列夫斯基。一个军官指挥说:'逮捕他!'可是大家一动也没有动。彼得罗夫把自己的枪丢在地上说:'你们干吗站着不动? 把我抓起来吧!'彼得罗夫被逮捕了。水兵们马上就从四面八方蜂拥而上,激烈地要求释放彼得罗夫,并且表示他们愿意给他担保。激愤的情绪达到了顶点。

——彼得罗夫,开枪是因为走火,对吗? ——为了打开僵局,一个军官这样问道。

——怎么是走火呢？我走了出来，装上子弹，瞄准开枪，难道这是走火吗？

——他们都要求释放你……

彼得罗夫终于被释放了。但是水兵们并不以此为满足，于是逮捕了所有的值勤军官，解除了他们的武装，并且把他们押送到办公室……　约有 40 人的水兵代表商讨了一个通宵。决定释放这些军官，但是不准他们再到营房里来……"

这段不长的描述形象地告诉你们，多数军人起义事件是怎样发生的。人民中间的革命风潮不能不影响到军队。值得注意的是，运动的领袖都是海军和陆军中的**那样一些**分子，他们主要是从产业工人中征募来的，他们有高度的技术素养，例如**工兵**。但是广大的群众都还太幼稚，太温和，太宽大，太富有基督教徒式的情绪。他们很容易激动，只要有一点不平，或者长官态度粗暴，伙食不好等等，都能引起他们的愤怒。但是缺乏坚毅的精神，对任务没有明确的认识。他们不了解，只有坚决继续进行武装斗争，战胜一切军事当局和民政当局，推翻政府和夺取全国政权，才是革命成功的唯一保证。

广大的海陆军士兵群众很容易哗变。但是他们也很容易做出像释放被捕军官这样幼稚的蠢事；他们轻信当局的诺言和劝说；这样当局就赢得了宝贵的时间，获得了援兵，瓦解了起义者的力量，最后就实行极其残酷的镇压，并且把领导者处死。

把 1905 年俄国的军人起义和 1825 年十二月党人的军人起义对比一下是特别有趣的。在 1825 年，领导政治运动的几乎全是军官，即由于在拿破仑战争期间接触到欧洲的民主思想而受了感染的一些贵族军官。当时还是由农奴组成的士兵群众抱消极态度。

1905 年的历史向我们表明的情形却完全相反。当时的军官，除少数人外，不是具有资产阶级自由主义和改良主义情绪，就是具有直接反革命的情绪。而身穿军装的工人和农民则是起义的灵魂：运动成了人民性的运动，它在俄国历史上第一次席卷了大多数被剥削者。当时所缺少的东西，一方面是群众缺乏刚毅果断的精神，极容易犯轻信的毛病，另一方面是身穿军装的革命社会民主党工人还缺乏组织，他们不懂得要掌握领导权，要领导革命的军队并且向政府的权力发动进攻。

顺便说一说，这两个缺点不仅会被资本主义的一般发展而且会被目前的战争所消除，——这也许比我们所希望的要慢一些，但那是确定无疑的……①

无论如何，俄国革命的历史，同1871年巴黎公社的历史一样，使我们得到了一次无可争辩的教训：除非通过人民的军队的这一部分反对其另一部分的胜利斗争，在任何时候和任何场合下用任何其他的方式方法，都不可能战胜和消灭军国主义。光靠指责、咒骂、"否定"军国主义，批评和证明它的危害性是不够的，和平地拒绝服兵役是愚蠢的，我们的任务在于牢牢保持无产阶级的革命意识，并且不仅一般地而且具体地培养它的优秀分子，使他们在人民中一旦发生大风潮的时候能领导革命的军队。

任何一个资本主义国家的每天的经验，都是这样教导我们的。这些国家所经历的每个"小"危机，都小规模地向我们显示战斗的因素和萌芽，而这些战斗在大危机中不可避免地要大规模地反复进行。比如，任何一次罢工不是资本主义社会的小危机又是什么呢？普鲁士内务大臣冯·普特卡默先生说过一句有名的话："在每

---

① 手稿上以上三段被勾去了。——俄文版编者注

一次罢工中都潜伏着革命这条九头蛇[150]。"他说得难道不对吗？在一切资本主义国家里，甚至在所谓最和平、最"民主的"资本主义国家里，一发生罢工就调动军队，这不是向我们表明，在真正的**大危机**中，事情会是**怎样**的吗？

现在我必须回头谈俄国革命的历史。

我已经向你们说明，无产阶级的罢工怎样震撼了全国，震撼了最广大、最落后的被剥削者阶层，农民运动是怎样开始的，它怎样得到军人起义的配合。

1905 年秋天，整个运动达到了最高点。8 月 19 日（6 日），沙皇颁布了成立帝国代表机关的诏书。所谓布里根杜马应当根据选举法建立，可是这个选举法规定只有少得可笑的人数有选举权并且**没有**赋予这个特殊的"议会"任何立法权，而只是给它以**咨议**协商的权力！

资产阶级、自由派、机会主义者都准备用双手来接受吓得魂不附体的沙皇的这份"礼物"。同所有的改良主义者一样，1905 年俄国的改良主义者也同样不能了解：在某种历史情况下，改良特别是关于改良的诺言所追求的**唯一**目的，就是要平息人民的风潮，迫使革命的阶级停止斗争，或者至少是要放松斗争。

俄国革命社会民主党非常清楚地了解 1905 年 8 月钦赐、施舍假宪法这种做法的真正性质。因此它及时地提出了口号：不要"咨议性"杜马！抵制杜马！打倒沙皇政府！继续进行革命斗争，以便推翻沙皇政府！在俄国召集第一个真正人民代表会议的不应当是沙皇，而应当是临时革命政府！

历史证明了革命社会民主党人是正确的，因为**布里根杜马**始终没有召集起来。它还没有召集就被革命的风暴扫除了；革命的风暴迫使沙皇颁布新的选举法,这个选举法大大增加了选举者的人数,并且承认了杜马具有立法的性质。①

　　1905年的10月和12月,标志着俄国革命上升线的最高点。人民的革命力量的一切源泉比从前更广泛地涌现出来了。参加罢工的人数,正像我已经告诉你们的,在1905年1月是44万,1905年10月超过了**50万**,请注意,这仅仅是一个月的数字! 并且这**只是工厂工人的罢工人数**,几十万铁路工人、邮电职员等尚未计算在内。

　　俄国的铁路总罢工使铁路运输中断了,使政府权力严重地陷于瘫痪。大学的大门被打开了,讲堂在平时是专门用教授的哲理麻醉青年人的头脑、使他们成为资产阶级和沙皇政府忠实奴仆的地方,现在却变成千千万万的工人、手工业者、职员公开地、自由地讨论政治问题的集会场所了。

　　出版自由争到了。书报检查干脆被取消了。任何一个出版者都不敢向当局呈送审查样本,而当局也不敢采取任何措施来加以干涉。在俄国历史上,第一次在彼得堡和其他城市自由地出版革命的报纸。仅仅在彼得堡就有社会民主党的三种日报,印数在5万份到10万份之间。

　　无产阶级走在运动的前列。他们给自己提出的任务是用革命手段争取八小时工作制。那时彼得堡无产阶级的战斗口号是:"**八小时工作制和武器!**"愈来愈多的工人认识到,只有武装斗争才能决定而且将决定革命的命运。

　　在斗争的烈火中一个特殊的群众组织——著名的**工人代表苏**

---

　　① 手稿上以上四段被勾去了。——俄文版编者注

维埃即各工厂代表的会议建立起来了。在俄国若干城市中,这些**工人代表苏维埃**日益起着临时革命政府的作用,起着起义的机关和领导者的作用。当时曾经试图建立士兵和水兵代表苏维埃,并且把它们和工人代表苏维埃联合起来。

在这些日子里,俄国某些城市经历了一段各种地方性的小"共和国"的时期,在这些地方,政府的权力被推翻了,工人代表苏维埃真正发挥了新的国家政权的职能。遗憾的是,这段时期太短了,"胜利"太脆弱、太孤立了。

1905 年秋天,农民运动发展到更大的规模。当时,所谓的"农民骚动"和真正的农民起义席卷了全国**三分之一**以上的县份。农民放火烧毁了约 2 000 个庄园,分掉了贵族强盗从人民那里抢走的生活资料。

可惜这件事情干得很不彻底! 可惜农民当时只消灭了全部贵族庄园的**十五分之一**左右,只消灭了要从俄国土地上彻底洗刷掉封建大地产的污点就**应当**全部予以消灭的东西的十五分之一。可惜农民的行动太分散、太无组织、太缺乏攻势,而这也是革命遭到失败的根本原因之一。

民族解放运动在俄国各被压迫民族中如熊熊烈火燃烧起来了。在俄国,**半数以上,几乎五分之三**(确切地说:**57**%)的居民遭受着民族压迫,他们甚至没有使用母语的自由,他们被强制实行"俄罗斯化"。例如,占俄国几千万居民的穆斯林,当时以惊人的速度——一般说来,那正是各种组织大发展的时代——组成了穆斯林同盟。

为了向到会的人,特别是向青年说明当时俄国的民族解放运动怎样随着工人运动高涨起来,我不妨给你们举一个小小的例子。

1905 年 12 月,在几百个学校里,波兰学生烧毁了所有的俄文书籍、图片和沙皇的肖像,殴打了俄国教员和俄国同学,把他们赶出了学校,并且喊道:"滚回俄国去!"各中学的波兰学生还提出了如下的要求:"(1)所有的中等学校必须归工人代表苏维埃领导;(2)在各学校召开学生和工人联席会议;(3)准许在各中学穿红色短衫,作为学校属于未来无产阶级共和国的标志",等等。

运动的浪潮愈高,反动派在反对革命的斗争中就武装得愈卖力、愈坚决。1905 年的俄国革命,证实了卡·考茨基于 1902 年在他的《社会革命》一书中所写的东西(顺便说一下,他当时还是一个革命的马克思主义者,而不是像现在这样为社会爱国主义者和机会主义者作辩护)。他写道:

"……今后的革命……恐怕不会是突如其来的反对政府的起义,而多半是持久的**国内战争**……"

事情果真如此! 在今后的欧洲革命中,事情也必将如此!

沙皇政府对犹太人特别仇视。一方面,在革命运动的领袖当中犹太人占的百分比(同犹太居民总人数相比较)特别大。顺便说一下,即使现在犹太人还有这样的功劳:在国际主义派的代表中他们所占的百分比比其他民族大得多。另一方面,沙皇政府很善于利用最无知的居民阶层对犹太人的最卑劣的偏见。于是发生了多半受到警察支持的、甚至由警察直接领导的**反犹大暴行**——在这个时期,100 个城市里有 4 000 多人被打死,10 000 多人被打成残废——这种对犹太平民以及对他们的妻子儿女所进行的骇人听闻的摧残,引起了整个文明世界对血腥的沙皇政府的强烈的反感。我所指的当然是文明世界真正的民主分子的反感,这样的分子**只**

能是社会主义的工人,即无产者。

资产阶级,即使是西欧最自由的共和国里的资产阶级,也善于巧妙地把反对"俄国的野蛮行为"的虚伪词句同最无耻的现金交易结合起来,特别是同在财政上支持沙皇政府以及通过资本输出对俄国进行帝国主义的剥削等结合起来。

莫斯科的十二月起义是 1905 年革命的顶点。一批人数不多的起义者,即一批已经组织起来和武装起来的工人——他们总共不超过 **8 000 人**——同沙皇政府进行了 9 天的战斗,沙皇政府非但不能信赖莫斯科的卫戍部队,反而必须把他们禁锢起来,只是由于从彼得堡调来了谢苗诺夫团,才算把起义镇压下去。

资产阶级喜欢把莫斯科的十二月起义叫做什么"人为的东西"而加以嘲笑。例如在德国的所谓"科学"界麦克斯·维贝尔教授先生就在一部论俄国政治发展的巨著中称莫斯科起义为"盲动"。这位"博学的"教授先生写道:"……列宁集团和一部分社会革命党人早就**准备了这次愚蠢的**起义……"

要估价这位胆小的资产阶级教授的智慧,回忆一下枯燥的罢工统计数字也就够了。1905 年 1 月,在俄国参加纯政治罢工的人数只有 123 000,在 10 月份有 33 万,**在 12 月份达到了最高点**,就是说,参加纯政治罢工的人数仅仅在一个月之内就有 **37 万**! 回忆一下革命的增长,回忆一下农民和军人的起义,我们马上可以断定:资产阶级"科学界"对十二月起义的评价不仅是荒谬的,而且是胆小的资产阶级代言人的无可奈何的遁词,因为资产阶级把革命的无产阶级看做是自己最危险的阶级敌人。

实际上,俄国革命的整个发展,必然导致沙皇政府同具有阶级觉悟的无产阶级先锋队之间的武装决战。

我在上面的论述中已经指出了俄国革命遭到暂时失败的弱点在哪里。

从十二月起义被镇压时起，革命就开始走下坡路。在这段时期中也发生了一些非常有趣的情况，特别是工人阶级中最有战斗精神的分子曾经两次企图中止革命的总退却，并且把这种退却变为新的进攻。

我作报告的时间快要完了，我不想多耽搁听众的时间。对于了解俄国革命最重要的东西，如革命的阶级性质、革命的动力和它的斗争手段这样的大题目，我认为，在一个简短的报告中一般所能谈到的，我都谈了。[①]

关于俄国革命的世界意义，我还想作几点简单的说明。

俄国在地理上、经济上和历史上不仅属于欧洲，而且还属于亚洲。因此我们看到，俄国革命不仅彻底地把欧洲最大最落后的国家从睡梦中唤醒过来，造就了由革命无产阶级领导的革命的人民。

不仅如此。俄国革命使整个亚洲动起来了。土耳其、波斯、中国的革命证明，1905年的强大起义留下了深刻的痕迹，它在**数以亿万计**的人们的前进运动中发生的影响是非常深远的。

俄国革命也间接地影响了西方各国。不应忘记，当关于沙皇的立宪诏书的电报于1905年10月30日到达维也纳的时候，这个消息对普选权在奥地利的最终胜利起了决定性的作用。

在奥地利社会民主党代表大会会议上，当埃伦博根同志——那时他还不是社会爱国主义者，而是一位同志——在作关于政治罢工的报告的时候，有人把这份电报放在他面前的桌子上。讨论

---

① 手稿中，本段从"对于"起至末尾被勾去了。——俄文版编者注

立刻就停止了。我们到街上去！这个呼声响彻奥地利社会党代表集会的大厅。于是接连几天，在维也纳发生了几次大规模的街头游行示威，在布拉格出现了街垒。普选权在奥地利的胜利被决定了。

经常可以听到西欧人这样评价俄国革命：似乎这个落后国家中的事变、过程和斗争方法很难同西欧的条件相比较，因此未必会有什么实际意义。

没有比这种看法更错误的了。

毫无疑问，在未来的欧洲革命中，未来的斗争形式和导火线，在很多方面都会与俄国革命中的不同。

但是，尽管这样，俄国革命——正因为具有我说过的那种特殊意义的无产阶级性质——仍然是未来欧洲革命的**序幕**。毫无疑问，未来的这次革命，也只能是无产阶级革命，并且是在更深刻得多的意义上，即按其内容来说也只能是无产阶级的、社会主义的革命！未来的这次革命将在更大得多的范围内表明：一方面，只有严酷的斗争，即国内战争，才能把人类从资本压迫下解放出来；另一方面，只有具有阶级觉悟的无产者才能成为而且一定会成为绝大多数被剥削者的领袖。

我们不要为欧洲目前死气沉沉的静寂所欺骗。欧洲孕育着革命。帝国主义战争的奇灾大祸，物价飞涨的痛苦使得到处都在产生革命情绪，而各国的统治阶级即资产阶级及其代办即各国政府愈来愈陷入绝境，如果没有极大的震动，它们是决不能找到出路的。

如同1905年在俄国兴起了无产阶级领导下的、反对沙皇政府、争取民主共和制的人民起义一样，在最近几年内，正是由于这次强盗战争,欧洲也会发生无产阶级领导下的、反对金融资本权力、反对大银行、反对资本家的人民起义,而这些震动只能以剥夺资产阶级和取得社会主义的胜利而告终。

我们这些老年人,也许看不到未来这次革命的决战。但是我认为,我能够满怀信心地表示这样的希望,那就是现在正在瑞士和全世界社会主义运动中出色地工作着的青年们,会有幸在未来的无产阶级革命中不仅参加斗争,而且取得胜利。

载于 1925 年 1 月 22 日《真理报》
第 18 号

译自《列宁全集》德文版
第 23 卷第 244—262 页

十二个简明论点——评
海·格罗伊利希为保卫祖国辩护[151]

(1917 年 1 月 13 日和 17 日〔26 日和 30 日〕之间)

1.海·格罗伊利希在他的第一篇文章的开头说,现在有一些(他大概是指那些**所谓的**)"社会主义者""相信现在的容克和资产阶级政府"。

这样指责目前"社会主义"的**一个流派**即社会爱国主义,当然是正确的。但是,海·格罗伊利希同志的所有 4 篇文章不是恰恰证明,他自己**盲目**"相信"瑞士"资产阶级政府"吗?? 他甚至忘记了,瑞士"资产阶级政府"由于同瑞士银行资本有千丝万缕的联系,不仅是"资产阶级政府",而且是**帝国主义的**资产阶级政府。

2.海·格罗伊利希在第一篇文章中承认,在整个国际社会民主运动中,存在着**两大派别**。他对其中的一个派别(当然是**社会爱国主义的**)作了十分正确的评价,斥责它的追随者是资产阶级政府的"代理人"。

但奇怪的是格罗伊利希忘记了,第一,瑞士的社会爱国主义者也是瑞士资产阶级政府的代理人;第二,正像一般说来瑞士不可能摆脱世界市场联系网一样,现代的、高度发达的、十分富裕的资产阶级的瑞士,也不可能摆脱帝国主义的世界关系网;第三,在考察赞成和反对保卫祖国的论据时,最好从整个国际社会民主运动着眼,特别是同这些帝国主义的、金融资本主义的世界关系联系起来;第四,调和整个国际社会民主运动中的这两大派别是不可能的,所以,瑞士党应当作出**抉择**,它究竟要跟哪一派走。

3.海·格罗伊利希在第二篇文章中声明:"瑞士不可能进行进攻性的战争。"

奇怪的是格罗伊利希忘记了下面这个无可争辩的明显的事实:在**两种**可能的情况下,即瑞士同德国联合起来打英国,或者同英国联合起来打德国,——在这**两种**情况下,瑞士都是参加帝国主义战争、强盗战争、进攻性的战争。

资产阶级的瑞士在任何情况下都既不能改变当前战争的性质,也根本不能进行反帝国主义的战争。

格罗伊利希离开"事实的领域"(见他的第四篇文章),不谈**这场**战争,而谈某种空想出来的战争,这难道可以容许吗?

4.海·格罗伊利希在第二篇文章中说:

"对瑞士来说,中立和保卫祖国是一回事。谁反对保卫祖国,谁就是威胁中立。这一点应当弄清楚。"

向格罗伊利希同志提两个小问题:

第一,相信中立宣言和在这场战争中保持中立的愿望,不仅意味着盲目相信**本国**的"资产阶级政府"和**别国**的"资产阶级政府",而且简直是可笑的,这一点不应当弄清楚吗?

第二,应不应弄清楚,实际上情况是这样的:

谁在这场战争中赞成保卫祖国,谁就变成**"自己的"**民族资产阶级的帮凶,瑞士的民族资产阶级同样也是十足的帝国主义资产阶级,因为它在金融方面同各大国有联系,并且卷入了帝国主义的世界政治。

谁在这场战争中反对保卫祖国，谁就会打破无产阶级对资产阶级的信任，并且**帮助**国际无产阶级进行**反对**资产阶级统治的斗争。

5. 海·格罗伊利希在第二篇文章的末尾说：

"即使取消了瑞士的民兵部队，各大国之间的战争还是没有被排除。"

社会民主党人只有**在胜利的社会革命以后**才能考虑废除**一切**军队（当然也包括民兵），而目前正需要联合**各**大国的国际主义的革命少数派为社会革命而斗争，这一切格罗伊利希同志为什么都忘记了呢？

格罗伊利希指望**谁**来消灭"各大国之间的战争"呢？难道指望一个仅有400万人口的资产阶级小国的民兵部队吗？

我们社会民主党人，指望**一切**大国和小国的无产阶级用革命行动消灭"各大国之间的战争"。

6. 格罗伊利希在第三篇文章中断言，瑞士工人应当"保卫""民主"！！

任何一个欧洲国家在这场战争中都不是保卫而且不可能保卫民主，这一点难道格罗伊利希同志真的不了解吗？恰恰相反，参加这场帝国主义战争，对于**一切**大小国家来说，都意味着**扼杀**民主，都意味着反动战胜民主。难道格罗伊利希真的不知道英、德、法等国提供了上千个这样的实例吗？或者是格罗伊利希同志对瑞士的即本国的"资产阶级政府"真的"信任"到了这样强烈的程度，以至于把瑞士一切银行经理和百万富翁都看成了真正的威廉·退尔？

不参加帝国主义战争，不参加所谓为了保卫中立的总动员，而要进行革命斗争反对**各国的**资产阶级政府，——这样做也只有这样做才能实现社会主义,而没有社会主义,民主就没有任何**保证**!

7. 格罗伊利希同志在第三篇文章中写道:

"难道瑞士希望无产阶级'在帝国主义战争中自相残杀'吗?"

这个问题证明,格罗伊利希同志完全站在民族的立场上,但是很可惜,在目前的战争中,对瑞士来说这种立场是**不存在**的。

不是瑞士"希望"无产阶级这样做,而是资本主义,是在一切文明国家里(瑞士也一样)都已成为**帝国主义的**资本主义"希望"无产阶级这样做。资产阶级的统治现在"希望"**各国**无产阶级"在帝国主义战争中自相残杀",——格罗伊利希忘记了这一点。现在,无产阶级为了防止这种情况,除了进行国际的、革命的阶级斗争来反对资产阶级以外,再没有别的手段!

1912年的国际巴塞尔宣言,第一,明确指出了**帝国主义的**资本主义决定未来战争的基本性质;第二,**恰恰**联系**这场**战争谈到了**无产阶级革命**。为什么格罗伊利希同志忘记了这一点呢?

8. 格罗伊利希在第三篇文章中写道:

"代替利用民主权利"的群众性的革命斗争,是一个"非常模糊的概念"。

这证明,格罗伊利希只承认资产阶级改良主义的道路,而否认或者忽视**革命**。这对格吕特利分子是很相称的,但对社会民主党人是绝不相称的。

不要"群众性的革命斗争"的革命是不可能的。这样的革命从来也没有过。在目前的、已经开始的帝国主义时代,革命在欧洲也是不可避免的。

9. 格罗伊利希同志在第四篇文章中直截了当地声明,如果党**在原则上**拒绝保卫祖国,那么"不言而喻",他就要辞去国民院议员的职务。他还补充说,这种拒绝意味着"破坏我们的统一"。

这是社会爱国主义的国民院议员向党提出的明确无误的最后通牒。**或者是**党应当承认社会爱国主义的观点,**或者是**"我们"(格罗伊利希、弥勒等)辞去我们的职务。

可是,老实说,这里谈的是什么样的"统一"呢? 当然仅仅是社会爱国主义的领袖同**自己的**国民院议员职务的"统一"?!

无产阶级的有原则的统一完全是另一回事。社会爱国主义者即"祖国保卫者"应当同社会爱国主义的、彻头彻尾资产阶级的格吕特利联盟"统一"。而反对保卫祖国的社会民主党人应当同社会主义的无产阶级"统一"。这是十分明白的。

我们满怀信心地希望,格罗伊利希同志不致把自己搞得威信扫地:企图证明(不顾英国、德国、瑞典等国的经验)资产阶级政府的"代理人"社会爱国主义者同社会主义的无产阶级的"统一",除了导致严重的组织涣散、斗志松懈、伪善、欺骗以外,还能有别的什么结果。

10. 格罗伊利希认为,国民院议员决心保卫国家独立的"誓言"是同拒绝保卫祖国"不相容"的。

妙极了! 可是难道有什么革命活动是同维护资本主义国家法律的"誓言""相容"的吗?? 资产阶级的奴仆格吕特利分子原则上只承认合法道路。迄今为止,还没有一个社会民主党人否认革命,或者只承认同尊重资产阶级法律的"誓言""相容"的革命。

11. 格罗伊利希否认瑞士是"绝对意义上的""资产阶级的阶级国家"。按照他给社会主义下的定义(在第四篇文章的末尾),社会革命和任何革命行动都完全不见了。社会革命是"空想",——这就是格罗伊利希所有长篇演说或文章的简单含义。

妙极了！但这是最露骨的格吕特利主义，而决不是社会主义。这是资产阶级改良主义，而决不是社会主义。

为什么格罗伊利希同志不公开建议从1912年巴塞尔宣言中删掉"无产阶级革命"这几个字、从1915年阿劳决议中删掉"群众性的革命行动"这几个字以及把齐美尔瓦尔德和昆塔尔的决议全部烧毁呢？

12.格罗伊利希同志完全站在民族的立场上，站在资产阶级改良主义立场上，站在格吕特利主义的立场上。

他顽固地无视当前战争的帝国主义性质以及今天瑞士资产阶级的帝国主义的联系。他无视全世界的社会党人已分裂为社会爱国主义者和革命的国际主义者。

他忘记了，摆在瑞士无产阶级面前的实际上**只有两条道路**：

第一条道路。帮助本国的民族资产阶级武装起来，支持为了所谓保卫中立的总动员，时刻处在被拖入帝国主义战争的危险之中。假使在这场战争中"胜利了"，结果将是忍饥挨饿，10万人被打死，瑞士资产阶级又发几十亿战争财，又能向国外进行有利可图的投资，而瑞士在金融上将更加依附帝国主义"盟国"即各大国。

第二条道路。同各大国的国际主义的革命少数派紧密地联合起来，对各国的"资产阶级政府"、首先是**本国的**"资产阶级政府"进行坚决的斗争，既不"相信"本国资产阶级政府，也不"相信"政府关于保卫中立的言论，并且婉言劝请社会爱国主义者转到格吕特利联盟中去。

假如这一斗争胜利了，结果就会永远摆脱物价飞涨、饥饿和战争，并且同法、德等国工人共同掀起社会主义革命。

两条道路都很难走，两条道路都需要流血牺牲。

　　瑞士无产阶级必须进行选择：它愿意为瑞士的帝国主义资产阶级和一个大国集团流血牺牲呢，还是愿意为把人类从资本主义、饥饿和战争中解放出来的事业而流血牺牲。

　　无产阶级必须进行选择。

原文是德文

载于1917年1月31日和2月1日
《民权报》第26号和第27号

译自《列宁文集》俄文版
第17卷第126—138页

世界政治中的转变

(1917 年 1 月 18 日〔31 日〕)

和平主义者时来运转了。各中立国的品德高尚的资产者欣喜若狂:"我们靠战争利润和物价飞涨发了大财,难道还不满足吗?再打下去反正得不到什么利润了,何况人民也不会永远忍耐下去……"

当威尔逊"本人"也在"转述"意大利社会党(该党不久前在昆塔尔通过了一个正式的、庄严的决议,说社会和平主义完全站不住脚)的和平主义言论的时候,他们怎么能不欣喜若狂呢?

屠拉梯因威尔逊转述**他们的**即意大利"冒牌社会主义的"和平主义的词句而在《前进报》上扬扬得意,这有什么奇怪呢? 法国的社会和平主义者和考茨基主义者在《人民报》[152]上同屠拉梯和考茨基情投意合地"联合起来",这有什么奇怪呢? 考茨基曾经在德国社会民主党的报刊上发表过 5 篇非常愚蠢的和平主义文章,当然也是"转述"被种种事件提上日程的关于友善的民主和平的议论。

现在的这种议论同过去的议论真正不同的地方就在于,它具有一定的**客观**基础。造成这一基础的是世界政治从**帝国主义战争**向**帝国主义和平**的转变,帝国主义战争赏给各国人民的,是空前的浩劫和普列汉诺夫、阿尔伯·托马、列金和谢德曼等这伙先生们对社会主义的最大的背叛,而帝国主义和平将赏给各国人民的,则是空前的大骗局,即甜言蜜语、小小的改良、小小的让步,等等。

这个转变已经来到了。

现在还不可能知道,甚至帝国主义政治的领袖、金融大王和头顶王冠的强盗自己也不能准确地肯定:帝国主义和平究竟会在什么时候到来,在到来之前战局究竟还会发生哪些变化,这种和平的详情究竟会是怎样的。但是,这些并不重要。重要的是向和平转变这个**事实**,重要的是这种和平的**基本性质**,而这两点已由过去事态的发展揭示得相当清楚了。

经过这 29 个月的战争,两大帝国主义联盟的后备已经看得十分清楚了,具有重大作用的最近的"邻邦"中的可能的盟友,已全部或者几乎全部被卷入这场大厮杀,陆海军力量已经接受过多次的考验和反复的较量。金融资本发了几十亿横财。巨大的军事债务表明,无产阶级和贫苦群众"必须"在今后几十年内向国际资产阶级交纳巨额的贡赋,因为国际资产阶级曾经大发慈悲地使他们能在帝国主义的分赃战争中屠杀数百万雇佣奴隶弟兄。

看来,依靠**这场**战争从雇佣劳动这头牛身上再剥下一张皮已经不可能了,这就是在世界政治中现在可看出的转变的深刻的经济根源之一。其所以不可能,是因为后备已经消耗殆尽。美国亿万富翁及其荷兰、瑞士、丹麦等中立国的小兄弟们开始看到,黄金的源泉正在枯竭,——中立的和平主义正在发展的原因就在这里,而决不像幼稚的、可怜的、可笑的屠拉梯、考茨基之流所想的那样,在于什么崇高的人道主义情感。

除此之外,群众的不满和愤慨情绪正在增长。我们在本报上一号刊登的古契柯夫和黑尔费里希的供词[153]表明他们两人都**害怕**革命。难道还不是结束第一次帝国主义大厮杀的时候吗?

这样，除一些客观条件外，发了战争横财的资产阶级的阶级本能和阶级打算的作用，也是促使战争结束的一个因素。

在这一经济转变的基础上产生的政治转变沿着两条主要路线发展：取得了胜利的德国正在**使**自己的主要对手英国**丧失**盟国，因为一方面恰恰不是英国而正是这些盟国遭到了（可能还将继续遭到）最沉重的打击，而另一方面，抢得了很多很多东西的德帝国主义能够对英国的盟国作一些小小的让步。

很有可能，德俄两国的单独媾和已经**成立**。改变了的只是这两个强盗进行政治交易的**方式**。沙皇可能对威廉说过："假使我公开签订单独和约，那么明天你，我的至高无上的缔约者，恐怕就得同米留可夫和古契柯夫的政府甚至米留可夫和克伦斯基的政府打交道。因为革命正在增长，我不敢担保军队不发生变故，要知道，将军们同古契柯夫有书信往来，而现在的大部分军官都是昨天的中学生。弄得不好，我可能丢掉王位，而你可能失去一个理想的缔约者，冒这样的风险有什么好处呢？"

如果威廉直接或间接地听到这些话，他一定会回答说："当然没有好处。我们何必缔结公开的或任何书面的单独和约呢？难道不能用另外一种更巧妙的方法达到同样的目的吗？我要公开向全人类提出一个使他们享受和平的幸福的建议。我要悄悄地向法国人使个眼色，表示我准备归还整个或者差不多整个法国和比利时，只要他们能'公正地'让出非洲的殖民地。我还要向意大利人使个眼色，表示他们可以指望得到'一小块'奥属的意大利人的土地和几小块巴尔干半岛上的土地。我有办法让各国人民知道我的建议和计划，这样一来，英国人还能掌握住西欧盟国吗？我和你瓜分罗马尼亚、加利西亚和亚美尼亚。至于君士坦丁堡，你，我的至高无上的兄弟，反正是永远得不到的！波兰嘛，我的至高无上的兄弟，你反正是永远得不到的！"

是否进行过这样的谈话，无法知道。但这一点并不重要。重要的是事态**正是这样**发展的。如果沙皇不同意德国外交官提出的论点，那么在罗马尼亚境内的马肯森的军队提出的"论点"就一定具有更大的说服力。

有人已在德国的帝国主义报刊上**公开**谈论俄国同"四国同盟"（即德国的盟国奥地利和保加利亚）瓜分罗马尼亚的计划！而饶舌的爱尔威已经说走了嘴，他说：如果人民知道我们**立刻**能够收回比利时和法国，我们就没法强迫他们打仗了。中立国资产阶级中的和平主义的傻子已经被"策动"起来：威廉帮助他们张开口了！而社会党人中的和平主义的……聪明人，如意大利的屠拉梯、德国的考茨基等等，则竭力用他们的人道主义、博爱精神、天国的美德（和大智大慧）**来粉饰**未来的帝国主义和平！

在这个美好的世界上，一切都是多么美好啊！我们，金融大王和头顶王冠的强盗，曾经被帝国主义的掠夺政策迷了心窍，非打仗不可，——那又怎么样呢？我们在战时赚的钱不比平时少，甚至多得多！而普列汉诺夫、阿尔伯·托马、列金、谢德曼之流这些把我们的战争说成是"解放"战争的奴才，我们有的是！缔结帝国主义和约的时候到了吗？——那又怎么样呢？军事债务不就是使我们有神圣权利向各国人民索取一百倍贡赋的保证吗？而能够用甜言蜜语**粉饰**这种帝国主义和平和愚弄人民的蠢材，我们有的是，只要提一提屠拉梯、考茨基等等这些世界社会主义的"领袖"就够了！

屠拉梯和考茨基的言行的悲剧也就在于，他们**不懂得**，他们在政治上所起的**真正的客观的**作用，是牧师和**资产阶级辩护士**的作用，前者不是发动人民进行革命而是**安慰人民**，后者用关于一般美好事物特别是关于民主的和平的花言巧语，掩盖和粉饰拿各国人民做交易并且任意肢解各个国家的帝国主义和平的丑恶面目。

社会沙文主义者（普列汉诺夫和谢德曼之流）和社会和平主义者（屠拉梯和考茨基）**原则上的一致性**也就在于：双方**客观上都是帝国主义的奴才**，前者为帝国主义"效劳"的方式是用"保卫祖国"这个概念来粉饰帝国主义战争，后者为**同一个**帝国主义效劳的方式是用空谈民主的和约来粉饰正在酝酿和准备中的帝国主义和平。

帝国主义资产阶级需要这两类或者说这两种色彩的奴才：既需要普列汉诺夫之流用"打倒侵略者"的口号来煽动群众继续进行大厮杀，也需要考茨基之流用甜蜜的和平颂歌来安抚怨气冲天的群众。

所以，各国社会沙文主义者和社会和平主义者的大联合，即伯尔尼国际社会党委员会的通告[154]所说的那种共同策划的"反社会主义的阴谋"，也就是我们多次说过的那种"普遍大赦"，将不会是偶然的，而只是全世界冒牌"社会主义"的**这两个**派别在原则上一致的表现。普列汉诺夫在怒斥谢德曼之流"叛变"的同时，又暗示到时候会同这些先生们言归于好和团结一致，这也决不是偶然的。

但是读者也许会反问：难道可以忘记帝国主义和平"毕竟优于"帝国主义战争，民主和平的纲领即使不能全部实现那也"可能""部分"实现，独立的波兰比俄属波兰好，把奥属意大利人的土地并入意大利是前进一步吗？

屠拉梯和考茨基的维护者也用这些理由替自己辩护，他们没有看到,他们这样做就由革命的马克思主义者变成庸俗的资产阶级改良主义者了。

如果不是神经失常,难道可以否认:俾斯麦的德国及其社会法律"优于"1848 年以前的德国,斯托雷平的改革"优于"1905 年以前的俄国吗? 难道德国的社会民主党人(他们当时还是社会民主党人)曾经根据这种理由而投票赞成俾斯麦的改革吗? 难道俄国的社会民主党人(当然要把波特列索夫、马斯洛夫之流除外,现在连**他们自己的党**的党员马尔托夫也鄙弃他们)粉饰过或者哪怕是赞成过斯托雷平的改革吗?

即使在反革命时期,历史也不是停滞不前的。即使在 1914—1916 年帝国主义大厮杀(这场大厮杀是过去几十年帝国主义政治的**继续**)时期,历史也向前发展了。世界资本主义在上一世纪的 60—70 年代是自由竞争的先进的、进步的力量,到了 20 世纪初期已经变成**垄断**资本主义即帝国主义,但是它在这次战争期间,无论在使金融资本更加集中方面,或者在向**国家资本主义**转化方面,都大大地**前进**了一步。民族内聚的力量和民族共同感情的意义,在这场战争中,例如,已为爱尔兰人在一个帝国主义集团中的行动以及捷克人在另一个帝国主义集团中的行动所表明。头脑清醒的帝国主义领袖们自言自语地说:我们要实现自己的目的,不扼杀弱小民族当然是不可能的,但是有两种扼杀的方法。有时候,更加稳妥同时也更加有利的方法是,通过建立**政治上**独立的国家,在帝国主义战争中得到真诚的"祖国保卫者",当然,"我们"会设法使这些国家**在金融上**处于依附地位! 在帝国主义列强进行大战的时候,做独立国保加利亚的盟国比做附属国爱尔兰的主人更加有利! 完成尚未完成的民族改良有时能从内部巩固帝国主义联盟,这一点,例如德帝国主义的特别卑鄙的奴才之一卡·伦纳就正确地估计到了,不用说,卡·伦纳是坚决主张各国社会民主党"统一",特别是同谢德曼和考茨基统一的。

事物的客观进程是朝着既定方向发展的,正如1848年革命和1905年革命的扼杀者在某种意义上都充当了革命的遗嘱执行人一样,帝国主义大厮杀的指挥者**不得不**实行某些国家资本主义的改良和某些民族的改良。此外,还必须作一些微小的让步来**安抚**被战争和物价飞涨弄得怨气冲天的群众:为什么不答应(甚至部分地实施——要知道这没有什么关系!)"裁减军备"呢?反正战争是一个像林业那样的"工业部门":要几十年的工夫才能生长起足够高大的树木⋯⋯就是说提供足够丰富的年轻力壮的"炮灰"。我们相信几十年以后,在"统一的"国际社会民主运动中一定会产生新的普列汉诺夫、新的谢德曼和新的甜蜜的调和派考茨基之流⋯⋯

资产阶级改良主义者和和平主义者是这样一些人,他们照例通过这种或那种形式被人**收买**,是因为他们用对资本主义进行修修补补的方法来巩固资本主义的统治,麻痹人民群众并引诱他们脱离革命斗争。屠拉梯和考茨基这样的社会主义"领袖"正在通过公开声明(1916年12月17日屠拉梯在他臭名远扬的演说[155]中"无意中说出了"这样的话)或者**通过暗示**(考茨基是长于此道的能手)告诉群众说:**在保存资产阶级政府的情况下**,在不发动革命起义反对整个帝国主义世界关系体系的情况下,现在的帝国主义战争可能产生民主的和平,——我们必须指出:这种说教是欺骗人民的,它同社会主义毫无共同之处,它无非是粉饰**帝国主义的**和平。

我们**赞成**民主的和平。正因为这样,我们不愿像屠拉梯和考茨基那样——当然,他们怀着最良好的意图和最高尚的动机!——欺骗人民。我们要说明**真相**:假使英国、法国、德国、俄国的革命无产阶级不推翻资产阶级政府,民主的和平是不可能的。我们认为,革命的社会民主党人如果放弃争取一般改良、包括争取"国家建设"的斗争,是荒谬绝伦的。但是,现在欧洲恰恰在经历着这样的时刻,这时比往常任何时候都更加必须记住**改良是革命的阶级斗争的副产品**这一真理。因为今天被提上了日程的事情(这不是按照我们的意志,不是根据哪一个人的计划,而是根据事物的客观进程),是要通过奠定新的基石的群众的直接暴力,而不是通过在腐朽的垂死的旧制度的基础上进行的交易来解决伟大的历史问题。

目前,执政的资产阶级正设法和平地解除千百万无产者的武装,并且平安无事地把他们从进行大厮杀的又脏又臭的战壕运送到(在冠冕堂皇的思想的掩饰下,并且一定给他们洒上甜蜜的和平主义词句的圣水!)资本家的工厂去服苦役,他们必须在那里"老老实实地劳动",以便偿付几千亿的国债,——正是在这个时候,我们党在1914年秋天向各国人民提出的口号具有比在战争初期更为重大的意义,这个口号就是:变帝国主义战争为争取社会主义的国内战争![1] 被判处服苦役刑的卡尔·李卜克内西赞成这个口号,他曾经在帝国国会的讲台上说:请掉转枪口对准本国内的阶级敌人! 现代社会在何种程度上已成熟到可以向社会主义过渡,这一点恰恰已为战争所证明,因为在战争期间,为了集中人民的力量,不得不由**一个**中央机关来调节5 000多万人的全部经济生活。既然这一点能够在代表少数金融大王利益的一小撮容克贵族的领导下做到,那一定同样也能够在代表饱受饥饿和战争折磨的十分之

---

　　[1]　见本版全集第26卷第12—19页。——编者注

九的居民的利益的觉悟工人的领导下做到。

但是,为了领导群众,觉悟的工人必须充分了解屠拉梯和考茨基等社会主义领袖的腐败。这些先生们自命为革命的社会民主党人,一听别人说他们应当属于比索拉蒂、谢德曼、列金等先生们的党,他们就愤愤不平。但是,屠拉梯和考茨基完全不懂得只有群众的革命才能解决已被提上日程的重大问题,他们丝毫不相信革命,丝毫不注意和不关心战争怎样促使群众的革命意识和革命情绪成熟起来。他们的全部注意力都放在改良上,放在统治阶级各个部分之间进行的交易上,他们恳求和"劝说"统治阶级,他们企图使工人运动适应统治阶级的利益。

可是现在的全部问题恰恰在于:要把觉悟的无产阶级先锋队的意志和力量集中起来,去进行革命斗争,推翻本国政府。屠拉梯和考茨基"准备"承认的那种革命,要求事先便能断定究竟什么时候爆发、究竟胜利的可能性有多大。那样的革命是没有的。欧洲已经具备了革命形势。现在群众极为不满,人心惶惶,怨声载道。革命的社会民主党人应当集中全力加强这一巨流。在革命运动取得微小的成功的情况下,"许诺"的改良有多少能真正实现,能给工人阶级的进一步的斗争带来多大的好处,这要看革命运动力量的大小。在革命运动获得成功的情况下,社会主义是否会在欧洲取得胜利,是否能实现不是帝国主义的停战,即德国同俄英之间、俄德同英国之间或美国同德英之间等等的停战,而是真正持久的和真正民主的和平,这也要看革命运动力量的大小。

载于 1917 年 1 月 31 日《社会民主党人报》第 58 号

译自《列宁全集》俄文第 5 版第 30 卷第 339—348 页

《战争的教训》一文提纲[156]

(不早于1917年1月26日〔2月8日〕)

战争的教训

大致是：

1. 帝国主义的定义。

2. 战争的帝国主义性质被揭露。

3. 垄断资本主义向国家资本主义的发展。

4. "贫困"教育人。饥荒等。

5. 妇女劳动。"强迫劳动"等。"军事社会主义"？

6. 社会爱国主义或社会沙文主义。国际意义。

7. 考茨基主义或中派主义或社会和平主义。

8. 左派。

补 8. 巴塞尔宣言。**已被驳倒**？

9. 社会经济的方法。"贫困不承认任何禁令"。或者是社会主义，或者是饥饿（各中立国也是这样）。

10. 怎样做到这一点？"军需品供应总署"。

11. 政治任务：革命。

12. 国内战争。调转枪口。（"解除工人武装"？）

13. "打碎旧的国家"机器（考茨基反对潘涅库克）。

14. "无产阶级专政"。1871 和 1905。

15. 旧的,"现成的"国家政权还是**新的**?

16. "工人代表苏维埃"。议会制吗?

17. **新的**民主制的作用及其消亡。

补17. "新的"民主制("新创造")＝工作的、社会主义的、无产阶级的、**共产主义的**民主制。

18. 向革命转变的时机、因素和征兆。

> M.卡皮,urb.Gohier
> 罗·罗兰

> 《北美评论》杂志[157]。
> 《大西洋月刊》[158]?

题目:**A.** 帝国主义和帝国主义战争(1—2)。

B. 国际社会主义运动中的三个派别(6—8)。

C. 经济的发展(3—5)。

D. 社会主义的"可实现性"和紧迫性。

E. 政治革命(11—17)。

F. "风暴正在迫近"(18)。

载于 1939 年《无产阶级革命》
杂志第 1 期

译自《列宁全集》俄文第 5 版
第 30 卷第 397—398 页

关于修改战争问题的决议的建议[159]

(1917 年 1 月 27 日和 29 日〔2 月 9 日和 11 日〕之间)

1.责成党在议会中的代表提出原则性的论据,反对一切军事要求和拨款。要求复员。

2.反对任何国内和平;加紧进行原则性的斗争,反对一切资产阶级政党,并且反对工人运动中和党内的格吕特利派的民族主义思想。

3.在军队中进行系统的革命宣传工作。

4.支持各交战国内的一切革命运动和反对战争、反对本国政府的斗争。

5.加强瑞士国内的一切群众性的革命斗争、罢工和游行示威,并且使之转变为公开的武装斗争。

6.党宣布 1915 年阿劳党代表大会所承认了的群众性的革命斗争的目的,是对瑞士进行社会主义改造。这种变革是使工人阶级摆脱物价飞涨和忍饥挨饿的灾难的唯一有效的手段,是为了彻底消除军国主义和战争所必需的。

载于 1931 年《列宁文集》俄文版
第 17 卷

译自《列宁全集》俄文第 5 版
第 30 卷第 362 页

臆造的还是真实的泥潭？[160]

(1917 年 1 月底)

罗·格里姆同志在他关于多数派和少数派的文章(《伯尔尼哨兵报》和《新生活》杂志)中断言,"在我们这里"也被"臆造出了一个泥潭,一个所谓的党内中派"。

我们要提供证据,说明格里姆在上述文章中所持的立场恰恰代表(就是)典型的中派观点。

格里姆在反对多数派时写道:

"站在齐美尔瓦尔德和昆塔尔立场上的各个党中,**没有一个党**提出拒绝服兵役的口号,并责成自己的党员实行这一口号。李卜克内西本人就穿上了军装,参加了军队。意大利的党仅仅满足于反对军事拨款和国内和平。法国的少数派也是这样。"

我们惊奇地擦擦眼睛,把格里姆文章中这段重要的话重新读了一遍,并且奉劝读者也认真地想想这段话。

这是不可思议的,但这是事实！为了证明我们这里的中派是被臆造出来的,我们这位中派的代表格里姆竟把国际主义的左派(李卜克内西)和齐美尔瓦尔德右派或中派混为一谈！！！

难道格里姆真的以为他能够欺骗瑞士工人,使他们相信李卜克内西和意大利的党是属于同一个派别,在他们之间没有**那种恰巧**是把左派和中派分开的**区别**吗？

　　让我们提出**我们的**证据:

　　第一,我们且听听一个既不属于中派也不属于左派的证人的意见。德国的社会帝国主义者恩斯特·海尔曼1916年8月12日在《钟声》杂志第772页上写道:"……工作小组①或**齐美尔瓦尔德右派**,他们的理论家是考茨基,政治领袖则是哈阿兹和累德堡……" 难道格里姆能否认考茨基—哈阿兹—累德堡是典型的中派代表吗?

　　第二,在当前的社会主义运动中,齐美尔瓦尔德右派或中派**反对**立即同海牙的社会党国际局即**社会爱国主义者的国际局**决裂;左派**主张**这样做;昆塔尔"国际"派的代表(李卜克内西正是属于该派)反对召集社会党国际局而主张同它决裂,——这一切难道格里姆会不知道吗?

　　第三,昆塔尔的决议所公开斥责的社会和平主义,恰恰在目前成了法、德、意三国的中派的行动纲领;整个意大利党站在社会和平主义的立场上,既没有反对自己的议会党团的许多社会和平主义的决议案和声明,也没有反对屠拉梯12月17日的可耻的演说;德国的两个左派集团即德国国际社会党人(I.S.D.)和"国际"派(或"斯巴达克"派,李卜克内西正是属于该派)都曾**公开反对**中派的社会和平主义。——这一切难道格里姆都忘记了吗? 这里不应当忘记,以桑巴、列诺得尔和茹奥为首的最凶恶的法国社会帝国主义者和社会爱国主义者**也**曾投票赞成社会和平主义的决议,因此,社会和平主义的实际客观意义已被揭示得清清楚楚。

　　第四……已经够了! 格里姆所持的恰恰是中派的观点,因为

---

　　① 即德国社会民主党工作小组。——**编者注**

他建议瑞士党应当像意大利党那样，"满足于"反对军事拨款和国内和平。格里姆恰恰是从中派的观点出发批评多数派的提案，因为这个多数派想接近**李卜克内西**的观点。

格里姆主张明确、直截了当、老老实实。好得很！这些优良品质不正是要求我们明确地、直截了当地、老老实实地把李卜克内西的观点和策略同中派的观点和策略区别开来，而不是把它们混为一谈吗？

同李卜克内西在一起，这就意味着：(1)向自己国内的主要敌人进攻；(2)揭露本国的社会爱国主义者（而不仅是**外国的**社会爱国主义者，恕我直言，格里姆同志！），同他们作斗争，而不是同他们联合起来（恕我直言，格里姆同志！）反对左派激进派；(3)既公开批评本国的社会爱国主义者，也公开批评本国的社会和平主义者和"中派分子"，并且揭露他们的弱点；(4)利用议会讲坛来号召无产阶级进行革命斗争，掉转枪口；(5)散发秘密书刊，组织秘密集会；(6)举行在柏林的波茨坦广场上举行过的那种无产阶级的游行示威（李卜克内西就是在那次的游行示威中被捕的）[161]；(7)号召军事工业部门的工人举行罢工，就像"国际"派在它的秘密传单中所号召的那样；(8)公开证明，必须彻底"重建"今天那些只进行改良主义活动的党，并且要像李卜克内西那样采取这种行动；(9)坚决反对在帝国主义战争中保卫祖国；(10)在各方面反对社会民主党内部的改良主义和机会主义；(11)同样毫不妥协地反对世界各国的特别是德国、英国和瑞士三国的那些组成社会爱国主义和机会主义先锋队的工会领袖。

很明显，从**这个**观点来看，多数派的草案中有许多东西应当抛弃。但这只能在一篇专文中去谈。这里则必须强调指出，多数派至少是提出了**这**方面的某些措施，而格里姆不是从左边而是**从右边**，不是从李卜克内西的观点出发而是从中派的观点出发攻击这个多数派。

格里姆在他的文章中老是把两个原则上不同的问题混淆起来。第一个问题是：应当**在什么时候**，在什么时刻采取这种或那种革命行动。企图事先解决这个问题是荒谬的，由此产生的格里姆对多数派的攻击纯粹是在蒙蔽工人。

第二个问题是：**怎样**把这个目前**没有能力**进行系统的、顽强的、在各种具体情况下都是真正革命的斗争的党改造成为一个**有能力进行这种斗争**的党。

这是最重要的问题！这是在战争问题上以及在保卫祖国的问题上的全部争论和全部派别斗争的**实质**！而格里姆恰恰对这个问题闭口不谈，讳莫如深。不但如此，格里姆的种种解释，归结起来就是他**否认**这个问题。

一切照旧——这是贯穿着格里姆全篇文章的一根红线；这篇文章为什么代表**中派**，最深刻的原因就在这里。一切照旧：**仅仅**反对军事拨款和国内和平！任何一个聪明的资产者都不能不承认，归根到底这对资产阶级也**不是不可以接受的**，因为这并不威胁资产阶级的统治，不妨碍它进行战争（作为"国内的少数派"，"我们服从"——格里姆的这句话具有非常非常重大的政治意义，具有比骤然看来要重大得多的政治意义！）。

目前在各交战国中，首先是在英国和德国，资产阶级及其政府**只是迫害**李卜克内西派而**容忍**中派，这难道不是一个国际的事实吗？

向左前进，即使这意味着某些社会爱国主义的领袖会退出!——简单说来,这就是多数派提案的政治含义。

向右后退,从齐美尔瓦尔德退到社会和平主义,退到中派立场,退到同社会爱国主义的领袖"和好",不要任何群众性的行动,决不使运动革命化,决不重建党!——这就是格里姆的观点。

可以相信,这种观点总有一天会擦亮瑞士左派激进派的眼睛而使他们看清他的中派立场。

原文是德文

译自《列宁文集》俄文版
第 17 卷第 138—146 页

国际社会民主党中的
一个流派——"中派"的特征

(1917 年 1 月底)

格里姆有：

国际社会民主党中的一个流派——"**中派**"的**特征**：

+   1.无论在根本原则上,还是在组织上,都不与**本**国的社会
        爱国主义者决裂;因此得出 2。

+   2.反对分裂。

（+-）   3.在保卫祖国问题上模棱两可。

+   4.承认齐美尔瓦尔德和昆塔尔——不和社会党国际局以
        及国际社会爱国主义分裂。

+   5.不和改良主义决裂:仅仅在口头上批评它（"消极的激
        进主义"）。

+   6.对待未来的革命（与**这场**战争相**联系**的）持**观望态度**
        （**不**像左派那样积极、主动）。

+（总的结果）

    7.总的结果＝千方百计地粉饰（和庇护）社会爱国主义,
（? ＝第 1 点）这就是"中派"的**本质**（wesen）……

+   8.对目前各国社会民主党和工会不作任何改组,根本不
        搞李卜克内西的那种"彻底重建"。推迟这个问题。

（一）　　9. 社会和平主义是一种纲领和策略。

＋　　　10. 对与这场战争相联系的革命不作任何系统的宣传。

＋　　　11. 不为这样的革命作任何组织等方面的准备。

　　　——(α)1916 年 3 月 6 日《前进报》

　　　(β)瑞士报纸上的莫尔加利

　　　(γ)社会和平主义

　　　　＋(αα)彻头彻尾的社会爱国主义者

　　　　(ββ)青年人。

格里姆把李卜克内西和意大利社会党相提并论，从而把左派和中派混为一谈。

格里姆想用改良主义的方法来解决革命的任务（反战斗争）（"削弱"、复杂化等）。

1916.11.4——5.间接税。

同物价飞涨作改良主义的斗争（1916.8.6.）。

与①辩论（"社会主义是必要的"）。

同样是改良主义	讳言瑞士社会党内的社会爱国主义。没有与它作斗争。 在工会运动中也是这样（施内贝格尔和迪尔）。
注意	把革命行动的**时机**问题与关于一般革命行动可能性的系统宣传、鼓动准备和组织准备的问题**混为一谈**。

虚伪地、别有用心地用裁军来支吾搪塞（参看他的"提纲"）。拒绝服兵役也是这样。

在《莱比锡人民报》**162**把什么叫做为"拒绝"这个问题

---

① 后面有个词无法辨认。——俄文版编者注

　　　　上胡搅蛮缠。格吕特利联盟**方面**对问题的歪曲

注意:"**口头上**"承认齐美尔瓦尔德＋昆塔尔,事实上**一切照旧**!!

第 13 页　从"中派"的观点来看,一般说来在瑞士**主张保卫祖国**是

合乎情理的!!!①

载于 1940 年《布尔什维克》杂志　　　　　　译自《列宁全集》俄文第 5 版
第 3 期(非全文)　　　　　　　　　　　　　第 30 卷第 394—396 页

---

①　手稿到此中断。——俄文版编者注

保 卫 中 立

（1917 年 1 月）

承认当前的战争是帝国主义战争，即两个大强盗之间为了统治和掠夺世界而进行的战争，并不表明应当拒绝保卫祖国——瑞士。我们瑞士人要保卫的正是我国的中立，我们在国境线上驻军正是为了避免参加这场强盗战争！

社会爱国主义者格吕特利分子在社会党党内和党外就是这样议论的。

这种论调是以下面这种被默认或偷运的前提为根据的：

不加批判地重复资产阶级所说的话和它为了维护自己的阶级统治所必须说的话。

对资产阶级完全信任，对无产阶级完全不信任。

忽略由于欧洲各国间的帝国主义关系和瑞士资产阶级的帝国主义"连带关系"而形成的实际的非虚构的国际局势。

罗马尼亚和保加利亚资产阶级几个月来不是一直在冠冕堂皇地保证他们的军事准备"仅仅"是为了所谓保卫中立吗？

有没有严肃的科学的根据可以说明上述两国资产阶级和瑞士资产阶级在这个问题上有**原则**区别呢？

当然没有！有人说，罗马尼亚和保加利亚资产阶级的侵略野心和兼并野心很大，但不能断定瑞士资产阶级也有这种企图。但这决不是**原则**区别。大家都知道,帝国主义的利益不仅通过领土扩张,而且通过**金融**收益来实现。不应忽视,瑞士资产阶级至少输出 30 亿法郎的资本,也就是说对落后国家进行帝国主义的剥削。这是事实。还有一个事实是:瑞士的银行资本同各大国的银行资本保持着错综复杂的紧密联系;瑞士的"旅游业"等等表明各大国和瑞士之间经常**瓜分**帝国主义财富。此外,瑞士的资本主义发展程度比罗马尼亚和保加利亚要高得多;在瑞士根本谈不上什么"民族的"人民运动,对瑞士来说,这一历史发展时代早在许多世纪以前就已结束了,而关于上述任何一个巴尔干国家则不能这样说。

因此,资产者必然会力图使人民、使被剥削者相信资产阶级,并且用花言巧语来掩饰"自己的"资产阶级的**实际的**帝国主义政策。

社会主义者所应当做的完全是另一回事情。就是说:应当丢掉幻想,无情地揭穿"自己的"资产阶级的实际的政策。瑞士资产阶级继续执行这种实际的政策,即把本国人民**出卖**给这个或那个帝国主义大国联盟,比牺牲利润而保卫名副其实的民主,要更容易得多和更"自然"得多(即更符合这个阶级的本性)。

"各走各的路",让资产阶级的奴仆和代理人格吕特利分子用"保卫中立"的言词欺骗人民吧。

社会主义者,作为反对资产阶级的战士,则应当使人民擦亮眼睛,识破有被"自己的"资产阶级**出卖**的危险,这种危险是非常现实的,而且为瑞士资产阶级政策的全部历史所证实了!

原文是德文

第 17 卷第 147—150 页

统计学和社会学[163]

（1917 年 1 月）

前　　言

奉献给读者的这本论文集，一部分没有发表过，另一部分是收载了曾经在战前各种期刊上发表过的一些文章。本书所探讨的问题，即民族运动的意义和作用，民族运动和国际运动的相互关系等等，当然是目前特别使人注意的问题。人们谈论这个问题时最常见最主要的毛病，就是缺乏历史观点和具体分析。在一般词句的掩饰下偷运各种私货，是一种很常见的现象。因此，我们认为，稍微作一点统计决不是多余的。把我们在战前所说的话和战争的教训作一比较，我们觉得不是没有益处的。本书各篇的理论和观点相同，所以是互相联系的。

作　者

1917 年 1 月

民族运动的历史环境

英国谚语说得好：事实是顽强的东西。你看到某位著作家口若悬河地从各种意义、各个角度大谈其"民族原则"的伟大,并且他多半是像民间故事里那个出名的人物看见人家送葬时大喊"但愿你们拉也拉不完"[164]一样恰当和适宜地运用这个"原则",你就最容易想起这句谚语。

确凿的事实、无可争辩的事实,——这个东西恰恰是这一类著作家最不能忍受的,但是,为了真正弄清楚常常被人故意混淆起来的复杂而困难的问题,却恰恰是十分必要的。那么,怎样搜集事实呢? 怎样确定事实之间的联系和相互依存性呢?

在社会现象领域,没有哪种方法比胡乱抽出**一些个别**事实和玩弄实例更普遍、更站不住脚的了。挑选任何例子是毫不费劲的,但这没有任何意义,或者有纯粹消极的意义,因为问题完全在于,每一个别情况都有其具体的历史环境。如果从事实的**整体**上、从它们的**联系**中去掌握事实,那么,事实不仅是"顽强的东西",而且是绝对确凿的证据。如果不是从整体上、不是从联系中去掌握事实,如果事实是零碎的和随意挑出来的,那么它们就只能是一种儿戏,或者连儿戏也不如。譬如,一个从前严肃、现在也希望人们说他严肃的著作家,竟以蒙古人统治的事实为例来说明 20 世纪在欧洲发生的某些事件,难道可以认为这只是儿戏吗? 把这叫做政治欺骗岂不更正确? 蒙古人的统治,这是一个历史事实,这个事实无疑与民族问题有关,正如 20 世纪的欧洲的许多事实也无疑与民族问题有关一样。但是只有被法国人称为"民族小丑"的少数人,才既以严肃认真自诩,却又妄图用蒙古人统治这个"事实"来说明 20 世纪的欧洲所发生的事件。

由此得出的结论是显而易见的:应当设法根据准确的和不容争辩的事实来建立一个基础,这个基础可以作为依据,可以用来同今天在某些国家中被恣意滥用的任何"空泛的"或"大致的"论断作对比。要使这成为真正的基础，就必须**毫无**例外地掌握与所研究的问题有关的**全部**事实，而不是抽取个别的事实，否则就必然会发生怀疑，而且是完全合理的怀疑，即怀疑那些事实是随意挑选出来的，怀疑可能是为了替卑鄙的勾当作辩护而以"主观"臆造的东西来代替全部历史现象的客观联系和相互依存关系。要知道，这样的事情是有的……是很常见的。

根据这些理由，我们决定从统计着手，当然，我们完全意识到，在某些宁愿接受"令人鼓舞的谎言"而不肯接受"卑微的真理"[165]的读者中，在某些喜欢在"一般地"谈论国际主义、世界主义、民族主义、爱国主义等等的幌子下偷运政治黑货的著作家中，统计会引起何等深刻的反感。

第 一 章
作一点统计

一

为了考察真正有关民族运动的**全部**资料，就必须从地球上的**全体**居民着眼。这里有两个特征必须尽量准确地加以确定并且尽量充分地加以研究：第一，各个国家的民族成分是单纯的还是繁杂的；第二，把各个国家（或类似国家的组织，——当是否真正称得上国家这一点尚有疑问时）划分为政治上独立的国家和政治上处于附属地位的国家。

我们引用 1916 年发表的最新资料，并以两种资料来源为根据：一种是德国的资料，即奥托·许布纳尔的《地理统计表》，另一种是英国的资料，即《政治家年鉴》(《The Statesman's Year-Book》)[166]。应以前者为基础，因为在我们所要研究的问题上，它要完整得多，我们将用后者来进行核对并作一些大都是局部性的订正。

我们先来看一看政治上独立的、最"单纯的"即民族成分单一的国家。这里，首先应当提出的就是一组西欧国家，也就是位于俄国和奥地利以西的那些国家。

西欧一共有 17 个国家，但是，其中有 5 个国家，民族成分虽然单纯，而按其微不足道的面积来说简直如同玩具。这 5 个国家就是卢森堡、摩纳哥、马里诺、列支敦士登和安道尔。这 5 个国家的居民总共只有 31 万人。毫无疑问，不把它们列入国家总数以内，要更加正确得多。在其余 12 个国家中，有 7 个国家的民族成分非常单纯：在意大利、荷兰、葡萄牙、瑞典和挪威，每一个国家的居民的 99％ 都属于一个民族；而在西班牙和丹麦，属于一个民族的居民各占 96％。其次，法国、英国、德国这 3 个国家的民族成分，差不多都是单纯的。在法国，只占居民 1.3％ 的意大利人，是被拿破仑第三违背和假借居民的意志兼并的。在英国，爱尔兰也是被兼并的，爱尔兰的居民有 440 万人，不到英国居民总数(4 680 万)的 $\frac{1}{10}$。在德国，居民总数为 6 490 万人，其中的异民族差不多完全和英国的爱尔兰人一样，也是被压迫的民族。这些异民族就是波兰人(5.47％)、丹麦人(0.25％)和阿尔萨斯—洛林人(187 万)，但在阿尔萨斯—洛林人中间，有一部分人(多大一部分，不清楚)不仅在语言上，而且在经济利益和情感上，都是倾向于德国的。总之，德国约有 500 万居民属于没有充分权利的、甚至是受压迫的异民族。

西欧只有两个小国——瑞士和比利时——具有混杂的民族成分。瑞士的居民约有 400 万，其中德意志人占 69％，法兰西人占 21％，意大利人占 8％。比利时的居民不到 800 万，其中佛来米人约占 53％，法兰西人约占 47％。但是必须指出，虽然这两个国家的民族成分如此繁杂，那里却没有民族压迫。这两个国家的宪法规定，一切民族都是平等的。在瑞士，这种平等的确被充分付诸实行；而在比利时，对于佛来米人则不是平等看待，虽然佛来米人占居民的一大半，不过这种不平等，不用说同我们所研究的这一类国家以外的各国的情形相比，就是同德国的波兰人或英国的爱尔兰人的遭遇相比，也是微不足道的。因此，顺便说一下，民族问题上的机会主义者奥地利著作家卡·伦纳和奥·鲍威尔所首先提出的"多民族的国家"这个流行术语，仅仅在十分有限的意义上，即假使一方面不忘记这个类型的多数国家的特殊历史地位（这个问题下面我们还要谈到），另一方面不容许用这个术语掩盖真正的民族平等同民族压迫的根本区别，才是正确的。

把上面所研究过的国家加起来构成一组，包括 12 个西欧国家，共有居民 24 200 万人。在这 24 200 万人之中，只有大约 950 万人即 4％是被压迫的民族（在英国和德国）。如果把这些国家中不属于本国主要民族的一切居民加在一起，则他们的总数大约有 1 500 万，即占 6％。

由此可见，总的来看，这组国家的特征是：它们是最先进的资本主义国家，是经济上和政治上最发达的国家。它们的文化水平也是最高的。在民族方面，这些国家中的多数国家的民族成分是完全单纯的，或者几乎是完全单纯的。民族不平等这种特殊的政治现象,在这里所起的作用是很小的。这就是人们经常谈论的那种"民族国家"的类型,不过人们往往忘记了这种类型在人类整个资本主义发展过程中的历史相对性和暂时性。关于这一点,我们在下面还要详细加以说明。

有人问:这种类型是不是只限于西欧国家呢?显然不是。这种类型的全部基本特征,即经济的(资本主义高度的、特别迅速的发展)、政治的(代议制)、文化的和民族的特征,在美洲和亚洲的先进国家——美国和日本也都显示出来了。日本的民族成分很早就已经固定下来,并且是很单纯的,居民中99%以上是日本人。美国的居民只有11.1%是黑人(以及穆拉托人和印第安人),应当把他们列入被压迫的民族,因为他们通过1861—1865年的国内战争所争取到的并为共和国宪法所保证的平等,由于美国从1860—1870年的进步的、垄断前的资本主义转变为最新时代的反动的、垄断的资本主义(帝国主义),实际上在黑人的主要居住区(南部)和在许多方面,已经愈来愈受到限制,这个最新时代的明显的分界线,就是1898年的美西帝国主义战争,即两个强盗瓜分赃物所引起的战争。

美国的居民中白种人占88.7%,其中74.3%是美利坚人,只有14.4%是在国外出生的,也就是从别的国家迁去的。大家都知道,在美国,资本主义的发展具有特别有利的条件并且特别迅速,因此在这里巨大的民族差别的泯灭,统一的"美利坚"民族的形成,比世界上任何一个国家都更加迅速更加彻底。

把美国和日本加到上面所举的西欧国家里,共有14个国家,居民总数为39 400万,其中不能享受民族平等权利的约有2 600万人,也就是占7%。这里顺便先提一下,正是这14个先进国家中的多数国家,在 19 世纪末和 20 世纪初,即恰恰是在资本主义变成帝国主义的时期,曾经特别加紧沿着殖民政策的道路前进,由于实行这种政策,这些国家目前在附属国和殖民地国家里"拥有"5亿多居民。

二

一组东欧国家——俄国、奥地利、土耳其(现在把土耳其在地理上算做亚洲国家而在经济上算做"半殖民地"比较合理)和巴尔干的 6 个小国,即罗马尼亚、保加利亚、希腊、塞尔维亚、门的内哥罗和阿尔巴尼亚——,情况显然与上面所讲的根本不同。其中**没有一个**国家的民族成分是单纯的! 只有巴尔干的那些小国,才可以称为民族国家,但是不要忘记:即使在这些国家中,异族居民也占 5%—10%;大批(同该民族总人数相比)罗马尼亚人和塞尔维亚人,住在"自己的"国家以外;总的说来,在巴尔干,按照资产阶级民族的方向进行的"国家建设",甚至经过可以说是"昨天"的1911—1912 年战争也还没有完成。在巴尔干的那些小国中,没有一个像西班牙、瑞典等国**那样的**民族国家。而在东欧所有 3 个大国中,"自己的"并且是主要的民族,在居民中所占的百分比只有43%。这 3 个大国中每个国家都有半数以上即 57%的居民是属于"异民族的"(用真正的俄语来说即异种的)。如用统计数字来表示,西欧那一组国家和东欧那一组国家的差别如下:

在第一组中,有 10 个单纯的或差不多单纯的民族国家,它们的居民共有 23 100 万;只有两个国家的民族成分是"繁杂的",共有居民 1 150 万,但是没有民族压迫,各民族在宪法上和实际上都是平等的。

在第二组中,有 6 个国家的居民差不多是单纯的,共 2 300万;有 **3** 个国家是"繁杂的"或"混杂的",没有民族平等,共有居民24 900 万。

总的说来,异族居民(即不属于每个国家主要民族[①]的居民)的百分比,在西欧是 6％,加上美国和日本则为 7％,而在东欧,则是 53％![②]

载于 1935 年《布尔什维克》杂志　　　　　译自《列宁全集》俄文第 5 版
第 2 期　　　　　　　　　　　　　　　　第 30 卷第 349—356 页

[①]　在俄国为大俄罗斯人,在奥地利为德意志人和马扎尔人,在土耳其为土耳其人。

[②]　手稿到此中断。——俄文版编者注

一个社会党的一小段历史

（1917 年 2 月底）

1917 年 1 月 7 日，瑞士社会党执行委员会举行了会议。"中派"领袖罗·格里姆联合社会爱国主义的领袖们，把党代表大会（大会要讨论战争问题，原定 1917 年 2 月 11 日召开）不定期地延期。

诺布斯、普拉滕和奈恩等人对此表示抗议并投票反对。

觉悟的工人对这种延期极为愤慨。

1917 年 1 月 9 日，公布了多数派和少数派的决议案[167]。在多数派的草案中**没有**明确地表示**反对**保卫祖国（阿福尔特尔和施米德反对明确表示），但第 3 条毕竟提出了一个要求："责成党在议会中的代表提出原则性的论据，反对一切军事要求和拨款。"这是应当强调指出的！

1917 年 1 月 23 日，苏黎世的《民权报》登载了举行全党表决的理由书[168]。这个理由书尖锐地然而十分正确地指出，这种延期意味着格吕特利分子对社会主义的胜利。

领袖们暴跳如雷地反对这种全党表决。**格里姆**在《伯尔尼哨兵报》上，**雅克·施米德**（奥尔滕）在《新自由报》[169]上，**弗·施奈德**在《巴塞尔前进报》[170]上，后来，除这些"中派分子"外，社会爱国主义者**胡贝尔**在圣加仑的《人民呼声报》[171]上都对全党表决的发起人破口大骂并且进行威胁。

罗·格里姆领导了这次可耻的运动，尤其企图对"青年组织"进行恫吓，扬言要在最近的一次党代表大会上向它开火。

瑞士德语区和法语区的成百成百的工人积极地在全党表决的签名册上签了名。奈恩拍电报给明岑贝格，说州书记处很可能会赞成全党表决。

1917 年 1 月 22 日，《伯尔尼哨兵报》和《民权报》登载了国民院议员**古斯塔夫·弥勒**的声明。弥勒向党提出正式的最后通牒，**代表他那一派**（他写的是"**我们这一派**"）发表声明说，他要辞去他的国民院议员的职务，因为"在原则上反对军事拨款"是他所**不能接受的**。

1917 年 1 月 26 日，**格罗伊利希**在他发表在《民权报》上的第四篇文章中向党提出了同样的最后通牒，说如果党代表大会接受**多数派决议案中的第 3 条**，那么"不言而喻"，他要辞去议员职务。**172**

1917 年 1 月 27 日，恩·诺布斯在编辑部的短评（《论全党表决》）中声明说，他**决不赞同举行全党表决的理由**。**173**

普拉滕保持沉默。

1917 年 1 月 31 日，书记处决定在 1917 年 6 月 2—3 日召开党代表大会（不应当忘记，书记处曾经决定在 1917 年 2 月 11 日召开党代表大会，但是这个决定被党的执行委员会撤销了！）。

1917 年 2 月 1 日，在奥尔滕举行了只有部分人员出席的齐美尔瓦尔德代表会议。参加会议的是被邀请参加协约国社会党人代表会议（1917 年 3 月）的那些组织的代表。

拉狄克、季诺维也夫、明岑贝格和"国际"派（德国的"斯巴达克"派，卡·李卜克内西就是该派的成员）的一个成员公开谴责罗·格里姆，说他由于联合社会爱国主义者来**反对**瑞士的社会党工人，是一个"在政治上已经死去"的人。

报界对这次代表会议极力保持沉默。

1917 年 2 月 1 日，普拉滕发表了他关于战争问题的第一篇文章[174]。这里应当特别注意两点声明。

第一，普拉滕一字不差地这样写道：

"当然，人们感觉到委员会中没有那么一个头脑清楚的人和那么一位大胆无畏、始终如一的齐美尔瓦尔德战士，主张在战争结束以前把战争问题**束之高阁**。"

不难猜测这个不指名的打击是针对谁的。

第二，普拉滕在同一篇文章里从原则上写道：

"战争问题不仅是围绕**这个**问题的各种意见的斗争，而且是为今后党的发展确定方向，这是反对党内机会主义的斗争，是反对改良主义者而赞成革命的阶级斗争的决断。"

1917 年 2 月 3 日，中派分子（格里姆、施奈德和里马特等人）单独举行了会议，参加会的还有诺布斯和普拉滕。明岑贝格和勃朗斯基博士也受到了邀请，但是他们拒绝参加。

会议决定对多数派决议案加以"修改"，结果这个决议案显著地**改坏了**，成了"中派的决议案"，特别是因为**第 3 条**被删去而被代之以模糊不清的词句。

1917 年 2 月 6 日，举行苏黎世市社会民主党全体党员大会。最重要的议程是选举执行委员会。

到会的人很少，工人尤其少。

普拉滕提议延期。社会爱国主义者和诺布斯表示反对。提案被否决。

进行了选举。当人们看到勃朗斯基博士已经当选的时候,社会爱国主义者**鲍曼**代表执行委员会中的 4 个委员声明,他们拒绝同勃朗斯基博士共事。

普拉滕实际上是提议接受(服从)这个最后通牒,因为他宣布(这是完全不民主、不合法的)全部选举无效。这个提案被通过了!!!

1917 年 2 月 9 日,公布了多数派的"新"决议案。签名的是"中派分子"格里姆、里马特、施奈德、雅克·施米德等人,然后是诺布斯和普拉滕。决议案显著地改坏了,正如上面所说,**第 3 条被删去了。175**

从决议案中**丝毫看不出**要反对机会主义和改良主义,要坚决遵循卡尔·李卜克内西的策略!

这是一个典型的中派的决议案,其中充满了"一般的"、所谓"理论的"套话,实际要求却故意提得很无力、很含糊,以致可以相信,不仅格罗伊利希和古·弥勒,甚至鲍曼=苏黎世,也许都会同意收回自己的最后通牒,并且赦免⋯⋯党。

最后的结果是:齐美尔瓦尔德主义被瑞士党的领袖们庄严地埋葬到"泥潭"里了。

补充。

圣加仑的《**人民呼声报**》(胡贝尔=罗尔沙赫经常在该报发表文章)于 1917 年 1 月 25 日写道:

> "对这一无耻行径(即提出举行全党表决的理由)只要摆出下面的事实就够了:延期的建议(1 月 7 日)是由**格里姆**同志提出的,而且得到**曼茨、格罗伊利希、弥勒、阿福尔特尔和施米德**等同志的大力支持。"

1917 年 1 月 16 日《**巴塞尔前进报**》报道说,提出延期建议(1

月7日）的有下列同志：

"格里姆、里马特、施图杰尔、明希、朗格＝苏黎世、施奈德＝巴塞尔、凯尔＝圣加仑和施努连贝格"（原文如此！！? 大概是印刷错误吧? 似应为：施内贝格尔?）。

工人们有充分的理由感谢这两家报纸提供这些**名字**！……

载于1931年《列宁文集》俄文版
第17卷

译自《列宁全集》俄文第5版
第30卷第363—366页

附　　录

《帝国主义和社会主义运动中的
分裂》一文提纲①

(1916 年 6 月 21 日〔7 月 4 日〕以后)

帝国主义和机会主义(社会主义运动的分裂)

1. 什么是帝国主义?（决议的**定义**＋补充）。

2. **腐朽**的趋势(寄生性)。

3. **霍布森**(1900 年)。

4. **恩格斯**

$\left\{\begin{array}{l}1858 年\\1892 年\end{array}\right\}$→ **特别注意**:要**深入到非熟练工人**中去,到**群众**中去

　　　　　　　＋侨居造成的工人的分裂(参看恩格斯论美国)

　　　　　　　＋殖民地人民组成的军队……

---

①　该文见本卷第 69—85 页。——编者注

5. 考茨基(掩饰)。

6. 德国对英国……

7. 对机会主义的……乐观主义

　　(马尔托夫)

8. 我们党内的乐观主义和悲观主义。

　　　　(是 2 年还是 20 年?)。策略?

9. 期限无法知道(两种前途和两条路线)……

10. 民主派教人**欺骗**……

　　工人政党,社会民主党的词句。

11. 分裂(托洛茨基的诡辩)

　　　　分裂的增长(1916 年 1 月 12 日吕勒的文章),

12. 分裂的不可避免性。

A
=

　　垄断的(1)卡特尔

　　　　　　(2)银行

　　　　　　(3)原料产地

　　　　　　(4)瓜分世界(国际同盟)。

　　　　　　(5)〃〃〃〃领土。

Б
=

　　寄生的(1)食利者

　　　　　　(2)"让黑人驮着"

　　　　　　(3)反动

Ⅰ ＞	300
Ⅱ ＞	1 000
关于 4	300
Ⅲ	1 600

1. 经济来源：超额利润。

2. 英国 1848—1868 年(α)殖民地

　　　　　(β)对……①的垄断

3. 殖民地(法国的，等等)

　另一种垄断＝金融资本

补 3：当时是一个国家，现在到处都发生

　　分裂

4. "让黑人驮着"走。

5. "资产阶级工人政党"："出卖了自己"……

6. "群众"。这是什么？

7. 到下层去

8. 谁代表群众？

9. 群众的行动。

10. 这是欺骗。

　　劳合-乔治主义。

德国的吕勒＋李卜克　＋英国 1850—1890 ⎫同⎫
内西。英国的分裂。　和帝国主义 1898—1914 ⎭和异⎭

———

"帝国主义经济主义" ⎫
〃〃〃〃"召回主义" ⎭　　"以退为进"

＋＋争取改良和利用合法机会(它在革
命策略中的作用)。

载于 1936 年《列宁文集》俄文版　　　　译自《列宁全集》俄文第 5 版
第 29 卷　　　　　　　　　　　　　　　第 30 卷第 370—372 页

①　此处有一词无法辨认。——俄文版编者注

在格·叶·季诺维也夫
关于"论废除武装"文章的
书面意见上作的批注①

（1916 年 8 月）

关于论废除武装的文章②

（1）

您有两个论据：第一，不能废除武装，因为还可能有"正义的"战争；第二，国内战争也是战争。

第二个论据绝对正确，而且关键就在这里。但第一个论据需要立即加上很大的限制。各帝国主义"大"国——如您自己所列举的：德国、法国、俄国、英国、意大利、日本、美国——不会进行"正义的"战争。"年轻的"国家会反对

（2）

您：就是说，第一个论据对这些国家的工人政党不起作用，其实问题首先涉及

（3）

这些党。要知道，它们建议（连考茨基主义者也建议）正是在这些国家内要求废除武装。

我看，最好预先估计到这种反对意见并予以答复（展开谈一下用民兵代替常备军的要求，并且主要集中谈第二个论据）。

---

① "论废除武装"的文章指《无产阶级革命的军事纲领》（见本卷第 86—97 页）。——编者注

② "关于论废除武装的文章"和编号(1)、(2)、(3)以及"正是"下面的着重线是列宁加的。——俄文版编者注

如果用俄文发表,有些地方您需要加以修改。整个文章适应瑞士报刊的痕迹太重。谈尤尼乌斯和一些指导原则是多余的,因为这在您的两篇文章中都有。用这种形式谈考茨基主义和机会主义也是多余的。关于瑞士人的捐款问题——更不用说了。

您为什么不用德文发表这篇文章? 勃朗斯基告诉我说,诺布斯**愿意**登(不顾别人不同意),但似乎**是您**拿回去了。也许,事情不完全是这样的吧?

建议把文章加以修改,交《社会民主党人报》。

当然,用俄文发表需要加以修改。

(1)不正确:

　　　而社会主义的"**防御**"战争呢?

(2)不正确。不是"就是说"。如果**反对**强盗国家的**革命**战争是可能的,那么,"**笼统地**废除武装"就是一个不正确的口号。

(3)不正确! 它们在什么地方说过这话? 请找出来!

其次:**假使**它们说过这话,那么这里的"国际主义"在哪里呢?

不过请注意:**在这里**您并没有反对这一点,即**一般地**谈论反对"保卫祖国",就意味着用空话欺骗自己。

注意。"我们的"近乎分歧的实质就在这里。

译自《列宁文集》俄文版第 38 卷
第 183—184 页

《帝国主义和对它的态度》一文提纲[176]

(不晚于 1916 年 10 月)

1

帝国主义和对它的态度

1. 定义 $\begin{cases} 经济的 \\ 政治的 \begin{cases} 反动 \\ 民族压迫 \\ 兼并 \end{cases} \end{cases}$

帝国主义＝资本主义

(α) 垄断的 $\begin{cases} (1)卡特尔 \\ (2)大银行 \\ (3)金融寡头 \\ \qquad (＞1\ 000\ 亿证券资本) \\ (4)殖民地和资本输出(瓜分世界) \end{cases}$

(β) 寄生的 $\begin{cases} (1)资本输出 \\ (2)1\ 000\ 亿证券资本 \end{cases}$

(γ) 垂死的

("过渡的")。

1a. 巴塞尔和开姆尼茨 }。

2.反对卡·考茨基缓和矛盾,隐瞒,回避,等等。

3.三条路线:

奴仆	⎰露骨的机会主义者 厚颜无耻的机会主义者	
改良主义者	精巧的机会主义者 隐蔽的机会主义者	民族主义自由派 (李卜克内西)
革命的社会 民主党人	马克思主义者	

4.费边社分子+王德威尔得、饶勒斯之流(1907 年)……**177**
　　+《社会主义月刊》**178**+《钟声》杂志+伦纳之流+普列汉诺夫
　　和在俄国的"学生"。

5.

　　(1)废除武装……

　　(2)欧洲联邦(帝国主义者的卡特尔)……
　　　　　　　　　　(与"中欧"比较)……**179**

　　(3)兼并……

　　(4)"和平"(社会和平主义)……

　　(5)"超帝国主义"……

　　(6)"保卫祖国"……

　　(7)战争的帝国主义性质……

　　(8)贸易自由("和平的交往")……

　　(9)殖民地(比较 1907 年和 1914 — 1916 年)……(滚出殖
　　　　民地?)

　　(10)从殖民地得到的好处

$\left\{\begin{array}{l}\text{从本国殖民地输入和输出}\\ \text{与"贸易自由"}\end{array}\right\}$

(11)帝国主义和机会主义(情绪与倾向)。

(12)同机会主义者"统一"。

(13)1889—1914年国际社会民主 $\left\{\begin{array}{l}\text{米勒兰主义}^{180}\text{(饶勒斯)}\\ \text{伯恩施坦主义}^{181}\\ \text{英国的"自由派工人"}\end{array}\right\}$
　　党中的派别和目前的瓦解。

(14)投票赞成军事拨款。

(15)群众的行动="冒险"?

(16)过去(1909年;1910年;1911年的卡·考茨基与1914——
　　1916年的相比)和后来。

　　(言和行。)

(17)卡·考茨基和潘涅库克1912年论群众的行动……

(18)折中主义与辩证法。

(19)恩格斯和马克思论英国机会主义的根源。

(20)掩饰

$\left\{\begin{array}{l}\text{1914年8月4日}\\ \text{1914年8月2日和}\\ \text{反对派的\textbf{最后通牒}}\end{array}\right\}$

(21)对卡尔·李卜克内西的同情。

　　　(到处)
　　　　　　　　　　$\Big\}$
　　　(还是在欧洲?)

(22)齐美尔瓦尔德和海牙。

载于1936年《列宁文集》俄文版　　　　译自《列宁全集》俄文第5版
第29卷　　　　　　　　　　　　　　　第30卷第373—375页

《瑞士社会民主党内齐美尔瓦尔德左派的任务》提纲的要点①

(1916 年 10 月 23 日〔11 月 5 日〕以前)

1. 保卫祖国＝资产阶级的欺骗

| 在目前的帝国主义战争中以及正在准备的新的战争中 | 因为是同帝国主义集团结成联盟,而不是反对所有的帝国主义强国。 |

2. 完全不信任资产阶级政府(以及瑞士各资产阶级政党)

    (α)同帝国主义资产阶级做交易并且对它卑躬屈膝

    (β)政治上的反动

    (γ)跪在**主战派**面前。

补 2。各国人民赞成预算。

3. 完全可能把人民出卖给这个或那个帝国主义强国或集团。

4. 在战争爆发的情况下：

    ((4a))驳斥保卫祖国这种资产阶级的欺骗

    ((4b))以革命**和**经常的革命工作来回答

    ((4d))无论是和平时期或战争时期都无条件地反对军事拨款

---

① 提纲见本卷第 204—215 页。——编者注

采取
暴力 　　((4e))不是以拒绝服兵役,而是以也在军队内采取群众性
　　　　　的革命行动来回答;军事行动

　　((4f))建立秘密组织来回答束缚或限制自由的任何企图。

5＝**4d**。

6. 物价飞涨。群众不堪忍受的处境。

　　"群众性的革命斗争"(阿劳)不是嘴上说说,不是仅仅写在
　　纸上。

　　((富人大发横财。))

7. 财政改革。无论在什么情况下都不同意征收**任何**间接税。

　　废除**阿劳**代表大会(1915 年)和苏黎世代表大会(1916 年)
　　的决议。

8. 全联邦统一的所得税和财产税。

9. 强制转让建立在雇佣劳动基础上的农业企业,以提高农业生产
　　率并保证供应贫民廉价的面包。

10. 立即无条件地强制转让全部水力资源。

11. 废除国债。

12. 把工作扩大到群众,即扩大到多数

　　　　　　　　　贫困、穷苦的居民。

13. 把工作扩大到　军队。入伍以前和服役期间。

14. 把工作扩大到　农业工人和贫苦农民。

15. 把工作扩大到　各种工人团体(工人代表大会)

　　　　　　　　　["解除职务"]

16.——向这些群众散发传单,各支部和国民院议员们展开竞赛。

17.强制转让工厂。

18.最高薪俸为 **6 000** 并禁止敛积。

19.青年的组织:政治组织的自由;支持

批评他们缺乏
明确的路线

20.在整个路线上党内的两个派别。

21.同格吕特利联盟的原则性斗争。

22.1917 年**国民院**的选举和 1917 年 2 月代表大会的选举以及出版委员会的选举等一定要按**纲领**进行。

23.用三种文字出版 2—4 个版面的附刊。

24.强制加入国籍。

25.支持邻国的革命

(α)三个派别

(β)传单

(γ)赔款

26.同**社会党国际局**断绝关系。

27.妇女享有**充分的**平等权利。

28.**不应采取改良主义的方式**利用议会斗争和其他斗争。

29.应当沿着**齐美尔瓦尔德左派**的道路走在其他党的前面,而不是等待。

30.动议权和全民投票是为了宣传和准备社会主义的改造,而不是为了宣传和准备资产阶级的改良。

31. 同那种所谓"不切合实际"的论调作坚决的斗争。

载于 1931 年《列宁文集》俄文版　　　　译自《列宁全集》俄文第 5 版
第 17 卷　　　　　　　　　　　　　第 30 卷第 376—379 页

《瑞士社会民主党对战争态度的提纲》的"实践部分"草稿①

(1916年11月底—12月初)

实 践 部 分

(1)无论从军事观点出发还是从政治观点出发,都坚决拒绝保卫祖国,并且无情地揭露在这个口号掩盖下的资产阶级谎言。

(2)无论在和平时期还是战争时期都无条件地反对一切军事拨款和要求,并且提出原则性的论据。责成党在议会以及所有其他国家机关中的代表做到这一点。

(3)党在整个宣传鼓动工作中,即在首要的实践活动中,反对一切军事机关,反对资产阶级的阶级国家的一切军事义务。

(4)党有步骤地全面转向革命的阶级斗争和革命策略,不要限于在实际工作中搞改良主义。

(5)把卡尔·李卜克内西和德国全体"斯巴达克"派的活动和工作作为真正反对这次战争和一切战争的唯一国际主义活动的典型和榜样。

(6)通过宣传、鼓动和组织工作同瑞士社会党内的社会爱国主

---

① 提纲见本卷第216—218页。——编者注

义者(即"祖国保卫者")和改良主义者(即反对立即和经常运用革命斗争手段的人)作斗争。

(7)向群众说明,如果不彻底改变党的结构及其活动,如果社会爱国主义和改良主义的坚决反对者不在社会主义的政治组织、工会组织、消费组织以及一切其他工人组织中占据所有的职位,那么任何反对军国主义和战争的庄严声明都必然成为空话。

(8)宣传并准备最坚决的群众革命斗争(游行示威、罢工**等等**,视总的革命斗争的发展而定),目的是为了进行作为摆脱战争的唯一手段的无产阶级革命。

(9)向群众说明,他们自己应当在必要时从下面建立起专门的、能适应战时困难条件的组织,以进行上述斗争。

(10)设法使党外所有被剥削阶层都充分了解党在反对物价飞涨、反对战争等等斗争中的革命任务。

(11)在应征的适龄青年以及在军队等等中经常地进行上述宣传。

原文是德文

译自《列宁文集》俄文版
第17卷第72—76页

为讨论瑞士社会民主党内齐美尔瓦尔德左派的任务而准备的提纲要点[182]

(1916 年 12 月初)

I. 1. 引言。

专为瑞士党内的俄国社会民主党人而写。

从国际主义的观点来讨论(齐美尔)。

展开争论。

II. 2. 财政改革。

3. 赞成间接税?

4. 印花税使群众"不会加重负担"?

5. "为了社会目的"提出的"三条"?

6. 大大恶化和小小恶化的比较。

7. 反动资产阶级和进步资产阶级的比较。

8. 谁代表社会主义?

9. 政治交易(暗中进行)

(自由思想的左翼——青年激进派)。

10. 资产阶级报刊《法兰克福报》[183]。

《新苏黎世报》[184]。

《琉森日报》。

（Wettstein?）

11.《巴塞尔前进报》上的讨论。[185]

Ⅲ.12. 直接税？代替反对物价飞涨的斗争。

13. 剥夺大工厂和大宗收入。（示范。）

14. 空想的？

15. 于是——拒绝保卫国家？

16. 仅仅是"俄国的"？

17. 荷兰。

18. 美国。

19. "群众性的革命斗争"为的是什么？

20. 客观条件。《格吕特利盟员报》以革命来威胁。

Ⅳ.21. 战争问题。

22. 格里姆的提纲不能令人满意，所有的入口和出口仍然敞开
着（还是为了机会主义者）。

23. "总的说来"。

24. 资产阶级的和平主义？仅仅是资产阶级的？

25. 对瑞士来说是国际的吗？？[186]

26. "假定"？

27. 准确而清楚的回答——没有。

28.《格吕特利盟员报》论格里姆的提纲。[187]

29. 左派的单独的（提纲）。草案。

V.30. 格吕特利联盟。

   31. 奥·朗格:"我们是正确的"。**188**

   32. 原则性的斗争。

   33.《法兰克福报》论"格吕特利联盟"。**189**

   34. 1916年9月26日格罗伊利希谈这一点。**190**

   35. 教育群众?"大体上"只反对社会爱国主义。

   36. 格吕特利联盟的堡垒和方法。

VI.37. 国际在瑞士。

   38. 吉尔波事件。

VII.39. 工会。

   40. 中立的还是有党性的?

   41. 稻草人——分裂。

   42. 现在各派别已在进行斗争。

   43.《五金工人报》上的讨论。

   44. 格里姆的提纲,第9条末尾。**191**

VIII.45. 实际步骤?

   46. 全部?——行动纲领

发言人

联盟 $\left(\begin{array}{c} 参看\cdots\cdots ① \\ \text{Mandl} \end{array} \right)$

---

① 此处有一个词无法辨认。——俄文版编者注

出版社。

47.只有瑞士人自己才能解决和**判断**这一点。只有展开争论。

Ⅸ.48.太快？

参看李卜克内西。他的伟大之处何在？

载于1931年《列宁文集》俄文版
第17卷

译自《列宁全集》俄文第5版
第30卷第382—384页

《关于1905年革命的报告》的提纲①

(1917年1月9日〔22日〕以前)

((1))1月22日(1月9日)＝革命的开端。战争加速了它的到来。

(2)1月22日事件的简单情况。

((3))极其巨大的变化。

(**司徒卢威**于1月7日:没有革命的人民。**第59页**。托洛茨基书。②)

加邦——革命神父。

向沙皇陛下请愿。革命。

群众反对国家政权首脑的直接行动。

革命者:一小群(几百名)——无产阶级的领袖因而也是革命的领袖。

托洛茨基书第123页末尾

(4)罢工(世界史上第一次能根据罢工的(历史)统计材料最好地、最准确地加以理解和研究的革命)。

(5)45 000 ……(1895—1904年)8万(1903年)

280万(1905年)——40万(1905年1月)

---

① 报告见本卷第313—333页。——编者注

② 指托洛茨基的著作《革命中的俄国》1910年德文版。——编者注

（1 个月就等于革命前的 10 年）。

（6）罢工的浪潮 ⎰ 先锋队和后卫

　　　　　　　　五金工人和落后工人

　　　　　　　　北方和西北＝先锋队……

（7）经济罢工和政治罢工。

（8）1905 年春——农民运动的开端……（资产阶级革命的内容）

（9）1905 年 **6** 月 28 日（15 日）——"波将金"号起义……

(10)三个浪潮：罢工浪潮——第一个，起领导作用，单独组织起来

　　　　　的农民运动——几乎无法与之相比（软弱得多）

　　　（可惜，只占 $\frac{1}{15}$，30 000 个中烧毁了 2 000）。

(11)抵制八月杜马……议会制度……

　　军人起义（对比 1825 年和 1905 年）。

(12)最高点：1905 年 10 月和 12 月：

　　大学里的群众大会…… 第 **74** 页。托洛茨基书。哈尔科夫

　　1905 年 10 月 23 日[192]

　　10 月：全国第一次具有政治性质和革命性质的群众性罢工。

　　（＋第 69 页。托洛茨基书。**铁路员工邮局职员**。）

　　1905 年 10 月 30 日（17 日）诏书。

　　12 月：莫斯科起义……第 **214** 页托洛茨基：**高尔基**。[193]

　　　9 天：托洛茨基书第 221 页

　　（麦克斯·维贝尔谈"列宁集团"的作用）……

　　　　托洛茨基书第 219 页：1905 年 10 月 25 日莫斯科的

　　　　大炮。[194]

第 222 页:莫斯科 1905 年。柏林 1848 年。[195]

（"八小时工作制和武器"。托洛茨基书第 **164** 页。）[196]

政治罢工人数的最高点…… 八小时工作制。资产阶级突然改变主意。同盟歇业。

农民运动的最高点……

军人起义的最高点……

　　　第 185—6 页(托洛茨基书):军人起义中的工人和农民。[197]

工人代表苏维埃……

(13)反革命的胜利(1905 年 12 月)……

　　借款20亿法郎:1906 年春!（注意）

(14)重新组织进攻的企图。

　　第一届杜马(1906 年春)……(农民政党＋社会民主党人)。

　　罢工浪潮和农民运动的**最后一次**浪潮。

　　第二届杜马(1907 年春)…… **没有任何农民运动**

　　　　　　　　　　　　软弱的罢工浪潮。

(15)1907 年 6 月 3 日(16 日)政变。反革命时期开始,到 1912 年。

(16)意义:(α)俄国更新(列夫·托尔斯泰感到遗憾[198])

　　　　(β)亚洲骚动(土耳其,波斯,中国)。

　　　　(γ)欧洲的工人运动:奥地利。

　　　　(δ)未来欧洲革命的榜样和序幕。

　　　　　　在**一定**意义上是无产阶级革命

在四个方面是榜样和序幕：

　　(α)关于群众积极性提高的具体概念。

　　　((罢工))

　　(β)群众性罢工的作用

　　注意"隐蔽的社会主义"(恩格斯)**199**

　　德文书中讲得最好的：　　　　　　　　　　罗莎·卢森堡：

罗莎·卢森堡(联系西欧的　　　　　　　　　《群众性罢工、党

斗争特点)……　　　　　　　　　　　　　　　和工会》

　　　　　　　　　　　　　　　　　　　　　　(1906 年汉堡版)

　　　　　　　注意　波兰学生：

　　　　　　　　　245　①

　　　　　　　　　203

　　(γ)吸引军人、军队参加斗争。

‖　(δ)国内战争。(参看考茨基的《社会革命》)(**1902 年**)："今后

　　　的革命"……"恐怕不会是突如其来的反对政府的起义，而

　　　多半是**国内战争**……"第 48 页)。

对提纲的补充②

约 7 000 万俄亩大地产

约 7 000 万俄亩最贫穷的农民

＋社会民主党书刊的传播

＋民族运动

＋1905 年 10 月的反犹大暴行：100 个城市，4 000 人被打死，
　10 000 人被打成残废
　托洛茨基书第 114 页。

原文是德文　　　　　　　　　译自《列宁全集》俄文第 5 版
　　　　　　　　　　　　　　　第 54 卷第 478—482 页

《统计学和社会学》一书提纲①

（1917 年 1 月）

统计学和社会学

1

（A）民族运动的历史条件。

（B）有关民族运动的几个理论问题。

（C）民族自决权和罗莎·卢森堡。

（D）民族文化自治……

（A）民族运动的历史条件……

> 时代的更替；国家
> 的类型是这种更替
> 的历史阶梯……

A.　民族运动的历史环境（第 2 页②）

第 1 章。作一点统计……

第 4 页　一和二　第 8 页③

第 2 章。国家的三种

　　　　"类型"……

（类型＝历史阶梯）。

---

① 见本卷第 363—370 页。——编者注
② 见本卷第 363—365 页。——编者注
③ 见本卷第 365—369、369—370 页。——编者注

(B)几个理论问题

有关民族运动的[几个没有解决的问题?]

"多民族国家?"[民族运动结束后的阶段……]

第3章。帝国主义和瓜分世界……

(图解?)

第4章。常规:压迫民族和被压迫民族……

第5章。"国家体系……"

{民族国家体系
帝国主义国家体系}

（1）

B. 关于可实现性的概念

1. 自决的"可实现性"。

2. 帝国主义"时代"的民族战争。

（2）补2:
"二元论"和一元论……

希法亭。**200**"时代"的概念。

帕图叶。**201**

尤尼乌斯。**202**

关于A.→第6条。

（3）

兼并和殖民地

3. 兼并和自决。

4. 殖民地和自决。

7. 帝国主义战争和民族战争的结合……

1783年的美国——"可能的"和现实的。

(4)

伦施的 论　据

　　{ 5. 伦施与司徒卢威。伦施的"论据"……**203**
　　{ 6. 恩格斯论 1866 年的条约(专页)……

(5)　　{ 7. 帝国主义经济主义和"超帝国主义"……

(6)　　{ 8. 国家和国家建设。
　　　　{ 9. 民主制和社会主义。

　　　　10. 最低纲领和最高纲领。

(7)　‖ 11. 在关于自决和帝国主义问题上的社会沙文主义与考

　　　　茨基主义。

(8)　　　欧洲联邦:……

　　　　帕图叶(威廉二世)……

　　　　殖民地。

(9)社会和平主义是对帝国主义的粉饰

　　(卡·考茨基。1916 年 12 月)**204**

2

压迫国家和被压迫国家的区别

＋马克思论 1869 年的爱尔兰

摘自传记

材料**205**

1876 年和 1916 年的欧洲各国

和殖民地。

"不值得解放黑人"(维尔特)。

马克思论国家:**现代国家**??

(注意)

＋恩格斯论 1866 年的条约及其 ‖ 国家集中的"规律"？？？？
　废除（专页）。

被压迫民族的民族特点（维尔特
论爱尔兰）。

＋伦施的"论据"（他的两篇文 ‖ 恩格斯论一旦发生美英战争时
章）…… 的爱尔兰。

《新时代》杂志 1915—1916？
……"帝国主义经济
　主义"…… ⎱两句
"超帝国主义"…… ⎰蠢话

"民族战争的时代" ‖ 在帝国主义"时代""不可能有民
（帕图叶和 ‖ 族战争"。（为了更加突出！）"时
尤尼乌斯） ‖ 代"的概念……

3
关于民族问题的以往的和新近的探讨：

关于 A：

1. 国家的三种"类型"。 ⎰"多民族国家"。
2. "类型"＝历史阶梯。 ⎱这个概念的不完
3. 发展的不平衡性。 ⎰整性。

关于 B｛
推动改革：俾斯麦与 1848 年
1914—1917 年的帝国主义战争与 1848 年（！！！）
帝国主义和瓜分世界
在奴隶制基础上的帝国主义战争等等
帝国主义战争和民族战争的结合。

民族运动的历史条件

大致是：
- **A.** 作一点统计。（事实是顽强的东西。）
- **B.** 某些马克思主义者关于民族问题的一些议论的理论错误。
- **C.** 民族自决权和罗莎·卢森堡
- **D.** 民族文化自治

以往的探讨……

关于 **B**：

帝国主义和民族问题。

民族自决的"**可实现性**"。

兼并和民族自决。

殖民地和民族自决。

国家和国家建设。

民族问题上的"二元论"和"一元论"。

各种运动都朝着一个目标。

"从殖民地滚出去"？？

社会主义和殖民地（恩格斯 1882 年）。

犹太人——民族？

民族融合？

载于 1937 年《列宁文集》俄文版第 30 卷

译自《列宁全集》俄文第 5 版第 30 卷第 389—393 页

注　释

1　这个提纲即《指导原则》(见注2),载于1916年2月《伯尔尼国际社会党委员会。公报》第3号,标题为《德国同志们的建议》。它规定了第一次世界大战期间德国左派社会民主党人在一些重要的理论和政治问题上的立场。

国际社会党委员会(I.S.K.)是齐美尔瓦尔德联盟的执行机构,在1915年9月5—8日举行的国际社会党第一次代表会议(齐美尔瓦尔德会议)上成立。组成委员会的是中派分子罗·格里姆、奥·莫尔加利、沙·奈恩以及担任译员的安·伊·巴拉巴诺娃。委员会设在伯尔尼。齐美尔瓦尔德代表会议之后不久,根据格里姆的建议,成立了国际社会党扩大委员会,参加扩大委员会的是同意齐美尔瓦尔德会议决议的各党的代表。代表俄国社会民主工党中央委员会参加扩大委员会的是列宁、伊·费·阿尔曼德和格·叶·季诺维也夫。

《伯尔尼国际社会党委员会。公报》(《Internationale Sozialistische Kommission zu Bern.Bulletin»)是国际社会党委员会的机关报,于1915年9月—1917年1月在伯尔尼用德、法、英三种文字出版,共出了6号。——1。

2　国际派即斯巴达克派,是德国左派社会民主党人的革命组织,第一次世界大战初期形成,创建人和领导人有卡·李卜克内西、罗·卢森堡、弗·梅林、克·蔡特金、尤·马尔赫列夫斯基、莱·约吉希斯(梯什卡)、威·皮克等。1915年4月,卢森堡和梅林创办了《国际》杂志,这个杂志是团结德国左派社会民主党人的主要中心。1916年1月1日,全德左派社会民主党人代表会议在柏林召开,会议决定正式成立组织,取名为国际派。代表会议通过了一个名为《指导原则》的文件,作为该派的纲领,这个文件是在卢森堡主持和李卜克内西、梅林、蔡特金参与下制定的。1916年至1918年10月,该派定期出版秘密刊物《政治书信》,署名斯巴达克,因此该派也被称为斯巴达克派。1917年4月,斯巴达克派加入了德国独立社会民主党,但保持组织上和政治上的独立。斯巴达克派在群众中进行革命宣传,组织反战活动,领导罢工,揭露世界大战的帝国主义性质和社会民主党机会主义领袖的叛卖行为。斯巴达克派在理论和策略问题上也犯过一些错误,列宁曾屡次给予批评和帮助。1918年11月,斯巴达克派改组为斯巴达克联盟,12月14日公布了联盟的纲领。1918年底,联盟退出了独立社会民主党,并在1918年12月30日—1919年1月1日举行的全德斯巴达克派和激进派代表会议上创建了德国共产党。——1。

3　《国际》杂志(«Die Internationale»)是罗·卢森堡和弗·梅林创办的关于马克思主义实践与理论问题的刊物。该杂志第1期于1915年4月出版,刊载了卢森堡的《国际的重建》、梅林的《我们的导师和党机关的政策》、克·蔡特金的《为了和平》及其他文章。这期杂志在杜塞尔多夫印刷,印了9000份。杂志纸型曾寄给伯尔尼的罗·格里姆,由他翻印向瑞士及其他国家传播。该杂志是公开出版的,第1期出版后立即被查禁。1918年德国十一月革命之后复刊。1933年希特勒上台后作为秘密刊物继续出版,至1939年停刊。在《国际》杂志周围的德国左派社会民主党人于1916年组成了国际派,即斯巴达克派。国际派和"德国国际社会党人"在第一次世界大战期间同为德国社会民主党内的左翼反对派。——1。

4　指1916年1月12日《前进报》第11号登载的奥·吕勒的声明《论党的分裂》。他在声明中指出德国社会民主党的分裂是不可避免的。《前进报》编辑部在发表吕勒声明的同时发表了一篇编辑部文章,声称尽管把吕勒的声明全文照登,但它认为声明中所提出的争论问题不仅为时过早,而且完全是无的放矢。

　　《前进报》(«Vorwärts»)是德国社会民主党的中央机关报(日报),1876年10月在莱比锡创刊,编辑是威·李卜克内西和威·哈森克莱

维尔。1878 年 10 月反社会党人非常法颁布后被查禁。1890 年 10 月
反社会党人非常法废除后,德国社会民主党哈雷代表大会决定把 1884
年在柏林创办的《柏林人民报》改名为《前进报》(全称是《前进。柏林人
民报》),从 1891 年 1 月起作为中央机关报在柏林出版,由李卜克内西
任主编。恩格斯曾为《前进报》撰稿,同机会主义的各种表现进行斗争。
1895 年恩格斯逝世以后,《前进报》逐渐转入党的右翼手中。它支持过
俄国的经济派和孟什维克。第一次世界大战期间持社会沙文主义立
场。俄国十月革命以后,进行反对苏维埃的宣传。1933 年停刊。
——3。

5 《不来梅市民报》(«Bremer Bürger-Zeitung»)是德国社会民主党报纸
(日报),于 1890—1919 年出版。1916 年以前是不来梅左派社会民主
党人的报纸。1916 年,德国社会民主党中央施加压力,迫使当地党组
织改组该报编辑部。同年该报转到了考茨基分子和谢德曼分子手里。
——3。

6 《人民之友报》(«Volksfreund»)是德国社会民主党报纸(日报),1871 年
在不伦瑞克创刊。1914—1915 年该报实际上是德国左派社会民主党
人的机关报。1916 年该报转到了考茨基分子手里。1932 年停刊。
——3。

7 "德国国际社会党人"(I.S.D.)是第一次世界大战期间围绕着在柏林出
版的《光线》杂志而组成的德国左派社会民主党人集团,它公开反对战
争和机会主义,在同社会沙文主义者和中派划清界限方面持最彻底的
立场。在齐美尔瓦尔德会议上,该集团代表尤·博尔夏特在齐美尔瓦
尔德左派的决议草案上签了名。但该集团与群众缺乏广泛联系,不久
就瓦解了。——3。

8 《新时代》杂志(«Die Neue Zeit»)是德国社会民主党的理论刊物,
1883—1923 年在斯图加特出版。1890 年 10 月前为月刊,后改为周刊。
1917 年 10 月以前编辑为卡·考茨基,以后为亨·库诺。1885—1895
年间,杂志发表过马克思和恩格斯的一些文章。恩格斯经常关心编辑

部的工作,帮助它端正办刊方向。为杂志撰过稿的还有威·李卜克内西、保·拉法格、格·瓦·普列汉诺夫、罗·卢森堡、弗·梅林等国际工人运动活动家。《新时代》杂志在介绍马克思主义基本理论、宣传俄国1905—1907年革命等方面做了有益的工作。随着考茨基转到机会主义立场,1910年以后,《新时代》杂志成了中派分子的刊物。第一次世界大战期间,杂志持中派立场,实际上支持社会沙文主义者。——4。

9 指1756—1763年以英国、普鲁士、汉诺威为一方和以法国、俄国、奥地利、萨克森、瑞典、西班牙为另一方在欧洲、美洲、印度和海上进行的战争,史称七年战争。这次战争的结果之一是,英国获得了法属北美殖民地并确立了在印度的优势,成为海上霸主。——6。

10 指1775—1783年美国独立战争,是13个英属北美殖民地推翻英国殖民统治、争取民族独立的战争。——6。

11 组委会分子是指俄国孟什维克组织委员会的拥护者。
    组织委员会(组委会)是1912年在取消派的八月代表会议上成立的俄国孟什维克的领导中心。第一次世界大战期间,组委会采取社会沙文主义立场,站在沙皇政府方面为战争辩护。组委会先后出版过《我们的曙光》、《我们的事业》、《事业》、《工人晨报》、《晨报》等报刊。1917年8月孟什维克党选出中央委员会以后,组委会的职能即告终止。除了在俄国国内活动的组委会外,在国外还有一个组委会国外书记处。这个书记处由帕·波·阿克雪里罗得、伊·谢·阿斯特罗夫-波韦斯、尔·马尔托夫、亚·萨·马尔丁诺夫和谢·尤·谢姆柯夫斯基组成,持和中派相近的立场,实际上支持俄国的社会沙文主义者。书记处的机关报是《俄国社会民主工党组织委员会国外书记处通报》,1915年2月—1917年3月在日内瓦出版,共出了10号。——10。

12 号召派是指聚集在《号召报》周围的撰稿人和拥护者。《号召报》是俄国孟什维克和社会革命党人的机关报(周报),1915年10月—1917年3月在巴黎出版。领导人有格·瓦·普列汉诺夫、格·阿·阿列克辛斯基、伊·布纳柯夫、尼·德·阿夫克森齐耶夫等。第一次世界大战期间持极端社会沙文主义立场。——12。

13　齐美尔瓦尔德左派是根据列宁倡议建立的国际组织,于 1915 年 9 月 4
日,即国际社会党第一次代表会议(齐美尔瓦尔德代表会议)开幕的前
一天,在出席代表会议的左派社会党人召开的一次会议上成立。齐美
尔瓦尔德左派这一名称,则是 1915 年 11 月该组织出版刊物《国际传单
集》时开始正式使用的。齐美尔瓦尔德左派的最初参加者即 9 月 4 日
会议的出席者为:俄国社会民主工党中央委员会代表列宁和格·叶·
季诺维也夫,瑞士代表弗·普拉滕,"德国国际社会党人"组织主席尤·
博尔夏特,拉脱维亚边疆区社会民主党中央委员会代表扬·安·别尔
津,波兰王国和立陶宛社会民主党边疆区执行委员会主席卡·伯·拉
狄克,瑞典代表卡·霍格伦,挪威代表图·涅尔曼。9 月 4 日这次会议
听取了列宁关于世界战争的性质和国际社会民主党策略的报告,制定
了准备提交代表会议的决议和宣言草案。在代表会议上,齐美尔瓦尔
德左派批评了多数代表的中派和半中派观点,提出了谴责帝国主义战
争、揭露社会沙文主义者叛卖行为和指出积极进行反战斗争的必要性
等决议案。他们的决议案被中派多数所否决,但是经过斗争,决议案中
的一些重要论点仍写入了代表会议的宣言。齐美尔瓦尔德左派对宣言
投了赞成票,并在一个特别声明中指出了宣言的不彻底性。齐美尔瓦
尔德左派声明,它将留在齐美尔瓦尔德联盟内宣传自己的观点和在国
际范围内进行独立的工作。齐美尔瓦尔德左派选举了由列宁、季诺维
也夫和拉狄克组成的领导机关——常务局。齐美尔瓦尔德左派的理论
刊物——《先驱》杂志共出了两期,发表了列宁的几篇文章。在 1916 年
4 月国际社会党第二次代表会议(昆塔尔代表会议)上,齐美尔瓦尔德
左派力量有所发展,它在 40 多名代表中占了 12 名,它的一系列提案得
到半数代表的赞成。1917 年初,随着齐美尔瓦尔德右派公开背叛,列
宁向左派提出了同齐美尔瓦尔德联盟决裂的问题。参加齐美尔瓦尔德
左派的一些国家的社会民主党人,在建立本国共产党方面起了重要的
作用。

　　关于齐美尔瓦尔德左派,参看列宁的《第一步》和《1915 年 9 月 5——
8 日国际社会党代表会议上的革命马克思主义者》(本版全集第 27 卷)

等文。——16。

14　《先驱》杂志(《Vorbote》)是齐美尔瓦尔德左派的理论机关刊物,用德文在伯尔尼出版,共出了两期:1916年1月第1期和同年4月第2期。该杂志的正式出版人是罕·罗兰-霍尔斯特和安·潘涅库克。列宁参与了杂志的创办和把第1期译成法文的组织工作。杂志曾就民族自决权和"废除武装"口号问题展开讨论。杂志刊载过列宁的《机会主义与第二国际的破产》和《社会主义革命和民族自决权(提纲)》两文(见本版全集第27卷)。——16。

15　《社会民主党人报》(《Социал-Демократ》)是俄国社会民主工党秘密发行的中央机关报。1908年2月在俄国创刊,第2—32号(1909年2月—1913年12月)在巴黎出版,第33—58号(1914年11月—1917年1月)在日内瓦出版,总共出了58号,其中5号有附刊。根据俄国社会民主工党第五次代表大会选出的中央委员会的决定,该报编辑部由布尔什维克、孟什维克和波兰社会民主党人的代表组成。实际上该报的领导者是列宁。1911年6月孟什维克尔·马尔托夫和费·伊·唐恩退出编辑部,同年12月起《社会民主党人报》由列宁主编。该报先后刊登过列宁的80多篇文章和短评。在斯托雷平反动时期和新的革命高涨年代,该报同取消派、召回派和托洛茨基分子进行斗争,宣传布尔什维克的路线,加强了党的统一和党与群众的联系。第一次世界大战期间,该报同国际机会主义、民族主义和沙文主义进行斗争,反对帝国主义战争,团结各国坚持国际主义立场的社会民主党人,宣传布尔什维克在战争、和平和革命等问题上提出的口号,联合并加强了党的力量。该报在俄国国内和国外传播很广,影响很大。列宁在《〈反潮流〉文集序言》中写道,"任何一个觉悟的工人,如果想了解国际社会主义革命思想的发展及其在1917年10月25日的第一次胜利",《社会民主党人报》上的文章"是不可不看的"(见本版全集第34卷第116页)。——16。

16　《工人报》(《Gazeta Robotnicza》)是波兰王国和立陶宛社会民主党华沙委员会的秘密机关报,1906年5—10月先后在克拉科夫和苏黎世出版,由亨·多姆斯基(卡缅斯基)主编,出了14号以后停刊。1912年波

兰社会民主党分裂后，出现了两个华沙委员会。两个委员会所办的机
关报都叫《工人报》，一家是由在华沙的总执行委员会的拥护者办的，出
了4号，另一家是由在克拉科夫的反对派华沙委员会办的，出了11号
（最后两号是作为波兰王国和立陶宛社会民主党边疆区执行委员会机
关报在苏黎世出版的）。波兰王国和立陶宛社会民主党两派合并后，
《工人报》在1918年8月还出了一号。——16。

17　指由《社会民主党人报》编辑部署名的《社会主义革命和民族自决权（提
纲）》，是列宁写的（见本版全集第27卷），以及由《工人报》编辑部署名
的《关于帝国主义和民族压迫的提纲》，是卡·拉狄克写的。这两个提
纲都发表于《先驱》杂志1916年第2期并用俄文转载于《〈社会民主党
人报〉文集》同年第1辑。——16。

18　《新时代》杂志上关于民族问题的讨论是在第二国际伦敦代表大会召开
前夕进行的。争论是由罗·卢森堡的文章《德国和奥地利的波兰社会
主义运动的新潮流》（载于《新时代》杂志1895—1896年卷第32期和第
33期）引起的。卢森堡在该文中批评了波兰社会党领袖们的民族主义
立场。她同时指出分别处在奥地利、德国和沙皇俄国统治下的波兰的
各个部分与这些国家在经济上有着紧密的联系，认为波兰的社会党人
不应当要求波兰独立。她并因此对民族自决权的要求一般持否定
态度。

　　埃·黑克尔代表波兰社会党右翼在《新时代》杂志第37期发表题
为《社会主义在波兰》的文章，反驳卢森堡的观点。黑克尔维护波兰社
会党领袖们的立场，坚持要国际在自己的纲领中承认波兰独立的要求。
卢森堡在《新时代》杂志第41期又发表了《社会爱国主义在波兰》一文，
作为对黑克尔文章的答复。

　　卡·考茨基在《新时代》杂志第42期和第43期上发表了题为《波
兰完了吗?》的长文，提出了第三种观点。他同意卢森堡的看法，认为只
有民主派在俄国取得胜利，波兰才会获得民族解放，但同时坚决反对卢
森堡关于波兰社会民主党人不应该提出波兰独立的要求这一论点。他
指出，从社会党人的观点看来，在有民族压迫的情况下忽视民族解放的

任务是绝对错误的。考茨基认为波兰必须恢复,因为这"第一是正义的,第二会给俄国反动派以打击"。

这次讨论后不久举行的国际社会党伦敦代表大会通过了《工人阶级的政治行动的决议》。决议说:"代表大会宣布,它主张一切民族有完全的自决权,它同情现在受到军事的、民族的或其他的专制制度压迫的一切国家的工人;大会号召所有这些国家的工人加入全世界有觉悟的工人队伍,以便和他们一起为打倒国际资本主义、实现国际社会民主党的目标而斗争。"列宁认为这一决议"完全直截了当地、不容许丝毫曲解地承认一切民族都有完全的自决权;另一方面,又同样毫不含糊地号召**工人在国际范围内统一他们的阶级斗争**"(见本版全集第25卷第264页)。——16。

19 1903年,在俄国社会民主工党第二次代表大会筹备期间和在代表大会上,由于讨论《火星报》编辑部制定的俄国社会民主工党纲领草案,曾就民族自决权这一要求展开了争论。列宁在《火星报》上发表的《论亚美尼亚社会民主党人联合会的宣言》和《我们纲领中的民族问题》两文(见本版全集第7卷)阐明了俄国马克思主义者火星派关于这个问题的立场。在代表大会纲领委员会中,围绕着纲领草案第8条(在正式通过的纲领中是第9条)所表述的民族自决权的要求,展开了激烈的斗争。波兰社会民主党人认为这个要求帮了波兰民族主义分子的忙,建议代之以民族文化自治的要求。崩得分子当时没有直接反对民族自决,但也建议用民族文化自治的论点对这一条加以补充。崩得分子还提出了建党的联邦制原则。代表大会否决了波兰社会民主党人和崩得分子的主张,通过了关于民族自决的条款和跨民族的建党原则。

1913—1914年,一方面由于民族解放运动的高涨,另一方面由于大国沙文主义和地方民族主义的增强,民族问题的争论再度发生。孟什维克取消派、崩得分子、乌克兰机会主义分子一致反对马克思主义的民族问题纲领,反对民族自决直到分离的权利的要求,而坚持民族文化自治这一民族主义要求。罗·卢森堡在这个问题上也采取了不正确的立场,她在《民族问题和自治》(1908—1909年)一文及其他著作中企图论证从俄国社会民主工党纲领中删掉关于民族自决权这一条款的必要

性。列宁在《关于民族问题的批评意见》和《论民族自决权》(见本版全
集第24卷和第25卷)等著作中批评了机会主义者的民族主义立场和
卢森堡的观点。——17。

20　指1915年春尼·伊·布哈林在俄国社会民主工党国外支部伯尔尼代
表会议上的发言和1915年秋布哈林、格·列·皮达可夫和叶·波·博
什联名提出的提纲《关于民族自决权的口号》。列宁在《论正在产生的
"帝国主义经济主义"倾向》、《对彼·基辅斯基(尤·皮达可夫)〈无产阶
级和金融资本时代的"民族自决权"〉一文的回答》、《论面目全非的马克
思主义和"帝国主义经济主义"》(均见本卷)等文中批评了他们的观点。
——17。

21　蒲鲁东主义是以法国无政府主义者皮·约·蒲鲁东为代表的小资产阶
级社会主义流派,产生于19世纪40年代。蒲鲁东主义从小资产阶级
立场出发批判资本主义所有制,把小商品生产和交换理想化,幻想使小
资产阶级私有制永世长存。主张建立"人民银行"和"交换银行",认为
它们能帮助工人购置生产资料,使之成为手工业者,并能保证他们"公
平地"销售自己的产品。蒲鲁东主义反对任何国家和政府,否定任何权
威和法律,宣扬阶级调和,反对政治斗争和暴力革命。马克思在《哲学
的贫困》(参看《马克思恩格斯全集》第1版第4卷)等著作中,对蒲鲁东
主义作了彻底批判。列宁称蒲鲁东主义为不能领会工人阶级观点的
"市侩和庸人的痴想"。蒲鲁东主义被资产阶级的理论家们广泛利用来
鼓吹阶级调和。——17。

22　十月党人是俄国十月党的成员。十月党(十月十七日同盟)代表和维护
大工商业资本家和按资本主义方式经营的大地主的利益,属于自由派
的右翼。该党于1905年11月成立,名称取自沙皇1905年10月17日
宣言。十月党的主要领导人是大工业家和莫斯科房产主亚·伊·古契
柯夫、大地主米·弗·罗将柯,活动家有彼·亚·葛伊甸、德·尼·希
波夫、米·亚·斯塔霍维奇、尼·阿·霍米亚科夫等。十月党完全拥护
沙皇政府的对内对外政策,支持政府镇压革命的一切行动,主张用调整
租地、组织移民、协助农民退出村社等办法解决土地问题。第一次世界

大战期间，号召支持政府，后来参加了军事工业委员会的活动，曾同立宪民主党等结成"进步同盟"，主张把帝国主义战争进行到最后胜利，并通过温和的改革来阻止人民革命和维护君主制。二月革命后，该党参加了资产阶级临时政府。十月革命后，十月党人反对苏维埃政权，在白卫分子政府中担任要职。——18。

23 这是俄国诗人米·尤·莱蒙托夫《致亚·奥·斯米尔诺娃》(1840年)一诗中的诗句。原诗反映了诗人因斯米尔诺娃对其诗作未置一词而产生的怅然心情。列宁在转义上借用这两句诗来嘲讽论敌。——18。

24 经济主义是19世纪末—20世纪初俄国社会民主党内的机会主义思潮，是国际机会主义的俄国变种。其代表人物是康·米·塔赫塔廖夫、谢·尼·普罗柯波维奇、叶·德·库斯柯娃、波·尼·克里切夫斯基、亚·萨·皮凯尔(亚·马尔丁诺夫)、弗·彼·马赫诺韦茨(阿基莫夫)等，经济派的主要报刊是《工人思想报》(1897—1902年)和《工人事业》杂志(1899—1902年)。

经济派主张工人阶级只进行争取提高工资、改善劳动条件等等的经济斗争，认为政治斗争是自由派资产阶级的事情。他们否认工人阶级政党的领导作用，崇拜工人运动的自发性，否定向工人运动灌输社会主义意识的必要性，维护分散的和手工业的小组活动方式，反对建立集中的工人阶级政党。经济主义有诱使工人阶级离开革命道路而沦为资产阶级政治附庸的危险。

列宁对经济派进行了始终不渝的斗争。他在《俄国社会民主党人抗议书》(见本版全集第4卷)中尖锐地批判了经济派的纲领。列宁的《火星报》在同经济主义的斗争中发挥了重大作用。列宁的《怎么办?》一书(见本版全集第6卷)，从思想上彻底地粉碎了经济主义。——18。

25 民族文化自治是奥地利社会民主党人奥·鲍威尔和卡·伦纳制定的资产阶级民族主义的解决民族问题的纲领。俄国孟什维克取消派和崩得分子都提出过民族文化自治的要求。1903年俄国社会民主工党第二次代表大会在讨论党纲草案时否决了崩得分子提出的增补民族文化自治内容的建议。列宁对民族文化自治的批判，见《关于民族问题的批评

意见》、《论"民族文化"自治》、《论民族自决权》(本版全集第 24 卷和第
25 卷)等著作。——20。

26　挪威于 1814 年被丹麦割让给瑞典,同瑞典结成了瑞挪联盟,由瑞典国
王兼挪威国王。1905 年 7 月,挪威政府宣布不承认瑞典国王奥斯卡尔
二世为挪威国王,脱离联盟,成为独立王国。——22。

27　《伯尔尼哨兵报》(«Berner Tagwacht»)是瑞士社会民主党的机关报,于
1893 年在伯尔尼创刊。1909——1918 年,罗·格里姆任该报主编。第
一次世界大战初期,该报发表过卡·李卜克内西、弗·梅林及其他左派
社会民主党人的文章。从 1917 年起,该报公开支持社会沙文主义者。
——25。

28　《社会主义与战争(俄国社会民主工党对战争的态度)》(见本版全集第
26 卷)这本小册子写于 1915 年 7——8 月,即国际社会党第一次代表会
议(齐美尔瓦尔德会议)召开的前夕。小册子是列宁和格·叶·季诺维
也夫合写的,列宁撰写了小册子的主要部分(第 1 章和第 3、4 章的一部
分),并且审定了全书。小册子还在书末作为附录收载了俄国社会民主
工党中央委员会的宣言《战争和俄国社会民主党》、在《社会民主党人
报》发表的列宁的《俄国社会民主工党国外支部代表会议》和这次代表
会议的决议以及有党的工作者参加的俄国社会民主工党中央委员会波
罗宁会议通过的关于民族问题的决议。列宁把这部著作称为"对我党
决议的解释或通俗的说明"(见本卷第 121 页)。
　　《社会主义与战争(俄国社会民主工党对战争的态度)》最初于
1915 年 8 月用俄文和德文出版,并且散发给了参加齐美尔瓦尔德会议
的代表。齐美尔瓦尔德会议以后,小册子又在法国用法文出版,并在挪
威左派社会民主党人的机关刊物上用挪威文全文发表。列宁还曾多次
尝试用英文在美国出版,但未能实现。1917 年十月革命后,这本小册
子由彼得格勒工人和红军代表苏维埃于 1918 年在彼得格勒出版。
——28。

29　司徒卢威主义即合法马克思主义,是 19 世纪 90 年代出现在俄国自由

派知识分子中的一种思想政治流派,主要代表人物是彼·伯·司徒卢威。司徒卢威主义利用马克思经济学说中能为资产阶级所接受的个别论点为俄国资本主义的发展作论证。在批判小生产的维护者民粹派的同时,司徒卢威赞美资本主义,号召人们"承认自己的不文明并向资本主义学习",而抹杀资本主义的阶级矛盾。司徒卢威主义者起初是社会民主党的暂时同路人,后来彻底转向资产阶级自由主义。到 1900 年《火星报》出版时,司徒卢威主义作为思想流派已不再存在。——30。

30 《钟声》杂志(«Die Glocke»)是德国社会民主党党员、社会沙文主义者亚·李·帕尔乌斯办的刊物(双周刊),1915—1925 年先后在慕尼黑和柏林出版。——30。

31 这是恩格斯《民主的泛斯拉夫主义》一文(参看《马克思恩格斯全集》第 1 版第 6 卷)里的论点。这篇文章载于 1849 年 2 月 14—15 日《新莱茵报》,其确切作者在列宁撰写此文时尚未查清。——36。

32 指沙皇尼古拉一世派军队镇压 1848—1849 年匈牙利资产阶级革命一事。匈牙利当时处在奥地利帝国(哈布斯堡王朝)统治之下,奥地利皇帝就身兼匈牙利国王。争取民族独立和反对封建制度的匈牙利革命以 1848 年 3 月 15 日佩斯起义为开端,得到全国广泛响应。1849 年 4 月 14 日,在匈牙利革命军队战胜奥地利帝国的入侵军队之后,匈牙利议会通过了《独立宣言》,正式宣布成立匈牙利共和国。奥地利皇帝弗兰茨-约瑟夫一世于 4 月 21 日向俄国求援。5 月,俄国干涉军 14 万人侵入匈牙利。匈牙利革命受到两面夹击而遭到失败。8 月 13 日,匈牙利军队向俄国干涉军司令伊·费·帕斯凯维奇投降。——37。

33 指 1898 年美国对西班牙发动的战争。1898 年 4 月,在古巴摆脱西班牙殖民统治的起义取得决定性胜利时,美国借口其战舰"缅因"号在哈瓦那港口被炸沉而对西班牙宣战,向西属殖民地发动进攻。7 月,西班牙战败求和,12 月在巴黎签订和约。西班牙将其殖民地菲律宾、关岛、波多黎各割让给美国。古巴形式上取得独立,实际上成为美国的保护国。列宁称这场战争为重新瓜分世界的第一次帝国主义战争。
——38。

34　《社会主义历史文汇》即《社会主义和工人运动历史文汇》(«Archiv für
die Geschichte des Sozialismus und der Arbeiterbewegung»),是奥地利
经济学家和历史学家、社会民主党人卡·格律恩贝格编辑出版的杂志,
于 1910—1930 年在莱比锡出版,共出了 15 卷。该杂志的特点是不同
流派、不同观点的论著兼收并蓄。——38。

35　指 1916 年 4 月 24—30 日爱尔兰人民争取摆脱英国统治的民族解放起
义。爱尔兰工人阶级及其武装组织——以詹姆斯·康诺利为首的爱尔
兰市民军在起义中起了最积极的作用,小资产阶级和知识界的代表也
参加了起义。起义的中心是都柏林,4 月 24 日起义者在那里宣布爱尔
兰共和国成立,并组成了临时政府。起义遭到英国军队的残酷镇压。
几乎全部起义领袖包括身受重伤的康诺利都被枪决,一般参加者则被
大批驱逐出国。这次起义促进了爱尔兰解放斗争的发展。——40。

36　指波兰代表团在齐美尔瓦尔德国际社会党代表会议(1915 年)上的宣
言。宣言抗议沙皇俄国、德国和奥地利三国政府的压迫政策,说它们
"剥夺了波兰人民自己决定自己命运的可能性,把波兰各地区看做是将
来玩赔偿游戏的抵押品"。宣言指出:"在这方面,资本家政府的政策的
实质赤裸裸地表现出来了,这些政府把人民群众赶进屠场,同时专横地
决定各民族世世代代的命运。"宣言说,波兰社会民主主义组织深信,只
有参加即将到来的革命的国际无产阶级争取社会主义的斗争,参加那
种"必将打碎民族压迫的枷锁和消灭一切形式的异国统治的斗争,才能
保证波兰人民能够在各民族的联盟中作为平等的一员获得全面的自由
发展"。关于这个宣言,还可参看本卷第 58 页。——45。

37　《光线》杂志(«Lichtstrahlen»)是德国社会民主党人左派集团——"德国
国际社会党人"的机关刊物(月刊),1913—1921 年在柏林不定期出版。
尤·博尔夏特任该杂志主编,参加杂志工作的还有安·潘涅库克、安·
伊·巴拉巴诺娃等人。——46。

38 指罗·卢森堡的《民族问题和自治》一文。该文发表在《社会民主党评论》杂志 1908 年第 6、7、8—9、10 期和 1909 年第 12、14—15 期。——46。

39 弗腊克派即波兰社会党"革命派",原为波兰社会党内的右派。波兰社会党是以波兰社会党人巴黎代表大会(1892 年 11 月)确定的纲领方针为基础于 1893 年成立的。这次代表大会提出了建立独立民主共和国、为争取人民群众的民主权利而斗争的口号,但是没有把这一斗争同俄国、德国和奥匈帝国的革命力量的斗争结合起来。该党右翼领导人约·皮尔苏茨基等认为恢复波兰国家的唯一道路是民族起义,而不是以无产阶级为领导的全俄反对沙皇的革命。从 1905 年 2 月起,以马·亨·瓦列茨基、费·雅·柯恩等为首的左派逐步在党内占了优势。1906 年 11 月在维也纳召开的波兰社会党第九次代表大会把皮尔苏茨基及其拥护者开除出党,该党遂分裂为两个党:波兰社会党"左派"和波兰社会党"革命派"("右派",亦称弗腊克派)。

波兰社会党"右派"于 1909 年重新使用波兰社会党的名称,强调通过武装斗争争取波兰独立,但把这一斗争同无产阶级的阶级斗争割裂开来。从第一次世界大战开始起,该党的骨干分子参加了皮尔苏茨基站在奥德帝国主义一边搞的军事政治活动(成立波兰军团)。1917 年俄国二月革命后,该党转而对德奥占领者采取反对立场,开展争取建立独立的民主共和国和进行社会改革的斗争。1918 年该党参加创建独立的资产阶级波兰国家,1919 年同原普鲁士占领区的波兰社会党以及原奥地利占领区的加利西亚和西里西亚波兰社会民主党合并。该党不反对地主资产阶级波兰对苏维埃俄国的武装干涉,并于 1920 年 7 月参加了所谓国防联合政府。1926 年该党支持皮尔苏茨基发动的政变,同年 11 月由于拒绝同推行"健全化"的当局合作而成为反对党。1939 年该党解散。——46。

40 斯托雷平工党是人们对孟什维克取消派的一种称呼,因为该派在俄国第一次革命失败以后,顺应斯托雷平反动时期的制度,以放弃俄国社会民主工党的纲领和策略为代价,企图换取沙皇政府准许公开的、合法的

"工人"政党存在。——47。

41　《我们的言论报》(《Наше Слово》)是俄国孟什维克国际主义派的报纸
（日报），1915 年 1 月—1916 年 9 月在巴黎出版，以代替被查封的《呼声
报》。参加该报工作的有：弗·亚·安东诺夫-奥弗申柯、索·阿·洛佐
夫斯基、列·达·托洛茨基、阿·瓦·卢那察尔斯基和尔·马尔托夫。
1916 年 9 月—1917 年 3 月改用《开端报》的名称出版。——51。

42　《言语报》(《Речь》)是俄国立宪民主党的中央机关报（日报），1906 年 2
月 23 日(3 月 8 日)起在彼得堡出版，实际编辑是帕·尼·米留可夫和
约·弗·盖森。积极参加该报工作的有马·莫·维纳维尔、帕·德·
多尔戈鲁科夫、彼·伯·司徒卢威等。1917 年二月革命后，该报积极
支持资产阶级临时政府的对内对外政策，反对布尔什维克。1917 年 10
月 26 日(11 月 8 日)被查封。后曾改用《我们的言语报》、《自由言语
报》、《时代报》、《新言语报》和《我们时代报》等名称继续出版，1918 年 8
月最终被查封。

　　这里提到的 A.库利舍尔发表在 1916 年 4 月 15 日《言语报》第 102
号上的文章，题为《都柏林叛乱》。文中说，爱尔兰民族主义分子"借助
于德国的金钱"准备了"这次都柏林盲动"。——52。

43　《自由比利时》杂志(《Libre Belgique》)是比利时工人党在第一次世界大
战期间办的秘密刊物，1915—1918 年在布鲁塞尔出版。——54。

44　《我们的呼声报》(《Наш Голос》)是俄国孟什维克的合法报纸（周报），
1915—1916 年在萨马拉出版。该报采取社会沙文主义立场。——56。

45　这段文字写在单独一张纸上，大概是《关于自决问题的争论总结》一文
的相应段落(见本卷第 45 页)的另一稿。——58。

46　列宁的批注写在格·叶·季诺维也夫的书面意见(信件)的页边和行
间。季诺维也夫的意见可能是根据列宁文章的手稿或校样提的。
——59。

47 劳动派(即劳动团)是俄国国家杜马中的农民代表和民粹派知识分子代表组成的小资产阶级民主派集团,1906年4月成立。领导人是阿·费·阿拉季因、斯·瓦·阿尼金等。劳动派要求废除一切等级限制和民族限制,实行自治机关的民主化,用普选制选举国家杜马。劳动派的土地纲领要求建立由官地、皇族土地、皇室土地、寺院土地以及超过劳动土地份额的私有土地组成的全民地产,由农民普选产生的地方土地委员会负责进行土地改革,这反映了全体农民的土地要求,同时它又容许赎买土地,则是符合富裕农民阶层利益的。在国家杜马中,劳动派动摇于立宪民主党和布尔什维克之间。布尔什维克党支持劳动派的符合农民利益的社会经济要求,同时批评它在政治上的不坚定,可是劳动派始终没有成为彻底革命的农民组织。六三政变后,劳动派在地方上停止了活动。第一次世界大战期间,劳动派多数采取沙文主义立场。二月革命后,劳动派积极支持资产阶级临时政府,1917年6月与人民社会党合并为劳动人民社会党。十月革命后,劳动派站在资产阶级反革命势力方面。——62。

48 社会革命党是俄国最大的小资产阶级政党。该党是1901年底—1902年初由南方社会革命党、社会革命党人联合会、老民意党人小组、社会主义土地同盟等民粹派团体联合而成的。成立时的领导人有马·安·纳坦松、叶·康·布列什柯-布列什柯夫斯卡娅、尼·谢·鲁萨诺夫、维·米·切尔诺夫、米·拉·郭茨、格·安·格尔舒尼等,正式机关报是《革命俄国报》(1901—1904年)和《俄国革命通报》杂志(1901—1905年)。社会革命党人的理论观点是民粹主义和修正主义思想的折中混合物。他们否认无产阶级和农民之间的阶级差别,抹杀农民内部的矛盾,否认无产阶级在资产阶级民主革命中的领导作用。在土地问题上,社会革命党人主张消灭土地私有制,按照平均使用原则将土地交村社支配,发展各种合作社。在策略方面,社会革命党人采用了社会民主党人进行群众性鼓动的方法,但主要斗争方法还是搞个人恐怖。为了进行恐怖活动,该党建立了事实上脱离该党中央的秘密战斗组织。

在1905—1907年俄国第一次革命中,社会革命党曾在农村开展焚烧地主庄园、夺取地主财产的所谓"土地恐怖"运动,并同其他政党一起参加武装起义和游击战,但也曾同资产阶级的解放社签订协议。在国家杜马中,该党动摇于社会民主党和立宪民主党之间。该党内部的不统一造成了1906年的分裂,其右翼和极左翼分别组成了人民社会党和最高纲领派社会革命党人联合会。在斯托雷平反动时期,社会革命党经历了思想上、组织上的严重危机。在第一次世界大战期间,社会革命党的大多数领导人采取了社会沙文主义的立场。1917年二月革命后,社会革命党中央实行妥协主义和阶级调和的政策,党的领导人亚·费·克伦斯基、尼·德·阿夫克森齐耶夫、切尔诺夫等参加了资产阶级临时政府。七月事变时期该党公开转向资产阶级方面。社会革命党中央的妥协政策造成党的分裂,左翼于1917年12月组成了一个独立政党——左派社会革命党。十月革命后,社会革命党人(右派和中派)公开进行反苏维埃的活动,在国内战争时期进行反对苏维埃政权的武装斗争,对共产党和苏维埃政权的领导人实行个人恐怖。内战结束后,他们在"没有共产党人参加的苏维埃"的口号下组织了一系列叛乱。1922年,社会革命党彻底瓦解。——62。

49 指以俄国社会民主工党中央机关报《社会民主党人报》编辑部名义发表的提纲《社会主义革命和民族自决权(提纲)》(见本版全集第27卷)。——64。

50 英布战争亦称布尔战争,是指1899年10月—1902年5月英国对布尔人的战争。布尔人是南非荷兰移民的后裔,19世纪建立了德兰士瓦共和国和奥兰治自由邦。为了并吞这两个黄金和钻石矿藏丰富的国家,英国发动了这场战争。由于布尔人战败,这两个国家丧失了独立,1910年被并入英国自治领南非联邦。——70。

51 巴拿马案件是指法兰西第三共和国时期的一个大的贪污贿赂案。1879年法国为开凿穿过巴拿马地峡的运河而成立了巴拿马运河公司,由苏伊士运河建筑师斐·莱塞普斯任董事长。1881年工程开工,由于管理不善和贪污舞弊,公司发生资金困难。公司负责人乃向政府和有关人员行贿,以进行股票投机。1888年公司破产,几十万股票持有者在经济上受到重大损失。1893年议会大选前,这一贿赂事件被揭露,受贿者有总理、部长、议员等多人，结果引起了一场政治风潮。为掩盖真相，法国政府匆忙宣告被控告的官员和议员无罪，只有一些次要人物被判有罪。1894年该公司改组；1903年公司把运河开凿权卖给了美国。后来"巴拿马"一词就成了官商勾结进行诈骗的代名词。——70。

52　《共产党人》杂志（《Коммунист》）是列宁创办的，由《社会民主党人报》编辑部和资助杂志的格·列·皮达可夫、叶·波·博什共同出版，尼·伊·布哈林参加了杂志编辑部。杂志于1915年9月在日内瓦出了一期合刊，刊载了列宁的三篇文章：《第二国际的破产》、《一位法裔社会党人诚实的呼声》和《意大利的帝国主义和社会主义》。列宁曾打算把《共产党人》杂志办成左派社会民主党人的国际机关刊物，为此力求吸收波兰左派社会民主党人（卡·拉狄克）和荷兰左派社会民主党人参加杂志的工作。可是在杂志筹办期间，《社会民主党人报》编辑部和布哈林、皮达可夫、博什之间很快就发生了严重的意见分歧。杂志创刊以后，分歧愈益加剧。这些分歧涉及对民主要求的作用和整个最低纲领的作用的估计。而拉狄克也与布哈林等结成联盟反对《社会民主党人报》编辑部。根据列宁的提议，《共产党人》杂志只出这一期就停刊了（参看本版全集第27卷第307—309页）。《社会民主党人报》编辑部随后出版了《〈社会民主党人报〉文集》来代替这个刊物。

　　关于《共产党人》杂志的创办以及处理同布哈林、皮达可夫、博什之间的分歧问题，可参看列宁1916年3月（11日以后）、1916年5月（6—13日之间）给亚·加·施略普尼柯夫的信、1916年5月21日给格·叶·季诺维也夫的信、1916年6月（17日以前）给施略普尼柯夫的信和1916年11月30日给伊·费·阿尔曼德的信（本版全集第47卷第203、236、245、258、344号文献）。——72。

53　指军事工业委员会里的工人代表——工人团。

　　军事工业委员会是第一次世界大战时期俄国资产阶级的组织。这一组织是根据1915年5月第九次全俄工商界代表大会的决议建立的，其目的是把供应军火的工厂主联合起来，动员工业企业为战争需要服务，在政治上则对沙皇政府施加压力，并把工人阶级置于资产阶级影响之下。1915年7月,军事工业委员会召开了第一次代表大会。这次大会除讨论经济问题外,还提出了建立得到国家杜马信任的政府等政治问题。大会选出以十月党人亚·伊·古契柯夫(任主席)和进步党人亚·伊·柯诺瓦洛夫为首的中央军事工业委员会。军事工业委员会企图操纵全国的经济,然而沙皇政府几乎在军事工业委员会成立的同时就采取对策,成立了自己的机构,即国防、运输、燃料和粮食等“特别会议”。这就使军事工业委员会实际上只充当了国家和私营工业之间的中介人。1915年7月,军事工业委员会的领导人在孟什维克和社会革命党的支持下,开始在委员会内建立工人团。布尔什维克在大多数工人的支持下对工人团的选举进行了抵制。在244个地方军事工业委员会中,只有76个委员会进行了选举,成立了工人团的委员会则只有58个。中央军事工业委员会内组织了以孟什维克库·安·格沃兹杰夫为首的工人团。1917年二月革命后,中央军事工业委员会的领导人在临时政府中担任部长职务,委员会成了资产阶级反对工人阶级的组织。十月革命胜利后,苏维埃政府曾试图利用军事工业委员会里的专家来整顿被战争破坏了的生产,遭到了资产阶级上层的反抗。1918年7月24日军事工业委员会被撤销。——80。

54　指英国保守党人。

保守党是英国大资产阶级和大土地贵族的政党,于19世纪50年代末至60年代初在老托利党基础上形成。在英国向帝国主义阶段过渡的时期,保守党继续维护土地贵族利益,同时也逐步变成垄断资本的政党。保守党在英国多次执掌政权。——82。

55　齐赫泽党团是指以尼·谢·齐赫泽为首的俄国第四届国家杜马中的孟什维克党团,1916年其成员为马·伊·斯柯别列夫、伊·尼·图利亚科夫、瓦·伊·豪斯托夫、齐赫泽和阿·伊·契恒凯里。第一次世界大战期间,该党团采取中派立场,实际上全面支持俄国社会沙文主义者。列宁对齐赫泽党团的机会主义路线的批判,见《组织委员会和齐赫泽党团有自己的路线吗?》(本版全集第27卷)、《齐赫泽党团及其作用》(本卷第296—300页)等文。——83。

56 《我们的事业》杂志(《Наше Дело》)是俄国孟什维克取消派和社会沙文主义者的主要刊物(月刊)。1915年1月在彼得格勒出版,以代替1914年10月被查封的《我们的曙光》杂志,共出了6期。为该杂志撰稿的有叶·马耶夫斯基、彼·巴·马斯洛夫、亚·尼·波特列索夫、涅·切列万宁等。——83。

57 《劳动呼声报》(《Голос Труда》)是俄国孟什维克的合法报纸,1916年接替被查封的《我们的呼声报》在萨马拉出版,共出了3号。——83。

58 《无产阶级革命的军事纲领》一文(列宁在通信中称之为《论废除武装》)是用德文写的。根据列宁1916年8月间给格·叶·季诺维也夫的信(见本版全集第47卷第297号文献),本文应写于1916年8月9日以前,原拟在瑞士、瑞典和挪威的左派社会民主党人的刊物上发表,但是当时没有刊登出来。同年9月,列宁用俄文加以改写,以《论"废除武装"的口号》为题发表于1916年12月出版的《〈社会民主党人报〉文集》第2辑(见本卷第171—181页)。

本文最初的德文原稿到1917年9月和10月才在国际社会主义青年组织联盟的机关刊物《青年国际》杂志的第9期和第10期上发表出来。杂志编辑部给文章加了如下按语:"现在,当列宁成为一位大家谈得最多的俄国革命活动家的时候,下面登载的这位钢铁般的老革命家的一篇阐明他的大部分政治纲领的文章,会引起人们特殊的兴味。本文是列宁1917年4月离开苏黎世前不久送交本刊编辑部的。"《无产阶级革命的军事纲领》这一标题看来是《青年国际》杂志编辑部加的。——86。

59 《青年国际》杂志(《Jugend-Internationale》)是靠拢齐美尔瓦尔德左派的国际社会主义青年组织联盟的机关刊物,1915年9月—1918年5月在苏黎世出版,威·明岑贝格任编辑。列宁在《青年国际(短评)》一文中对它作了评价(见本卷第287—291页)。1919—1941年,该杂志是青年共产国际执行局的机关刊物。——86。

60 指罗·格里姆拟的关于战争问题的提纲。该提纲载于1916年7月14

日和 17 日《格吕特利盟员报》第 162 号和第 164 号。

由于瑞士被卷入战争的危险日益增大，瑞士社会民主党内就对战争的态度问题展开了一场争论。根据瑞士社会民主党执行委员会 1916 年 4 月的委托，该党著名活动家格里姆、古·弥勒、沙·奈恩、保·伯·普夫吕格尔等分别在《伯尔尼哨兵报》、《民权报》、《格吕特利盟员报》上发表文章或提纲，表明自己对这一问题的见解。列宁密切注视这场争论的发展。他对争论材料的批注，参看《列宁文稿》人民出版社版第 14 卷第 193—215 页；部分见本版全集第 60 卷第 188—201 页。——86。

61　《新生活》杂志（《Neues Leben》）是瑞士社会民主党的机关刊物（月刊），1915 年 1 月—1917 年 12 月在伯尔尼出版。该杂志宣传齐美尔瓦尔德右派的观点，从 1917 年初起采取社会沙文主义的立场。——86。

62　这句话见于 1871 年 5 月英国《每日新闻报》，普·奥·利沙加勒《1871 年公社史》曾经引用过（见该书 1962 年三联书店版第 211 页）。——92。

63　指国际社会党第一次代表会议和第二次代表会议。

国际社会党第一次代表会议（齐美尔瓦尔德会议）于 1915 年 9 月 5—8 日在瑞士齐美尔瓦尔德举行。这次会议是根据意大利和瑞士社会党人的倡议召开的。出席代表会议的有德国、法国、意大利、俄国、波兰、罗马尼亚、保加利亚、瑞典、挪威、荷兰和瑞士等 11 个欧洲国家的 38 名代表。第二国际的两个最大的党——德国社会民主党和法国社会党没有正式派代表参加会议：来自德国的 10 名代表代表了德国社会民主党内的三个不同色彩的反对派，来自法国的代表是工会运动中的一些反对派分子。巴尔干社会党人联盟、瑞典社会民主党反对派和挪威青年联盟、荷兰左派社会党人、波兰王国和立陶宛社会民主党边疆区执行委员会派代表出席了代表会议。在出席会议的俄国代表中，列宁和格·叶·季诺维也夫代表俄国社会民主工党中央委员会，帕·波·阿克雪里罗得和尔·马尔托夫代表孟什维克的俄国社会民主工党组织委员会，维·米·切尔诺夫和马·安·纳坦松代表社会革命党。出席会议的大多数代表持中派立场。

　　代表会议讨论了下列问题：各国代表的报告；德国和法国代表的共同宣言；齐美尔瓦尔德左派关于通过原则决议的建议；通过宣言；选举国际社会党委员会；通过对战争牺牲者和受迫害者表示同情的决议。

　　列宁积极参加了代表会议的工作，并在会前进行了大量的准备工作。他曾于1915年7月起草了左派社会民主党人的决议草案（见本版全集第26卷第294—296页），并寄给各国左派征求意见。他还曾写信给季·布拉戈耶夫、戴·怀恩科普等人，阐述左派共同宣言的基本原则，即谴责社会沙文主义者和中派，断然拒绝在帝国主义战争中"保卫祖国"和"国内和平"的口号，宣传革命行动。在代表会议前夕，9月2日和4日之间，俄国和波兰两国代表举行了会议，讨论了列宁起草的决议草案和卡·拉狄克起草的决议草案，决定向代表会议提出按列宁意见修改过的拉狄克草案。9月4日，参加代表会议的左派代表举行了非正式会议。列宁在会上作了关于世界大战的性质和国际社会民主党策略的报告（报告的提纲见本版全集第27卷第441—442页）。会议通过了准备提交代表会议的决议草案和宣言草案。

　　在代表会议上，以列宁为首的革命的国际主义者同以格·累德堡为首的考茨基主义多数派展开了尖锐的斗争。代表会议通过了专门委员会起草的宣言——《告欧洲无产者书》。代表会议多数派否决了左派提出的关于战争与社会民主党的任务的决议草案和宣言草案。但是，由于列宁的坚持，在会议通过的宣言中还是写进了一些革命马克思主义的基本论点。会议还通过了德法两国代表团的共同宣言，通过了对战争牺牲者和因政治活动而遭受迫害的战士表示同情的决议，选举了齐美尔瓦尔德联盟的领导机关——国际社会党委员会。

　　列宁在《第一步》和《1915年9月5—8日国际社会党代表会议上的革命马克思主义者》两篇文章中，对齐美尔瓦尔德代表会议和布尔什维克在会上的策略作了评价（见本版全集第27卷）。

　　国际社会党第二次代表会议（昆塔尔会议）于1916年4月24日在伯尔尼开幕，以后的会议于4月25—30日在瑞士的一个山村昆塔尔举行。出席会议的有来自俄国、德国、法国、意大利、瑞士、波兰、塞尔维亚和葡萄牙等国的40多名代表。在出席会议的俄国代表中：列宁和伊·

费·阿尔曼德、格·叶·季诺维也夫代表俄国社会民主工党中央委员会,尔·马尔托夫和帕·波·阿克雪里罗得代表孟什维克组织委员会,马·安·纳坦松和化名为萨韦利耶夫、弗拉索夫的两个人代表社会革命党人左翼。

代表会议讨论了下列问题:为结束战争而斗争;无产阶级对和平问题的态度;鼓动和宣传;议会活动;群众斗争;召集社会党国际局。

由于列宁和布尔什维克在会前做了大量工作,左翼力量在这次会议上比在齐美尔瓦尔德会议上有所增强。在这次代表会议上参加齐美尔瓦尔德左派的有"德国国际社会党人"小组的 1 名代表、"国际"派的两名代表、法国社会党人昂·吉尔波、塞尔维亚社会民主党人的代表特·卡茨列罗维奇、意大利社会党人扎·梅·塞拉蒂。齐美尔瓦尔德左派在昆塔尔会议上共有代表 12 名,而在某些问题上可以获得 12—19 票,即几乎占了半数,这反映了国际工人运动中力量对比发生了有利于国际主义者的变化。在昆塔尔会议期间,列宁主持了一系列左派会议,讨论《俄国社会民主工党中央委员会向社会党第二次代表会议提出的提案》。列宁成功地把左派团结了起来,以便在会议上同考茨基主义多数派进行共同的、有组织的斗争。齐美尔瓦尔德左派制定并提出了和平问题的决议草案。这个草案包括了列宁的基本原则。代表会议的右派多数被迫在一系列问题上追随左派,但他们继续反对同社会沙文主义者决裂。

会议围绕对召集社会党国际局的态度问题展开了极其激烈的斗争,列宁参加了关于召集社会党国际局问题的委员会。经过左派的努力,会议对一项谴责社会党国际局的工作、但不反对召集社会党国际局的决议作了如下补充:社会党国际局一旦召集,即应召开国际社会党扩大委员会来讨论齐美尔瓦尔德联盟代表的共同行动的问题。代表会议通过了关于为争取和平斗争问题的决议,并通过了《告遭破产和受迫害的人民书》。由于法国议会党团少数派投票赞成军事拨款,齐美尔瓦尔德左派在代表会议上发表声明,指出这种行为同社会主义、同反战斗争是不相容的。

尽管昆塔尔会议没有通过变帝国主义战争为国内战争、使"自己的"帝国主义政府在战争中失败、建立第三国际等布尔什维主义的基本原则,列宁认为这次代表会议的工作仍然是前进的一步。昆塔尔会议促进了国际主义分子的团结。这些国际主义分子后来组成了第三国际即共产国际的核心。——93。

64 社会民主党工作小组("工作小组")是德国的中派组织,由一些脱离了社会民主党帝国国会党团的议员组成,1916年3月成立。领导人为胡·哈阿兹、格·累德堡和威·迪特曼。社会民主党工作小组曾出版《活页文选》,1916年4月以前还在《前进报》编辑部中占优势。中派分子被排除出《前进报》以后,社会民主党工作小组把在柏林出版的《消息小报》作为自己的中央机关报。社会民主党工作小组得到柏林党组织中多数人的支持,是1917年4月成立的德国独立社会民主党的基本核心。——93。

65 独立工党(I.L.P.)是英国改良主义政党,1893年1月成立。领导人有基·哈第、拉·麦克唐纳、菲·斯诺登等。党员主要是一些新、旧工联的成员以及受费边派影响的知识分子和小资产阶级分子。独立工党从建党时起就采取资产阶级改良主义立场,把主要注意力放在议会斗争和同自由主义政党进行议会交易上。1900年,该党作为集体党员加入英国工党。在第一次世界大战期间,独立工党领袖采取资产阶级和平主义立场。1932年7月独立工党代表会议决定退出英国工党。1935年该党左翼成员加入英国共产党,1947年许多成员加入英国工党,独立工党不再是英国政治生活中一支引人注目的力量。——93。

66 巴塞尔宣言即1912年11月24—25日在巴塞尔举行的国际社会党非常代表大会一致通过的《国际局势和社会民主党反对战争危险的统一行动》决议,德文本称《国际关于目前形势的宣言》。宣言谴责了各国资产阶级政府的备战活动,揭露了即将到来的战争的帝国主义性质,号召各国人民起来反对帝国主义战争。宣言斥责了帝国主义的扩张政策,号召社会党人为反对一切压迫小民族的行为和沙文主义的表现而斗争。宣言写进了1907年斯图加特代表大会决议中列宁提出的基本论点:帝国主义战争一旦爆发,社会党人就应该利用战争所造成的经济危机和政治危机,来加速资本主义的崩溃,进行社会主义革命。——94。

67 《哨兵报》(«La Sentinelle»)是纳沙泰尔州(瑞士法语区)瑞士社会民主党组织的机关报,1890年创刊于绍德封。1906—1910年曾停刊。第一次世界大战期间,该报持国际主义立场。1914年11月13日该报第265号曾摘要发表了俄国社会民主党中央委员会宣言《战争和俄国社会民主党》(见本版全集第26卷)。——97。

68 《民权报》(«Volksrecht»)是瑞士社会民主党、苏黎世州社会民主党组织和苏黎世工人联合会的机关报(日报),1898年在苏黎世创刊。第一次世界大战期间,该报刊登过一些有关工人运动的消息和齐美尔瓦尔德左派的文章。第一次世界大战后,该报反映瑞士社会民主党的立场,反对该党加入共产国际,不接受加入共产国际的21项条件。——97。

69 指1915年11月20—21日在阿劳举行的瑞士社会民主党代表大会。这次代表大会的中心议题是瑞士社会民主党对齐美尔瓦尔德联盟的态度问题。围绕这个问题,瑞士社会民主党内的三派——反齐美尔瓦尔德派(海·格罗伊利希、保·伯·普夫吕格尔等)、齐美尔瓦尔德右派的拥护者(罗·格里姆、厄·保·格拉贝等)和齐美尔瓦尔德左派的拥护者(弗·普拉滕、恩·诺布斯等)——展开了斗争。格里姆提出了一个决议案,建议瑞士社会民主党加入齐美尔瓦尔德联盟并赞同齐美尔瓦尔德右派的政治路线。瑞士左派社会民主党人以洛桑支部名义对格里姆的决议案提出修正案,建议承认展开群众性的反战革命斗争是必要的,并声明只有胜利的无产阶级革命才能结束帝国主义战争。在格里姆的压力下,洛桑支部撤回了这个修正案,可是由瑞士社会民主党的一个组织选派参加代表大会并拥有表决权的布尔什维克莫·马·哈里东诺夫重新把它提了出来。格里姆及其拥护者从策略上考虑支持了修正案。结果,左派的修正案以258对141票的多数被通过。——97。

70 《论正在产生的"帝国主义经济主义"倾向》一文是列宁在《社会民主党人报》编辑部收到尼·伊·布哈林对《社会主义革命和民族自决权》这一提纲的意见后写的,当时没有发表。

这篇文章和后面的《对彼·基辅斯基(尤·皮达可夫)〈无产阶级和金融资本时代的"民族自决权"〉一文的回答》、《论面目全非的马克思主义和"帝国主义经济主义"》两篇文章,都是针对布哈林、格·列·皮达可夫和叶·波·博什的"帝国主义经济主义"思想而写的。——98。

71 指阿·阿·萨宁的《谁来实现政治革命?》一文。该文发表于乌拉尔社会民主党小组1899年出版的《无产阶级斗争》文集第1辑,后由基辅委员会以小册子形式翻印。萨宁站在经济主义的立场上,反对建立工人阶级的独立政党,否认政治革命的必要性,认为在俄国实行社会主义变革是直接任务,而这一变革可以通过总罢工来完成。——98。

72 指俄国社会民主工党国外支部代表会议。

俄国社会民主工党国外支部代表会议于1915年2月14—19日(2月27日—3月4日)在伯尔尼举行。会议是在列宁的倡议下召开的,实际上起了全党代表会议的作用。

参加代表会议的有俄国社会民主工党中央委员会、中央机关报——《社会民主党人报》,社会民主党妇女组织以及俄国社会民主工党巴黎、苏黎世、伯尔尼、洛桑、日内瓦、伦敦等支部和博日小组的代表。列宁作为俄国社会民主工党中央委员会和中央机关报的代表出席代表会议,并领导了代表会议的全部工作。

列入代表会议议程的问题是:各地工作报告;战争和党的任务(对其他政治集团的态度);国外组织的任务(对各集团的共同行动和共同事业的态度);中央机关报和新报纸;对"侨民团体"事务的态度(流亡者"侨民团体"的问题);国外组织委员会的选举;其他事项。

列宁就战争和党的任务这一主要议题作了报告,阐明了俄国社会民主工党中央委员会宣言《战争和俄国社会民主党》中的论点。从蒙彼利埃支部特别是博日小组在代表会议之前通过的决议可以看出,布尔什维克各支部的某些成员还不懂得列宁关于国内战争问题的提法。他们反对使"自己的"政府失败的口号,提出和平的口号,并且不了解与中派主义斗争的必要性和重要性。经过代表会议的讨论,列宁的提纲得到了一致的支持。正如列宁在正文里指出的,只有尼·伊·布哈林仍坚持博日小组决议的观点,并在自己的提纲中反对民族自决权以及整个最低纲领的要求,宣称这些要求和社会主义革命是"矛盾"的。列宁后来在 1916 年 3 月(11 日以后)给亚·加·施略普尼柯夫的信中对布哈林的提纲作了尖锐的批评(见本版全集第 47 卷第 203 号文献)。

"欧洲联邦"口号的问题引起了热烈的争论,但是这种争论只偏重政治方面。会议决定把这个问题推迟到在报刊上讨论这个问题的经济方面时再来解决。关于这个问题参看《论欧洲联邦口号》一文(本版全集第 26 卷)。

代表会议根据列宁的报告通过的决议,规定了布尔什维克党在帝国主义战争条件下的任务的策略。

代表会议还通过了《俄国社会民主工党国外组织的任务》、《对"侨民团体"事务的态度》、《关于为中央机关报募捐》等决议。代表会议选出了新的国外组织委员会。

列宁高度评价伯尔尼代表会议的意义,并且作了很大努力来广泛宣传会议的决议。代表会议的主要决议和列宁写的决议引言刊载于1915 年 3 月 16 日(29 日)《社会民主党人报》第 40 号,而且作为附录收入了用俄文和德文出版的《社会主义与战争》这本小册子。伯尔尼代表会议的决议还用法文印成单行本,分发给齐美尔瓦尔德会议的代表和国际社会民主党左派。代表会议的全部决议,参看《苏联共产党代表大会、代表会议和中央全会决议汇编》1964 年人民出版社版第 1 分册第419—429 页。——98。

73　指 1915 年 11 月尼·伊·布哈林草拟的提纲《关于民族自决权的口号》。这一提纲由布哈林、格·列·皮达可夫和叶·波·博什共同署名寄给《社会民主党人报》编辑部。——98。

74　指罕·罗兰-霍尔斯特写的荷兰左派纲领草案,该草案发表于 1916 年2 月 29 日《伯尔尼国际社会党委员会。公报》第 3 号,标题是《荷兰革命社会主义联盟和社会民主党纲领草案》,署名的有:罗兰-霍尔斯特、费舍、戴·怀恩科普、谢顿。——99。

75　指 1916 年 2 月 5—9 日在伯尔尼举行的国际社会党扩大委员会会议。

出席这次会议的有来自德国、俄国、意大利、挪威、奥地利、波兰、瑞士、保加利亚、罗马尼亚等国的22名代表。会议的组成表明力量对比的变化有利于左派。但是和齐美尔瓦尔德会议一样，这次会议的大多数与会者仍是中派。

列宁积极地参加了会议的工作，起草了《关于召开社会党第二次代表会议的决议草案》和代表团关于会议代表资格条件的建议（见本版全集第27卷第240—242页），并代表布尔什维克以及波兰王国和立陶宛社会民主党边疆区执行委员会声明反对邀请卡·考茨基、胡·哈阿兹和爱·伯恩施坦参加国际社会党第二次代表会议。

会议通过了通告《告所属各政党和团体书》。这封通告采纳了布尔什维克和左派社会民主党人的一些修改意见，谴责了社会党人参加资产阶级政府、在帝国主义战争中"保卫祖国"以及投票赞成军事拨款等行为，指出必须支持工人运动和组织反对帝国主义战争的群众性的革命行动，但没有提出与社会沙文主义和机会主义决裂的要求。齐美尔瓦尔德左派的代表在表决时声明，虽然他们并不是对通告的每一条都感到满意，但还是投赞成票，因为它比齐美尔瓦尔德会议的决议前进了一步。

会议也讨论了列宁提出的《关于召开社会党第二次代表会议的决议草案》，通过了它的一系列条文，同时确定了召开国际社会党第二次代表会议的日期。——99。

76　这句话出自俄国作家伊·费·哥尔布诺夫的故事《在驿站》：一个驿站马车夫自吹赶了15年车，对山坡很熟悉，却老是把车赶翻，翻车以后还满不在乎地逗趣说："你看，每次都在这个地方……"——100。

77　工人思想派是俄国的经济派团体，以出版《工人思想报》得名。该报于1897年10月—1902年12月先后在彼得堡、柏林、华沙和日内瓦等地出版，共出了16号。工人思想派宣传机会主义观点，反对工人阶级的政治斗争，把工人阶级的任务局限于经济性质的改良。工人思想派反对建立马克思主义的无产阶级政党，主张成立工联主义的合法组织。它贬低革命理论的意义，认为社会主义意识可以从自发运动中产生。

列宁在《俄国社会民主党中的倒退倾向》和《怎么办?》(见本版全集第 4 卷和第 6 卷)等著作中批判了工人思想派的观点。——101。

78　《启蒙》杂志(《Просвещение》)是俄国布尔什维克的合法的社会政治和文学月刊,1911 年 12 月——1914 年 6 月在彼得堡出版,共出了 27 期。该杂志是根据列宁的倡议,为代替被沙皇政府查封的布尔什维克刊物——在莫斯科出版的《思想》杂志而创办的,受以列宁为首的国外编辑委员会的领导。出版杂志的实际工作,由俄国国内的编辑委员会负责。在不同时期参加国内编辑委员会的有:安·伊·乌里扬诺娃-叶利扎罗娃、列·米·米哈伊洛夫、米·斯·奥里明斯基、A. A. 里亚比宁、马·亚·萨韦利耶夫、尼·阿·斯克雷普尼克等。从 1913 年起,《启蒙》杂志文艺部由马·高尔基领导。《启蒙》杂志作为布尔什维克机关刊物,曾同取消派、召回派、托洛茨基分子和资产阶级民族主义者进行过斗争,登过列宁的 28 篇文章。第一次世界大战前夕,《启蒙》杂志被沙皇政府查封。1917 年秋复刊后,只出了一期(双刊号),登载了列宁的《布尔什维克能保持国家政权吗?》和《论修改党纲》两篇文章。——101。

79　指法国工人党 1880 年的纲领(勒阿弗尔纲领)、德国社会民主党 1875 年的纲领(哥达纲领)和 1891 年的纲领(爱尔福特纲领)。——102。

80　指《社会主义与战争》,见注 28。——105。

81　这篇文章是对格·列·皮达可夫(彼·基辅斯基)1916 年 8 月写的《无产阶级和金融资本时代的"民族自决权"》一文的答复,手稿上有列宁的批注:"基辅斯基论自决的文章和列宁对它的回答"。这篇文章原拟和皮达可夫的文章一起在《〈社会民主党人报〉文集》第 3 辑发表。稍后,列宁又写长文《论面目全非的马克思主义和"帝国主义经济主义"》(见本卷第 115——170 页)来代替这篇文章。《〈社会民主党人报〉文集》第 3 辑因经费不足没有出成,这些文章当时也就没有发表。

　　列宁曾把自己的这篇答复寄给皮达可夫,他在 1916 年 11 月 7 日给伊·费·阿尔曼德的信里提到过这件事(见本版全集第 47 卷第 338

号文献）。——108。

82 第一次世界大战中,协约国为使希腊参战而对它施加了种种压力。它们用武力侵占希腊的一部分领土,派军舰封锁希腊,最后制造政变,迫使希腊国王君士坦丁一世逊位。1917 年 6 月,希腊宣布站在协约国方面参战。——108。

83 指荷兰左派社会民主党人罕·罗兰-霍尔斯特的文章《民兵制还是裁军?》,该文发表于 1915 年 10—11 月和 12 月瑞士《新生活》杂志第10—11 期合刊和第 12 期。

这里说的"瑞士的一些年轻人"主要是指国际社会主义青年组织联盟的机关刊物《青年国际》杂志,在该杂志周围聚集着一些瑞士左派社会民主党人。在《青年国际》杂志第 3 期上曾发表一篇题为《人民军队还是废除武装?》的编辑部文章。

斯堪的纳维亚(瑞典和挪威)左派社会民主党人在这一问题上的态度,反映在卡·基尔布姆《瑞典社会民主党和世界大战》和阿·汉森《挪威现代工人运动的几个问题》这两篇文章里。两文均发表于《〈社会民主党人报〉文集》第 2 辑。——110。

84 托尔斯泰主义者是 19 世纪末—20 世纪初在列·尼·托尔斯泰的宗教哲学学说影响下产生的一种宗教空想主义社会派别。托尔斯泰主义者主张通过宗教道德的自我完善来改造社会,宣传"博爱"和"不用暴力抵抗邪恶"。列宁指出:托尔斯泰主义者正好是把托尔斯泰学说中最弱的一面变成一种教义(参看本版全集第 17 卷第 185 页)。——112。

85 《论面目全非的马克思主义和"帝国主义经济主义"》一文原来准备和格·列·皮达可夫的《无产阶级和金融资本时代的"民族自决权"》一起在《〈社会民主党人报〉文集》第 3 辑发表。关于这一点,该文集第 2 辑曾有预告,并且正因为如此,在文章引言部分里写了"上面刊载的彼·基辅斯基的文章"等语(见本卷第 116 页)。这篇文章虽因文集第 3 辑未能出版而在当时没有发表,但在侨居国外的布尔什维克和国际左派社会民主党人中仍广为人知。这是因为文章写完后,很快就抄寄给了

一些布尔什维克,如尼·达·基克纳泽、维·阿·卡尔宾斯基、伊·
费·阿尔曼德等人。现在还保存有这篇文章当时的手抄稿和一份经列
宁修改过的打字稿(参看列宁1916年10月(5日以后)给亚·加·施
略普尼柯夫的信和1916年10月底—11月初给基克纳泽的信(本版全
集第47卷第327、336号文献))。——115。

86　指抵制布里根杜马一事。

布里根杜马即沙皇政府宣布要在1906年1月中旬前召开的咨议
性国家杜马。1905年8月6日(19日)沙皇颁布了有关建立国家杜马
的诏书,与此同时,还颁布了《关于建立国家杜马的法令》和《国家杜马
选举条例》。这些文件是受沙皇之托由内务大臣亚·格·布里根任主
席的特别委员会起草的,所以这个拟建立的国家杜马被人们称做布里
根杜马。根据这些文件的规定,在杜马选举中,只有地主、资本家和农
民户主有选举权。居民的大多数——工人、贫苦农民、雇农、民主主义
知识分子被剥夺了选举权。妇女、军人、学生、未满25岁的人和许多被
压迫民族都被排除在选举之外。杜马只能作为沙皇属下的咨议性机构
讨论某些问题,无权通过任何法律。布尔什维克号召工人和农民抵制
布里根杜马。孟什维克则认为可以参加杜马选举并主张同自由派资产
阶级合作。1905年十月全俄政治罢工迫使沙皇颁布10月17日宣言,
保证召开立法杜马。这样布里根杜马没有召开就被革命风暴扫除了。
——115。

87　这里说的是召回派和最后通牒派。

召回派是1908年在布尔什维克中间出现的一种机会主义集团,主
要代表人物有亚·亚·波格丹诺夫、格·阿·阿列克辛斯基、安·弗·
索柯洛夫(斯·沃尔斯基)、阿·瓦·卢那察尔斯基、马·尼·利亚多夫
等。召回派要求从第三届国家杜马中召回俄国社会民主党的代表,并
停止党在合法和半合法组织中的工作,宣称在反动条件下党只应进行
不合法的工作。召回派以革命词句作幌子,执行取消派的路线。列宁
把召回派叫做"改头换面的孟什维克"。

最后通牒派是召回派的变种,产生于1908年,代表人物有维·

拉·尚采尔(马拉)、格·阿·阿列克辛斯基、列·波·克拉辛等。在孟
什维克的压力下,当时社会民主党国家杜马党团通过了党团对俄国社
会民主工党中央委员会独立的决议。最后通牒派不是认真地教育杜马
党团,纠正党团的错误,而是要求立即向杜马党团发出最后通牒,要它
无条件地服从党中央的决定,否则就把社会民主党杜马代表召回。最
后通牒主义实际上是隐蔽的、伪装的召回主义。列宁把最后通牒派叫
做"羞羞答答的召回派"。

　　1909年,召回派、最后通牒派和造神派组成发起小组,在意大利卡
普里岛创办了一所实际上是派别中心的党校。1909年6月,布尔什维
克机关报《无产者报》扩大编辑部会议斥责了召回派和最后通牒派,号
召同这些背离革命马克思主义的倾向作最坚决的斗争,并把波格丹诺
夫从布尔什维克队伍中开除出去。——116。

88　参看格·瓦·普列汉诺夫1914年在巴黎出版的《论战争》一书。书中
写道:"社会民主党的纲领承认国内各民族有自决权。难道它承认这一
点是从每一国家的无产阶级都可以并且应当对自己祖国的命运漠不关
心这种考虑出发的吗?"——124。

89　《〈社会民主党人报〉文集》(《Сборник《Социал-Демократа》》)是列宁创
办的刊物,由《社会民主党人报》编辑部在日内瓦出版。文集总共出了
两辑:1916年10月的第1辑和1916年12月的第2辑。两辑刊载了列
宁的下列文章:《社会主义革命和民族自决权(提纲)》、《论尤尼乌斯的
小册子》、《关于自决问题的争论总结》、《论"废除武装"的口号》、《帝国
主义和社会主义运动中的分裂》、《青年国际》、《为机会主义辩白是徒劳
的》、《齐赫泽党团及其作用》。第3辑稿件虽已备齐,但因经费不足,未
能出版。这一辑预定发表列宁的《论面目全非的马克思主义和"帝国主
义经济主义"》一文。——127。

90　达摩克利斯剑出典于古希腊传说:叙拉古暴君迪奥尼修斯一世用一根
马尾系着一把利剑挂于自己的宝座上方,命羡慕他的权势和尊荣的达
摩克利斯坐在宝座上。达摩克利斯顿时吓得面色苍白,如坐针毡,赶快
祈求国王恩准离座。后来人们常用达摩克利斯剑来譬喻时刻存在的威

胁或迫在眉睫的危险。——146。

91 指恩格斯 1882 年 9 月 12 日给考茨基的信(参看《马克思恩格斯文集》第 10 卷第 480—481 页)。列宁在《关于自决问题的争论总结》(见本卷第 16—57 页)一文中引用过这封信;列宁的这篇文章首次发表于 1916 年 10 月《〈社会民主党人报〉文集》第 1 辑。——151。

92 希腊的卡连德日意为没有限期。古罗马历法把每月初一称为卡连德日(亦译朔日)。罗马人偿还债务、履行契约等都以卡连德日为限期。希腊历法中根本没有卡连德日。因此,延缓到希腊的卡连德日,就等于说无限期地推迟,永无实现之日。——151。

93 费拉是阿拉伯国家的定居农民,农村居民中地位最低的被剥削阶级。——157。

94 苏兹达利是俄国弗拉基米尔省的一个县。该县所产圣像质量甚差,但售价低廉,因而大量行销于民间。——163。

95 《呼声报》(《Голос》)是孟什维克的报纸(日报),1914 年 9 月—1915 年 1 月在巴黎出版,头 5 号用《我们的呼声报》的名称。列·达·托洛茨基在该报起领导作用。参加该报工作的也有几个前布尔什维克。该报采取中派立场。1915 年 1 月《呼声报》被法国政府查封,接替它出版的是《我们的言论报》。

列宁提到的谢·尤·谢姆柯夫斯基的文章,是指发表于 1915 年 3 月 21 日《我们的言论报》第 45 号的《就国家建设问题纸上谈兵》一文。——167。

96 《社会主义评论》杂志(《The Socialist Review》)是英国独立工党的机关刊物(月刊),1908—1934 年在伦敦出版。第一次世界大战期间,该杂志的编辑和撰稿人有拉·麦克唐纳、菲·斯诺登、阿·李等。——181。

97 指《崩得国外委员会公报》。

《崩得国外委员会公报》(《Бюллетень Заграничного Комитета

Бунда»)是《崩得国外组织新闻小报》的续刊,在日内瓦出版。公报总共出了两号:1916 年 9 月的第 1 号和 1916 年 12 月的第 2 号。公报采取社会沙文主义立场。

列宁在这里引用的是登载在该报第 1 号上的《来自俄国的一封信》(无署名)。列宁在《齐赫泽党团及其作用》(见本卷第 296—300 页)一文中详细地分析了这封信。——182。

98　这是列宁给 1916 年 10 月 15—16 日在苏黎世举行的意大利社会党代表大会的贺信。贺信曾在 15 日的会上宣读。

意大利社会党于 1892 年 8 月在热那亚代表大会上成立,最初叫意大利劳动党,1893 年改称意大利劳动社会党,1895 年开始称意大利社会党。从该党成立起,党内的革命派就同机会主义派进行着尖锐的思想斗争。1912 年在艾米利亚雷焦代表大会上,改良主义分子伊·博诺米、莱·比索拉蒂等被开除出党。从第一次世界大战爆发到 1915 年 5 月意大利参战,意大利社会党一直反对战争,提出“反对战争,赞成中立!”的口号。1914 年 12 月,拥护资产阶级帝国主义政策、主张战争的叛徒集团(贝·墨索里尼等)被开除出党。意大利社会党人曾于 1914 年同瑞士社会党人一起在卢加诺召开联合代表会议,并积极参加齐美尔瓦尔德(1915 年)和昆塔尔(1916 年)国际社会党代表会议。但是,意大利社会党基本上采取中派立场。1916 年底意大利社会党在党内改良派的影响下走上了社会和平主义的道路。俄国十月社会主义革命胜利后,意大利社会党内的左翼力量增强。1919 年 10 月 5—8 日在波伦亚举行的意大利社会党第十六次代表大会通过了加入共产国际的决议,该党代表参加了共产国际第二次代表大会的工作。1921 年 1 月 15—21 日在里窝那举行的第十七次代表大会上,处于多数地位的中派拒绝同改良派决裂,拒绝完全承认加入共产国际的 21 项条件;该党左翼代于 21 日退出代表大会并建立了意大利共产党。——184。

99　《前进报》(«Avanti!»)是意大利社会党中央机关报(日报),1896 年 12 月在罗马创刊。第一次世界大战期间,该报采取不彻底的国际主义立场。1926 年该报被贝·墨索里尼的法西斯政府查封,此后在国外不定期地继续出版。1943年起重新在意大利出版。——185。

100　特·贝特曼-霍尔韦格是第一次世界大战时期的德意志帝国首相和普鲁士首相。——186。

101　第一次世界大战爆发后,第四届国家杜马的布尔什维克党团成员格·伊·彼得罗夫斯基、阿·叶·巴达耶夫、马·康·穆拉诺夫、费·尼·萨莫伊洛夫和尼·罗·沙果夫就积极进行反对战争的宣传,揭露战争的帝国主义性质。他们执行党的路线,在杜马表决军事拨款时拒绝投赞成票。1914年11月5日(18日)夜,5名杜马布尔什维克党团成员被逮捕,其直接原因是他们参加了在彼得格勒附近的奥泽尔基村举行的布尔什维克组织代表会议。警察从他们那里搜出了列宁关于战争的提纲(《革命的社会民主党在欧洲大战中的任务》)和载有俄国社会民主工党中央委员会宣言《战争和俄国社会民主党》的《社会民主党人报》第33号。1915年2月10日(23日),彼得格勒高等法院特别法庭开庭审判布尔什维克党团成员及其他参加代表会议的社会民主党人。他们被指控参加以推翻现存国家制度为宗旨的组织,因而犯了叛国罪。5名党团成员全被判处终身流放图鲁汉斯克边疆区(东西伯利亚)。关于这一审判,参看列宁在1915年3月29日《社会民主党人报》第40号上发表的《对俄国社会民主工人党团的审判证明了什么?》一文(本版全集第26卷)。——187。

102　协约国社会党人代表会议是根据法国社会沙文主义者阿·托马、皮·列诺得尔、马·桑巴的倡议举行的,原定于1917年初召开,后延迟到1917年8月28—29日在伦敦举行,有68名代表出席会议。

　　根据列宁的建议,俄国社会民主工党中央委员会发表了一篇宣言,揭露社会沙文主义者召开此会的叛卖目的,号召国际主义者拒绝参加这次代表会议。同时,俄国社会民主工党中央委员会建议伯尔尼国际社会党委员会举行一次被邀请参加代表会议的齐美尔瓦尔德派组织的代表的专门会议,以便制定对协约国社会党人代表会议的共同行动路线。俄国社会民主工党中央委员会宣言全文载于1916年12月《〈社会民主党人报〉文集》第2辑。——187。

103　指协约国社会党人伦敦代表会议。

协约国社会党人伦敦代表会议于1915年2月14日召开。出席代表会议的有英、法、比、俄四国的社会沙文主义派和和平主义派的代表：英国独立工党的詹·基尔·哈第、詹·拉·麦克唐纳等，英国社会党、工党、费边社的代表；法国社会党的马·桑巴、爱·瓦扬、让·龙格、阿·托马、阿·孔佩尔-莫雷尔，法国劳动总联合会的莱·茹奥；比利时社会党的埃·王德威尔得等；俄国社会革命党的维·米·切尔诺夫、马·安·纳坦松（博勃罗夫）、伊·阿·鲁巴诺维奇。伊·米·马伊斯基代表孟什维克组织委员会出席了代表会议。

列入代表会议议程的问题有：（1）民族权利问题；（2）殖民地问题；（3）保障未来和平问题。

布尔什维克未被邀请参加代表会议。但是，马·马·李维诺夫受列宁委托为宣读俄国社会民主工党中央委员会的宣言出席了代表会议。这篇宣言是以列宁拟定的草案为基础写成的。宣言要求社会党人退出资产阶级政府，同帝国主义者彻底决裂，坚决反对帝国主义政府，谴责投票赞成军事拨款的行为。在李维诺夫宣读宣言过程中，会议主席打断了他的发言并取消了他的发言权，声称会议宗旨不是批评各个党。李维诺夫交给主席团一份书面宣言以后退出了代表会议。这篇宣言后来刊登于1915年3月29日俄国社会民主工党中央机关报《社会民主党人报》第40号。列宁对这次代表会议的评论，见《关于伦敦代表会议》和《谈伦敦代表会议》两文（本版全集第26卷）。——187。

104　这是列宁在瑞士社会民主党代表大会开幕会上代表俄国社会民主工党中央委员会向大会致的贺词。贺词是用德语宣读的。

瑞士社会民主党代表大会于1916年11月4—5日在苏黎世举行。列入大会议程的问题有：国民院社会民主党党团的活动；财政改革；对昆塔尔国际社会党代表会议决议的态度；对格吕特利联盟的态度；修改党章。列宁自始至终参加了代表大会的工作。

瑞士社会民主党内各派几乎就所有问题在代表大会上展开了斗争，左派社会民主党人在反对右派和中派的斗争中采取了坚决行动。关于国民院社会民主党党团活动问题，代表大会通过了一项决议，责成国民院的社会民主党议员在为工人阶级利益而进行的斗争中作出榜样，并在活动中遵循党的决议。关于财政改革问题，代表大会通过了罗·格里姆和汉·胡贝尔提出的决议案，除同意政府征收直接税外，还认为可以征收间接税——实行烟草专卖、征收印花税、扩大酒类专卖等。关于对昆塔尔国际社会党代表会议的态度问题，提出了两个决议案：一个是党的执行委员会提出的，另一个是左派社会民主党人提出的。代表大会通过了把这个问题提交非常代表大会去讨论的决议。关于格吕特利联盟，代表大会通过决议，认为该联盟进行社会沙文主义活动是同它置身在社会民主党内不相容的。关于修改党章问题，决定提交非常代表大会去讨论。

正如列宁所说的，瑞士社会民主党苏黎世代表大会"彻底证明：该党关于赞同齐美尔瓦尔德会议和承认**群众性的革命斗争**的决定（1915年阿劳代表大会的决议）始终是一纸空文；在党内已经完全形成一个'中派'……　这个以罗·格里姆为首的'中派'把'左的'言论同'右的'即机会主义的实践结合起来了"（见本卷第 204 页）。——188。

105　重建国际联系委员会是法国国际主义者于 1916 年 1 月建立的。委员会的成员有阿·梅尔黑姆、阿·布尔德朗等人。这是法国社会党人在法国建立革命的国际主义组织来对抗社会沙文主义组织的初步尝试。委员会进行反对帝国主义战争的宣传，出版揭露帝国主义者掠夺目的和社会沙文主义者叛变行为的小册子和传单，但否认必须同机会主义者决裂，并拒绝制定开展革命斗争的明确的彻底的纲领。虽然委员会的立场不够彻底，列宁仍认为有必要利用它来团结法国的国际主义者和扩大齐美尔瓦尔德左派的影响。根据列宁的意见，伊·费·阿尔曼德参加了委员会的工作。这个委员会在俄国十月革命和日益壮大的法国工人运动的影响下，成了团结革命的国际主义者的中心。委员会于 1920 年加入了法国共产党。——189。

106　指 1916 年 10 月 21 日奥匈帝国首相卡·施图尔克伯爵被奥地利社会民主党人弗·阿德勒枪杀一事。阿德勒为此被判死刑，后改判长期监禁，1918 年 11 月被赦免。——190。

107 指《伯尔尼哨兵报》发表的有关俄德单独媾和谈判的下述文章和评论：1916年10月11日第239号上的消息《单独媾和的准备》，10月13日第241号上的社论《关于和谈的传闻》和10月14日第242号上的短评《论单独媾和》。——192。

108 立宪民主党人是俄国自由主义君主派资产阶级的主要政党立宪民主党的成员。立宪民主党（正式名称为人民自由党）于1905年10月成立。中央委员中多数是资产阶级知识分子、地方自治人士和自由派地主。主要活动家有帕·尼·米留可夫、谢·安·穆罗姆采夫、瓦·阿·马克拉柯夫、安·伊·盛加略夫、彼·伯·司徒卢威、约·弗·盖森等。立宪民主党提出一条与革命道路相对抗的和平的宪政发展道路，主张俄国实行立宪君主制和资产阶级的自由。在土地问题上，主张将国家、皇室、皇族和寺院的土地分给无地和少地的农民；私有土地部分地转让，并且按"公平"价格给予补偿；解决土地问题的土地委员会由同等数量的地主和农民组成，并由官员充当他们之间的调解人。1906年春，曾同政府进行参加内阁的秘密谈判，后来在国家杜马中自命为"负责任的反对派"。第一次世界大战期间，支持沙皇政府的掠夺政策，曾同十月党等反动政党组成"进步同盟"，要求成立责任内阁，即为资产阶级和地主所信任的政府，力图阻止革命并把战争进行到最后胜利。二月革命后，立宪民主党在资产阶级临时政府中居于领导地位，竭力阻挠土地问题、民族问题等基本问题的解决，并奉行继续帝国主义战争的政策。七月事变后，支持科尔尼洛夫叛乱，阴谋建立军事独裁。十月革命胜利后，苏维埃政府于1917年11月28日（12月11日）宣布立宪民主党为"人民公敌的党"。该党随之转入地下，继续进行反革命活动，并参与白卫将军的武装叛乱。国内战争结束后，该党上层分子大多数逃亡国外。1921年5月，该党在巴黎召开代表大会时分裂，作为统一的党不复存在。——196。

109 伊万努什卡是俄罗斯民间故事《十足的傻瓜》里的主人公，他经常说些不合时宜的话，因此而挨揍。一次，他看到农民在脱粒，叫喊道："你们脱三天，只能脱三粒！"为此他挨了一顿打。傻瓜回家向母亲哭诉，母亲告诉他:"你应该说,但愿你们打也打不完,运也运不完,拉也拉不完!"
第二天,傻瓜看到人家送葬,就叫喊道:"但愿你们运也运不完,拉也拉
不完!"结果又挨了一顿打。——197。

110　指社会党国际局。

社会党国际局是第二国际的常设执行和通讯机关,根据1900年9
月巴黎代表大会的决议成立,设在布鲁塞尔。社会党国际局由各国社
会党代表组成。执行主席是埃·王德威尔得,书记是卡·胡斯曼。俄
国社会民主党人参加社会党国际局的代表是格·瓦·普列汉诺夫和
波·尼·克里切夫斯基。从1905年10月起,列宁代表俄国社会民主
工党参加社会党国际局。1914年6月,根据列宁的建议,马·马·李
维诺夫被任命为社会党国际局俄国代表。社会党国际局在第一次世界
大战开始后实际上不再存在。——201。

111　《人民呼声报》(《Volksstimme》)是德国社会民主党报纸(日报),1891
年1月—1933年2月在开姆尼茨出版。1907—1917年担任该报主编
的是右派社会民主党人恩·海尔曼。第一次世界大战期间,该报采取
社会沙文主义立场。——201。

112　这是列宁为瑞士社会民主党内齐美尔瓦尔德左派准备的提纲,原文是
俄文和德文,并译成了法文。提纲分寄给了在瑞士的各布尔什维克支
部和瑞士左派社会民主党人,供他们在会议上讨论。本卷《附录》中还
收有列宁写的《〈瑞士社会民主党内齐美尔瓦尔德左派的任务〉提纲的
要点》和《为讨论瑞士社会民主党内齐美尔瓦尔德左派的任务而准备的
提纲要点》。关于这个提纲的其他准备材料,参看《列宁文稿》人民出版
社版第14卷第128—133页。

第一次世界大战期间,列宁住在瑞士。他在领导布尔什维克党的
活动的同时,还极为关注瑞士左派社会民主党人的活动,经常参加他们
的会议,提出自己的忠告。据当时和列宁时常会面的苏黎世医生、瑞士
社会民主党人F.布罗伊巴赫尔回忆,列宁十分关心苏黎世工人组织中
的情绪,如果哪次会议要讨论重要问题,他一定去参加。例如,他曾参
加过木材加工业工人讨论青年节的一次会议,参加过苏黎世工人联合

会关于战争问题的几次会议,还参加过在苏黎世市霍廷根区召开的青年会议,在这次会议上弗·普拉滕谈到拒绝服兵役和在军队中进行革命宣传等问题。——204。

113 这个口号是卡·李卜克内西在1914年10月2日给德国社会民主党执行委员会的信中提出的。列宁在《告国际社会党委员会和各国社会党书的提纲草稿》中引用了这封信(见本卷第264—265页)。

1914年8月,李卜克内西建议德国社会民主党执行委员会组织几次反战集会并以帝国国会党团的名义发表宣言,号召全体党员为争取和平而斗争。这一建议遭到拒绝。9月,李卜克内西到比利时和荷兰旅行,在这两个国家向怀有国际主义情绪的社会党人详细通报了德国社会民主党内的情况。李卜克内西返回德国后遭到党执行委员会的追究。为此,李卜克内西写了此信作为答复。——204。

114 指瑞士社会民主党奥尔滕非常代表大会(1906年2月10—11日)通过的关于战争问题的决议。——211。

115 格吕特利联盟是瑞士小资产阶级改良主义组织。据传说,瑞士的三个州于1307年在格吕特利草地结盟,共同反对哈布斯堡王朝,格吕特利联盟即取名于此。格吕特利联盟于1838年在日内瓦成立,1901年加入了瑞士社会民主党,组织上仍保持独立。第一次世界大战期间,格吕特利联盟持社会沙文主义立场,于1916年秋从瑞士社会民主党分裂出去。同年11月该党苏黎世代表大会曾通过决议,认为格吕特利联盟进行社会沙文主义活动是同它置身在社会民主党内不相容的。1925年,格吕特利联盟重新并入瑞士社会民主党。——213。

116 提纲和本卷收载的其他一些文献(《关于战争问题的根本原则》、《给伯尔尼国际社会党委员会委员沙尔·奈恩的公开信》、《十二个简明论点——评海·格罗伊利希为保卫祖国辩护》、《关于修改战争问题的决议的建议》、《臆造的还是真实的泥潭?》和《一个社会党的一小段历史》),都是针对瑞士社会民主党内就对战争的态度问题展开辩论而写的。

　　1916年8月,瑞士社会民主党执行委员会全会决定在1917年2月11—12日举行非常代表大会讨论战争问题。1916年11月4—5日举行的瑞士社会民主党苏黎世代表大会批准了这个决定,并成立了一个为非常代表大会起草决议草案的委员会。委员会委员有:埃·克勒蒂(任主席)、汉·阿福尔特尔、厄·保·格拉贝、约·胡贝尔、古·弥勒、沙·奈恩、保·伯·普夫吕格尔、恩·诺布斯和雅·施米德;候补委员有亨舍尔和威·明岑贝格。党的书记弗·普拉滕和芬德里希参加了委员会,有发言权。普拉滕积极参加了委员会的工作,并写出了自己的关于战争问题的提纲。

　　委员会起草了两个提纲草案:多数派(阿福尔特尔、格拉贝、奈恩、诺布斯和施米德)草案和少数派(克勒蒂、胡贝尔、弥勒、普夫吕格尔)草案。多数派决议案是按照1916年7月发表的罗·格里姆的中派提纲精神起草的。少数派的决议案则具有社会沙文主义性质,并包含有责成社会民主党人在战争发生时"保卫祖国"的条款。

　　列宁同瑞士左派保持着紧密的联系,非常了解委员会的工作情况。为帮助左派,他用德文写了《瑞士社会民主党对战争态度的提纲》。列宁起草提纲时,首先分析了格里姆的提纲和普拉滕的提纲。列宁在11月底给美·亨·勃朗斯基的信(见本版全集第47卷第345号文献)中以普拉滕的提纲为基础提出了5个要点,按照列宁的意见,这5个要点应列入左派的决议案。列宁草拟了自己提纲的几种方案,特别详细地拟定了提纲实践部分的要点,写了提纲的初稿,然后又写了最后定稿。

　　在本卷《附录》里收载了与最后定稿略有差别的提纲"实践部分"的草稿。《瑞士社会民主党对战争态度的提纲》的全部准备材料,参看《列宁文稿》人民出版社版第14卷第193—215页;部分见本版全集第60卷第188—201页。——216。

117　这个文献是列宁对格·叶·季诺维也夫论最高纲领主义的文章所提的意见。季诺维也夫的文章原准备在《共产党人》杂志或《社会民主党人报》上发表,后来没有刊出。——219。

118　《事业》杂志(《Дело》)是俄国孟什维克的刊物(双周刊),1916年8月—

1917年1月在莫斯科出版,共出了11期。该刊编辑是亚·尼·波特列索夫、彼·巴·马斯洛夫和柳·伊·阿克雪里罗得(正统派)。该杂志持社会沙文主义立场。——219。

119 《保险问题》杂志(《Вопросы Страхования》)是俄国布尔什维克的合法刊物(周刊),由布尔什维克党中央领导,1913年10月26日(11月8日)—1914年7月12日(25日)和1915年2月20日(3月5日)—1918年3月在彼得堡出版,共出了63期。参加杂志工作的有列宁、斯大林、瓦·弗·古比雪夫和著名的保险运动活动家尼·阿·斯克雷普尼克、彼·伊·斯图契卡、亚·尼·维诺库罗夫、尼·米·什维尔尼克等。——221。

120 三条鲸鱼意即三大支柱或三个要点,出典于关于开天辟地的俄国民间传说:地球是由三条鲸鱼的脊背支撑着的。布尔什维克常借用这一传说,在合法报刊和公开集会上以"三条鲸鱼"暗指建立民主共和国、没收地主全部土地、实行八小时工作制这三个基本革命口号。——221。

121 《资产阶级的和平主义与社会党人的和平主义》一文,列宁曾打算在旅美俄侨社会主义者在纽约出版的《新世界报》上刊载,但未实现。该文的头两章经过改写后发表于1917年1月31日《社会民主党人报》最后一号即第58号,所用标题是:《世界政治中的转变》(见本卷第341—349页)。——223。

122 柏林会议是根据奥匈帝国和英国的要求,于1878年6月13日—7月13日召开的。出席会议的有英国、德国、奥匈帝国、法国、意大利、俄国和土耳其等国政府的代表。在会议上,俄国被迫把它同土耳其在1877—1878年俄土战争后签订的圣斯蒂凡诺和约提出复审。会议对这个和约作了重大修改。根据会议上签订的柏林条约,处于俄国势力范围内的保加利亚的国境被大大缩小,奥匈帝国得到了占领波斯尼亚-黑塞哥维那的权利,划归俄国的土地限于比萨拉比亚的一部分,以及巴统、卡尔斯和阿尔达汉及其周围地区。——225。

123　指沙皇亚历山大二世于 1861 年 2 月 19 日(3 月 3 日)签署的废除农奴制的宣言。——233。

124　工会总联合会是法国工会的全国性组织,成立于 1895 年。总联合会长期受无政府工团主义者和改良主义者的影响,其领袖们仅承认经济斗争,不接受无产阶级政党对工会运动的领导。第一次世界大战期间,总联合会的领导核心倒向帝国主义者一边,实行阶级合作,鼓吹"保卫祖国"。第一次世界大战后,总联合会内部形成了革命的一翼。1921 年,以莱·茹奥为首的改良主义领导采取分裂行动,把革命的工会开除出总联合会。这些工会于 1922 年另组统一工会总联合会。

　　列宁提到的工会总联合会代表大会于 1916 年 12 月 24—26 日在巴黎举行。大会议程包括两个问题:总联合会自 1914 年 8 月以来的工作报告;劳动问题。在 26 日的闭幕会上,总联合会书记宣读了美国总统伍·威尔逊就结束战争问题给各交战国的照会。联合会几乎一致通过了列宁在下面引用的关于这一问题的决议。——233。

125　法国社会党(工人国际法国支部)是由 1902 年建立的法国社会党(饶勒斯派)和 1901 年建立的法兰西社会党(盖得派)合并而成的,1905 年成立。在统一的社会党内,改良派居领导地位。第一次世界大战一开始,该党领导就转向社会沙文主义立场,公开支持帝国主义战争,参加资产阶级政府。该党党内有以让·龙格为首的同社会沙文主义分子妥协的中派,也有站在国际主义立场上的革命派。俄国十月社会主义革命后,法国社会党内公开的改良派和中派同革命派之间展开了激烈的斗争。在 1920 年 12 月举行的图尔代表大会上,革命派取得了多数地位。代表大会通过了该党参加共产国际的决议,并创立了法国共产党。改良派和中派退党,另行建立一个独立的党,仍称法国社会党。

　　列宁提到的法国社会党代表大会于 1916 年 12 月 25—30 日举行。大会主要讨论和平问题。经过讨论,大会通过了一系列决议,其中包括反对宣传齐美尔瓦尔德思想的决议和皮·列诺得尔提出的关于赞同该党代表参加国防政府的决议。——233。

126　《战斗报》(《La Bataille》)是法国无政府工团主义者的机关报,1915—

1920 年在巴黎出版，以代替被查封的《工团战斗报》。参加该报领导工作的有格拉弗、居约姆、迪布勒伊、茹奥、科尔纳利森等。第一次世界大战期间，该报采取社会沙文主义立场。——236。

127　《瑞士五金工人报》(《Schweizerische Metallarbeiter-Zeitung》)是瑞士的一家周报，1902 年在伯尔尼创办。第一次世界大战期间，该报持社会沙文主义立场。——247。

128　威廉·退尔是瑞士民间传说中的农民射手，13 世纪末 14 世纪初瑞士人反对哈布斯堡王朝解放战争中的英雄，曾以百发百中的箭术射死了奥地利总督。在德国作家约·克·席勒的同名历史剧中，威廉·退尔是一个反抗异族统治和封建统治、进行解放斗争的典型。——254。

129　《告国际社会党委员会和各国社会党书的提纲草稿》写于 1917 年 1 月初（公历），手稿的标题下注明："（供寄发国际社会党委员会并供刊印）"。在这以后，1917 年 1 月 7 日，持中派立场的国际社会党委员会主席罗·格里姆，不顾瑞士左派的意见，促使瑞士社会民主党执行委员会通过了不定期推迟召开讨论战争问题的非常代表大会的决议。同一天，在柏林举行的德国社会民主党中派反对派代表会议通过了卡·考茨基起草的《德国党内反对派的和平宣言》。这一和平主义的宣言在许多德文报纸上发表，1 月 11 日的瑞士社会党人报纸《民权报》也刊载了这个宣言。这些事实表明，齐美尔瓦尔德右派已经公开转到社会沙文主义者方面去了。因此，列宁对草稿作了一些修改。后来列宁又决定暂不公布这个文件，并在上面注明："这是在 1917 年 1 月 7 日以前写的，因此有一部分已经过时。"后来，列宁根据这个草稿写了《致拥护反战斗争以及同投靠本国政府的社会党人斗争的工人》（见本卷第 278—286 页）。——255。

130　《格吕特利盟员报》(《Grütlianer》)是瑞士小资产阶级改良主义组织格吕特利联盟的机关报，1851 年在苏黎世创办。第一次世界大战期间，该报持社会沙文主义立场。——270。

131　1916 年 8 月 6 日瑞士 115 名工人组织的代表在苏黎世举行会议,讨论
工人阶级的生活状况因物价飞涨而严重恶化的问题。罗·格里姆在会
上作了报告。

　　　　会议根据格里姆的报告通过的决议和会议情况的简报发表于
1916 年 8 月 8 日《民权报》第 183 号,标题是《瑞士工人与物价飞涨》。
会议通过的《告国民院书》发表于 8 月 10 日该报第 185 号,标题是:《制
止物价飞涨的措施》。——273。

132　大概是指 1917 年 1 月 8 日《伯尔尼哨兵报》第 6 号上发表的题为《党的
决议》的编辑部文章。——284。

133　指费边社。

　　　　费边社是 1884 年成立的英国改良主义组织,其成员多为资产阶级
知识分子,代表人物有悉·韦伯、比·韦伯、拉·麦克唐纳、肖伯纳、
赫·威尔斯等。费边·马克西姆是古罗马统帅,以在第二次布匿战争
(公元前 218—前 201 年)中采取回避决战的缓进待机策略著称。费边
社即以此人名字命名。费边派虽然认为社会主义是经济发展的必然结
果,但只承认演进的发展道路。他们反对马克思主义的阶级斗争和无
产阶级革命学说,鼓吹通过细微的改良来逐渐改造社会,宣扬所谓“地
方公有社会主义”(又译“市政社会主义”)。1900 年费边社加入工党
(当时称劳工代表委员会),但仍保留自己的组织。在工党中,它一直起
制定纲领原则和策略原则的思想中心的作用。第一次世界大战期间,
费边派采取社会沙文主义立场。关于费边派,参看列宁《社会民主党在
1905—1907 年俄国第一次革命中的土地纲领》第 4 章第 7 节和《英国
的和平主义和英国的不爱理论》(本版全集第 16 卷和第 26 卷)
——287。

134　英国工党成立于 1900 年,起初称劳工代表委员会,由工联、独立工党和
费边社等组织联合组成,目的是把工人代表选入议会。1906 年改称工
党。工党的领导机关执行委员会同工联总理事会、合作党执行委员会
共同组成所谓全国劳动委员。工党成立初期就成分来说是工人的政
党(后来有大批小资产阶级分子加入),但就思想和政策来说是一个机

会主义的组织。该党领导人从党成立时起就采取同资产阶级实行阶级合作的路线。第一次世界大战期间,工党领导机构多数人持沙文主义立场,工党领袖阿·韩德逊等参加了王国联合政府。从 1924 年起,工党领导人多次组织政府。——287。

135　列宁在写这篇文章的前后,曾于 1916 年底—1917 年初加紧研究国家问题。他研读了马克思和恩格斯的有关著作及其他材料,把马克思恩格斯著作的摘录和他的批注与结论记在一本蓝皮笔记本里,并加了《马克思主义论国家》的标题。这个笔记本就是有名的"蓝皮笔记"。当时他计划写一篇马克思主义对国家的态度问题的文章在《〈社会民主党人报〉文集》第 4 辑上发表。看来也就在那时,列宁拟了《关于国家的作用问题》一文的提纲。但是这篇文章当时没有写成。1917 年夏,列宁使用"蓝皮笔记"中收集的材料撰写了《国家与革命》一书。

　　《马克思主义论国家》、《关于国家的作用问题》一文的提纲以及其他有关这一问题的材料均与《国家与革命》一起收入了本版全集第 31 卷。——290。

136　指孟什维克组织委员会的一个文件:"给在俄国的同志们的第三封信"。文件标题是:《无产阶级与战争》(组织委员会国外书记处提交"八月联盟"各组织的纲领草案。1915 年。苏黎世)。

　　文件所附纲领的第 14 条里有以下字句:社会民主党"号召无产阶**级用群众性的有组织的革命行动**来支持自己的政治和经济的要求"。组织委员会国外书记处的 5 名书记都在这封信上签了名,其中包括尔·马尔托夫。——295。

137　发起小组(社会民主党公开工人运动活动家发起小组)是俄国孟什维克取消派为与秘密的党组织相抗衡而从 1910 年底起先后在彼得堡、莫斯科、叶卡捷琳诺斯拉夫和康斯坦丁诺夫卡建立的组织。取消派把这些小组看做是他们所鼓吹的适应斯托雷平六三制度的新的广泛的合法政党的支部。这些小组是一些人数不多、同工人阶级没有联系的知识分子小集团,其领导中心是取消派在国外出版的《社会民主党人呼声报》和他们在俄国国内出版的《我们的曙光》杂志和《生活事业》杂志。发起小组反对工人举行罢工斗争和革命的游行示威，在第四届国家杜马选举中反对布尔什维克。第一次世界大战期间，发起小组采取社会沙文主义立场。——298。

138　《争论专页》(《Дискуссионный Листок》)是俄国社会民主工党中央机关报《社会民主党人报》的附刊，根据俄国社会民主工党中央委员会1910年一月全会的决议创办，1910年3月6日(19日)——1911年4月29日(5月12日)在巴黎出版，共出了3号。编辑部成员包括布尔什维克、孟什维克、最后通牒派、崩得分子、普列汉诺夫派、波兰社会民主党和拉脱维亚边疆区社会民主党的代表。《争论专页》刊登过列宁的《政论家札记》、《俄国党内斗争的历史意义》、《合法派同反取消派的对话》等文章。——298。

139　《呼声报》(《Голос》)是孟什维克报纸，1916年在萨马拉出版，共出了4号。该报是《我们的呼声报》和《劳动呼声报》的续刊。——299。

140　指孟什维克出版的德文小册子《工人阶级和战争与和平问题》。它是帕·波·阿克雪里罗得、C.拉品斯基和尔·马尔托夫联名提交第二次齐美尔瓦尔德代表会议(昆塔尔会议)的关于无产阶级在争取和平斗争中的任务问题的宣言草案的翻印本。——299。

141　这篇文章说的是在第二国际斯图加特代表大会(1907年)上对《军国主义和国际冲突》这一决议案提出修正案的经过。在这次代表大会上讨论奥·倍倍尔就这个问题提出的决议草案时，列宁同罗·卢森堡和尔·马尔托夫通过与倍倍尔的直接谈判，对决议草案作了具有历史意义的修改，提出："如果战争……爆发了的话，他们(指各国工人阶级及其在议会中的代表。——编者注)的责任是……竭尽全力利用战争引起的经济危机和政治危机唤醒各阶层人民的政治觉悟，加速推翻资产阶级的统治。"这一决议案作了一些文字修改后被代表大会一致通过。关于斯图加特代表大会，见列宁的两篇题为《斯图加特国际社会党代表大会》的文章(本版全集第16卷)。——301。

142 这篇文章是对法国社会党成员、中派分子波里斯·苏瓦林的公开信的答复。苏瓦林的信以《致我们在瑞士的朋友们》为题刊登在1916年12月10日的《中派的人民报》上。

　　列宁的答复寄给苏瓦林后,苏瓦林于1918年1月把它连同自己加的前言一起交给法国社会党报纸《真理报》编辑部发表。列宁的答复已排字并由编辑部拼入1月24日该报第45号,但被书报检查机关删去,因此这号报纸出版时开了"天窗","天窗"内只登了标题《一份未发表的文件。列宁的信》和署名"列宁"。过了三天,即1月27日,《给波里斯·苏瓦林的公开信》由编辑部加上小标题发表于《真理报》第48号。在报纸上对此信文字作了许多删节,可是印有列宁此信全文的该报长条校样却保存了下来。列宁的这封信曾按这份校样译成俄文发表于1929年《无产阶级革命》杂志第7期。在《列宁全集》俄文第5版里,这封信也是根据这份校样由法文译成俄文刊印的。——302。

143 《人道报》(《L'Humanité》)是法国日报,由让·饶勒斯于1904年创办。该报起初是法国社会党的机关报,在第一次世界大战期间为法国社会党极右翼所掌握,采取了社会沙文主义立场。1918年该报由马·加香领导后,反对法国政府武装干涉苏维埃俄国的帝国主义政策。在法国社会党分裂和法国共产党成立后,从1920年12月起,该报成为法国共产党中央机关报。——304。

144 《向理智呼吁报》(《Appeal to Reason》)是美国社会党人的报纸,1895年在美国堪萨斯州吉拉德市创刊。该报宣传社会主义思想,很受工人欢迎。第一次世界大战期间,该报采取国际主义立场。——308。

145 指1912年1月俄国社会民主工党第六次(布拉格)代表会议把孟什维克取消派开除出党。

　　俄国社会民主工党第六次全国代表会议于1912年1月5—17日(18—30日)在布拉格举行,会址在布拉格民众文化馆捷克社会民主党报纸编辑部内。

　　这次代表会议共代表20多个党组织。出席会议的有来自彼得堡、莫斯科、中部工业地区、萨拉托夫、梯弗利斯、巴库、尼古拉耶夫、喀山、基辅、叶卡捷琳诺斯拉夫、德文斯克和维尔诺的代表。由于警察的迫害和其他方面的困难，叶卡捷琳堡、秋明、乌法、萨马拉、下诺夫哥罗德、索尔莫沃、卢甘斯克、顿河畔罗斯托夫、巴尔瑙尔等地党组织的代表未能到会，但这些组织都送来了关于参加代表会议的书面声明。出席会议的还有中央机关报《社会民主党人报》编辑部、《工人报》编辑部、国外组织委员会、俄国社会民主工党中央运输组等单位的代表。代表会议的代表中有两位孟什维克护党派分子Д.M.施瓦尔茨曼和雅·达·捷文，其余都是布尔什维克。这次代表会议实际上起了代表大会的作用。

出席代表会议的一批代表和俄国组织委员会的全权代表曾经写信给拉脱维亚边疆区社会民主党中央委员会、崩得中央委员会、波兰和立陶宛社会民主党总执行委员会以及国外各集团，请它们派代表出席代表会议，但被它们所拒绝。马·高尔基因病没有到会，他曾写信给代表们表示祝贺。

列入代表会议议程的问题是：报告（俄国组织委员会的报告，各地方以及中央机关报和其他单位的报告）；确定会议性质；目前形势和党的任务；第四届国家杜马选举；杜马党团；工人国家保险；罢工运动和工会；"请愿运动"；关于取消主义；社会民主党人在同饥荒作斗争中的任务；党的出版物；组织问题；党在国外的工作；选举；其他事项。

列宁代表中央机关报编辑部出席代表会议，领导了会议的工作。列宁致了开幕词，就确定代表会议的性质讲了话，作了关于目前形势和党的任务的报告和关于社会党国际局的工作的报告，并在讨论中央机关报工作、关于社会民主党在同饥荒作斗争中的任务、关于组织问题、关于党在国外的工作等问题时作了报告或发了言。他起草了议程上所有重要问题的决议案，代表会议通过的决议也都经过他仔细审定。

代表会议的一项最重要的工作是从党内清除机会主义者。当时取消派聚集在两家合法杂志——《我们的曙光》和《生活事业》——的周围。代表会议宣布"《我们的曙光》和《生活事业》集团的所作所为已使它们自己完全置身于党外"，决定把取消派开除出俄国社会民主工党。代表会议谴责了国外反党集团——孟什维克呼声派、前进派和托洛茨基分子——的活动，认为必须在国外建立一个在中央委员会监督和领导下进行协助党的工作的统一的党组织。代表会议还通过了关于党的工作的性质和组织形式的决议,批准了列宁提出的党的组织章程修改草案。

代表会议共开了23次会议,对各项决议进行了详细的讨论(《关于党的工作的性质和组织形式》这一决议,是议程上的组织问题与罢工运动和工会问题的共同决议)。会议的记录至今没有发现,只保存了某些次会议的片断的极不完善的记录。会议的决议由中央委员会于1912年以小册子的形式在巴黎出版。

布拉格代表会议恢复了党,选出了中央委员会,并由它重新建立了中央委员会俄国局。当选为中央委员的是:列宁、菲·伊·戈洛晓金、格·叶·季诺维也夫、格·康·奥尔忠尼启则、苏·斯·斯潘达良、施瓦尔茨曼、罗·瓦·马林诺夫斯基(后来发现是奸细)。在代表会议结束时召开的中央委员会全会决定增补伊·斯·别洛斯托茨基和斯大林为中央委员。过了一段时间又增补格·伊·彼得罗夫斯基和雅·米·斯维尔德洛夫为中央委员。代表会议还决定安·谢·布勃诺夫、米·伊·加里宁、亚·彼·斯米尔诺夫、叶·德·斯塔索娃和斯·格·邵武勉为候补中央委员。代表会议选出了以列宁为首的《社会民主党人报》编辑委员会,并选举列宁为俄国社会民主工党驻社会党国际局的代表。

这次代表会议规定了党在新的条件下的政治路线和策略,决定把取消派开除出党,对俄国社会民主工党这一新型政党的进一步发展和巩固党的统一具有决定性意义。

关于这次代表会议,参看《俄国社会民主工党第六次(布拉格)全国代表会议文献》(本版全集第21卷)。——310。

146 《论坛报》(《De Tribune》)是荷兰社会民主工党左翼的报纸,1907年在阿姆斯特丹创刊。从1909年起是荷兰社会民主党的机关报。从1918年起是荷兰共产党的机关报。1940年停刊。——312。

147 这个报告是1917年1月9日(22日)列宁在苏黎世民众文化馆用德语向瑞士青年工人作的。为准备这个报告,列宁曾于1916年12月7日(20日)写信给当时住在日内瓦的维·阿·卡尔宾斯基,向他索取所需要的参考书(见本版全集第 47 卷第 352 号文献)。本卷《附录》中载有这个报告的提纲。报告的其他准备材料,参看《列宁文稿》人民出版社版第 14 卷第 227—231 页。——313。

148 旧亚当意为旧的人。《旧约全书·创世记》说,亚当是上帝造的第一个人。——320。

149 指 1825 年 12 月 14 日(26 日)俄国贵族革命家领导的彼得堡卫戍部队武装起义,十二月党人即由此得名。在起义前,十二月党人建立了三个秘密团体:1821 年成立的由尼·米·穆拉维约夫领导的、总部设在彼得堡的北方协会;同年在乌克兰第 2 集团军驻防区成立的由帕·伊·佩斯捷利领导的南方协会;1823 年成立的由安·伊·和彼·伊·波里索夫兄弟领导的斯拉夫人联合会。这三个团体的纲领都要求废除农奴制和限制沙皇专制。但是十二月党人试图只以军事政变来实现自己的要求。1825 年 12 月 14 日(26 日),在向新沙皇尼古拉一世宣誓的当天上午,北方协会成员率领约 3 000 名同情十二月党人的士兵开进彼得堡参议院广场。他们计划用武力阻止参议院和国务会议向新沙皇宣誓,并迫使参议员签署告俄国人民的革命宣言,宣布推翻政府、废除农奴制、取消兵役义务、实现公民自由和召开立宪会议。但十二月党人的计划未能实现,因为尼古拉一世还在黎明以前,就使参议院和国务会议举行了宣誓。尼古拉一世并把忠于他的军队调到广场,包围了起义者,下令发射霰弹。当天傍晚起义被镇压了下去。据政府发表的显系缩小了的数字,在参议院广场有 70 多名"叛乱者"被打死。南方协会成员领导的切尔尼戈夫团于 1825 年 12 月 29 日(1826 年 1 月 10 日)在乌克兰举行起义,也于 1826 年 1 月 3 日(15 日)被沙皇军队镇压下去。

沙皇政府残酷惩处起义者,十二月党人的著名领导者佩斯捷利、谢·伊·穆拉维约夫-阿波斯托尔、孔·费·雷列耶夫、米·巴·别斯图热夫-留明和彼·格·卡霍夫斯基于 1826 年 7 月 13 日(25 日)被绞死,121 名十二月党人被流放到西伯利亚,数百名军官和 4 000 名士兵被捕并受到惩罚。十二月党人起义对后来的俄国革命运动产生了很大影响。——322。

150 九头蛇是希腊神话中的一条非常凶猛而且生命力极强的怪蛇。
——326。

151 《十二个简明论点——评海·格罗伊利希为保卫祖国辩护》一文是针对
瑞士社会民主党创始人之一、社会沙文主义者海·格罗伊利希的一组
以《论保卫祖国问题》为总标题的文章写的,这组文章连载于1917年1
月23—26日的苏黎世社会民主党报纸《民权报》第19—22号。

列宁的文章发表于1月31日和2月1日《民权报》第26号和27
号,署名:"—e—"。文章发表时,该报编辑恩·诺布斯把手稿中格罗伊
利希的名字后面都加上了"同志"字样,并删掉了以下文字:1.第9条从
第3段("可是,老实说……")开始到这条的末尾;2.第11条整个第2
段(从"妙极了!……"起到"决不是社会主义");3.第12条第5段最后
一句:"并且婉言劝请社会爱国主义者转到格吕特利联盟中去"。文章
全文首次发表于《列宁文集》俄文版第17卷。——334。

152 《人民报》(《Le Populaire》)是法国中派分子于1916年在利摩日创办的
报纸,最初每月出版一次,1918年迁巴黎后改为日报,由让·龙格和
莱·勃鲁姆担任主编。撰稿人有皮·布里宗、阿·普雷斯曼、让·皮
拉芬-杜然、波·苏瓦林、保·福尔等。在原法国社会党机关报《人道
报》随社长马·加香一起于1920年底转到共产党方面后,《人民报》从
1921年起成为法国社会党(工人国际法国支部)的机关报。——341。

153 指1916年12月30日《社会民主党人报》第57号刊登的亚·伊·古契
柯夫1916年8月15日(28日)给最高总司令的总参谋长米·瓦·阿列
克谢耶夫将军的信和德国内务大臣卡·黑尔费里希在帝国国会回答反
对党关于大批逮捕社会民主党人问题的质询的发言摘录。

古契柯夫的信是和其他材料一起从俄国寄给《社会民主党人报》编
辑部的(参看列宁1916年12月5日(18日)给伊·费·阿尔曼德的信,
载于本版全集第47卷第351号文献)。这封信流露了俄国资产阶级对
日益发展的革命的恐惧心理和对政府不能防止革命而产生的不满。信
里说:"洪水来了,可是我们的糟透了的无用的政权却穿上套鞋撑起伞,
用对付一场倾盆大雨的办法来迎接这场灾变。"黑尔费里希发言的主要

精神是：与其容许革命，不如先逮捕革命的领袖以预防革命的发生。他
说："与其在波茨坦广场再看到几具尸体，不如把一些人关起来。"
——342。

154 指1916年2月国际社会党扩大委员会会议通过的通告《告所属各政党
和团体书》。通告批判了社会沙文主义者和社会党国际局的立场，把社
会党国际局的领袖们用社会党人"相互赦免"的办法来使第二国际得以
恢复的企图叫做"反社会主义的阴谋"。通告要求社会党人拒绝投票赞
成军事拨款并号召他们组织罢工、游行示威、战壕联欢及其他一切形式
的反对帝国主义战争的革命斗争。国际社会党委员会的通告发表于
1916年2月29日《伯尔尼国际社会党委员。公报》第3号和3月25
日《社会民主党人报》第52号。——345。

155 指菲·屠拉梯1916年12月17日在意大利议会的演说。他在发言中为
战争的帝国主义性质辩护。屠拉梯的这个演说发表于12月18日意大
利社会党《前进报》第345号。各国社会党报刊对它的反应发表于12月
23日《民权报》第301号，标题是：《屠拉梯关于和平建议的演说》。

　　　列宁在《资产阶级的和平主义与社会党人的和平主义》一文中曾提
到屠拉梯的这个演说（见本卷第223—242页）。——347。

156 这是一篇未写成的文章的提纲。提纲中的许多论点在《远方来信》（见
本版全集第29卷）中得到了发挥。——350。

157 《北美评论》杂志（《The North American Review》）是美国的一家刊物，
1815—1940年先后在波士顿和纽约出版；1815—1821年的刊名是《北
美评论和综合性杂志》。——351。

158 《大西洋月刊》（《The Atlantic Monthly》）是一家文学政治杂志，1857年
起先后在伦敦、纽约和波士顿出版。——351。

159 这个《建议》是供瑞士左派社会民主党人在瑞士社会民主党苏黎世州代
表大会上使用的。这次代表大会于1917年2月11—12日在特斯举行。
关于战争问题，在大会上曾提出了两个决议案：一个是军事问题委员会

中的少数派的决议案,这是右派按照社会沙文主义精神拟定的,另一个是该委员会中的多数派的决议案,这是中派拟定的。代表大会以 93 票对 65 票通过了多数派的决议案。为了不使社会沙文主义者的决议案获得通过,左派对多数派的决议案投了赞成票,但提出了这里收载的对通过的决议作某些修改的《建议》。《建议》得到了代表大会五分之一代表的赞成。列宁曾在该《建议》的打字稿副本上记下了大会的表决结果。

《关于修改战争问题的决议的建议》刊载于 1917 年 2 月 14 日《民权报》和同年 2 月瑞士左派社会民主党人出版的小报第 1 号《驳保卫祖国的谎言》。小报第 1 号是在列宁的直接参与下出版的。

关于瑞士社会民主党内部的斗争,见《一个社会党的一小段历史》(本卷第 371—375 页)。——352。

160 《臆造的还是真实的泥潭?》一文和下一篇文献《国际社会民主党的一个流派——"中派"的特征》都是针对罗·格里姆的《战争问题上的多数派与少数派》一文写的。格里姆的这篇文章为瑞士社会民主党内持中派立场的多数派辩护,载于 1917 年 1 月 23—27 日《伯尔尼哨兵报》第 19—23 号和 1917 年《新生活》杂志第 1 期。——353。

161 指 1916 年 5 月 1 日柏林无产阶级在柏林波茨坦广场举行的游行示威。卡·李卜克内西在游行示威中号召推翻进行帝国主义战争的政府,为此被逮捕并被军事法庭判处四年零一个月的监禁。——355。

162 《莱比锡人民报》(《Leipziger Volkszeitung》)是德国社会民主党的报纸(日报),1894—1933 年出版。该报最初属于该党左翼,弗·梅林和罗·卢森堡曾多年担任它的编辑。1917—1922 年是德国独立社会民主党的机关报,1922 年以后成为右翼社会民主党人的机关报。——360。

163 《统计学和社会学》是列宁打算用笔名普·皮留切夫公开出版的一本小册子。这一著作未能写完。

本卷《附录》收有小册子的提纲。小册子的全部准备材料,参看《列宁文稿》人民出版社版第 14 卷第 234—253 页。——363。

164　见注 109。——364。

165　引自俄国诗人亚·谢·普希金的抒情诗《英雄》。这首诗采取"诗人"和"友人"对话的形式,诗中的"诗人"认为:拿破仑冒着生命危险去传染病院同患黑死病的士兵握手表示慰问一事,虽经历史学家考证并非事实,但一句"令人鼓舞的谎言",要比千万个"卑微的真理"更加可贵。此处列宁是反普希金诗原意引用的。——365。

166　《政治家年鉴》(《The Statesman's Year-Book》)是英国的一家杂志,1864 年起在伦敦出版。——366。

167　指军事问题委员会中的多数派和少数派分别提出的决议草案。这两个决议草案发表于 1917 年 1 月 9 日《民权报》第 7 号,总标题是:《军事问题委员会的提案》。——371。

168　指 1917 年 1 月 23 日《民权报》第 19 号"党的生活"栏刊登的关于举行全党表决的号召书,标题为《反对党执行委员会决定的全党表决开始了》。这次全党表决是瑞士左派社会民主党人因党的执行委员会决定不定期地推迟召开讨论对战争的态度问题的非常代表大会而发起举行的。——371。

169　《新自由报》(《Neue Freie Zeitung》)是瑞士索洛图恩州社会民主党组织的机关报,1905—1920 年在奥尔滕出版。第一次世界大战期间,该报持中派立场。——371。

170　《巴塞尔前进报》(《Basler Vowärts》)是瑞士巴塞尔州社会民主党组织的机关报,于 1898 年创刊。第一次世界大战期间,该报持中派立场。——371。

171　《人民呼声报》(《Volksstimme》)是瑞士社会民主党右翼的机关报,1905 年在圣加伦创刊。——371。

172　指海·格罗伊利希在 1917 年 1 月 26 日《民权报》第 22 号上发表的文章《论保卫祖国问题》。——372。

173 编辑部短评《论全党表决》发表于 1917 年 1 月 27 日《民权报》第 23 号
"党的生活"栏。——372。

174 指弗·普拉滕《战争问题》一文,该文以社论形式发表于 1917 年 2 月 1
日《民权报》第 27 号,并续载于 2 月 2、5、6 日该报第 28、30、31 号。
——373。

175 指《对军事问题委员会多数派决议案的修正案》,该修正案发表于 1917
年 2 月 9 日《民权报》第 34 号。——374。

176 以《帝国主义和对它的态度》为题的文章,列宁没有写成。——382。

177 指费边派分子和埃·王德威尔得、让·饶勒斯等人在 1907 年第二国际
斯图加特代表大会上对殖民地问题和反军国主义问题所采取的机会主
义立场。——383。

178 《社会主义月刊》(«Sozialistische Monatshefte»)是德国机会主义者的主
要刊物,也是国际修正主义者的刊物之一,1897—1933 年在柏林出版。
编辑和出版者为右翼社会民主党人约·布洛赫。撰稿人有爱·伯恩施
坦、康·施米特、弗·赫茨、爱·大卫、沃·海涅、麦·席佩耳等。第一
次世界大战期间,该刊持社会沙文主义立场。——383。

179 卡·考茨基在 1915 年出版了《民族国家、帝国主义国家和国家联盟》一
书。考茨基在这本书里为欧洲联邦思想辩护,并证明"资本扩张的意
图""不通过帝国主义的暴力方法,而通过和平的民主、自由贸易与和平
的商品交换能够实现得最好"。列宁在《帝国主义是资本主义的最高阶
段》、《第二国际的破产》和《帝国主义和社会主义运动中的分裂》(见本
版全集第 27 卷、第 26 卷和本卷)等著作中批判了考茨基这本书里的一
些观点。——383。

180 米勒兰主义是社会党人参加资产阶级政府的一种机会主义策略,因法
国社会党人亚·埃·米勒兰于 1899 年参加瓦尔德克-卢梭的资产阶级
政府而得名。1900 年 9 月 23—27 日在巴黎举行的第二国际第五次代

表大会讨论了米勒兰主义问题。大会通过了卡·考茨基提出的调和主
义决议。这个决议虽谴责社会党人参加资产阶级政府,但却认为在"非
常"情况下可以这样做。法国社会党人和其他国家的社会党人就利用
这项附带条件为他们在第一次世界大战期间参加帝国主义资产阶级政
府的行为辩护。列宁认为米勒兰主义是一种修正主义和叛卖行为,社
会改良主义者参加资产阶级政府必定会充当资本家的傀儡,成为这个
政府欺骗群众的工具。——384。

181　伯恩施坦主义是德国社会民主党人爱·伯恩施坦的修正主义思想体
系,产生于19世纪末20世纪初。伯恩施坦的《社会主义的前提和社会
民主党的任务》(1899年)一书是对伯恩施坦主义的全面阐述。伯恩施
坦主义在哲学上否定辩证唯物主义和历史唯物主义,用庸俗进化论和
诡辩论代替革命的辩证法;在政治经济学上修改马克思主义的剩余价
值学说,竭力掩盖帝国主义的矛盾,否认资本主义制度的经济危机和政
治危机;在政治上鼓吹阶级合作和资本主义和平长入社会主义,传播改
良主义和机会主义思想,反对马克思主义的阶级斗争学说,特别是无产
阶级革命和无产阶级专政的学说。伯恩施坦主义得到德国社会民主党
右翼和第二国际其他一些政党的支持。在俄国,追随伯恩施坦主义的
有合法马克思主义者、经济派等。——384。

182　这个提纲大概是为作一次或几次关于瑞士社会民主党内部状况的报告
而写的。从第1点可以断定,报告的对象主要是参加瑞士社会民主党
的俄国人或侨居瑞士的俄国社会民主党人。——391。

183　《法兰克福报》(《Frankfurter Zeitung》)是德国交易所经纪人的报纸(日
报),1856—1943年在美因河畔法兰克福出版。——391。

184　《新苏黎世报》(《Neue Züricher Zeitung》)即《新苏黎世和瑞士商业报》
(《Neue Züricher Zeitung und Schweizerisches Handelsblatt》),是瑞士
资产阶级报纸,1780年起在苏黎世出版,1821年以前称《苏黎世报》。
该报是瑞士最有影响的报纸。——391。

185　指《巴塞尔前进报》关于对战争态度等问题的讨论。列宁对讨论文章作了摘录(见本版全集第 60 卷第 186 页)。——392。

186　以上几条说的都是罗·格里姆关于战争问题的提纲。第 23 条是说该提纲第 2 条和第 3 条只一般地谈大小国家资产阶级政府的帝国主义性质,而不具体地强调指出瑞士政府同帝国主义资产阶级的联系。第 24 条是说该提纲第 6 条只批评资产阶级的和平主义,但对社会和平主义只字不提。第 25 条是说该提纲关于同战争危险作斗争的实际建议的第 8 条,这一条分为国际方面的任务和国内方面的任务两部分。格里姆的提纲全文和列宁对它的批注,见本版全集第 60 卷第 187 页。——392。

187　指 1916 年 7 月 25 日《格吕特利盟员报》对罗·格里姆关于战争问题的提纲的评论。列宁对该文的摘录见《列宁文集》俄文版第 17 卷第 30、31 页。——392。

188　指奥·朗格在瑞士社会民主党苏黎世代表大会(1916 年 11 月 4—5 日)上所作的关于党对格吕特利联盟的态度的报告。他在报告中竭力证明,党的执行委员会在对格吕特利派的态度问题上一贯执行"正确"的路线,极不愿意同格吕特利联盟分裂。——393。

189　指 1916 年 11 月 8 日《法兰克福报》刊登的一篇关于瑞士社会民主党苏黎世代表大会的通讯。作者希望格吕特利分子回到瑞士社会民主党里去,以便继续发挥其影响。——393。

190　指刊登在 1916 年 10 月 8 日《格吕特利盟员报》上的海·格罗伊利希 1916 年 9 月 26 日的公开信。信中指责格吕特利分子不支持他对党内激进一翼的斗争。——393。

191　这里说的是 1916 年 9 月《瑞士五金工人报》关于战争问题的讨论。该报编辑部按语认为,工会不应当研究战争问题或考虑采取任何的政治行动。可是罗·格里姆关于战争问题的提纲第 9 条末尾却说在发生战争时党应当同工会组织一起组织群众性罢工。——393。

192 指列·达·托洛茨基《革命中的俄国》一书中下面一段话："在哈尔科夫，10 月 10 日，群众大会以后人群占领了兵器商店。11 日，在大学旁边，工人和大学生们筑起了街垒。"——396。

193 《革命中的俄国》一书此处说："当时在莫斯科的高尔基写道，许多人认为开始修筑街垒的是革命者，这当然使人很荣幸，但不完全公正。街垒恰恰是居民，是非党分子开始修筑的，而事件的精髓就在于此。"——396。

194 《革命中的俄国》一书此处说："12 月 12 日（25 日），战斗队员们从龙骑兵和炮兵手里夺取了一门大炮。他们围着它忙乎了整整一刻钟，也不知道该怎么办。一大队龙骑兵和哥萨克夺走了这门炮才使他们摆脱了困境。"——396。

195 《革命中的俄国》一书此处说："起义使莫斯科居民死伤各千人。他们中有 86 名儿童，其中包括吃奶的婴儿。如果想到，1848 年三月起义（它当时使普鲁士专制制度受了无法医治的创伤）只在柏林街道上留下 183 具尸体，这些数字就显得更加触目了。"——397。

196 《革命中的俄国》一书此处有彼得堡工人代表苏维埃执行委员会报告人在苏维埃会议上的如下讲话："如果我们没有为群众争取到八小时工作制，那么我们已为八小时工作制争取到群众。从今以后，在每一个彼得堡工人的心里都活着他的战斗呼号：八小时工作制和——枪。"——397。

197 《革命中的俄国》一书此处谈到，从工人中征集来的技术兵迅速而坚决地参加革命，而从农民中征集来的步兵则表现犹豫和动摇。——397。

198 这里是指列·尼·托尔斯泰 1908 年 6 月 26 日给尼·瓦·奥尔洛夫的画册《俄国的农夫》写的序言，其中说俄国人民过快地"学会了搞革命"。——397。

199 这里是指恩格斯 1888 年 2 月 22 日给弗·左尔格的信中的话："幸好，

一种直觉的社会主义还在抵制某些社会主义组织的各种固定的教条公式,这种直觉的社会主义在这里愈来愈多地掌握群众,因而将会比较容易地吸收群众参与决定性的事件。只要有一个地方开始举事,资产者就会对原来是隐蔽的、到那时爆发出来变为公开的社会主义大吃一惊。"(参看《马克思恩格斯全集》第1版第37卷第23页)——398。

200 指鲁·希法亭《金融资本。资本主义发展的最新阶段》一书。此书经作者同意由伊·斯捷潘诺夫从德文译成俄文,1912年在莫斯科出版。——401。

201 指约·帕图叶《美国帝国主义》1904年第戎版。列宁对该书的摘录,见本版全集第54卷《笔记"γ"("伽马")》。——401。

202 指罗·卢森堡《社会民主党的危机》一书,该书于1916年出版。列宁作的此书摘要,见本版全集第54卷《笔记"ζ"("捷塔")》。——401。

203 指发表于《钟声》杂志的德国沙文主义者保尔·伦施的两篇文章:《关于自决的蠢话》(1915年第8期)和《社会主义和过去的兼并》(1916年第9期)。列宁对伦施文章的摘录,见本版全集第60卷第202—206页。——402。

204 大概是指卡·考茨基的下列文章:《目前这场战争以前社会民主党人的战争观》(载于1916年12月29日《新时代》杂志第13期);《社会民主党人对战争的新观点》(载于1917年1月5日《新时代》杂志第14期);《媾和条件》(载于1916年12月15日《莱比锡人民报》第281号);《接受和平建议》(载于1916年12月21日《莱比锡人民报》第286号);《世界的救星》(载于1916年12月24日《莱比锡人民报》第289号)。——402。

205 指弗·梅林编的《卡尔·马克思和弗里德里希·恩格斯传记的新材料》,载于1907年《新时代》杂志第25年卷第2册。——402。

人 名 索 引

A

阿德勒，弗里德里希（Adler，Friedrich 1879—1960）——奥地利社会民主党右翼领袖之一，"奥地利马克思主义"理论家，第二半国际和社会主义工人国际的组织者和领袖之一；维·阿德勒的儿子。1907—1911年任苏黎世大学理论物理学讲师。1910—1911年任瑞士社会民主党机关报《民权报》编辑，1911年起任奥地利社会民主党书记。在哲学上是经验批判主义的信徒，主张以马赫主义哲学"补充"马克思主义。第一次世界大战期间主张社会民主党对帝国主义战争保持"中立"和促使战争早日结束。1914年8月辞去书记职务。1916年10月21日因枪杀奥匈帝国首相卡·施图尔克伯爵被捕。1918年11月获释后重新担任党的书记，走上改良主义道路。1919年当选为全国工人代表苏维埃执行委员会主席。1923—1939年任社会主义工人国际书记。——190。

阿福尔特尔，汉斯（Affolter，Hans 1870—1936）——瑞士社会民主党人；职业是律师。1911年起为国民院议员。第一次世界大战期间，起初追随国际主义者，但表现向中派方面动摇；1917年转到中派和平主义立场；后完全倒向瑞士社会民主党右翼。——272、371。

阿克雪里罗得，柳博芙·伊萨科夫娜（正统派）（Аксельрод，Любовь Исааковна（Ортодокс）1868—1946）——俄国哲学家和文艺学家，社会民主主义运动参加者。1887—1906年先后侨居法国和瑞士；曾加入国外俄国社会民主党人联合会。1903年俄国社会民主工党第二次代表大会后，起初加入布尔什维克，后转向孟什维克。在著作中批判经济主义、新康德主义和经验批判主义，同时又赞同普列汉诺夫的孟什维主义观点，重复他在哲学上的错误，反对列宁的哲学观点。第一次世界大战期间持社会沙文主

义立场。1917年初是孟什维克中央委员会委员，后为普列汉诺夫统一派
分子。1918年起不再积极参加政治活动，在一些高等院校从事教学工作。
20年代是用机械论修正马克思主义哲学的代表人物之一。晚年从事艺术
社会学的研究。主要著作有《哲学论文集》(1906)、《哲学家卡尔·马克思》
(1924)、《黑格尔的唯心主义辩证法和马克思的唯物主义辩证法》(1934)
等。——297、298、299。

阿克雪里罗得，帕维尔·波里索维奇（Аксельрод，Павел Борисович 1850—
1928）——俄国孟什维克领袖之一。19世纪70年代是民粹派分子。1883
年参与创建劳动解放社。1900年起是《火星报》和《曙光》杂志编辑部成
员。这一时期在宣传马克思主义的同时，也在一系列著作中把资产阶级民
主制和西欧社会民主党议会活动理想化。1903年在俄国社会民主工党第
二次代表大会上是《火星报》编辑部有发言权的代表，属火星派少数派，会
后是孟什维主义的思想家。1905年提出召开广泛的工人代表大会的取消
主义观点。1906年在党的第四次（统一）代表大会上代表孟什维克作了关
于国家杜马问题的报告，宣扬无产阶级同资产阶级实行政治合作的机会主
义思想。斯托雷平反动时期和新的革命高涨年代是取消派的思想领袖，参
加孟什维克取消派《社会民主党人呼声报》编辑部。1912年加入"八月联
盟"。第一次世界大战期间表面上是中派，实际持社会沙文主义立场；曾参
加齐美尔瓦尔德代表会议和昆塔尔代表会议，属于右翼。1917年二月革
命后任彼得格勒苏维埃执行委员会委员，支持资产阶级临时政府。十月革
命后侨居国外，反对苏维埃政权，鼓吹武装干涉苏维埃俄国。——16、72、
264、299、310、311。

阿列克辛斯基，格里戈里·阿列克谢耶维奇（Алексинский，Григорий
Алексеевич 1879—1967）——俄国社会民主党人，后蜕化为反革命分子。
1905—1907年革命期间是布尔什维克。第二届国家杜马彼得堡工人代
表，社会民主党党团成员，参加了杜马的失业工人救济委员会、粮食委员会
和土地委员会，并就斯托雷平在杜马中宣读的政府宣言，就预算、土地等问
题发了言。作为社会民主党杜马党团代表参加了俄国社会民主工党第五
次（伦敦）代表大会的工作。斯托雷平反动时期是召回派分子、派别性的卡
普里党校（意大利）的讲课人和"前进"集团的组织者之一。第一次世界大

战期间是社会沙文主义者,曾为多个资产阶级报纸撰稿。1917年加入孟
什维克统一派,持反革命立场;七月事变期间伙同特务机关伪造文件诬陷
列宁和布尔什维克。1918年逃往国外,投入反动营垒。——115、146、
156、158—159、169—170、231、293。

埃格利,卡尔·亨利希(Egli,Karl Heinrich 生于1865年)——瑞士上校。第
一次世界大战期间,在担任瑞士军队总参谋部副总参谋长时,为德国的同
盟国做过谍报工作。1916年初,报界和瑞士社会民主党议会党团要求对
其进行政治诉讼。但在帝国主义资产阶级和瑞士军人集团的压力下,瑞士
法院宣告其无罪,军事统帅部也只限于给予其纪律处分和解除军职的处
分。——205。

埃伦博根,威廉(Ellenbogen,Wilhelm 1863—1951)——奥地利社会民主党右
翼领袖之一,资产阶级民族主义的民族文化自治论拥护者。1901—1914
年是奥地利议会议员。第一次世界大战期间是社会沙文主义者。德国
1918年十一月革命后为奥地利国民议会议员,后任工商业部长;推行纵容
法西斯主义的政策。——331。

艾伯特,弗里德里希(Ebert,Friedrich 1871—1925)——德国社会民主党右翼
领袖之一。1905年起任德国社会民主党执行委员会委员,1913年起是执
行委员会主席之一。1912年起为帝国国会议员,1916年领导社会民主党
国会党团。第一次世界大战期间领导党内的社会沙文主义派别,是该派与
帝国政府合作的主要组织者之一。1918年十一月革命开始后接任巴登亲
王马克斯的首相职务,领导所谓的人民代表委员会,借助旧军队镇压革命。
1919年2月起任德国总统。——274、276。

爱尔威,古斯塔夫(Hervé,Gustave 1871—1944)——法国社会党人,政论家
和律师。1905—1918年是工人国际法国支部成员。1906年创办《社会战
争报》,宣传半无政府主义的反军国主义纲领。1907年在第二国际斯图加
特代表大会上坚持这一纲领,提出用罢工和起义来反对一切战争。第一次
世界大战期间是社会沙文主义者。俄国十月革命后反对苏维埃国家和布
尔什维克党。30年代拥护民族社会主义,主张法国同法西斯德国接近。
——231、344。

B

巴达耶夫，阿列克谢·叶戈罗维奇（Бадаев，Алексей Егорович 1883—1951）——1904 年加入俄国社会民主工党，在彼得堡做党的工作。第四届国家杜马彼得堡省工人代表，参加布尔什维克杜马党团，同时在杜马外做了大量的革命工作，是中央委员会俄国局成员，为布尔什维克的《真理报》撰稿，出席了有党的工作者参加的俄国社会民主工党中央委员会克拉科夫会议和波罗宁会议。因进行反对帝国主义战争的革命活动，1914 年 11 月被捕，1915 年流放图鲁汉斯克边疆区。1917 年二月革命后从流放地回来，在彼得格勒参加布尔什维克组织的工作，是十月武装起义的参加者。十月革命后在党、苏维埃和经济部门担任领导工作。在党的第十四至第十八次代表大会上当选为中央委员。1938—1943 年任俄罗斯联邦最高苏维埃主席团主席和苏联最高苏维埃主席团副主席。——187、311。

鲍曼，鲁道夫（Baumann，Rudolf 生于 1872 年）——瑞士右派社会民主党人，1906 年起是苏黎世一所市立学校的教员。第一次世界大战期间是社会沙文主义者。1916 年 6 月被选为苏黎世社会民主党组织执行委员会委员，1917 年 2 月退出该委员会。——374。

鲍威尔，奥托（Bauer，Otto 1882—1938）——奥地利社会民主党和第二国际领袖之一，"奥地利马克思主义"理论家。同卡·伦纳一起提出资产阶级民族主义的民族文化自治论。1907 年起任社会民主党议会党团秘书，同年参与创办党的理论刊物《斗争》杂志。1912 年起任党中央机关报《工人报》编辑。第一次世界大战期间应征入伍，在俄国前线被俘。俄国 1917 年二月革命后在彼得格勒，同年 9 月回国。敌视俄国十月革命。1918 年 11 月—1919 年 7 月任奥地利共和国外交部长，赞成德奥合并。1920 年在维也纳出版反布尔什维主义的《布尔什维主义还是社会民主主义？》一书。1920 年起为国民议会议员。第二半国际和社会主义工人国际的组织者和领袖之一。曾参与制定和推行奥地利社会民主党的机会主义路线，使奥地利工人阶级的革命斗争遭受严重损失。晚年修正了自己的某些改良主义观点。——20、221、367。

倍倍尔，奥古斯特（Bebel，August 1840—1913）——德国工人运动和国际工人运动活动家,德国社会民主党和第二国际的创建人和领袖之一,马克思和恩格斯的朋友和战友;旋工出身。19世纪60年代前半期开始参加政治活动,1867年当选为德国工人协会联合会主席,1868年该联合会加入第一国际。1869年与威·李卜克内西共同创建了德国社会民主工党(爱森纳赫派),该党于1875年与拉萨尔派合并为德国社会主义工人党,后又改名为德国社会民主党。多次当选国会议员,利用国会讲坛揭露帝国政府反动的内外政策。1870—1871年普法战争期间持国际主义立场,在国会中投票反对军事拨款,支持巴黎公社,为此曾被捕和被控叛国,断断续续在狱中度过近六年时间。在反社会党人非常法施行时期,领导了党的地下活动和议会活动。19世纪90年代和20世纪初同党内的改良主义和修正主义进行斗争,反对伯恩施坦及其拥护者对马克思主义理论的歪曲和庸俗化。是出色的政论家和演说家,对德国和欧洲工人运动的发展有很大影响。马克思和恩格斯高度评价了他的活动。——301。

比索拉蒂,莱奥尼达(Bissolati, Leonida 1857—1920)——意大利社会党创建人和右翼改良派领袖之一。1896—1903年和1908—1912年任社会党中央机关报《前进报》主编。1897年起为议员。1912年因支持意大利政府进行侵略战争被开除出社会党,后组织了改良社会党。第一次世界大战期间是社会沙文主义者,主张意大利站在协约国方面参战。1916—1918年参加政府,任不管部大臣。——81、185、187、235、264、349。

彼得罗夫斯基,格里戈里·伊万诺维奇(Петровский, Григорий Иванович 1878—1958)——1897年参加俄国社会民主主义运动。俄国第一次革命期间是叶卡捷琳诺斯拉夫工人运动的领导人之一。第四届国家杜马叶卡捷琳诺斯拉夫省工人代表,布尔什维克杜马党团主席。1912年被增补为党中央委员。因进行反对帝国主义战争的革命活动,1914年11月被捕,1915年流放图鲁汉斯克边疆区,在流放地继续进行革命工作。积极参加十月革命。1917—1919年任俄罗斯联邦内务人民委员,1919—1938年任全乌克兰中央执行委员会主席。1922—1937年为苏联中央执行委员会主席之一,1937—1938年任苏联最高苏维埃主席团副主席。在党的第十至第十七次代表大会上当选为中央委员,1926—1939年为中央政治局候补委员。1940年起任国家革命博物馆副馆长。——187、311。

彼得罗维奇，格里戈里（Петрович，Григорий）——俄国孟什维克取消派分子，第一次世界大战期间是社会沙文主义者。曾为孟什维克取消派的《我们的曙光》杂志撰稿，1915—1917 年为孟什维克的《我们的事业》和《事业》等杂志撰稿。——298。

俾斯麦，奥托·爱德华·莱奥波德（Bismarck，Otto Eduard Leopold 1815—1898）——普鲁士和德国国务活动家和外交家。普鲁士容克的代表。曾任驻彼得堡大使（1859—1862）和驻巴黎大使（1862），普鲁士首相（1862—1872、1873—1890），北德意志联邦首相（1867—1871）和德意志帝国首相（1871—1890）。1870 年发动普法战争，1871 年支持法国资产阶级镇压巴黎公社。主张在普鲁士领导下"自上而下"统一德国。曾采取一系列内政措施，捍卫容克和大资产阶级的联盟。1878 年颁布反社会党人非常法。由于内外政策遭受挫折，于 1890 年 3 月去职。——346、403。

毕洛，伯恩哈德（Bülow，Bernhard 1849—1929）——德意志帝国外交家和国务活动家。1897—1900 年任外交大臣，1900—1909 年任首相。提出了反映德帝国主义争夺世界霸权野心的庞大的殖民掠夺纲领。推行反动的对内政策，镇压罢工运动，压制反军国主义力量。1914—1915 年任驻意大利特命大使。后脱离政治活动。——192。

波旁王朝（Bourbons）——指 1589—1792 年、1814—1815 年和 1815—1830 年的法国王朝。——10。

波特列索夫，亚历山大·尼古拉耶维奇（Потресов，Александр Николаевич 1869—1934）——俄国孟什维克领袖之一。19 世纪 90 年代初参加马克思主义小组。1896 年加入彼得堡工人阶级解放斗争协会，后被捕，1898 年流放维亚特卡省。1900 年出国，参与创办《火星报》和《曙光》杂志。在俄国社会民主工党第二次代表大会上是《火星报》编辑部有发言权的代表，属火星派少数派，会后是孟什维克刊物的主要撰稿人和领导人。斯托雷平反动时期和新的革命高涨年代是取消派思想家，在《复兴》杂志和《我们的曙光》杂志中起领导作用。第一次世界大战期间是社会沙文主义者。1917 年在反布尔什维克的资产阶级《日报》中起领导作用。十月革命后侨居国外，为克伦斯基的《白日》周刊撰稿，攻击苏维埃政权。——14、55、56、75、81、83、183、185、192、197—198、203、219、220、221、258、296、297、298、299、300、

311、346。

伯恩施坦，爱德华(Bernstein, Eduard 1850—1932)——德国社会民主党和第
二国际右翼领袖之一，修正主义的代表人物。1872 年加入社会民主党，曾
是欧·杜林的信徒。1879 年和卡·赫希柏格、卡·施拉姆在苏黎世发表
《德国社会主义运动的回顾》一文，指责党的革命策略，主张放弃革命斗争，
适应俾斯麦制度，受到马克思和恩格斯的严厉批评。1881—1890 年任党
的中央机关报《社会民主党人报》编辑。从 90 年代中期起完全同马克思主
义决裂。1896—1898 年以《社会主义问题》为题在《新时代》杂志上发表一
组文章，1899 年发表《社会主义的前提和社会民主党的任务》一书，从经
济、政治和哲学方面对马克思主义的理论和策略作了全面的修正。1902
年起为国会议员。第一次世界大战期间持中派立场。1917 年参加德国独
立社会民主党，1919 年公开转到右派方面。1918 年十一月革命失败后出
任艾伯特—谢德曼政府的财政部长助理。——4、309。

勃朗斯基，美契斯拉夫·亨利霍维奇（Бронский, Мечислав Генрихович
1882—1941)——波兰社会民主党人，后为布尔什维克。1902 年加入波兰
王国和立陶宛社会民主党。第一次世界大战期间是国际主义者。曾代表
波兰王国和立陶宛社会民主党出席昆塔尔代表会议，属齐美尔瓦尔德左
派，参加了瑞士社会民主党的活动。1917 年 6 月起任俄国社会民主工党
(布)彼得堡委员会的鼓动员和宣传员。十月革命后任副工商业人民委员。
1918 年采取"左派共产主义者"立场。1920 年起任苏俄驻奥地利全权代表
和商务代表，1924 年起任财政人民委员部部务委员、对外贸易人民委员部
部务委员。后从事教学和科研工作。——373、374、381。

博尔夏特，尤利安(Borchardt, Julian 1868—1932)——德国社会民主党人，经
济学家和政论家。1900—1906 年任社会民主党机关报《人民报》编辑。
1911—1913 年为普鲁士邦议会议员。1913—1916 年和 1918—1921 年任
左派社会民主党人《光线》杂志编辑。第一次世界大战期间领导以《光线》
杂志为中心组成的左派社会民主党人的组织"德国国际社会党人"，开展反
对社会沙文主义、反对帝国主义战争的斗争；曾参加齐美尔瓦尔德代表会
议，加入齐美尔瓦尔德左派。但因不了解与社会沙文主义者彻底决裂和建
立工人阶级独立政党的必要性，于战争结束前夕转向工团主义立场。战后

不再积极参加政治活动。——46。

博诺米，伊万诺埃（Bonomi, Ivanoe 1873—1951）——意大利国务活动家，意
大利社会党右翼改良派领袖之一。1909 年起为众议员。1912 年因支持意
大利政府进行侵略战争被开除出社会党，后成为改良社会党的组织者之
一。第一次世界大战期间是社会沙文主义者，主张意大利站在协约国方面
参战。1916—1921 年参加政府，任社会工作部和陆军部大臣。1921—
1922 年领导由各资产阶级政党代表和改良社会党人组成的联合政府。法
西斯专政时期（1922—1943）脱离政治活动，后领导意大利反法西斯的民
族解放委员会。1944—1945 年任首相，1948—1951 年任参议院议长。
——235。

布尔德朗，阿尔伯（Bourderon, Albert 1858—1930）——法国社会党人，工会
运动左翼领袖之一，制桶工人工会书记。1915 年参加齐美尔瓦尔德代表
会议，持中派立场。1916 年主张重建第二国际，同年 12 月在法国社会党
代表大会上投票赞成支持帝国主义战争、为社会党人参加资产阶级政府辩
护的中派主义决议。与齐美尔瓦尔德派彻底决裂后，转入反对革命工人运
动的营垒。——238、239、242、282、283。

布尔金（谢苗诺夫），费多尔·阿法纳西耶维奇（Булкин（Семенов），Федор
Афанасьевич 生于 1888 年）——1904 年加入俄国社会民主工党，孟什维
克。曾在彼得堡和哈尔科夫做党的工作，是彼得堡组织出席党的第五次
（伦敦）代表大会的代表。斯托雷平反动时期和新的革命高涨年代是取消
派分子。第一次世界大战期间是护国派分子，在诺夫哥罗德、萨马拉和彼
得堡的军事工业委员会工作。十月革命后，作为孟什维克的代表在奥伦堡
苏维埃工作。后脱离孟什维克，1920 年加入俄共（布），做经济和工会工
作。1922 年因参加工人反对派被开除出党。1927 年重新入党，在列宁格
勒、伊尔库茨克等城市做经济工作。1935 年被再次开除出党。——
81、197。

布哈林，尼古拉·伊万诺维奇（Nota-Bene）（Бухарин, Николай Иванович
（Nota Bene）1888—1938）——1906 年加入俄国社会民主工党。1907 年
进入莫斯科大学法律系经济学专业学习。1908 年起任党的莫斯科委员会
委员。1909—1910 年几度被捕，1911 年从流放地逃往欧洲。在国外开始

著述活动,参加欧洲工人运动。1917 年二月革命后回国,当选为莫斯科苏维埃执行委员会委员、党的莫斯科委员会委员,任《社会民主党人报》和《斯巴达克》杂志编辑。在党的第六至第十六次代表大会上当选为中央委员。1917 年 10 月起任莫斯科军事革命委员会委员,参与领导莫斯科的武装起义。同年 12 月起任《真理报》主编。1918 年初反对签订布列斯特和约,是"左派共产主义者"集团的领袖。1919 年 3 月当选为党中央政治局候补委员。1919 年共产国际成立后任共产国际执行委员会委员和主席团委员。1920—1921 年工会问题争论期间领导"缓冲"派。1924 年 6 月当选为中央政治局委员。1926—1929 年主持共产国际的工作。1929 年被作为"右倾派别集团"的领袖受到批判,同年被撤销《真理报》主编、中央政治局委员、共产国际执行委员会委员和主席团委员职务。1931 年起任苏联最高国民经济委员会主席团委员。1934—1937 年任《消息报》主编。1934 年当选为候补中央委员。1937 年 3 月被开除出党。1938 年 3 月 13 日被苏联最高法院军事审判庭以"参与托洛茨基的恐怖、间谍和破坏活动"的罪名判处枪决。1988 年平反并恢复党籍。——98—107、222、289、290。

布雷多,格里戈里·叶菲莫维奇（Брейдо, Григорий Ефимович）——俄国工人,孟什维克。20 世纪初参加社会民主主义运动。斯托雷平反动时期和新的革命高涨年代是取消派分子。第一次世界大战期间持社会沙文主义立场,主张工人代表参加军事工业委员会;1915 年 11 月被选入中央军事工业委员会工人团。1917 年为第一届彼得格勒苏维埃委员。——297。

布里宗,皮埃尔（Brizon, Pierre 1878—1923）——法国社会党人,政论家;职业是律师。1910—1919 年为众议员。第一次世界大战期间持中派和平主义立场;曾出席昆塔尔代表会议,是法国齐美尔瓦尔德右派领袖之一。1918 年起出版和平主义的《浪潮报》。1921 年参加法国共产党,但不久即退党。——236、302、307。

布鲁特舒,贝努瓦（Broutchoux, Benoit）——法国工会活动家,无政府工团主义者。第一次世界大战前在法国北部煤炭工业部门组织无政府工团主义的"青年"工会,同"老年"工会的改良派领袖进行斗争;在矿工中大力宣传对资产阶级及其国家采取"直接行动"的无政府工团主义纲领;是一系列矿工罢工的组织者和领导人之一。第一次世界大战期间持中派和平主义立场,与法国劳动总联合会的改良主义和社会沙文主义领导结成同盟。——234、256。

C

蔡特金,克拉拉(Zetkin,Clara 1857—1933)——德国工人运动和国际工人运动活动家,国际社会主义妇女运动领袖之一,德国共产党创建人之一。19世纪70年代末参加革命运动,1881年加入德国社会民主党。1882年流亡奥地利,后迁居瑞士苏黎世,为秘密发行的德国社会民主党机关报《社会民主党人报》撰稿。1889年积极参加第二国际成立大会的筹备工作。1890年回国。1892—1917年任德国社会民主党主办的女工运动机关刊物《平等》杂志主编。1907年参加国际社会党斯图加特代表大会,在由她发起的第一次国际妇女社会党人代表会议上当选为国际妇女联合会书记处书记。1910年在哥本哈根举行的第二次国际妇女社会党人代表会议上,根据她的倡议,通过了以3月8日为国际妇女节的决议。第一次世界大战期间持国际主义立场,反对社会沙文主义。曾积极参与组织1915年3月在伯尔尼召开的国际妇女社会党人代表会议。1916年参与组织国际派(后改称斯巴达克派和斯巴达克联盟)。1917年德国独立社会民主党成立后为党中央委员。1919年起为德国共产党党员,当选为中央委员。1920年起为国会议员。1921年起先后当选为共产国际执行委员会委员和主席团委员,领导国际妇女书记处。1925年起任国际支援革命战士协会主席。——1。

查苏利奇,维拉·伊万诺夫娜(Засулич,Вера Ивановна 1849—1919)——俄国民粹主义运动和社会民主主义运动活动家。1868年在彼得堡参加革命小组。1878年1月24日开枪打伤下令鞭打在押革命学生的彼得堡市长费·费·特列波夫。1879年加入土地平分社。1880年侨居国外,逐步同民粹主义决裂,转到马克思主义立场。1883年参与创建劳动解放社。80—90年代翻译了马克思的《哲学的贫困》和恩格斯的《社会主义从空想到科学的发展》,写了《国际工人协会史纲要》等著作;为劳动解放社的出版物以及《新言论》和《科学评论》等杂志撰稿,发表过一系列文艺批评文章。1900年起是《火星报》和《曙光》杂志编辑部成员。在俄国社会民主工党第二次代表大会上是《火星报》编辑部有发言权的代表，属火星派少数派，会后成为孟什维克领袖之一，参加孟什维克的《火星报》编辑部。1905 年回国。斯托雷平反动时期和新的革命高涨年代是取消派分子。第一次世界大战期间是社会沙文主义者。1917 年是孟什维克统一派分子。对十月革命持否定态度。——311。

车尔尼雪夫斯基，尼古拉·加甫里洛维奇（Чернышевский, Николай Гаврилович 1828—1889）——俄国革命民主主义者和空想社会主义者，作家，文学评论家，经济学家，哲学家；俄国社会民主主义先驱之一，俄国 19 世纪60 年代革命运动的领袖。1853 年开始为《祖国纪事》和《同时代人》等杂志撰稿，1856—1862 年是《同时代人》杂志的领导人之一，发扬别林斯基的民主主义批判传统，宣传农民革命思想，是土地和自由社的思想鼓舞者。因揭露 1861 年农民改革的骗局，号召人民起义，于 1862 年被沙皇政府逮捕，入狱两年，后被送到西伯利亚服苦役。1883 年解除流放，1889 年被允许回家乡居住。著述很多，涉及哲学、经济学、教育学、美学、伦理学等领域。在哲学上批判了贝克莱、康德、黑格尔等人的唯心主义观点，力图以唯物主义精神改造黑格尔的辩证法。对资本主义作了深刻的批判，认为社会主义是由整个人类发展进程所决定的，但作为空想社会主义者，又认为俄国有可能通过农民村社过渡到社会主义。所著长篇小说《怎么办？》（1863）和《序幕》（约 1867—1869）表达了社会主义理想，产生了巨大的革命影响。——233。

D

大卫，爱德华（David, Eduard 1863—1930）——德国社会民主党右翼领袖之一，经济学家；德国机会主义者的主要刊物《社会主义月刊》创办人之一。1893 年加入社会民主党。公开修正马克思主义关于土地问题的学说，否认资本主义经济规律在农业中的作用。1903 年出版《社会主义和农业》一书，宣扬小农经济稳固，维护所谓土地肥力递减规律。1903—1918 年和1920—1930 年为国会议员，社会民主党国会党团领袖之一。第一次世界大战期间是社会沙文主义者；在《世界大战中的社会民主党》（1915）一书中为德国社会民主党右翼在第一次世界大战中的机会主义立场辩护。1919

年2月任魏玛共和国国民议会第一任议长。1919—1920年任内务部长，1922—1927年任中央政府驻黑森的代表。——3、14、16、75、185、201、235、239。

德布兹，尤金·维克多（Debs，Eugene Victor 1855—1926）——美国工人运动活动家。1893年组织美国铁路工会，任该工会主席至1897年。1897年领导建立美国社会民主党，是1901年成立的美国社会党左翼领袖之一。1905年参与创建美国工会组织——世界产业工人联合会。在工人群众中享有极高声望，于1900年、1904年、1908年、1912年、1920年五次被提名为美国社会党的总统候选人。第一次世界大战期间持国际主义立场，谴责社会沙文主义者的背叛行径，反对美国参战。拥护俄国十月革命。1918年因进行反对帝国主义的宣传被判处十年徒刑，于1921年获赦。——308。

德米特里耶夫，科·——见科洛科尔尼科夫，帕维尔·尼古拉耶维奇。

迪尔，卡尔（Dürr，Karl 1875—1928）——瑞士社会民主党人，瑞士工会改良主义领袖之一。1903年起任巴塞尔五金工会主席，1909年起任瑞士五金工会联合会书记。第一次世界大战期间是社会沙文主义者，反对齐美尔瓦尔德运动。1916年任《瑞士五金工人报》编辑，推行改良主义路线。1916年起任瑞士工会联合会书记。——247、274、275、284、359。

杜勃罗留波夫，尼古拉·亚历山德罗维奇（Добролюбов，Николай Алек-сандрович 1836—1861）——俄国革命民主主义者，文学评论家，唯物主义哲学家，车尔尼雪夫斯基最亲密的朋友和战友。1857年参加《同时代人》杂志的编辑工作，1858年开始主持杂志的书评栏，1859年又创办了杂志附刊《哨声》。1859—1860年发表了一系列论文：《什么是奥勃洛摩夫性格？》、《黑暗的王国》、《真正的白天什么时候到来？》、《黑暗王国的一线光明》等，这些论文是战斗的文学批评的典范。一生坚决反对专制制度和农奴制度，热情支持反对专制政府的人民起义。与赫尔岑、别林斯基和车尔尼雪夫斯基同为俄国社会民主主义的先驱。——233。

杜林，欧根·卡尔（Dühring，Eugen Karl 1833—1921）——德国哲学家和经济学家。毕业于柏林大学，当过见习法官，1863—1877年为柏林大学非公聘讲师。70年代起以"社会主义改革家"自居，反对马克思主义，企图创立新的理论体系。在哲学上把唯心主义、庸俗唯物主义和实证论混合在一起；在政治经济学方面反对马克思的劳动价值学说和剩余价值学说；在社会主义理论方面以资产阶级改良主义精神阐述自己的社会主义体系，反对科学社会主义。他的思想得到部分德国社会民主党人的支持。恩格斯在《反杜林论》一书中系统地批判了他的观点。主要著作有《国民经济学和社会主义批判史》(1871)、《国民经济学和社会经济学教程》(1873)、《哲学教程》(1875)等。——147—148、150。

敦克尔，凯特(Duncker，Käte 1871—1953)——德国社会主义妇女运动活动家。1907 年起为德国女工运动机关刊物《平等》杂志撰稿。第一次世界大战期间持国际主义立场；1915 年为《国际》杂志撰稿，是国际派(后改称斯巴达克派和斯巴达克联盟)的成员。曾参加德国共产党的创建工作，1918—1919 年任该党中央委员。法西斯掌权后流亡国外，法西斯垮台后在德意志民主共和国从事科研教学工作。——1。

E

恩格斯，弗里德里希(Engels，Friedrich 1820—1895)——科学共产主义创始人之一，世界无产阶级的领袖和导师，马克思的亲密战友。——19、37、38、48—50、75—78、80、83—84、88、137、147、152—153、245—246、289、290、305、310、377、384、398、402、403、404。

G

盖得，茹尔(**巴西尔，马蒂厄**)(Guesde，Jules(Basile，Mathieu) 1845—1922)——法国工人运动和国际工人运动活动家，法国工人党创建人之一，第二国际的组织者和领袖之一。19 世纪 60 年代是资产阶级共和主义者。拥护 1871 年的巴黎公社。公社失败后流亡瑞士和意大利，一度追随无政府主义者。1876 年回国。在马克思和恩格斯影响下逐步转向马克思主义。1877 年 11 月创办《平等报》，宣传社会主义思想，为 1879 年法国工人党的建立作了思想准备。1880 年和拉法格一起在马克思和恩格斯指导下起草了法国工人党纲领。1880—1901 年领导法国工人党，同无政府主义者和可能派进行坚决斗争。1889 年积极参加创建第二国际的活动。1893

年当选为众议员。1899 年反对米勒兰参加资产阶级内阁。1901 年与其拥护者建立了法兰西社会党,该党于 1905 年同改良主义的法国社会党合并,盖得为统一的法国社会党领袖之一。20 世纪初逐渐转向中派立场。第一次世界大战一开始即采取社会沙文主义立场,参加了法国资产阶级政府。1920 年法国社会党分裂后,支持少数派立场,反对加入共产国际。——14、123、304、308。

高尔基,马克西姆(彼什科夫,阿列克谢·马克西莫维奇)(Горький,Максим (Пешков,Алексей Максимович) 1868 — 1936)——苏联作家和社会活动家,社会主义现实主义文学的奠基人,苏联文学的创始人。出身于木工家庭,当过学徒、装卸工、面包师等。1892 年开始发表作品。1901 年起因参加革命工作屡遭沙皇政府迫害。1905 年夏加入俄国社会民主工党,同年11 月第一次与列宁会面,思想上受到很大影响。1906 年发表反映俄国无产阶级革命斗争的长篇小说《母亲》,被认为是第一部社会主义现实主义作品。1906—1913 年旅居意大利,一度接受造神说。第一次世界大战爆发后坚决谴责帝国主义战争,揭露战争的掠夺性,但也曾向资产阶级爱国主义方面动摇。十月革命后,积极参加社会主义文化建设工作。1934 年发起成立苏联作家协会,担任协会主席,直到逝世。——396。

哥尔特,赫尔曼(Gorter,Herman 1864—1927)——荷兰左派社会民主党人,诗人和政论家。1897 年加入荷兰社会民主工党。1907 年是荷兰社会民主工党左翼刊物《论坛报》创办人之一,1909 年起是荷兰社会民主党领导人之一。第一次世界大战期间是国际主义者,齐美尔瓦尔德左派的拥护者。1918 年参与创建荷兰共产党,曾参加共产国际的工作,采取极左的宗派主义立场。1921 年退出共产党,组织了荷兰共产主义工人党。1922 年脱离政治活动。——45、107。

格拉贝,厄内斯特·保尔(Graber,Ernest-Paul 生于 1875 年)——瑞士社会民主党人。1912 年起为国民院议员。曾任瑞士社会民主党执行委员会委员。1915—1925 年任瑞士社会民主党《哨兵报》编辑。第一次世界大战初期接近国际主义派,参加瑞士左派社会民主党人的工作;曾出席齐美尔瓦尔德代表会议和昆塔尔代表会议。1917 年初转向中派和平主义立场,1918 年完全转向社会民主党右翼。1919 年起任瑞士社会民主党书记。

1919—1921 年反对瑞士社会民主党加入共产国际,参与组织第二半国际。
——272。

格里姆,罗伯特(Grimm,Robert 1881—1958)——瑞士社会民主党和第二国
际领袖之一;职业是印刷工人。1909—1918 年任《伯尔尼哨兵报》主编,
1919 年以前任瑞士社会民主党主席。第一次世界大战期间是中派分子,
齐美尔瓦尔德代表会议和昆塔尔代表会议主席,国际社会党委员会主席。
1921 年参与组织第二半国际。1911 年起为议员,1945—1946 年任瑞士国
民院议长。—— 86、171、204、207、247、252、265—266、268、269—270、
271、272、273—275、276、277、283—285、286、353、354、355、356、357、358、
359—360、371—372、373、374—375、392—393。

格律恩贝格,卡尔(Grünberg,Karl 1861—1940)——奥地利社会民主党人,
法学家、经济学家和历史学家。1910—1930 年在莱比锡出版了 15 卷本的
《社会主义和工人运动历史文汇》。写有一些关于经济(主要是土地)关系
史以及社会主义、共产主义和工人运动史方面的著作。第一次世界大战期
间持和平主义立场。同情俄国十月革命,是苏联之友协会的积极会员。
——38。

格罗伊利希,海尔曼(Greulich,Hermann 1842—1925)——瑞士社会民主党
创建人之一,该党右翼领袖,第二国际改良派领袖之一。原为德国装订工
人,1865 年侨居苏黎世。1867 年起为国际瑞士支部委员。1869—1880 年
在苏黎世编辑《哨兵报》。1887—1925 年任瑞士工人联合会书记。曾任瑞
士社会民主党执行委员会委员。1902 年起为联邦议会议员,1919 年和
1922 年任瑞士国民院议长。第一次世界大战期间是社会沙文主义者,反
对齐美尔瓦尔德左派。后来反对瑞士社会民主党左翼加入共产国际。
——212、247—248、251—252、265—266、270、271、274、275、284、334—
340、372、393。

格沃兹杰夫,库兹马·安东诺维奇(Гвоздев,Кузьма Антонович 生于 1883
年)——俄国孟什维克取消派分子。第一次世界大战期间是社会沙文主义
者,中央军事工业委员会工人团主席。主持了军事工业委员会第一次候选
人大会,护国派在会上失败后,又和亚·伊·古契柯夫筹划了第二次选举。
1917 年二月革命后任彼得格勒苏维埃执行委员会委员,在临时政府中先

后任劳动部副部长和部长。——17、47、56、81、83、197、297。

古尔维奇，伊萨克·阿道福维奇（Гурвич，Исаак Адольфович 1860 —
　　1924）——俄国经济学家。早年参加民粹派活动，1881 年流放西伯利亚。
　　在流放地考察了农民的迁移，1888 年出版了根据考察结果写出的《农民向
　　西伯利亚的迁移》一书。从流放地归来后，在工人中进行革命宣传，参加组
　　织明斯克的第一个犹太工人小组。1889 年移居美国，积极参加美国工会
　　运动和民主运动。20 世纪初成为修正主义者。所著《农民向西伯利亚的
　　迁移》、《俄国农村的经济状况》（1892）和《移民与劳动》（1912）等书，得到列
　　宁的好评。——148。

古契柯夫，亚历山大·伊万诺维奇（Гучков，Александр Иванович 1862 —
　　1936）——俄国大资本家，十月党的组织者和领袖。1905 — 1907 年革命期
　　间支持政府镇压工农。1907 年 5 月作为工商界代表被选入国务会议，同
　　年 11 月被选入第三届国家杜马；1910 年 3 月 — 1911 年 3 月任杜马主席。
　　第一次世界大战期间是中央军事工业委员会主席和国防特别会议成员。
　　1917 年 3 — 5 月任临时政府陆海军部长。同年 8 月参与策划科尔尼洛夫
　　叛乱。十月革命后反对苏维埃政权，1918 年起为白俄流亡分子。——
　　196 — 197、198、225、297、342、343。

H

哈阿兹，胡戈（Haase，Hugo 1863 — 1919）——德国社会民主党领袖之一，中
　　派分子。1911 — 1917 年为德国社会民主党执行委员会主席之一。1897 —
　　1907 年和 1912 — 1918 年为帝国国会议员。1912 年起任社会民主党国会
　　党团主席。第一次世界大战期间持中派立场。1917 年 4 月同考茨基等人
　　一起建立德国独立社会民主党。1918 年十一月革命期间参加所谓的人民
　　代表委员会，支持镇压无产阶级革命运动。——93、177、185 — 186、204、
　　212、227、354。

海德门，亨利·迈尔斯（Hyndman，Henry Mayers 1842 — 1921）——英国社会
　　党人。1881 年创建民主联盟（1884 年改组为社会民主联盟），担任领导职
　　务，直至 1892 年。曾同法国可能派一起夺取 1889 年巴黎国际工人代表大
　　会的领导权，但未能得逞。1900 — 1910 年是社会党国际局成员。1911 年

参与创建英国社会党,领导该党机会主义派。第一次世界大战期间是社会沙文主义者。1916 年英国社会党代表大会谴责他的社会沙文主义立场后,退出社会党。敌视俄国十月革命,赞成武装干涉苏维埃俄国。——82、83、93、177、231、308。

海尔曼,恩斯特(Heilmann, Ernst 1881—1940)——德国右派社会民主党人,政论家。1907—1917 年任《人民呼声报》主编,该报在第一次世界大战期间是德国社会民主党社会沙文主义极右翼的机关报。此外,大战期间还为资产阶级民族主义的《钟声》杂志撰稿。1919—1933 年为普鲁士议员和社会民主党议会党团主席。1933 年起被关进法西斯集中营,1940 年在集中营被害。——201、354。

韩德逊,阿瑟(Henderson, Arthur 1863—1935)——英国工党和工会运动领袖之一。1903 年起为议员,1908—1910 年和 1914—1917 年任工党议会党团主席,1911—1934 年任工党书记。第一次世界大战期间是社会沙文主义者。1915—1917 年先后参加阿斯奎斯政府和劳合-乔治政府,任教育大臣、邮政大臣和不管部大臣等职。俄国 1917 年二月革命后到俄国鼓吹继续进行战争。1919 年参与组织伯尔尼国际。1923 年起任社会主义工人国际执行委员会主席。1924 年和 1929—1931 年两次参加麦克唐纳政府,先后任内务大臣和外交大臣。——82、93、177、228。

黑尔费里希,卡尔(Helfferich, Karl 1872—1924)——德国国务活动家和经济学家;德国金融寡头政治的代表人物。1906 年起任巴格达铁路公司经理,1908—1915 年任德意志银行经理,任职期间推行诱使近东国家进入德国帝国主义势力范围的政策。第一次世界大战期间历任财政大臣、内务大臣和副首相。1916—1917 年残酷镇压德国无产阶级和社会民主党左翼的反战行动,1918 年积极参与筹划德意志帝国强加于苏维埃俄国的掠夺性的布列斯特和约。1918 年十一月革命后是德意志民族人民党领袖和复活德国军国主义的狂热拥护者。——262、342。

黑尔斯,约翰(Hales, John 生于 1839 年)——英国工会运动活动家,针织工业工会主席。1866—1872 年是第一国际总委员会委员,1871 年 5 月—1872 年 7 月任国际总委员会书记。从 1872 年初起领导国际不列颠联合会委员会中的改良派,同英国自由派资产阶级日益接近,反对国际总委员会及其领导人马克思和恩格斯,企图夺取国际在英国的组织的领导权;对爱尔兰工人运动持沙文主义立场,反对在爱尔兰建立国际支部。1873年5月被总委员会开除出国际。——76。

洪达泽(Хундадзе)——格鲁吉亚神父。——292—293。

胡贝尔,约翰奈斯(Huber,Johannes 1879—1948)——瑞士右派社会民主党人,律师,政论家。第一次世界大战期间是社会沙文主义者,为瑞士社会民主党右翼机关报《人民呼声报》撰稿,反对齐美尔瓦尔德运动。1919年起为国民院议员。战后反对共产主义运动。——207、247、270、271、272、275、284、371、374。

胡斯曼,卡米耶(Huysmans,Camille 1871—1968)——比利时工人运动最早的活动家之一,比利时社会党领导人之一,语文学教授,新闻工作者。1905—1922年任第二国际社会党国际局书记。第一次世界大战期间持中派立场,实际上领导社会党国际局。1910—1965年为议员,1936—1939年和1954—1958年任众议院议长。1940年当选为社会主义工人国际常务局主席。多次参加比利时政府,1946—1947年任首相,1947—1949年任教育大臣。——201、203、241。

怀恩科普,戴维(Wijnkoop,David 1877—1941)——荷兰左派社会民主党人,后为共产党人。1907年是荷兰社会民主工党左翼刊物《论坛报》创办人之一,后任该报主编。1909年参与创建荷兰社会民主党,并任该党主席。第一次世界大战期间是国际主义者,曾为齐美尔瓦尔德左派理论刊物《先驱》杂志撰稿。1918—1925年和1929年起为议员。1918年参与创建荷兰共产党,并任该党主席。在共产国际第二次代表大会上当选为共产国际执行委员会委员。1925年从极左的宗派主义立场出发反对荷兰共产党和共产国际的政策,为此于1926年被开除出荷兰共产党。1930年重新入党,1935年当选为中央委员。——171。

霍布森,约翰·阿特金森(Hobson,John Atkinson 1858—1940)——英国经济学家,资产阶级改良主义者和和平主义者。著有《贫困问题》(1891)、《现代资本主义的演进》(1894)、《帝国主义》(1902)等书。用大量材料说明了帝国主义的经济和政治特征,但没有揭示出帝国主义的本质,认为帝国主义仅仅是一种政策的产物,只要改进收入的分配、提高居民的消费能力,经

济危机就可以消除,争夺海外投资市场也就没有必要,帝国主义就可以避
免。还幻想只要帝国主义采取联合原则,形成所谓国际帝国主义,就能消
除帝国主义之间的矛盾,达到永久和平。晚年支持反法西斯主义的民主力
量。——72—74、377。

霍格伦,卡尔·塞特·康斯坦丁(Höglund, Carl Zeth Konstantin 1884—
1956)——瑞典社会民主党人,瑞典社会民主主义运动和青年社会主义运
动的左翼领袖。1908—1918 年任《警钟报》编辑。第一次世界大战期间是
国际主义者,参加齐美尔瓦尔德左派。1916 年因进行反战宣传被捕入狱。
1917 年参与创建瑞典共产党,1917 年和 1919—1924 年任该党主席。1924
年因犯机会主义错误和公开反对共产国际第五次代表大会的决议,被开除
出瑞典共产党。1926 年回到社会民主党。—— 269 — 270、275、277、
308—309。

J

基辅斯基,彼·——见皮达可夫,格奥尔吉·列昂尼多维奇。

吉尔波,昂利(Guilbeaux, Henri 1885—1938)——法国社会党人,新闻工作
者。第一次世界大战期间是中派分子,出版《明日》杂志,主张恢复国际联
系。1916 年参加昆塔尔代表会议。20 年代初起住在德国,是《人道报》通
讯员。曾代表法国齐美尔瓦尔德左派出席共产国际第一次代表大会。
——309、393。

吉尔斯,М.Н.(Гирс, М.Н.)——俄国外交官。1903—1912 年任驻罗马尼亚
大使,1913—1914 年任驻土耳其大使,1916—1917 年任驻意大利大使。
——192。

季诺维也夫(**拉多梅斯尔斯基**),格里戈里·叶夫谢耶维奇(Зиновьев
(Радомысльский), Григорий Евсеевич 1883—1936)——1901 年加入俄国
社会民主工党,党的第二次代表大会后是布尔什维克。在党的第五至第十
四次代表大会上当选为中央委员。1908—1917 年侨居国外,参加布尔什
维克《无产者报》编辑部和党的中央机关报《社会民主党人报》编辑部。斯
托雷平反动时期对取消派、召回派和托洛茨基分子采取调和主义态度。
1912 年后和列宁一起领导中央委员会俄国局。第一次世界大战期间持国

际主义立场。1917 年 4 月回国,进入《真理报》编辑部。十月革命前夕反
对举行武装起义的决定。1917 年 11 月主张成立有孟什维克和社会革命
党人参加的联合政府,遭到否决后声明退出党中央。1917 年 12 月起任彼
得格勒苏维埃主席。1919 年共产国际成立后任共产国际执行委员会主
席。1919 年当选为党中央政治局候补委员,1921 年当选为中央政治局委
员。1925 年参与组织"新反对派",1926 年与托洛茨基结成"托季联盟"。
1926 年被撤销中央政治局委员和共产国际的领导职务。1927 年 11 月被
开除出党,后来两次恢复党籍,两次被开除出党。1936 年 8 月 25 日被苏
联最高法院军事审判庭以"参与暗杀基洛夫、阴谋刺杀斯大林及其他苏联
领导人"的罪名判处枪决。1988 年 6 月苏联最高法院为其平反。——
59—68、105、121、372、380—381。

加邦,格奥尔吉·阿波罗诺维奇(Гапон, Георгий Аполлонович 1870 —
1906)——俄国神父,沙皇保安机关奸细。1902 年起和莫斯科保安处处长
祖巴托夫有了联系。1903 年在警察司授意下在彼得堡工人中成立了一个
祖巴托夫式的组织——圣彼得堡俄国工厂工人大会。1905 年 1 月 9 日挑
动彼得堡工人列队前往冬宫,向沙皇请愿,结果工人惨遭屠杀,他本人躲藏
起来,逃往国外。同年秋回国,接受保安处任务,企图潜入社会革命党的战
斗组织。阴谋败露后被工人战斗队员绞死。——293、313、395。

加利费,加斯东·亚历山大·奥古斯特(Galliffet, Gaston-Alexandre-Auguste
1830—1909)——法国将军,法国一系列战争的参加者,镇压 1871 年巴黎
公社的刽子手。1870—1871 年普法战争期间在色当被俘,1871 年 3 月被
放回参与镇压巴黎公社。曾指挥凡尔赛军骑兵旅,滥杀公社战士。1872
年残酷镇压了阿尔及利亚的阿拉伯人起义。以后担任多种军事要职,
1899—1900 年任瓦尔德克-卢梭内阁陆军部长。——89。

K

卡·拉·——见拉狄克,卡尔·伯恩哈多维奇。

考茨基,卡尔(Kautsky, Karl 1854 — 1938)——德国社会民主党和第二国际
的领袖和主要理论家之一。1875 年加入奥地利社会民主党,1877 年加入
德国社会民主党。1881 年与马克思和恩格斯相识后,在他们的影响下逐

渐转向马克思主义。从19世纪80年代到20世纪初写过一些宣传和解释马克思主义的著作:《卡尔·马克思的经济学说》(1887)、《土地问题》(1899)等。但在这个时期已表现出向机会主义方面摇摆,在批判伯恩施坦时作了很多让步。1883—1917年任德国社会民主党理论刊物《新时代》杂志主编。曾参与起草1891年德国社会民主党纲领(爱尔福特纲领)。1910年以后逐渐转到机会主义立场,成为中派领袖。第一次世界大战前夕提出超帝国主义论,大战期间打着中派旗号支持帝国主义战争。1917年参与建立德国独立社会民主党,1922年拥护该党右翼与德国社会民主党合并。1918年后发表《无产阶级专政》等书,攻击俄国十月革命,反对无产阶级专政。——3、4、9—10、14、16、45、48—49、50、56、71—72、76、78、79、88、93、96、125、132—133、151、172、177、179、185—186、194、199、204、212、219、221、227—229、231、232、233、234、235、236、242、255、256、258、261、263、264、265、282—283、299—300、302、306、309、329、341、342、344、345—346、347—348、349、350、354、378、383、384、398、402。

科洛科尔尼科夫,帕维尔·尼古拉耶维奇(德米特里耶夫,科·)(Колокольников, Павел Николаевич(Дмитриев, К.) 1871—1938)——俄国孟什维克。斯托雷平反动时期和新的革命高涨年代是取消派分子。第一次世界大战期间是护国派分子,为孟什维克的《我们的曙光》、《我们的事业》和《事业》等杂志撰稿。1917年二月革命后任联合临时政府劳动部副部长。十月革命后任工人合作社理事会理事,后从事教学工作。——298。

科索夫斯基,弗拉基米尔(列文松,М.Я.)(Косовский, Владимир(Левинсон, М.Я.) 1870—1941)——崩得创建人和领袖之一。19世纪90年代中期加入维尔诺社会民主主义小组,1897年参加崩得成立大会,被选入崩得中央委员会,任崩得中央机关报《工人呼声报》主编。1903年在俄国社会民主工党第二次代表大会上是崩得国外委员会的代表,反火星派分子,会后成为孟什维克。斯托雷平反动时期和新的革命高涨年代为孟什维克取消派刊物《我们的曙光》杂志和《光线报》撰稿。第一次世界大战期间是社会沙文主义者,采取亲德立场。敌视十月革命,革命后侨居国外,在波兰的崩得组织中工作。1939年移居美国。——182。

克勒蒂,埃米尔(Klöti, Emil 1877—1963)——瑞士政治活动家,右派社会民主党人。1907—1928 年任苏黎世市议会议员。第一次世界大战期间是社会沙文主义者。1919—1930 年任国民院议员。1921—1922 年任总统，1928—1942 年任苏黎世市长。——272。

克鲁泡特金，彼得·阿列克谢耶维奇（Кропоткин, Петр Алексеевич 1842—1921）——俄国无政府主义的主要活动家和理论家之一，公爵。1872 年出国，在瑞士加入第一国际，属巴枯宁派。回国后作为无政府主义者参加民粹主义运动，为此于 1874 年被捕并被监禁在彼得保罗要塞。1876 年逃往国外，在瑞士等国从事著述活动，宣传无政府主义，反对马克思关于阶级斗争和无产阶级专政的学说。第一次世界大战期间是沙文主义者。1917 年 6 月回国，仍坚持资产阶级立场，但在 1920 年发表了给欧洲工人的一封信，信中承认十月革命的历史意义，并呼吁欧洲工人制止对苏维埃俄国的武装干涉。写有《科学和无政府主义》、《无政府主义及其哲学》、《1789—1793 年法国大革命》以及一些地理学和地质学著作。——197。

克伦斯基，亚历山大·费多罗维奇（Керенский, Александр Федорович 1881—1970）——俄国政治活动家，资产阶级临时政府首脑。1917 年 3 月起为社会革命党人。第四届国家杜马代表，劳动派党团领袖。第一次世界大战期间是护国派分子。1917 年二月革命后任彼得格勒工兵代表苏维埃副主席、国家杜马临时委员会委员。在临时政府中任司法部长（3—5 月）、陆海军部长（5—9 月）、总理（7 月 21 日起）兼最高总司令（9 月 12 日起）。执政期间继续进行帝国主义战争，七月事变时镇压工人和士兵，迫害布尔什维克。1917 年 11 月 7 日彼得格勒爆发武装起义时，从首都逃往前线，纠集部队向彼得格勒进犯，失败后逃亡巴黎。在国外参加白俄流亡分子的反革命活动，1922—1932 年编辑《白日》周刊。1940 年移居美国。——225、343。

库利舍尔，А.（Кулишер, А.）——俄国立宪民主党人，第一次世界大战期间曾为立宪民主党中央机关报《言语报》撰稿。——51—52。

库诺，亨利希（Cunow, Heinrich 1862—1936）——德国社会民主党的理论家，历史学家、社会学家和民族志学家。早期倾向马克思主义，后成为修正主义者。1902 年任《前进报》编委。第一次世界大战期间是社会沙文主义者，战后在社会民主党内持极右立场。1917—1923 年任德国社会民主党理论刊物《新时代》杂志编辑。1919—1930 年任柏林大学教授,1919—
1924 年任民族志博物馆馆长。——30—31、35、159。

L

拉狄克,卡尔·伯恩哈多维奇(卡·拉·)(Радек,Карл Бернгардович(К. Р.)
1885—1939)——生于东加利西亚。20 世纪初参加加利西亚、波兰和德国
的社会民主主义运动。1901 年起为加利西亚社会民主党的积极成员,
1904—1908 年在波兰王国和立陶宛社会民主党内工作。1908 年到柏林,
为德国左派社会民主党人的报刊撰稿。第一次世界大战期间持国际主义
立场,但表现出向中派方面动摇。1917 年加入俄国社会民主工党(布)。
十月革命后在外交人民委员部工作。1918 年是"左派共产主义者"。在党
的第八至第十二次代表大会上当选为中央委员。1920—1924 年任共产国
际执行委员会书记、委员和主席团委员。1923 年起属托洛茨基反对派。
1925—1927 年任莫斯科中山大学校长。长期为《真理报》、《消息报》和其
他报刊撰稿。1927 年被开除出党,1930 年恢复党籍,1936 年被再次开除
出党。1937 年 1 月被苏联最高法院军事审判庭以"进行叛国、间谍、军事
破坏和恐怖活动"的罪名判处十年监禁。1939 年死于狱中。1988 年 6 月
苏联最高法院为其平反。——25、46、51、60、61、67、68、99、106、219、220、
372—373。

拉芬-杜然,让·皮埃尔(Raffin-Dugens,Jean Pierre 生于 1861 年)——法国
社会党人;职业是教师。1910—1919 年是众议员。第一次世界大战期间
持中派和平主义立场。曾参加昆塔尔代表会议,是法国齐美尔瓦尔德右派
的领袖之一;为《人民报》和法国中派的其他机关报刊撰稿。1916—1917
年倾向于同公开的社会沙文主义者结盟。1921 年加入法国共产党。——
238、239、283—284。

朗格,奥托(Lang,Otto)——瑞士社会民主党的创建人、领袖和思想家之一,
政论家;1904 年通过的改良主义党纲的起草人。曾任瑞士联邦院议员。
第一次世界大战期间是社会沙文主义者。——271、284、393。

劳合—乔治,戴维(Lloyd George,David 1863—1945)——英国国务活动家和
外交家,自由党领袖。1890 年起为议员。1905—1908 年任商业大臣,

1908—1915年任财政大臣。对英国政府策划第一次世界大战的政策有很大影响。曾提倡实行社会保险等措施，企图利用谎言和许诺来阻止工人阶级建立革命政党。1916—1922年任首相，残酷镇压殖民地和附属国的民族解放运动；是武装干涉和封锁苏维埃俄国的鼓吹者和策划者之一。曾参加1919年巴黎和会，是凡尔赛和约的炮制者之一。——82、83。

累德堡，格奥尔格（Ledebour，Georg 1850—1947）——德国工人运动活动家，德国独立社会民主党创建人和领袖之一。1900—1918年和1920—1924年是国会议员。斯图加特国际社会党代表大会的参加者，在会上反对殖民主义。第一次世界大战期间是中派分子，主张恢复国际的联系；曾出席齐美尔瓦尔德代表会议，参加齐美尔瓦尔德右派。德国社会民主党分裂后，1916年加入帝国国会的社会民主党工作小组，该小组于1917年构成德国独立社会民主党的基本核心。曾参加1918年十一月革命。1920—1924年在国会中领导了一个人数不多的独立集团。1931年加入社会主义工人党。希特勒上台后流亡瑞士。——183、227、236、302、306、310、354。

李卜克内西，卡尔（Liebknecht，Karl 1871—1919）——德国工人运动和国际工人运动活动家，德国社会民主党左翼领袖之一，德国共产党创建人之一；威·李卜克内西的儿子；职业是律师。1900年加入社会民主党，积极反对机会主义和军国主义。1912年当选为帝国国会议员。第一次世界大战期间持国际主义立场，反对支持本国政府进行掠夺战争。1914年12月2日是国会中唯一投票反对军事拨款的议员。是国际派（后改称斯巴达克派和斯巴达克联盟）的组织者和领导人之一。1916年因领导五一节反战游行示威被捕入狱。1918年10月出狱，领导了1918年十一月革命，与卢森堡一起创办《红旗报》，同年底领导建立德国共产党。1919年1月柏林工人斗争被镇压后，于15日被捕，当天惨遭杀害。——186、188、204、206、232—233、235、236、241、243、261、264—265、269—270、275、277、281、282、286、299、306、308、348、353、355、356、358—359、372、374、379、383、384、389、394。

李普曼，弗·（格尔什，П.М.）（Либман，Ф.（Герш，П.М.）生于1882年）——著名的崩得分子，1911年进入崩得中央委员会，是《崩得评论》编辑部成员，追随取消派。第一次世界大战期间支持沙皇政府的兼并政策；住在瑞士。——55。

里马特,安东(Rimathé,Anton 1874—1943)——瑞士社会民主党人,工会领袖之一,新闻工作者。从 20 世纪初起是瑞士铁路工会的领导人和铁路工会报纸的编辑。曾任瑞士社会民主党执行委员会委员。第一次世界大战期间持中派和平主义立场。1916—1919 年为国民院议员。——373、374。

利西斯(**勒太耶尔,欧仁**)(Lysis(Letailleur,Eugène))——法国经济学家,写有一些关于金融问题和政治问题的著作。——304。

梁赞诺夫(**戈尔登达赫**),达维德·波里索维奇(Рязанов(Гольдендах),Давид Борисович 1870—1938)——1889 年参加俄国革命运动。曾在敖德萨和基什尼奥夫开展工作。1900 年出国,是著作家团体斗争社的组织者之一;该社反对《火星报》制定的党纲和列宁的建党组织原则。俄国社会民主工党第二次代表大会反对斗争社参加大会的工作,并否决了邀请梁赞诺夫作为该社代表出席大会的建议。代表大会后是孟什维克。1905 –1907 年在国家杜马社会民主党党团和工会工作。后再次出国,为《新时代》杂志撰稿。1909 年在"前进"集团的卡普里党校(意大利)担任讲课人,1911 年在隆瑞莫党校(法国)讲授工会运动课。曾受德国社会民主党委托从事出版《马克思恩格斯全集》和第一国际史的工作。第一次世界大战期间是中派分子,为孟什维克的《呼声报》和《我们的言论报》撰稿。1917 年二月革命后参加区联派,在俄国社会民主工党(布)第六次代表大会上随区联派集体加入布尔什维克党。十月革命后从事工会工作。1918 年初因反对签订布列斯特和约一度退党。1920—1921 年工会问题争论期间持错误立场,被解除工会职务。1921 年参与创建马克思恩格斯研究院,担任院长直到 1931 年。1931 年 2 月因同孟什维克国外总部有联系被开除出党。——38。

列金,卡尔(Legien,Karl 1861—1920)——德国右派社会民主党人,德国工会领袖之一。1890 年起任德国工会总委员会主席。1903 年起任国际工会书记处书记,1913 年起任主席。1893—1920 年(有间断)为德国社会民主党国会议员。1919—1920 年为魏玛共和国国民议会议员。第一次世界大战期间是社会沙文主义者。1918 年十一月革命期间同其他右派社会民主党人一起推行镇压革命运动的政策。——3、9、14、30、68、75、82、93、177、183、185、235、236、239、242、265、341、344、349。

列宁,弗拉基米尔·伊里奇(乌里扬诺夫,弗拉基米尔·伊里奇;列宁,弗·;列宁,尼·;尼·列·;皮留切夫,普·;—e—)(Ленин, Владимир Ильич (Ульянов, Владимир Ильич, Ленин, В., Ленин, Н., Н. Л., Пирючев, П., —e—) 1870—1924)——15、18、19、22、24、25、28、45、55、56、85、97、101—102、104、105、106—107、119—121、127、128、141—142、149、150、151、164、170、172、181、182—183、223、260、265—267、289、290、291、295、298、299—300、301、302—303、307—308、309、310、312、333、339—340、347—349、363、369—370、380。

列诺得尔,皮埃尔(Renaudel, Pierre 1871—1935)——法国社会党右翼领袖之一。1899 年参加社会主义运动。1906—1915 年任《人道报》编辑,1915—1918 年任社长。1914—1919 年和 1924—1935 年为众议员。第一次世界大战期间是社会沙文主义者。反对社会党参加共产国际,主张社会党人参加资产阶级政府。1927 年辞去社会党领导职务,1933 年被开除出党。——82、83、185、238、239、242、256、264—265、283、284、302、308、311、354。

列维茨基(策杰尔包姆),弗拉基米尔·奥西波维奇(Левицкий (Цедербаум), Владимир Осипович 生于 1883 年)——俄国社会民主党人,孟什维克。19 世纪 90 年代末参加革命运动,在德文斯克崩得组织中工作。1906 年初是俄国社会民主工党统一的彼得堡委员会委员;彼得堡组织出席党的第四次(统一)代表大会的代表。在第二届国家杜马选举期间主张同立宪民主党结盟。斯托雷平反动时期和新的革命高涨年代是取消派领袖之一;加入孟什维克中央,在关于取消党的"公开信"上签了名;编辑《我们的曙光》杂志并为《社会民主党人呼声报》、《复兴》杂志以及孟什维克取消派的其他定期报刊撰稿。炮制了"不是领导权,而是阶级的政党"的"著名"公式。第一次世界大战期间是社会沙文主义者,支持护国派极右翼集团。敌视十月革命,反对苏维埃政权。1920 年因"战术中心"案受审。后从事写作。——311。

龙格,让(Longuet, Jean 1876—1938)——法国社会党和第二国际领袖之一,政论家;沙尔·龙格和燕妮·马克思的儿子。19 世纪末至 20 世纪初积极为法国和国际的社会主义报刊撰稿。1914 年和 1924 年当选为众议员。

第一次世界大战期间持中派和平主义立场。是法国中派分子的报纸《人民报》的创办人(1916)和编辑之一。谴责外国武装干涉苏维埃俄国。反对法国社会党加入共产国际,反对建立法国共产党。1920 年起是法国社会党中派领袖之一。1921 年起是第二半国际执行委员会委员。1923 年起是社会主义工人国际领导人之一。30 年代主张社会党人和共产党人联合起来反对法西斯主义,参加了反法西斯和反战的国际组织。——93、177、189、204、212、238、239、255、258、264—265、302、306—308、309。

卢森堡,罗莎(尤尼乌斯)(Luxemburg,Rosa(Junius) 1871—1919)——德国、波兰和国际工人运动活动家,德国社会民主党和第二国际左翼领袖和理论家之一,德国共产党创建人之一。生于波兰。19 世纪 80 年代后半期开始革命活动,1893 年参与创建和领导波兰王国社会民主党,为党的领袖之一。1898 年移居德国,积极参加德国社会民主党的活动,反对伯恩施坦主义和米勒兰主义。曾参加俄国第一次革命(在华沙)。1907 年参加俄国社会民主工党第五次(伦敦)代表大会,在会上支持布尔什维克。斯托雷平反动时期和新的革命高涨年代对取消派采取调和主义态度。1912 年波兰王国和立陶宛社会民主党分裂后,曾谴责最接近布尔什维克的所谓分裂派。第一次世界大战期间持国际主义立场,是建立国际派(后改称斯巴达克派和斯巴达克联盟)的发起人之一。参加领导了德国 1918 年十一月革命,同年底参与领导德国共产党成立大会,作了党纲报告。1919 年 1 月柏林工人斗争被镇压后,于 15 日被捕,当天惨遭杀害。主要著作有《社会改良还是革命》(1899)、《俄国社会民主党的组织问题》(1904)、《资本积累》(1913)等。——1—15、16、28、46、51、56、62、67、87、155、165、172、381、398、400、401、403、404。

卢瓦,特雷托朗(Луа(Loys),Трейторран 1857—1917)——瑞士上校。1900年起在瑞士军队里担任一系列指挥职务。第一次世界大战爆发后指挥第 2 动员师。1916 年 8 月在报上撰文支持沙文主义者敦促瑞士参战的要求。瑞士社会民主党报刊揭露了他的主张,要求联邦委员会撤销其职务。但在帝国主义资产阶级和瑞士军人集团的压力下,军事统帅部也只限于给予他严重警告处分。——205。

吕勒,奥托(Rühle,Otto 1874—1943)——德国左派社会民主党人,政论家和教育家。1912年起为帝国国会议员。第一次世界大战期间持国际主义立场,在国会中投票反对军事拨款。1919年加入德国共产党。德共分裂后,1920年初参与创建德国共产主义工人党,后因进行破坏党的统一的活动,被开除出德国共产主义工人党,重新回到社会民主党。——3、188—189、306—307、378、379。

伦纳,卡尔(Renner,Karl 1870—1950)——奥地利政治活动家,奥地利社会民主党右翼领袖,"奥地利马克思主义"理论家。同奥·鲍威尔一起提出资产阶级民族主义的民族文化自治论。1907年起为社会民主党议员,同年参与创办党的理论刊物《斗争》杂志并任编辑。第一次世界大战期间是社会沙文主义者。1918—1920年任奥地利共和国总理,赞成德奥合并。1931—1933年任国民议会议长。1945年出任临时政府总理,同年12月当选为奥地利共和国总统,直至1950年12月去世。——347、367、383。

伦施,保尔(Lensch,Paul 1873—1926)——德国社会民主党人。1905—1913年任德国社会民主党左翼机关报《莱比锡人民报》编辑。第一次世界大战爆发后转向社会沙文主义立场。战后任鲁尔工业巨头主办的《德意志总汇报》主编。1922年根据德国社会民主党普通党员的要求被开除出党。——9、19、30—31、35、56、78、159、402、403。

罗兰,罗曼(Rolland,Romain 1866—1944)——法国作家和社会活动家。在自己的作品中猛烈抨击资产阶级社会及其没落的文化。从和平主义立场出发反对第一次世界大战。1914—1919年写了《战争年代日记》,手稿后来保存在苏联国立列宁图书馆;遵照作者遗嘱,于1955年1月发表。拥护俄国十月革命,是苏维埃俄国的朋友。第二次世界大战期间支持法国的反法西斯抵抗运动。——351。

罗兰-霍尔斯特,罕丽达(Roland Holst,Henriette 1869—1952)——荷兰左派社会党人,女作家。曾从事组织妇女联合会的工作。1907—1909年属于论坛派。第一次世界大战初期持中派立场,后转向国际主义,曾参加齐美尔瓦尔德左派理论刊物《先驱》杂志的工作。1918—1927年是荷兰共产党党员,参加共产国际的工作。1927年退出共产党,后转向基督教社会主义的立场。——110、171、299、312。

M

马尔丁诺夫,亚历山大(**皮凯尔,亚历山大·萨莫伊洛维奇**)(Мартынов,
Александр(Пиккер, Александр Самойлович) 1865—1935)——俄国经济派
领袖之一,孟什维克著名活动家,后为共产党员。19 世纪 80 年代初参加
民意党人小组,1886 年被捕,流放东西伯利亚十年;流放期间成为社会民
主党人。1900 年侨居国外,参加经济派的《工人事业》杂志编辑部,反对列
宁的《火星报》。在俄国社会民主工党第二次代表大会上是国外俄国社会
民主党人联合会的代表,反火星派分子,会后成为孟什维克。1907 年作为
叶卡捷琳诺斯拉夫组织的代表参加了党的第五次(伦敦)代表大会的工作,
在代表大会上当选为中央委员。斯托雷平反动时期和新的革命高涨年代
是取消派分子,参加取消派的机关报《社会民主党人呼声报》编辑部。第一
次世界大战期间持中派立场。1917 年二月革命后为孟什维克国际主义
者。十月革命后脱离孟什维克。1918—1922 年在乌克兰当教员。1923
年加入俄共(布),在马克思恩格斯研究院工作。1924 年起任《共产国际》
杂志编委。——157。

马尔托夫,尔·(**策杰尔包姆,尤利·奥西波维奇**)(Мартов, Л.(Цедербаум,
Юлий Осипович) 1873—1923)——俄国孟什维克领袖之一。1895 年参与
组织彼得堡工人阶级解放斗争协会。1896 年被捕并流放图鲁汉斯克三
年。1900 年参与创办《火星报》,为该报编辑部成员。在俄国社会民主工
党第二次代表大会上是《火星报》组织的代表,领导机会主义少数派,反对
列宁的建党原则;从那时起成为孟什维克中央机关的领导成员和孟什维克
报刊的编辑。曾参加党的第五次(伦敦)代表大会的工作。斯托雷平反动
时期和新的革命高涨年代是取消派分子,编辑《社会民主党人呼声报》,参
与组织"八月联盟"。第一次世界大战期间是中派分子,参加齐美尔瓦尔德
代表会议和昆塔尔代表会议。曾参加孟什维克组织委员会国外书记处,为
书记处编辑机关刊物。1917 年二月革命后领导孟什维克国际主义派。十
月革命后反对镇压反革命和解散立宪会议。1919 年当选为全俄中央执行
委员会委员,1919—1920 年为莫斯科苏维埃代表。1920 年 9 月侨居德国。
参与组织第二半国际,在柏林创办和编辑孟什维克杂志《社会主义通报》。

——11、14、16—17、26、45、56—57、72、74、93、146、177、292—295、296、297、298、299—300、310—312、346、378。

马克拉柯夫，瓦西里·阿列克谢耶维奇（Маклаков，Василий Алексеевич 1870—1957）——俄国立宪民主党领袖之一，地主。1895年起为律师，曾为多起政治诉讼案出庭辩护。1906年起为立宪民主党中央委员。第二届、第三届和第四届国家杜马代表。1917年二月革命后任国家杜马临时委员会驻司法部委员；支持帕·尼·米留可夫，主张把帝国主义战争进行到"最后胜利"。同年7月起任临时政府驻法国大使。十月革命后为白俄流亡分子。——293。

马克林，约翰（Maclean，John 1879—1923）——英国工人运动活动家；职业是教师。1903年加入英国社会民主联盟。曾在苏格兰工人中从事革命启蒙工作。第一次世界大战前加入英国社会党左翼，是该党在苏格兰的领袖之一。大战期间持国际主义立场，积极进行革命的反战宣传，参与组织和领导群众游行示威和罢工，为此屡遭英国政府迫害。1916年4月被选为英国社会党领导成员。1918年苏俄外交人民委员部委任他为苏俄驻格拉斯哥领事，但英国政府对他进行迫害，使他无法执行任务。晚年脱离政治活动。——269—270、275、308。

马克思，卡尔（Marx，Karl 1818—1883）——科学共产主义的创始人，世界无产阶级的领袖和导师。——10、11—12、18—19、36—38、65、71、75—76、78、82、83—84、132—133、148、153、289、299、305、310、384、402。

马肯森，奥古斯特（Mackensen，August 1849—1945）——德国元帅（1915），德国帝国主义军阀的代表人物。1870—1871年普法战争的参加者。第一次世界大战初期在东普鲁士指挥德国第17军，后在东线任德国集团军司令和德奥集团军群司令，1917年1月起任德国驻罗马尼亚占领军司令。1920年退役。——344。

马斯洛夫，彼得·巴甫洛维奇（Маслов，Петр Павлович 1867—1946）——俄国经济学家，社会民主党人。写有一些土地问题著作，修正马克思主义政治经济学原理。曾为《生活》、《开端》和《科学评论》等杂志撰稿。俄国社会民主工党第二次代表大会后是孟什维克；曾提出孟什维克的土地地方公有化纲领。在俄国社会民主工党第四次（统一）代表大会上代表孟什维克作

了关于土地问题的报告,被选入中央机关报编辑部。斯托雷平反动时期和
新的革命高涨年代是取消派分子。第一次世界大战期间是社会沙文主义
者。十月革命后脱离政治活动,从事教学和科研工作,研究社会主义政治
经济学问题。1929 年起为苏联科学院院士。—— 219、297、298 ——
299、346。

马耶夫斯基,叶夫根尼(**古托夫斯基,维肯季·阿尼采托维奇**)(Маевский,
Евгений(Гутовский, Викентий Анищетович) 1875 — 1918)——俄国社会民
主党人,孟什维克。19 世纪 90 年代末参加社会民主主义运动,是俄国社
会民主工党西伯利亚联合会组织者之一。1905 年出席了在日内瓦召开的
孟什维克代表会议。斯托雷平反动时期和新的革命高涨年代是取消派分
子,为《我们的曙光》杂志、《光线报》及孟什维克取消派的其他报刊撰稿。
第一次世界大战期间是护国派分子。十月革命后反对苏维埃政权。
——298。

迈耶拉,巴泰勒米(Mayéras, Barthelemy 生于 1879 年)——法国社会党人,新
闻工作者。1914—1919 年为众议员。第一次世界大战期间持中派和平主
义立场,积极为《人民报》和法国中派的其他报刊撰稿。曾任法国社会党执
行委员会委员,赞成同党内公开的社会沙文主义者保持统一。1920 年初
参加第二国际重建委员会。——93、177。

麦克唐纳,詹姆斯·拉姆赛(MacDonald, James Ramsay 1866—1937)——英
国政治活动家,英国工党创建人和领袖之一。1885 年加入社会民主联盟。
1886 年加入费边社。1894 年加入独立工党,1906—1909 年任该党主席。
1900 年当选为劳工代表委员会书记,该委员会于 1906 年改建为工党。
1906 年起为议员,1911—1914 年和 1922—1931 年任工党议会党团主席。
推行机会主义政策,鼓吹阶级合作和资本主义逐渐长入社会主义的理论。
第一次世界大战初期采取和平主义立场,后来公开支持劳合-乔治政府进
行帝国主义战争。1918—1920 年竭力破坏英国工人反对武装干涉苏维埃
俄国的斗争。1924 年和 1929—1931 年先后任第一届和第二届工党政府
首相。1931—1935 年领导由保守党决策的国民联合政府。——93、177。

曼,汤姆(Mann, Tom 1856—1941)——英国工人运动活动家。1885 年加入
英国社会民主联盟。80 年代末积极参加新工联运动,领导过多次罢工,

1889年伦敦码头工人大罢工期间主持罢工委员会。1893年参与创建独立工党,属该党左翼。1901—1910年住在澳大利亚和新西兰,参加了这些国家的工人运动。第一次世界大战期间持国际主义立场;1916年加入英国社会党。俄国十月革命后是"不准干涉苏俄!"运动的领导人之一。1920年是英国共产党的创建人之一。为争取国际工人运动的统一、反对帝国主义和法西斯主义进行积极的斗争。——76—77。

曼茨-舍皮,卡尔(Manz-Schäppi,Karl 1856—1917)——瑞士社会民主党人,改良主义者。曾任苏黎世州社会民主党组织的主席。第一次世界大战期间是社会沙文主义者。——270、271、274、275。

梅尔黑姆,阿尔丰斯(Merrheim,Alphonse 1881—1925)——法国工会活动家,工团主义者。1905年起为法国五金工人联合会和法国劳动总联合会领导人之一。第一次世界大战初期是反对社会沙文主义和帝国主义战争的法国工团主义运动左翼领导人之一;曾参加齐美尔瓦尔德代表会议,属齐美尔瓦尔德右派。当时已表现动摇并害怕同社会沙文主义者彻底决裂,1916年底转向中派和平主义立场,1918年初转到公开的社会沙文主义和改良主义立场。——234、235、236、237、239、255、256、258、263、265、282—283。

梅林,弗兰茨(Mehring,Franz 1846—1919)——德国工人运动活动家,德国社会民主党左翼领袖和理论家之一,历史学家和政论家,德国共产党创建人之一。19世纪60年代末起是资产阶级民主主义政论家,1877—1882年持资产阶级自由主义立场,后向左转化,逐渐接受马克思主义。曾任民主主义报纸《人民报》主编。1891年加入德国社会民主党,担任党的理论刊物《新时代》杂志撰稿人和编辑,1902—1907年任《莱比锡人民报》主编,反对第二国际的机会主义和修正主义,批判考茨基主义。第一次世界大战爆发后坚决谴责帝国主义战争和社会沙文主义者的背叛政策;是国际派(后改称斯巴达克派和斯巴达克联盟)的组织者和领导人之一。1918年参加建立德国共产党的准备工作。欢迎俄国十月革命,撰文驳斥对十月革命的攻击,维护苏维埃政权。在研究德国中世纪史、德国社会民主党史和马克思主义史方面作出重大贡献,在整理出版马克思、恩格斯和拉萨尔的遗著方面也做了大量工作。主要著作有《莱辛传奇》(1893)、《德国社会民主党史》(1897—1898)、《马克思传》(1918)等。——1。

弥勒，古斯塔夫（Müller，Gustav 1860—1921)——瑞士右派社会民主党人，军官。1911 年起为国民院议员。第一次世界大战期间是社会沙文主义者，反对齐美尔瓦尔德运动。1918—1919 年任瑞士社会民主党主席。——265—266、271、274、338、372、374。

米科拉泽（Миколадзе)——俄国退伍军官，第一次世界大战期间是护国派分子。——292—293。

米留可夫，帕维尔·尼古拉耶维奇（Милюков，Павел Николаевич 1859—1943)——俄国立宪民主党领袖，俄国自由派资产阶级思想家，历史学家和政论家。1886 年起任莫斯科大学讲师。90 年代前半期开始政治活动，1902 年起为资产阶级自由派的《解放》杂志撰稿。1905 年 10 月参与创建立宪民主党，后任该党中央委员会主席和中央机关报《言语报》编辑。第三届和第四届国家杜马代表。第一次世界大战期间为沙皇政府的掠夺政策辩护。1917 年二月革命后任第一届临时政府外交部长，推行把战争进行到"最后胜利"的帝国主义政策；同年 8 月积极参与策划科尔尼洛夫叛乱。十月革命后同白卫分子和武装干涉者合作。1920 年起为白俄流亡分子，在巴黎出版《最新消息报》。著有《俄国文化史概要》、《第二次俄国革命史》及《回忆录》等。——192、196—197、198、225、343。

明岑贝格，威廉（Münzenberg，Wilhelm 1889—1940)——瑞士工人运动和德国工人运动活动家；职业是制鞋工人。1910 年从德国移居瑞士。1914—1917 年是瑞士社会民主主义青年组织的领导人和该组织刊物《自由青年》的编辑，1915—1919 年任社会主义青年国际书记及其刊物《青年国际》的编辑。第一次世界大战期间持国际主义立场。1916 年起为瑞士社会民主党执行委员会委员。回到德国后，加入德国共产党，被选入中央委员会。1919—1921 年任青年共产国际书记。共产国际第二次、第三次、第四次和第六次代表大会代表。1924 年起为国会议员。法西斯掌权后流亡法国。30 年代同托洛茨基派及其他机会主义分子反对各国共产党实行的工人和人民反法西斯统一战线的策略，被撤销德共中央委员的职务。1939 年被开除出党。——372、373。

莫尔加利，奥迪诺（Morgari，Oddino 1865—1929)——意大利社会党人，新闻工作者。曾参加意大利社会党的创建工作和活动,采取中派立场,加入所谓整体派。1897年起为议员。1906—1908年领导意大利社会党中央机关报《前进报》。第一次世界大战期间主张恢复社会党的国际联系。曾参加齐美尔瓦尔德代表会议,在会上持中派立场。1919—1921年为社会党议会党团秘书。——359。

穆拉诺夫,马特维·康斯坦丁诺维奇(Муранов, Матвей Константинович 1873—1959)——1904年加入俄国社会民主工党,布尔什维克;职业是钳工。曾在哈尔科夫做党的工作。第四届国家杜马哈尔科夫省工人代表,参加布尔什维克杜马党团。曾为布尔什维克的《真理报》撰稿。因进行反对帝国主义战争的革命活动,1914年11月被捕,1915年流放图鲁汉斯克边疆区。1917—1923年在党中央机关工作。1923—1934年是苏联最高法院成员。在党的第六、第八和第九次代表大会上当选为中央委员。1922—1934年为中央监察委员会委员。——187、311。

N

拿破仑第一(**波拿巴**)(Napoléon I (Bonaparte) 1769—1821)——法国皇帝,资产阶级军事家和政治家。法国资产阶级革命时期参加革命军。1799年发动雾月政变,自任第一执政,实行军事独裁统治。1804年称帝,建立法兰西第一帝国,颁布《拿破仑法典》,巩固资本主义制度。多次粉碎反法同盟,沉重打击了欧洲封建反动势力。但对外战争逐渐变为同英俄争霸和掠夺、奴役别国的侵略战争。1814年欧洲反法联军攻陷巴黎后,被流放厄尔巴岛。1815年重返巴黎,再登皇位。滑铁卢之役战败后,被流放大西洋圣赫勒拿岛。——5—6。

拿破仑第三(**波拿巴,路易**)(Napoléon III (Bonaparte, Louis) 1808—1873)——法国皇帝(1852—1870),拿破仑第一的侄子。法国1848年革命失败后被选为法兰西共和国总统。1851年12月2日发动政变,1852年12月称帝。在位期间,对外屡次发动侵略战争,包括同英国一起发动侵略中国的第二次鸦片战争。对内实行警察恐怖统治,强化官僚制度,同时以虚假的承诺、小恩小惠和微小的改革愚弄工人。1870年9月2日在普法战争色当战役中被俘,9月4日巴黎革命时被废黜。——261、366。

纳希姆松,米龙·伊萨科维奇(斯佩克塔托尔)(Нахимсон,Мирон Исаакович (Спектатор) 1880—1938)——俄国经济学家和政论家。1899—1921 年是崩得分子。第一次世界大战期间持中派立场。1935 年在莫斯科国际农业研究所和共产主义科学院工作。写有一些关于世界经济问题的著作。——10、72。

奈恩,沙尔(Naine,Charles 1874—1926)——瑞士社会民主党领袖之一;职业是律师。先后任瑞士社会民主党《哨兵报》和《人民权利报》编辑,是党的执行委员会委员。第一次世界大战初期接近国际主义派,曾出席齐美尔瓦尔德代表会议,是国际社会党委员会委员。1917 年成为中派分子,不久完全转向社会民主党右翼。1919 年主张重建第二国际。1919—1921 年参与组织第二半国际。——212、268—277、371、372。

尼·列·——见列宁,弗拉基米尔·伊里奇。

尼古拉二世(**罗曼诺夫**)(Николай II(Романов) 1868—1918)——俄国最后一个皇帝,亚历山大三世的儿子。1894 年即位,1917 年二月革命时被推翻。1918 年 7 月 17 日根据乌拉尔州工兵代表苏维埃的决定在叶卡捷琳堡被枪决。——42—43、150、224、225、313、326、327、343、344。

诺布斯,恩斯特(Nobs,Ernst 1886—1957)——瑞士社会民主党领袖之一,政论家。1912 年起为瑞士社会民主党报刊撰稿。1915 年起任党的机关报《民权报》主编。第一次世界大战初期接近国际主义派,参加瑞士左派社会民主党的工作,曾出席昆塔尔代表会议和斯德哥尔摩代表会议。1917 年转向中派和平主义立场,20 年代转向社会民主党右翼;反对瑞士共产主义运动和国际共产主义运动。1919—1943 年是国民院议员。1943—1951 年任联邦委员会委员。1949 年任瑞士联邦主席。——272、371、372、373、374、381。

P

帕尔乌斯(**格尔方德,亚历山大·李沃维奇**)(Парвус(Гельфанд,Александр Львович) 1869—1924)——生于俄国,19 世纪 80 年代移居国外。90 年代末起在德国社会民主党内工作,属该党左翼;曾任《萨克森工人报》编辑。写有一些世界经济问题的著作。20 世纪初参加俄国社会民主工党的工作，为《火星报》撰稿。俄国社会民主工党第二次代表大会后支持孟什维克的组织路线。1905年回到俄国，曾担任彼得堡工人代表苏维埃执行委员会委员，为孟什维克的《开端报》撰稿；同托洛茨基一起提出"不断革命论"，主张参加布里根杜马，坚持同立宪民主党人搞交易。斯托雷平反动时期脱离俄国社会民主工党，后移居德国。第一次世界大战期间是社会沙文主义者和德国帝国主义的代理人。1915年起在柏林出版《钟声》杂志。1918年脱离政治活动。——30—31。

帕图叶，约瑟夫（Patouillet, Joseph）——法国经济学家，《美国帝国主义》（1904）一书的作者。——401、402、403。

潘涅库克，安东尼（Pannekoek, Antonie 1873—1960）——荷兰工人运动活动家，天文学家。1907年是荷兰社会民主工党左翼刊物《论坛报》创办人之一。1909年参与创建荷兰社会民主党。1910年起与德国左派社会民主党人关系密切，积极为该党的报刊撰稿。第一次世界大战期间是国际主义者，曾参加齐美尔瓦尔德左派理论刊物《先驱》杂志的出版工作。1918—1921年是荷兰共产党党员，参加共产国际的工作。20年代初是极左的德国共产主义工人党领袖之一。1921年退出共产党，不久脱离政治活动。——219、220、350、384。

彭加勒，雷蒙（Poincaré, Raymond 1860—1934）——法国政治活动家和国务活动家；职业是律师。1887—1903年为众议员。1893年起多次参加法国政府。1912—1913年任总理兼外交部长，1913—1920年任总统。推行军国主义政策，极力策划第一次世界大战。主张加强协约国和法俄同盟。俄国十月革命后是武装干涉苏维埃俄国的策划者之一。1922—1924年和1926—1929年任总理，力主分割德国（1923年占领鲁尔区），企图建立法国在欧洲的霸权。——42—43。

皮达可夫，格奥尔吉·列昂尼多维奇（基辅斯基，彼·；皮达可夫，尤·）（Пятаков, Георгий Леонидович（Киевский, П., Пятаков, Ю.）1890—1937）——1910年加入俄国社会民主工党。1914—1917年先后侨居瑞士和瑞典；曾参加伯尔尼代表会议，为《共产党人》杂志撰稿。1917年二月革命后任党的基辅委员会主席和基辅工人代表苏维埃执行委员会委员。十月革命后任国家银行总委员。1918年在乌克兰领导"左派共产主义者"。1918

年12月任乌克兰临时工农政府主席。1919年后担任过一些集团军的革命军事委员会委员。1920年起历任顿巴斯中央煤炭工业管理局局长、国家计划委员会和最高国民经济委员会副主席、驻法国商务代表、苏联国家银行管理委员会主席、副重工业人民委员、租让总委员会主席等职。1920—1921年工会问题争论期间支持托洛茨基的纲领。1923年起属托洛茨基反对派。在党的第十二、十三、十四、十六和十七次代表大会上当选为中央委员。1927年被开除出党，1928年恢复党籍，1936年被再次开除出党。1937年1月被苏联最高法院军事审判庭以"进行叛国、间谍、军事破坏和恐怖活动"的罪名判处枪决。1988年6月苏联最高法院为其平反。——108—114、116、119、121—122、123、124—125、126、127—129、130、131—133、134、135—137、138—139、140—141、142—144、145、146、147、148、149、150、151—153、154—160、161—163、164—165、166、167—168、169、170。

皮达可夫，尤·——见皮达可夫，格奥尔吉·列昂尼多维奇。

皮留切夫，普·——见列宁，弗拉基米尔·伊里奇。

普夫吕格尔，保尔·伯恩哈德(Pflüger, Paul Bernhard 1865—1947)——瑞士右派社会民主党人。1898—1923年是苏黎世市政局委员，1899—1920年任州议会议员，1911—1917年任国民院议员。第一次世界大战期间是社会沙文主义者。——247、270、271、272、274、275、284。

普拉滕，弗里德里希(Platten, Friedrich 1883—1942)——瑞士左派社会民主党人，后为共产党人；瑞士共产党的组织者之一。1904年参加社会民主主义运动。1906年秘密到俄国，在里加从事革命活动。1908年起任瑞士俄国侨民基金会秘书。1912—1918年任瑞士社会民主党书记。第一次世界大战期间是国际主义者，曾出席齐美尔瓦尔德代表会议和昆塔尔代表会议，参加齐美尔瓦尔德左派。1917年4月是护送列宁从瑞士返回俄国的主要组织者。1919年参加共产国际第一次代表大会，为大会主席团成员，曾为《共产国际》杂志撰稿。1921—1923年任瑞士共产党书记。1923年移居苏联，在苏联领导瑞士工人农业公社，后在国际农业研究所和莫斯科外语师范学院从事科研和教学工作。——212、276、371、372、373—374。

普雷斯曼，阿德里安(Pressemanne, Adrien 1879—1929)——法国社会党人。

1912年是法国社会党常驻社会党国际局的代表。第一次世界大战期间持中派立场。——93、177、189、204、212、255、306、308。

普利什凯维奇，弗拉基米尔·米特罗范诺维奇（Пуришкевич，Владимир Митрофанович 1870—1920）——俄国大地主，黑帮反动分子，君主派。1900年起在内务部任职，1904年为维·康·普列韦的内务部特别行动处官员。1905年参与创建黑帮组织"俄罗斯人民同盟"，1907年退出同盟并成立了新的黑帮组织"米迦勒天使长同盟"。第二届、第三届和第四届国家杜马代表，因在杜马中发表歧视异族和反犹太人的演说而臭名远扬。第一次世界大战期间鼓吹把战争进行到"最后胜利"。1917年二月革命后主张恢复君主制。十月革命后竭力反对苏维埃政权，是1917年11月初被揭露的军官反革命阴谋的策划者。——192、297。

普列汉诺夫，格奥尔吉·瓦连廷诺维奇（Плеханов，Георгий Валентинович 1856—1918）——俄国早期的马克思主义理论家，后来成为孟什维克和第二国际机会主义领袖之一。19世纪70年代参加民粹主义运动，是土地和自由社成员及土地平分社领导人之一。1880年侨居瑞士，逐步同民粹主义决裂。1883年在日内瓦创建俄国第一个马克思主义团体——劳动解放社。翻译和介绍了马克思和恩格斯的许多著作，对马克思主义在俄国的传播起了重要作用；写过不少优秀的马克思主义著作，批判民粹主义、合法马克思主义、经济主义、伯恩施坦主义、马赫主义。20世纪初是《火星报》和《曙光》杂志编辑部成员。曾参与制定俄国社会民主工党纲领草案和参加党的第二次代表大会的筹备工作。在代表大会上是劳动解放社的代表，属火星派多数派，参加了大会常务委员会，会后逐渐转向孟什维克。1905—1907年革命时期反对列宁的民主革命的策略，后来在孟什维克和布尔什维克之间摇摆。在俄国社会民主工党第四次（统一）代表大会上作了关于土地问题的报告，维护马斯洛夫的孟什维克方案；在国家杜马问题上坚持极右立场，呼吁支持立宪民主党人的杜马。斯托雷平反动时期和新的革命高涨年代反对取消主义，领导孟什维克护党派。第一次世界大战期间持社会沙文主义立场。1917年二月革命后支持资产阶级临时政府。对十月革命持否定态度，但拒绝支持反革命。最重要的理论著作有《社会主义与政治斗争》(1883)、《我们的意见分歧》(1885)、《论一元论历史观之发展》

(1895)、《唯物主义史论丛》(1896)、《论个人在历史上的作用》(1898)、《没有地址的信》(1899—1900),等等。——11、14、16、56、62、65、75、82、93、124—125、177、185、187、192、196、197—198、199、201、258、264、298、308、309、311、341、344、345、347、383。

普特卡默,罗伯特·维克多(Puttkamer, Robert Victor 1828—1900)——德国国务活动家,普鲁士贵族官僚的代表人物之一。1879—1881年任普鲁士宗教和教育大臣,1881—1888年任德国内务大臣和普鲁士政府副首相;推行迫害德国社会民主主义运动和工会运动的政策。根据他的提议,德国政府于1886年颁布了一项实际上是禁止工人罢工的法令。——325—326。

Q

齐赫泽,尼古拉·谢苗诺维奇(Чхеидзе, Николай Семенович 1864—1926)——俄国孟什维克领袖之一。19世纪90年代末参加社会民主主义运动。俄国社会民主工党第二次代表大会后是孟什维克。第三届和第四届国家杜马代表,第四届国家杜马孟什维克党团主席。第一次世界大战期间是中派分子。1917年二月革命后任国家杜马临时委员会委员、彼得格勒工兵代表苏维埃主席和第一届中央执行委员会主席,极力支持资产阶级临时政府。1918年起是反革命的外高加索议会主席,1919年起是格鲁吉亚孟什维克政府——立宪会议主席。1921年格鲁吉亚建立苏维埃政权后流亡法国。——11、14、16—17、81、83、93、177、194、197、292—293、294—295、296—300、311。

齐美尔(Simmel)——瑞士社会民主党人。——391。

契尔金,瓦西里·加甫里洛维奇(Чиркин, Василий Гаврилович 1877—1954)——俄国工人。1903年参加革命运动,1904年底参加孟什维克。支持召开"工人代表大会"的取消主义思想;是孟什维克出席俄国社会民主工党第五次(伦敦)代表大会的代表。1906年起积极参加工会运动。多次被捕和流放。斯托雷平反动时期是取消派分子。第一次世界大战期间是社会沙文主义者。1917年二月革命后是全俄苏维埃第一次和第二次代表大会代表。1918年脱离孟什维克,1920年加入布尔什维克。后在工会和经济部门担任负责工作。——197。

契恒凯里,阿卡基·伊万诺维奇(Чхенкели,Акакий Иванович 1874 —
1959)——格鲁吉亚孟什维克领袖之一;职业是律师。1898 年参加社会民
主主义运动。斯托雷平反动时期和新的革命高涨年代是取消派分子。第
四届国家杜马代表,参加孟什维克杜马党团。第一次世界大战期间是社会
沙文主义者。1917 年二月革命后是临时政府驻外高加索的代表。1918 年
4 月任外高加索临时政府主席,后任格鲁吉亚孟什维克政府外交部长。
1921 年格鲁吉亚建立苏维埃政权后成为白俄流亡分子。——11、14、75、
185、192、197、299。

乔治五世(George Ⅴ 1865 — 1936)——英国国王(1910 — 1936)。——
42—43。

切列万宁,涅·(利普金,费多尔·安德列耶维奇)(Череванин, Н. (Липкин,
Федор Андреевич) 1868—1938)——俄国政论家,"马克思的批评家",后为
孟什维克领袖之一,取消派分子。俄国社会民主工党第四次(统一)代表大
会和第五次(伦敦)代表大会的参加者,取消派报刊撰稿人,16 个孟什维克
关于取消党的"公开信"的起草人之一。1912 年反布尔什维克的八月代表
会议后是孟什维克领导中心——组委会成员。第一次世界大战期间是社
会沙文主义者。1917 年是孟什维克中央机关报《工人报》编辑之一和孟什
维克中央委员会委员。敌视十月革命。——298。

R

饶勒斯,让(Jaurès,Jean 1859—1914)——法国社会主义运动和国际社会主
义运动活动家,法国社会党领袖,历史学家和哲学家。1885 年起多次当选
议员。原属资产阶级共和派,90 年代初开始转向社会主义。1898 年同
亚·米勒兰等人组成法国独立社会党人联盟。1899 年竭力为米勒兰参加
资产阶级政府的行为辩护。1901 年起为社会党国际局成员。1902 年与可
能派、阿列曼派等组成改良主义的法国社会党。1903 年当选为议会副议
长。1904 年创办《人道报》,主编该报直到逝世。1905 年法国社会党同盖
得领导的法兰西社会党合并后,成为统一的法国社会党的主要领导人。在
理论和实践问题上往往持改良主义立场,但始终不渝地捍卫民主主义,反

对殖民主义和军国主义。由于呼吁反对临近的帝国主义战争,于 1914 年
7 月 31 日被法国沙文主义者刺杀。写有法国大革命史等方面的著作。
——383——384。

茹奥,莱昂(Jouhaux,Léon 1879——1954)——法国工会运动和国际工会运动
活动家。1909——1940 年和 1945——1947 年任法国劳动总联合会书记,
1919——1940 年是阿姆斯特丹工会国际右翼领袖之一。20 世纪初支持无
政府工团主义的"极左"口号。第一次世界大战期间是沙文主义者。——
234、235、236、237、239、256、283——284、354。

S

萨莫伊洛夫,费多尔·尼基季奇(Самойлов,Федор Никитич 1882——1952)
——1903 年加入俄国社会民主工党,布尔什维克;职业是纺织工人。曾积
极参加俄国第一次革命,在伊万诺沃-沃兹涅先斯克做党的工作。第四届
国家杜马弗拉基米尔省工人代表,参加布尔什维克杜马党团。因进行反对
帝国主义战争的革命活动,1914 年 11 月被捕,1915 年流放图鲁汉斯克边
疆区。1917 年二月革命后任伊万诺沃-沃兹涅先斯克苏维埃主席和党的
委员会委员;在弗拉基米尔省参加建立苏维埃政权的领导工作。十月革命
后在乌克兰和莫斯科工作。1921 年起任全俄中央执行委员会委员,
1922——1928 年任俄共(布)中央党史委员会副主任,1932——1935 年任全苏
老布尔什维克协会副主席,1937——1941 年任国家革命博物馆馆长。——
187、311。

桑巴,马赛尔(Sembat,Marcel 1862——1922)——法国社会党改良派领袖之
一,新闻工作者。曾为社会党和左翼激进派刊物撰稿。1893 年起为众议
员。1905 年法国社会党与法兰西社会党合并后,是统一的法国社会党的
右翼领袖之一。第一次世界大战期间是社会沙文主义者。1914 年 8 月——
1917 年 9 月任法国帝国主义"国防政府"公共工程部长。1920 年在法国社
会党图尔代表大会上,支持以莱·勃鲁姆、让·龙格为首的少数派立场,反
对加入共产国际。—— 14、93、177、185、187、228——229、239、258、265、
308——309、354。

沙果夫,尼古拉·罗曼诺维奇(Шагов,Николай Романович 1882——1918)——

1905年加入俄国社会民主工党,布尔什维克;职业是织布工人。第四届国家杜马科斯特罗马省工人选民团的代表,1913年加入布尔什维克杜马党团。曾出席有党的工作者参加的俄国社会民主工党中央委员会克拉科夫会议和波罗宁会议。因进行反对帝国主义战争的革命活动,1914年11月被捕,1915年流放图鲁汉斯克边疆区,1917年二月革命后回到彼得格勒。——187、311。

施米德,雅克(Schmid,Jacques 生于1882年)——瑞士社会民主党人。1911年起任瑞士社会民主党《新自由报》编辑;曾任瑞士社会民主党执行委员会委员。1917年起为国民院议员。第一次世界大战期间反对社会沙文主义,但从1917年初起采取中派和平主义立场,后来完全转向瑞士社会民主党右翼,顽固反对无产阶级革命和无产阶级专政。——272、371、374。

施奈德,弗雷德里克(Schneider,Fredrik 生于1886年)——瑞士社会民主党人,政论家。1912年起任巴塞尔商业和运输工会书记。第一次世界大战期间持中派和平主义立场。1916年起任社会民主党巴塞尔组织的书记。曾为社会民主党《巴塞尔前进报》积极撰稿,1917—1920年任该报主编。后来对瑞士和国际共产主义运动采取敌对态度。1919—1939年和1941—1951年为国民院议员。1937年起在瑞士工人社会保障系统工作。——371、373、374。

施内贝格尔,弗里德里希·奥斯卡尔(Schneeberger,Friedrich Oskar 生于1868年)——瑞士社会民主党人,瑞士工会改良主义领袖之一。1900—1917年任五金工会联合会书记和主席及瑞士工会联合会主席。第一次世界大战期间是社会沙文主义者,反对齐美尔瓦尔德运动。1916年任《瑞士五金工人报》编辑,在该报推行改良主义路线。1917年起为国民院议员。——247、274、275、284、359、375。

施秋梅尔,波里斯·弗拉基米罗维奇(Штюрмер Борис Владимирович 1848—1917)——俄国国务活动家,大地主。1894—1902年任诺夫哥罗德省和雅罗斯拉夫省省长。1904年起为国务会议成员。1916年被任命为大臣会议主席、内务大臣和外交大臣。同年11月,因被控亲德和准备俄德单独媾和,被迫辞职。——192、224。

施特勒贝尔,亨利希(Ströbel,Heinrich 1869—1945)——德国社会民主党人,中派分子。1905—1916 年任德国社会民主党中央机关报《前进报》编委。
1908—1918 年为普鲁士邦议会议员。第一次世界大战初期反对社会沙文
主义和帝国主义战争,属于国际派,在国际派中代表向考茨基主义方面动
摇的流派。1916 年完全转向考茨基主义立场。1917 年是建立德国独立社
会民主党的发起人之一。1918 年 11 月—1919 年 1 月为普鲁士政府成员。
1919 年回到社会民主党,因不同意该党领导的政策,于 1931 年退党。
1922 年起为德国国会议员。——1、4。

施图尔克,卡尔(Stürgkh, Karl 1859 — 1916)——奥地利国务活动家,伯爵,
奥地利大地主代表人物。1890 年起是奥地利国会议员。1908 — 1911 年
任奥匈帝国教育大臣,1911 — 1916 年任奥匈帝国政府首相。积极参与策
划和发动第一次世界大战。战争前夕解散了奥地利国会,大战初期又解散
了匈牙利国会,在国内建立军事独裁统治,残酷镇压日益强大的反战和革
命运动。1916 年 10 月被奥地利社会民主党人弗·阿德勒枪杀。
——190。

司徒卢威,彼得·伯恩哈多维奇（Струве, Петр Бернгардович 1870 —
1944)——俄国经济学家,哲学家,政论家,合法马克思主义主要代表人物,
立宪民主党领袖之一。19 世纪 90 年代编辑合法马克思主义者的《新言
论》杂志和《开端》杂志。1896 年参加第二国际第四次代表大会。1898 年
参加起草《俄国社会民主工党宣言》。在 1894 年发表的第一部著作《俄国
经济发展问题的评述》中,在批判民粹主义的同时,对马克思的经济学说和
哲学学说提出"补充"和"批评"。20 世纪初同马克思主义和社会民主主义
彻底决裂,转到自由派营垒。1902 年起编辑自由派资产阶级刊物《解放》
杂志,1903 年起是解放社的领袖之一。1905 年起是立宪民主党中央委员,
领导该党右翼。1907 年当选为第二届国家杜马代表。第一次世界大战爆
发后鼓吹俄国的帝国主义侵略扩张政策。十月革命后敌视苏维埃政权,是
邓尼金和弗兰格尔反革命政府成员,后逃往国外。—— 30、35、317、
395、402。

斯柯别列夫,马特维·伊万诺维奇(Скобелев, Матвей Иванович 1885—1938)
——1903 年参加俄国社会民主主义运动,孟什维克;职业是工程师。1906
年侨居国外,为孟什维克出版物撰稿,参加托洛茨基的维也纳《真理报》编

辑部。第四届国家杜马代表,社会民主党杜马党团领袖之一。第一次世界
大战期间是中派分子。1917年二月革命后任彼得格勒工兵代表苏维埃副
主席、第一届中央执行委员会副主席;同年5—8月任临时政府劳动部长。
十月革命后脱离孟什维克,先后在合作社系统和对外贸易人民委员部工
作。1922年加入俄共(布),在经济部门担任负责工作。1936—1937年在
全苏无线电委员会工作。——14、81、299、311。

斯佩克塔托尔——见纳希姆松,米龙·伊萨科维奇。

斯陶宁格,托尔瓦德·奥古斯特·马里努斯(Stauning,Thorvald August
Marinus 1873—1942)——丹麦国务活动家,丹麦社会民主党和第二国际
右翼领袖之一,政论家。1905年起为议员。1910年起任丹麦社会民主党
主席和该党议会党团主席。第一次世界大战期间持社会沙文主义立场。
1916—1920年任丹麦资产阶级政府不管部大臣。1924—1926年和
1929—1942年任首相,先后领导社会民主党政府以及资产阶级激进派和
右派社会民主党人的联合政府。从30年代中期起推行投降法西斯德国的
政策,1940年起推行同法西斯占领者合作的政策。—— 188、201、
203、309。

宋德博,耶恩斯·彼得·卡尔(Sundbo,Jens Peter Carl 生于1860年)——丹
麦左派社会民主党人,政论家。1887年起为社会民主党报刊(包括丹麦社
会民主党中央机关报《社会民主党人报》)撰稿。1895年起是丹麦议会议
员。1898年起任《西日德兰社会民主党人报》编辑。第一次世界大战期间
持国际主义立场。1916年9月反对丹麦社会民主党代表大会关于该党代
表参加丹麦资产阶级政府的决议。1918—1920年曾抨击丹麦资产阶级的
帝国主义政策。——202。

苏瓦林,波里斯(Souvarine,Boris 生于1895年)——法国社会党人,新闻工作
者。第一次世界大战期间是中派分子,托洛茨基的拥护者。1921年加入
法国共产党,先后当选为共产国际执行委员会委员和主席团委员。因进行
托派活动于1924年被开除出共产国际领导机构和法国共产党。后来是法
国托派领袖之一。1929年同托洛茨基决裂,后脱离政治活动。——
302—312。

T

塔尔海默,奥古斯特(Thalheimer,August 1884—1948)——德国共产党右倾机会主义派别领袖之一,政论家。1904 年加入德国社会民主党。第一次世界大战期间持国际主义立场,1914—1916 年任社会民主党《人民之友报》编辑;参加国际派(后改称斯巴达克派和斯巴达克联盟)。1916—1918 年曾参与出版反对帝国主义战争和社会沙文主义的秘密鼓动材料《斯巴达克通信》。1918—1923 年为德国共产党中央委员和德共中央机关报《红旗报》编辑。1921 年采取"左派"立场;是所谓"进攻论"的提出者之一。1923 年秋,当德国出现革命形势时,和亨·布兰德勒一起执行机会主义政策。1923 年底被解除党内领导职务。1929 年因进行右倾派别活动被开除出党。——1。

特雷维斯,克劳狄奥(Treves,Claudio 1868—1933)——意大利社会党改良派领袖之一。1909—1912 年编辑社会党中央机关报《前进报》。1906—1926 年为议员。第一次世界大战期间是中派分子,反对意大利参战。敌视俄国十月革命。1922 年意大利社会党分裂后,成为改良主义的统一社会党领袖之一。法西斯分子上台后,于 1926 年流亡法国,进行反法西斯的活动。——93、177。

特里尔,格尔松(Trier,Gerson 1851—1918)——丹麦社会民主党左翼领袖之一;职业是教师。1888 年参加丹麦社会民主党,反对该党改良主义领导人所推行的妥协政策,1901 年被选入党中央委员会。第一次世界大战期间持国际主义立场。1916 年 9 月反对丹麦社会民主党代表大会关于赞同该党领袖托·斯陶宁格参加资产阶级政府的决议,并以退党表示抗议。1918 年 4 月参与创建丹麦社会主义工人党。马克思主义宣传家,曾将恩格斯的著作译成丹麦文。——202—203。

特列波夫,亚历山大·费多罗维奇(Трепов,Александр Федорович 1862—1928)——俄国国务活动家,参议员。1914 年起为国务会议成员,1915 年任交通大臣。1916 年任大臣会议主席。十月革命后为白俄流亡分子。——224。

特鲁尔斯特拉,彼得·耶莱斯(Troelstra,Pieter Jelles 1860—1930)——荷兰

工人运动活动家,右派社会党人。荷兰社会民主工党创建人和领袖之一。1897—1925 年(有间断)任该党议会党团主席。20 世纪初转向极端机会主义立场,反对党内的左派论坛派,直至把论坛派开除出党。第一次世界大战期间是亲德的社会沙文主义者。1918 年 11 月在荷兰工人运动高潮中一度要求将政权转归社会主义者,但不久放弃这一立场。列宁曾严厉批判他的机会主义政策。——287。

屠拉梯,菲力浦(Turati,Filippo 1857—1932)——意大利工人运动活动家,意大利社会党创建人之一,该党右翼改良派领袖。1896—1926 年为议员,领导意大利社会党议会党团。推行无产阶级同资产阶级阶级合作的政策。第一次世界大战期间持中派立场。敌视俄国十月革命。1922 年意大利社会党分裂后,参与组织并领导改良主义的统一社会党。法西斯分子上台后,于 1926 年流亡法国,进行反法西斯的活动。—— 227、229 — 232、233、239、242、255、256、258、263、264 — 265、282、283、302、341、342、344、345 — 346、347、349、354。

托尔斯泰,列夫·尼古拉耶维奇(Толстой,Лев Николаевич 1828 — 1910)——俄国作家。出身贵族。他的作品深刻地反映了俄国社会整整一个时代(1861—1905)的矛盾,列宁称托尔斯泰为"俄国革命的镜子"。作为天才的艺术家,托尔斯泰创作了无与伦比的俄国生活的图画,创作了世界文学中第一流的作品,对俄国文学和世界文学产生了巨大影响;同时他的作品又突出地表现了以宗法制社会为基础的农民世界观的矛盾:一方面无情地揭露沙皇专制制度和新兴资本主义的种种罪恶,另一方面又鼓吹"不用暴力抵抗邪恶",鼓吹不问政治和道德上的自我修养。列宁在一系列著作中评述了托尔斯泰的世界观,并对他的全部活动作了评价。——306、397。

托洛茨基(**勃朗施坦**),列夫·达维多维奇(Троцкий(Бронштейн),Лев Давидович 1879—1940)——1897 年参加俄国社会民主主义运动。在俄国社会民主工党第二次代表大会上是西伯利亚联合会的代表,属火星派少数派。1905 年同亚·帕尔乌斯一起提出和鼓吹"不断革命论"。斯托雷平反动时期和新的革命高涨年代,打着"非派别性"的幌子,实际上采取取消派立场。1912 年组织"八月联盟"。第一次世界大战期间持中派立场。

1917 年二月革命后参加区联派,在党的第六次代表大会上随区联派集体加入布尔什维克党,当选为中央委员。参加十月武装起义的领导工作。十月革命后任外交人民委员,1918 年初反对签订布列斯特和约,同年 3 月改任共和国革命军事委员会主席、陆海军人民委员等职。参与组建红军。1919 年起为党中央政治局委员。1920 年起历任共产国际执行委员会候补委员、委员。1920—1921 年挑起关于工会问题的争论。1923 年起进行派别活动。1925 年初被解除革命军事委员会主席和陆海军人民委员职务。1926 年与季诺维也夫结成"托季联盟"。1927 年被开除出党,1929 年被驱逐出境,1932 年被取消苏联国籍。在国外组织第四国际。死于墨西哥。——45、56、57、72、73、296、299—300、310—312、378、395—399。

托马,阿尔伯(Thomas, Albert 1878—1932)——法国政治活动家,右派社会党人。1904 年起为社会党报刊撰稿。1910 年起为社会党议会党团领袖之一。第一次世界大战期间是社会沙文主义者。曾参加资产阶级政府,任军需部长。俄国 1917 年二月革命后到俄国鼓吹继续进行战争。1919 年是伯尔尼国际的组织者之一。1920—1932 年任国际联盟国际劳工组织的主席。——93、177、239、242、308、341、344。

W

王德威尔得,埃米尔(Vandervelde, Émile 1866—1938)——比利时政治活动家,比利时工人党领袖,第二国际的机会主义代表人物。1885 年加入比利时工人党,90 年代中期成为党的领导人。1894 年起多次当选为议员。1900 年起任第二国际常设机构——社会党国际局主席。第一次世界大战爆发后成为社会沙文主义者,是大战期间欧洲国家中第一个参加资产阶级政府的社会党人。1918 年起历任司法大臣、外交大臣、公共卫生大臣、副首相等职。俄国 1917 年二月革命后到俄国鼓吹继续进行战争。敌视俄国十月革命,支持武装干涉苏维埃俄国。曾积极参加重建第二国际的活动,1923 年起是社会主义工人国际书记处书记和常务局成员。——93、177、188、199、201、241、265、309、383。

威尔逊,伍德罗(Wilson, Woodrow 1856—1924)——美国国务活动家。

1910—1912年任新泽西州州长。1913年代表民主党当选为美国总统,任期至1921年。任内镇压工人运动,推行扩张政策,对拉丁美洲各国进行武装干涉,并促使美国站在协约国一方参加第一次世界大战。俄国十月革命后是武装干涉苏维埃俄国的策划者之一。1918年提出帝国主义的和平纲领"十四点",妄图争夺世界霸权。曾率领美国代表团出席巴黎和会(1919—1920)。1920年总统竞选失败,后退出政界。——230、237、238、239、341。

威廉二世(**霍亨索伦**)(Wilhelm II(Hohenzollern) 1859—1941)——普鲁士国王和德国皇帝(1888—1918)。——18、42、225、343—344、402。

韦伯,比阿特里萨(Webb,Beatrice 1858—1943)——英国经济学家和社会活动家,悉尼·韦伯的妻子。曾在伦敦一些企业中研究工人劳动条件,担任与失业和妇女地位问题相关的一些政府委员会的委员。——79。

韦伯,悉尼·詹姆斯(Webb,Sidney James 1859—1947)——英国经济学家和社会活动家,工联主义和所谓费边社会主义的理论家,费边社的创建人和领导人之一。1915—1925年代表费边社参加工党全国执行委员会。第一次世界大战期间持社会沙文主义立场。1922年起为议员,1924年任商业大臣,1929—1930年任自治领大臣,1929—1931年任殖民地大臣。与其妻比阿特里萨·韦伯合写的关于英国工人运动的历史和理论的许多著作,宣扬在资本主义条件下和平解决工人问题的改良主义思想,但包含有英国工人运动历史的极丰富的材料。主要著作有《英国社会主义》(1890)、《产业民主》(1897)(列宁翻译了此书的第1卷,并校订了第2卷的俄译文;俄译本书名为《英国工联主义的理论和实践》)等。——79。

维贝尔,麦克斯(Weber,Max 1864—1920)——德国社会学家、历史学家和经济学家。1893—1903年和1919—1920年在大学任教授。在自己的著作中为资本主义辩护,掩盖对抗性的阶级矛盾;支持德国帝国主义的对外侵略政策,鼓吹统治阶级同德国社会民主主义运动和工会运动中的机会主义派别实行合作。——330、396。

维尔特,阿尔布雷希特(Wirth,Albrecht 1866—1936)——德国历史学家,沙文主义者和种族主义者,德国帝国主义辩护士。写有一些有关世界历史和政治问题的著作。——402—403。

X

（Бронштейн，Семен Юльевич）1882—1937）——俄国社会民主党人，孟什维克。曾加入托洛茨基的维也纳《真理报》编辑部，为孟什维克取消派报刊和外国社会民主党人的报刊撰稿；反对民族自决权。第一次世界大战期间是中派分子，孟什维克组织委员会国外书记处成员。1917年回国后，进入孟什维克中央委员会。1920年同孟什维克决裂。后在乌克兰高等院校任教授，从事科学著述。——56、167。

兴登堡，保尔（Hindenburg，Paul 1847—1934）——德国军事家和国务活动家，元帅（1914）。普奥战争（1866）和普法战争（1870—1871）的参加者。第一次世界大战期间，1914年8月起任东普鲁士的德军第8集团军司令，11月起任东线部队司令，1916年8月起任总参谋长，实际上是总司令。1918年是武装干涉苏维埃俄国的策划者之一。参与镇压德国1918年十一月革命。1925年和1932年两度当选魏玛共和国总统。1933年授命希特勒组织政府，从而把全部政权交给了法西斯分子。——25、150、299。

休特古姆，阿尔伯特（Südekum，Albert 1871—1944）——德国社会民主党右翼领袖之一，修正主义者。1900—1918年是帝国国会议员。第一次世界大战期间是社会沙文主义者。在殖民地问题上宣扬帝国主义观点，反对工人阶级的革命运动。1918—1920年任普鲁士财政部长。1920年起不再积极参加政治活动。"休特古姆"一词已成为极端机会主义者和社会沙文主义者的通称。——183、201、235—236、239、242、298、308、309、311。

许布纳尔，奥托（Hübner，Otto 1818—1877）——德国经济学家和统计学家。地理统计年鉴《世界各国地理统计表》的编者和出版者。——366。

Y

亚历山大二世（**罗曼诺夫**）（Александр II（Романов）1818—1881）——俄国皇帝（1855—1881）。——322。

尤尔凯维奇（**雷巴尔卡**），列夫（Юркевич（Рыбалка），Лев 1885—1918）——乌克兰民族主义者，乌克兰民族社会党人，乌克兰社会民主工党中央委员。1913—1914年参加资产阶级民族主义的《钟声》杂志的工作。第一次世界大战期间在洛桑出版《斗争》月刊，主张乌克兰工人单独成立社会民主主义政党，主张将乌克兰从俄国分离出去并建立地主资产阶级的乌克兰君主国。——55。

尤尼乌斯——见卢森堡，罗莎。

Z

宰德尔，罗伯特（Seidel，Robert 1850—1933）——瑞士右派社会民主党人，政
论家，教师。反对工人运动中的马克思主义派。1890—1898年是瑞士社
会民主党和瑞士工会联合会中央机关报《工人呼声报》编辑。1908年起任
苏黎世大学讲师。1911—1917年为国民院议员。第一次世界大战期间是
社会沙文主义者。——284。

正统派——见阿克雪里罗得，柳博芙·伊萨科夫娜。

左尔格，弗里德里希·阿道夫（Sorge，Friedrich Adolph 1828—1906）——美
国工人运动和国际工人运动活动家，马克思和恩格斯的学生和战友。生于
德国，参加过德国1848—1849年革命。革命失败后先后流亡瑞士、比利时
和英国，1852年移居美国。在美国积极宣传马克思主义，是纽约共产主义
俱乐部（1857年创立）和美国其他一些工人组织和社会主义组织的领导人
之一。第一国际成立后，积极参加国际的活动，是第一国际美国各支部的
组织者。1872年第一国际总委员会从伦敦迁至纽约后，担任总委员会总
书记，直到1874年。1876年参加北美社会主义工人党的创建工作，领导
了党内马克思主义者对拉萨尔派的斗争。与马克思和恩格斯长期保持通
信联系。90年代从事美国工人运动史的研究和写作，著有《美国工人运
动》一书以及一系列有关美国工人运动史的文章，主要发表在德国社会民
主党理论刊物《新时代》杂志上。晚年整理出版了他与马克思和恩格斯等
人的书信集。1907年书信集俄译本出版，并附有列宁的序言。列宁称左
尔格为第一国际的老战士。——76、77。

————

—e———见列宁，弗拉基米尔·伊里奇。

Nota-Bene——见布哈林，尼古拉·伊万诺维奇。

文 献 索 引

［阿克雪里罗得，柳·伊·］《哲学与社会舆论》（［Аксельрод，Л. И.］
Философия и обшественность. Простые законы нравственности и права.—
«Дело»，М.，1916，№1，август，стр.44—55.Подпись：Ортодокс)——299。

阿克雪里罗得，帕·《国际社会民主党的危机和任务》（Axelrod，P. Die Krise
und die Aufgaben der internationalen Sozialdemokratie. Zürich，Genossen-
schaftsdruckerei，1915.46 S.）——72。

阿克雪里罗得，帕·波·等《［给〈我们的呼声报〉编辑部的］公开信》（Аксельрод，
П. Б.и др.Открытое письмо［в редакцию газеты «Наш Голос»］.—«Наш
Голос»，Самара，1916，№13(27)，24 апреля，стр.2)——310—311。

阿列克辛斯基，格·阿·《今后怎么办？（论杜马策略问题》》（Алексинский，
Г. А.Что же дальше? （К вопросу о думской тактике).—«Пролетарий»，
Женева，1908，№34，7 сентября (25 августа)，стр.2—4)——146。

鲍威尔，奥·《民族问题和社会民主党》（Bauer，O. Die Nationalitätenfrage und
die Sozialdemokratie. Wien，Brand，1907. VIII，576 S. (Marx-Studien.
Blätter zur Theorie und Politik des wissenschaftlichen Sozialismus.Hrsg.
von M. Adler und R. Hilferding.Bd.2))——20—21、367、400。

［倍倍尔，奥·《关于军国主义和国际冲突问题的决议案(在斯图加特国际社
会党代表大会上提出)》］（［Bebel，A. Resolutionsentwurf zur Frage des
Militarismus und der internationalen Konflikte，eingebracht auf dem In-
ternationalen sozialistischen Kongreß zu Stuttgart］.—« Vorwärts »，
Berlin，1907，Nr.194，21.August. 1. Beilage zu Nr.194 des «Vorwärts»，S.
3.Под общ. загл.：Die Kommissionen. Der Militarismus und die interna-
tionalen Konflikte)——301。

波特列索夫，亚·尼·《论爱国主义和国际主义》（Потресов，А. Н.О патриотизме

и о международности.—В кн.: Самозащита. Марксистский сборник. 1. Пг., 1916, стр. 5—21)——311。

—《政论家札记》(Заметки публициста. Максимализация русского марксизма.—«Дело», М., 1916, №2, стр. 56—67)——299。

[布哈林,尼·]《帝国主义强盗国家》([Bucharin, N.] Der imperialistische Raubstaat.—«Jugend-Internationale», Zürich, 1916, Nr. 6, 1. Dezember, S. 7—8. Подпись: Nota-bene)——289。

蔡特金,克·《为了和平》(Zetkin, K. Für den Frieden.—«Die Internationale», [Düsseldorf], 1915, Hft. 1, 15. April, S. 29—41)——1。

查苏利奇,维·伊·《论战争》(Засулич, В. И. О войне.—В кн.: Самозащита. Марксистский сборник. 1. Пг., 1916, стр. 1—4)——311。

德布兹,尤·《何时我会去作战》(Debs, E. When I shall Fight.—«Appeal to Reason», Girard, Cansas, 1915, No. 1,032, September 11, p. 1)——308。

敦克尔,凯·《我们的妇女和我国的妇女工作》(Duncker, K. Unsere Frauen und der nationale Frauendienst.—«Die Internationale», [Düsseldorf], 1915, Hft. 1, 15. April, S. 25—29)——1。

恩格斯,弗·《波河与莱茵河》(1859 年 2 月底—3 月初)(Энгельс, Ф. По и Рейн. Конец февраля—начало марта 1859 г.)——19。

—《反杜林论》(德文版)(Engels, F. Herrn Eugen Dühring's Umwälzung der Wissenschaft. 3., durchges. und verm. Aufl. Stuttgart, Dietz, 1894. XX, 354 S.)——147、290。

—《反杜林论》(俄文版)(Анти-Дюринг. Переворот в науке, произведенный господином Евгением Дюрингом. Сентябрь 1876 г.—июнь 1878 г.)——19、104、147。

—《给弗·阿·左尔格的信》(1872 年 9 月 21 日)(Письмо Ф. А. Зорге. 21 сентября 1872 г.)——76、377。

—《给弗·阿·左尔格的信》(1888 年 2 月 22 日)(Письмо Ф. А. Зорге. 22 февраля 1888 г.)——398。

—《给弗·阿·左尔格的信》(1889 年 12 月 7 日)(Письмо Ф. А. Зорге. 7 декабря 1889 г.)——76—77、377。

——《给弗·阿·左尔格的信》(1890 年 4 月 19 日)(Письмо Ф. А. Зорге. 19 апреля 1890 г.)——77、377。

——《给弗·阿·左尔格的信》(1891 年 3 月 4 日)(Письмо Ф. А. Зорге. 4 марта 1891 г.)——77、377。

——《给弗·阿·左尔格的信》(1891 年 9 月 14 日)(Письмо Ф. А. Зорге. 14 сентября 1891 г.)——77、80—84、377、379。

——[《给卡·考茨基的信》(德文版)(1882 年 9 月 12 日)]([Brief an K. Kautsky. 12. September 1882].—В кн.: Kautsky, K. Sozialismus und Kolonialpolitik. Eine Auseinandersetzung. Berlin, «Vorwärts», 1907, S. 79—80, в отд.: Anhang. Под загл.: Ein Brief von Friedrich Engels)——48—50、76、78、88、377。

——[《给卡·考茨基的信》(俄文版)(1882 年 9 月 12 日)]([Письмо К. Каутскому. 12 сентября 1882 г.].—«Сборник Социал-Демократа», [Женева], 1916, №1, октябрь, стр. 25, в ст.: [Ленин, В. И.] Итоги дискуссии о самоопределении. Под загл.: Письмо Энгельса к Каутскому)——151。

——[《给卡·马克思的信》](1858 年 10 月 7 日)([Brief an K. Marx]. 7. Oktober 1858.—В кн.: Der Briefwechsel zwischen Friedrich Engels und Karl Marx. 1844 bis 1883. Hrsg. v. A. Bebel und E. Bernstein. Bd. 2. Stuttgart, Dietz, 1913, S. 289—291)——76、377。

——[《给卡·马克思的信》](1869 年 10 月 24 日)([Brief an K. Marx]. 24. Oktober 1869.—Ibidem, Bd. 4, S. 197—198)——37、38。

——[《给卡·马克思的信》](1881 年 8 月 11 日)([Brief an K. Marx]. 11. August 1881.—Ibidem, S. 432—433)——76、377。

——[《工人阶级同波兰有什么关系?》]([What have the Working classes to do with Poland?].—«Archiv für die Geschichte des Sozialismus und der Arbeiterbewegung», Leipzig, 1916, Jg. 6, S. 212—219, в ст.: Karl Marx und Friedrich Engels über die Polenfrage. Eingeleitet und hrsg. von N. Rjasanoff)——38。

——《家庭、私有制和国家的起源》(Происхождение семьи, частной собственности

（Mehrheit und Minderheit in der Militärfrage.—«Neues Leben», Bern, 1917,Jg.3,Hft.1,Januar,S.1—16）——353—357、358—360。

格罗伊利希,海•《给霍廷根格吕特利联盟的公开信》（Greulich, H. Offener Brief an den Grütliverein Hottingen.—«Grütlianer», Zürich, 1916, Nr. 230,2.Oktober,S.1）——248、251、393。

——《论保卫祖国问题》（Zur Landesverteidigung.—«Volksrecht», Zürich, 1917,Nr.19,23.Januar,S.1;Nr.20,24.Januar,S.1;Nr.21, 25.Januar,S.1; Nr.22,26.Januar,S.1）——334—339、372。

古尔维奇,伊•阿•《移民与劳动》（Hourwich, I. A. Immigration and Labor. The Economic Aspects of European Immigration to the United States. New York—London,Putnam,1912.XVII,544 p.）——148。

海尔曼,恩•《争论的实质》（Heilmann, E. Der Kern des Streites.—«Die Glocke», München,1916,Hft.20,12.August,S.770—786）——354。

海涅,亨•《抛掉自己的比喻和无谓的假设……》（Гейне, Г. Брось свои иносказанья и гипотезы пустые…）——16—17。

汉森,阿•《挪威现代工人运动的几个问题》（Гансен, А. Некоторые моменты современного рабочего движения в Норвегии. Борьба рабочего класса и тактические течения.—«Сборник Социал-Демократа», ［Женева］, 1916, №2,декабрь,стр.40—44）——171。

黑克尔,S.《社会主义在波兰》（Häcker, S. Der Sozialismus in Polen.—«Die Neue Zeit», Stuttgart, 1895 — 1896, Jg. XIV, Bd. II, Nr. 37, S. 324 — 332）——16。

［胡贝尔,约•和格里姆,罗•《联邦的财政改革》（苏黎世瑞士社会民主党代表大会通过的决议）］（［Huber, I. u. Grimm, R. Bundesfinanzreform. Резолюция, принятая на съезде социал-демократической партии Швейцарии в Цюрихе].—В кн.: Protokoll über die Verhandlungen des Parteitages der Sozialdemokratischen Partei der, Schweizvom 4. und 5. November 1916, abgehalten im Gesellschaftshaus «z. Kaufleuten» in Zürich.Б.м.и б.г.,S.120—121）——207、265、386。

霍布森,约•阿•《帝国主义》（Hobson, J. A. Imperialism. A Study. London,

Nisbet, 1902. Ⅶ, 400, (4)p.)——72—74、377。

基尔布姆, 卡·《瑞典社会民主党和世界大战》(Чильбум, К. Шведская социал-демократия и мировая война. (Борьба против войны и ее спутника—реакции).—«Сборник Социал-Демократа», [Женева], 1916, №2, декабрь, стр. 34—40)——171。

卡·拉·——见拉狄克, 卡·。

考茨基, 卡·《波兰完了吗?》(Kautsky, K. Finis Poloniae? —«Die Neue Zeit», Stuttgart, 1895—1896, Jg. XIV, Bd. II, Nr. 42, S. 484—491; Nr. 43, S. 513—525)——16。

——《党团和党》(Fraktion und Partei. —«Die Neue Zeit», Stuttgart, 1915, Jg. 34, Bd. 1, Nr. 9, 26. November, S. 269—276)——242、263。

——《帝国主义》(Der Imperialismus. —«Die Neue Zeit», Stuttgart, 1914, Jg. 32, Bd. 2, Nr. 21, 11. September, S. 908—922)——71—72。

——《哥本哈根代表大会》(Der Kongreß von Kopenhagen. —«Die Neue Zeit», Stuttgart, 1910, Jg. 28, Bd. 2, Nr. 48, 26. August, S. 772—781)——125。

——《媾和条件》(Friedensbedingungen. —«Leipziger Volkszeitung», 1916, Nr. 281, 15. Dezember, S. 1—2; Nr. 282, 16. Dezember. 2. Beilage zu Nr. 282, S. 1—2)——227—228、229、232、256、341、402。

——《接受和平建议》(Die Aufnahme des Friedensangebets. —«Leipziger Volkszeitung», 1916, Nr. 286, 21. Dezember, S. 1—2)——256、341、402。

——《两本用于重新学习的书》(Zwei Schriften zum Umlernen. —«Die Neue Zeit», Stuttgart, 1915, Jg. 33, Bd. 2, Nr. 4, 23. April, S. 107—116)——132—133。

——《民族国家、帝国主义国家和国家联盟》(Nationalstaat, imperialistischer Staat und Staatenbund. Nürnberg, Fränkischer Verlagsanstalt, 1915. 80 S.)——383。

——《目前这场战争以前社会民主党人的战争观》(Sozialdemokratische Anschauungen über den Krieg vor dem jetzigen Kriege. —«Die Neue Zeit», Stuttgart, 1916, Jg. 35, Bd. 1, Nr. 13, 29. Dezember, S. 297—306)——256、341、402。

——《群众的行动》(Die Aktion der Masse.—«Die Neue Zeit», Stuttgart, 1912, Jg. 30, Bd. 1, Nr. 2, 13. Oktober, S. 43—49; Nr. 3, 20. Oktober, S. 77—84; Nr. 4, 27. Oktober, S. 106—117)——384。

——《社会革命》(第 1 编：社会改良和社会革命)(Die soziale Revolution. I. Sozialreform und soziale Revolution. Berlin, Expedition der Buchh. «Vorwärts», 1902. 56 S.)——329、398。

——《社会革命》(第 2 编：社会革命后的第二天)(Die soziale Revolution. II. Am Tage nach der sozialen Revolution. Berlin, Expedition der Buchh. «Vorwärts», 1902. 48 S.)——329、398。

——《社会民主党人对战争的新观点》(Neue sozialdemokratische Auffassungen vom Krieg.—«Die Neue Zeit», Stuttgart, 1917, Jg. 35, Bd. 1, Nr. 14, 5. Januar, S. 321—334)——256、341、402。

——《社会主义与殖民政策》(Sozialismus und Kolonialpolitik. Eine Auseinandersetzung. Berlin, «Vorwärts», 1907. 80 S.)—— 48—50、76、78、88、378。

——《世界的救星》(Der Heiland der Welt.—«Leipziger Volkszeitung», 1916, Nr. 289, 24. Dezember, S. 1)——256、341、402。

——《新策略》(Die neue Taktik.—«Die Neue Zeit», Stuttgart, 1912, Jg. 30, Bd. 2, Nr. 44, 2. August, S. 654—664; Nr. 45, 9. August. S. 688—698; Nr. 46, 16. August, S. 723—733)——350、384。

——《再论裁军》(Nochmals die Abrüstung.—«Die Neue Zeit», Stuttgart, 1912, Jg. 30, Bd. 2, Nr. 49, 6. September, S. 841—854)——78、79。

克劳塞维茨，卡·《论战争和用兵的遗著》(第 1 卷第 1 册)(Clausewitz, K. Hinterlassene Werke über Krieg und Kriegführung. Bd. 1, T. 1. Vom Kriege. Berlin, Dümmler, 1832. XXVIII, 371 S.)——123。

——《论战争和用兵的遗著》(第 1 卷第 1 册，第 3 卷第 3 册)(Hinterlassene Werke über Krieg und Kriegführung. Bd. 1, T. 1, Bd. 3, T. 3. Berlin, Dümmler, 1832—1834. 2 Bde.)——60—61。

库利舍尔，A.《都柏林叛乱》(Кулишер, А. Дублинский мятеж.—«Речь», Пг., 1916, №102 (3485), 15 (28) апреля, стр. 1—2)——51—52。

拉狄克，卡·《民族自决权》(Radek, K. Das Selbstbestimmungsrecht des Völker.—«Lichtstrahlen», Berlin, 1915, Nr. 3, 5. Dezember, S. 50 — 54)——46。

［拉狄克，卡·］《好景不常》(［Radek, K.］Ein ausgespieltes Lied.—«Berner Tagwacht», 1916, Nr. 108, 9. Mai, S. 1. Подпись: К. R.)——51。

—《兼并和社会民主党》(Annexionen und Sozialdemokratie.—«Berner Tagwacht», 1915, Nr. 252, 28. Oktober. Beilage zur «Berner Tagwacht», S. 1; Nr. 253, 29. Oktober. Beilage zur «Berner Tagwacht», S. 1. Подпись: Parabellum)——25、27、46、106。

莱蒙托夫，米·尤·《致亚·奥·斯米尔诺娃》(Лермонтов, М. Ю. А. О. Смирновой)——18。

李卜克内西，卡·《强有力的警告》(Liebknecht, K. Ein kräftiger Mahnruf.— «Berner Tagwacht», 1915, Nr. 123, 31. Mai, S. 1)——355。

—《致德国社会民主党执行委员会》(An den Vorstand der sozialdemokratischen Partei Deutschlands. Berlin, den 2. Oktober 1914.—В кн.: Klassenkampf gegen den Krieg! Materiale zum «Fall» Liebknecht. Б. м. и б. г., S. 21 — 24. (Als Manuskript gedruckt))—— 204、243、264 — 265、286、355、358。

李普曼，弗·《旧过失的新翻版》(Либман, Ф. Новое издание старой ошибки. (К национальному вопросу).—«Цайт», Пб., 1913, №28, 17 (30) сентября, стр. 3 — 4. На евр. яз.)——55。

利沙加勒，普·奥·《1871 年公社史》(Lissagaray, P. O. Geschichte der Kommune von 1871. 2. vom Verfasser durchges. Aufl. Illustrirte Ausgabe. Mit einem Nachtrag: Die Vorgeschichte und die inneren Triebkräfte der Kommune von S. Mendelson. Stuttgart, Dietz, 1894. XIV, 550 S.)—— 92、175。

利西斯，欧·《反对法国金融寡头》(Lysis, E. Contre l'Oligarchie financière en France. Préf. de J. Finot. 5-me éd. Paris, «La Revue», 1908. XI, 260 p.) ——304。

［列宁，弗·伊·］《对其他党派的态度》(［Ленин, В. И.］ Отношение к другим

партиям и группам.〔Резолюция, принятая на конференции заграничных секций РСДРП. 1915 г.〕.—«Социал-Демократ», Женева, 1915, №40, 29 марта, стр. 2. Под общ. загл.: Конференция заграничных секций РСДРП) —— 182。

—《俄国社会民主工党国外支部代表会议》(载于〔弗·伊·列宁和格·叶·季诺维也夫〕《社会主义与战争》一书)(Конференция заграничных секций РСДРП.—В кн.:〔Ленин, В. И. и Зиновьев, Г. Е.〕Социализм и война.(Отношение РСДРП к войне). Изд. ред. «Социал-Демократа». Женева, Chaulmontet, 1915, стр. 41 — 46. (РСДРП). Перед загл. кн. авт.: Г. Зиновьев и Н. Ленин) —— 28、302 — 303。

—《俄国社会民主工党国外支部代表会议》(载于1915年3月29日《社会民主党人报》第40号)(Конференция заграничных секций РСДРП.—«Социал-Демократ», Женева, 1915, №40, 29 марта, стр. 2) —— 2、13、104、119 — 121、122、123、127、182。

—《革命的社会民主党的口号》〔1915年俄国社会民主工党国外支部代表会议通过的决议〕(Лозунги революционной социал-демократии.〔Резолюция, принятая на конференции заграничных секций РСДРП. 1915 г.〕.—«Социал-Демократ», Женева, 1915, №40, 29 марта, стр. 2. Под общ. загл.: Конференция заграничных секций РСДРП) —— 13。

—《关于"保卫祖国"的口号》〔1915年俄国社会民主工党国外支部代表会议通过的决议〕(О лозунге «защиты отечества».〔Резолюция, принятая на конференции заграничных секций РСДРП. 1915 г.〕.—«Социал-Демократ», Женева, 1915, №40, 29 марта, стр. 2. Под общ. загл.: Конференция заграничных секций РСДРП) —— 104、120、121、122、123、127。

—《关于民族问题的决议〔有党的工作者参加的俄国社会民主工党中央委员会1913年夏季会议的决议〕》(Резолюция по национальному вопросу,〔принятая на летнем 1913 г. совещании ЦК РСДРП с партийными работниками〕.—В кн.: Извещение и резолюции летнего 1913 года совещания Центрального Комитета РСДРП с партийными работниками. Изд. ЦК.〔Париж, декабрь〕1913, стр. 20 — 23. (РСДРП)) —— 55。

——《关于自决问题的争论总结》(1916 年 7 月)(Итоги дискуссии о самооп-ределении. Июль 1916 г.)——62—63、66、67、68。

——《关于自决问题的争论总结》(载于 1916 年 10 月《〈社会民主党人报〉文集》第 1 辑)(Итоги дискуссии о самоопределении.—«Сборник Социал-Демократа», [Женева], 1916, №1, октябрь, стр. 11 — 28. Подпись: Н. Ленин)——9。

——《和平主义与和平口号》[1915 年俄国社会民主工党国外支部代表会议通过的决议](载于[弗·伊·列宁和格·叶·季诺维也夫]《社会主义与战争》一书(德文版))([Lenin, W. I.] Der Pazifismus und die Friedenslo-sung. [Резолюция, принятая на конференции заграничных секций РСДРП. 1915 г.]—В кн.: [Lenin, W. I. u. Zinowjew, G. E.] Sozialismus und Krieg. (Stellung der SDAP Rußlands zum Kriege). Б. м., 1915, S. 35. (SDAP). После загл. кн. авт.: G. Zinowjew und N. Lenin)——266。

——《和平主义与和平口号》[1915 年俄国社会民主工党国外支部代表会议通过的决议](载于[弗·伊·列宁和格·叶·季诺维也夫]《社会主义与战争》一书(俄文版))(Пацифизм и лозунг мира. [Резолюция, принятая на конференции заграничных секций РСДРП. 1915 г.].—В кн.: [Ленин, В. И. и Зиновьев, Г. Е.] Социализм и война. (Отношение РСДРП к войне). Изд. ред. «Социал-Демократа». Женева, Chaulmontet, 1915, стр. 44—45. (РСДРП). Перед загл. кн. авт.: Г. Зиновьев и Н. Ленин)——164。

——《和平主义与和平口号》[1915 年俄国社会民主工党国外支部代表会议通过的决议](载于 1915 年 3 月 29 日《社会民主党人报》第 40 号)(Пацифизм и лозунг мира. [Резолюция, принятая на конференции заграничных секций РСДРП. 1915 г.]. —«Социал-Демократ», Женева, 1915, №40, 29 марта, стр. 2. Под общ. загл.: Конференция заграничных секций РСДРП)——120—121、127。

——《几个要点》(Несколько тезисов. От редакции.—«Социал-Демократ», Женева, 1915, №47, 13 октября, стр. 2)——164。

——《论俄国社会民主工党的民族纲领》(О национальной программе РСДРП.—«Социал-Демократ», [Париж], 1913, №32, 15 (28) декабря, стр. 4—

5)——182—183。

—《论"废除武装"的口号》(О лозунге «разоружения».—«Сборник Социал-Демократа», [Женева], 1916, №2, декабрь, стр. 29 — 34. Подпись: Н. Ленин)——289。

—《论民族自决权》(О праве наций на самоопределение.—«Просвещение», Спб., 1914, №4, стр. 34 — 47; №5, стр. 57—71; №6, стр. 33—47. Подпись: В. Ильин)——101—102、142、148—149。

—《论尤尼乌斯的小册子》(1916 年 7 月)(О брошюре Юниуса. Июль 1916 г.)——62—63、66—67。

—《论尤尼乌斯的小册子》(载于 1916 年 10 月《〈社会民主党人报〉文集》第 1 辑)(О брошюре Юниуса.—«Сборник Социал-Демократа», [Женева], 1916, №1, октябрь, стр. 28—34. Подпись: Н. Ленин)——28、127、172。

—《社会主义革命和民族自决权(提纲)》(载于 1916 年 4 月《先驱》杂志第 2 期)(Die sozialistische Revolution und das Selbstbestimmungsrecht der Nationen. (Thesen).—« Vorbote», [Bern], 1916, Nr. 2, April, S. 36 — 44)——16、17、18、19、21 — 22、23、24、25、27 — 28、30 — 31、32 — 33、45—46、50—51、64、98—99、156—157。

—《社会主义革命和民族自决权(提纲)》(载于 1916 年 10 月《〈社会民主党人报〉文集》第 1 辑)(Социалистическая революция и право наций на самоопределение. (Тезисы).—«Сборник Социал-Демократа», [Женева], 1916, №1, октябрь, стр. 1 — 6. Подпись: Редакция «С.-Д-та», Центр. Органа РСДРП)——17、18、19、20、21—22、23、24、25、27—28、30—31、32—33、45—46、50—51、98—99、100、101—102、103—106、107、128—129、130、137、138、140、143、144—145、149、150、151、152、156、157—158、163—164、170。

—《战争和俄国社会民主党》(载于[弗·伊·列宁和格·叶·季诺维也夫]《社会主义与战争》一书)(Война и российская социал-демократия.—В кн.: [Ленин, В. И. и Зиновьев, Г. Е.] Социализм и война. (Отношение РСДРП к войне). Изд. ред. «Социал-Демократа». Женева, Chaulmontet, 1915, стр. 35—41. (РСДРП). Перед загл. кн. авт.: Г. Зиновьев и Н. Ленин)

——28、302—303。

—《战争和俄国社会民主党》(载于 1914 年 11 月 1 日《社会民主党人报》第 33 号)(Война и российская социал-демократия.—«Социал-Демократ», Женева, 1914, №33, 1 ноября, стр. 1. Подпись: Центральный Комитет Российской с.-д. рабочей партии)——2、260—261、302、308、347—349。

—《政论家札记》(Заметки публициста. II. «Объединительный кризис» в нашей партии.—«Дискуссионный Листок», [Париж], 1910, №2, 25 мая (7 июня), стр. 4—14. Подпись: Н. Ленин. На газ. дата: 24 мая (7 июня))——298。

[列宁, 弗·伊·和季诺维也夫, 格·叶·]《社会主义与战争》(德文版)([Lenin, W. I. und Zinowjew, G. E.]Sozialismus und Krieg. (Stellung der SDAP Rußlands zum Kriege). Б. м., 1915. 36 S. (SDAP). После загл. кн. авт.: G. Zinowjew und N. Lenin)——28、121、265—266。

—《社会主义与战争》(俄文版)([Ленин, В.И. и Зиновьев, Г.Е.] Социализм и война. (Отношение РСДРП к войне). Изд. ред. «Социал-Демократа». Женева, Chaulmontet, 1915. 48 стр. (РСДРП). Перед загл. кн. авт.: Г. Зиновьев и Н. Ленин)——28、60、64、105、164、302—303。

—《社会主义与战争》(法文版)([Lénine, V. I. et Zinowieff, G. E.]Le Socialisme et la Guerre. (Point de vue du PSDO de Russie sur la guerre). Genève, la Rédaction du «Social-Democrate», 1916. 77 p. (Parti Social Démocrate Ouvrier de Russie))——28、121。

[列宁, 弗·伊·和卢森堡, 罗·《对倍倍尔关于军国主义和国际冲突问题的决议案的修正(在斯图加特国际社会党代表大会上提出)》]([Lenin, W. I. u. Luxemburg, R. Änderungen zur Resolutionsentwurf Bebels zur Frage des Militarismus und der internationalen Konflikte, eingebracht auf dem Internationalen sozialistischen Kongreß zu Stuttgart].—«Vorwärts», Berlin, 1907, Nr. 196, 23. August. 1. Beilage zu Nr. 196 des «Vorwärts», S. 3. Под общ. загл.: Die Kommissionen. Der Militarismus und die internationalen Konflikte)——301。

列维茨基, 弗·《组织社会力量和保卫祖国》(Левицкий, В. Организация

общественных сил и защита страны. —В кн. ：Самозащита. Марксистский

сборник. 1. Пг. , 1916, стр. 108—120)——311。

卢森堡，罗·《代序》(1916 年 1 月 2 日)(Luxemburg, R. Zur Einleitung. 2.
Januar 1916.—В кн. ：［Luxemburg, R.］Die Krise der Sozialdemokratie.
Anhang：Leitsätze über die Aufgaben der internationalen Sozialdemo-
kratie. Zürich, Verlagsdruckerei Union, 1916, S. 3. После загл. авт. ：Ju-
nius)——1。

—《德国和奥地利的波兰社会主义运动的新潮流》(Neue Strömungen in
der polnischen sozialistischen Bewegung in Deutschland und Österreich.
—«Die Neue Zeit», Stuttgart, 1895—1896, Jg. XIV, Bd. II, Nr. 32, S.
176—181；Nr. 33, S. 206—216)——16。

—《国际的重建》(Der Wiederaufbau der Internationalen. —«Die Internatio-
nale», ［Düsseldorf］, 1915, Hft. 1, 15. April, S. 1—10)——1、2—3。

—《群众性罢工、党和工会》(Massenstreik, Partei und Gewerkschaften. Im
Auftrage des Vorstandes der sozialdemokratischen Landesorganisation
Hamburgs und der Vorstände der sozialdemokratischen Vereino von Al-
tona, Ottensen und Wandsbek. Hamburg, Dubber, 1906. 63 S.)——398。

—《社会爱国主义在波兰》(Der Sozialpatriotismus in Polen. —«Die Neue
Zeit», Stuttgart, 1895—1896, Jg. XIV, Bd. II, Nr. 41, S. 459—470)——16。

［卢森堡，罗·］《民族问题和自治》(［Luxemburg, R.］Kwestja narodowościowa i
autonomja. —«Przeglad Socjaldemokratyczny», ［Kraków］, 1908, N 6,
sierpień, s. 482 — 515；N 7, wrzesień, s. 597 — 631；N 8 — 9,
październik—listopad, s. 687—710；N 10, grudzień, s. 795—818；1909, N
12, czerwiec, s. 136 — 163；N 14 — 15, sierpień—wrzesień, s. 351 — 376)
——46、55—56、165—166。

—《社会民主党的危机》(Die Krise der Sozialdemokratie. Anhang：Leitsätze
über die Aufgaben der internationalen Sozialdemokratie. Zürich, Verlags-
druckerei Union, 1916. 109 S. После загл. авт. ：Junius)——1—2、3、4、5、
7—9、10—11、12、13、14—15、28、51、87、155、172、401、403。

吕勒，奥·《论党的分裂》(Rühle, O. Zur Parteispaltung. —«Vorwärts»,

Berlin, 1916, Nr. 11, 12. Januar. Beilage zu Nr. 11 des «Vorwärts», S. 2)
——3、188——189、306——307、378。

[伦纳,卡·]施普林格,鲁·《奥地利民族为国家而斗争》([Renner, K.]
Springer, R. Der Kampf der Österreichischen Nationen um den Staat. T. 1:
Das nationale Problem als Verfassungs und Verwaltungsfrage. Leipzig—
Wien, Deuticke, 1902. IV, 252 S.)——367、400。

伦施,保·《关于自决的蠢话》(Lensch, P. Die Selbstbestimmungsflause.—
«Die Glocke», München, Jg. 1915, Hft. Nr. 8, 15. Dezember, S. 465 —
476)——19、29——32、56、402、403。

—《社会主义和过去的兼并》(Sozialismus und Annexionen in der Vergan-
genheit.—«Die Glocke», München, Jg. 1915/16, Hft. Nr. 9, 1. Januar, S.
493—500)——19、29——32、56、402、403。

[罗兰-霍尔斯特,罕·]《民兵制还是裁军?》([Roland Holst, H.] Miliz oder
Abrüstung? —«Neues Leben», Bern, 1915, Jg. 1, Hft. 12, Dezember, S.
365—372)——86、110、171。

—《模棱两可的观点》(Een dubbelzinnig standpunt.—«De Tribune», Am-
sterdam, 1916, No. 159, 23 Augustus, S. 1)——299、312。

[马尔托夫,尔·]《从"民族自决权"中得出的结论是什么》([Мартов, Л.]
Что следует из «права на национальное самоопределение».—«Наш
Голос», Самара, 1916, №3 (17), 17 января, стр. 1 — 2; №4 (18), 24
января, стр. 1)——56—57、146。

—《给编辑部的信》(Письмо в редакцию. Ответ на приглашение сотрудничать в
журнале «Дело».—«Голос», Самара, 1916, №2, 20 сентября, стр. 2)——
299、311。

—《简单化的危险》(Опасность упростительства.—«Бюллетень Заграничного
Комитета Бунда», [Женева], 1916, №1, сентябрь, стр. 3 — 4)——292—
295、299。

—《同帝国主义的斗争与俄国革命》(Борьба с империализмом и русская
революция.—«Известия Заграничного Секретариата Организационного
Комитета Российской Социал-Демократической Рабочей Партии»,

［Цюрих—Женева］，1916，№6，12 сентября，стр.1）——299。

—《现实情况》》（То，что есть.—«Наше Слово»，Париж，1916，№84（471），8 апреля，стр.1—2）——299—300。

—《站队！》》（В шеренгу！（Циммервальдская конференция и группировки на ней).—«Наше Слово»，Париж，1916，№4（392），6 января，стр.1—2；№5 （393），7 января，стр.1—2）——300。

马克思，卡·《法兰西内战》（Маркс，К. Гражданская война во Франции. Воззвание Генерального Совета Международного Товарищества Рабочих. Апрель—май 1871 г.）——10。

—《哥达纲领批判》（Критика Готской программы. Апрель—начало мая 1875 г.）——18—19。

—《给弗·阿·左尔格的信》（1874 年 8 月 4 日）（Письмо Ф. А. Зорге. 4 августа 1874 г.）——76。

—《机密通知》（1870 年 3 月 28 日左右）（Конфиденциальное сообщение. Около 28 марта 1870 г.）——37、39。

—《〈路易·波拿巴的雾月十八日〉第二版序言》（Предисловие ко второму изданию «Восемнадцатого брюмера Луи Бонапарта». 23 июня 1869 г.） ——70—71。

—《资本论》（Капитал. Критика политической экономии，т. I. 1867 г.）—— 71、132。

马克思，卡·和恩格斯，弗·《共产党宣言》（Маркс，К. и Энгельс，Ф. Манифест Коммунистической партии. Декабрь 1847 г.—январь 1848 г.）——310。

马斯洛夫，彼·巴·《论帝国主义》（Маслов，П. П. Об империализме.—«Дело»， М.，1916，№1，август，стр.8—17；№2，стр.6—16）——299。

梅林，弗·《卡尔·马克思和弗里德里希·恩格斯传记的新材料》》（Mehring， F. Neue Beiträge zur Biographie von Karl Marx und Friedrich Engels.— «Die Neue Zeit»，Stuttgart，1906—1907，Jg.25，Bd.2，Nr.27，S.15—21； Nr.28，S.53—59；Nr.29，S.98—103；Nr.31，S.160—168；Nr.32，S.180— 187；Nr.33，S.222—228）——402。

—《我们的导师和党机关的政策》（Unsere Altmeister und die Instanzenpolitik.—«Die Internationale»,〔Düsseldorf〕, 1915, Hft. 1, 15. April, S. 60—70)——1。

弥勒,古·〔《答复》〕(载于 1917 年 1 月《伯尔尼哨兵报》第 17、20 号)(Müller, G.〔Erwiderung〕.—«Berner Tagwacht», 1917, Nr. 17, 20. Januar. Beilage zur «Berner Tagwacht», S. 1,в ст.:Antwort an die Genossen E. Nobs und F. Platten)——372。

——《答复》(载于 1917 年 1 月《民权报》第 18、22 号)(Erwiderung.—«Volksrecht», Zürich, 1917, Nr. 18, 22. Januar, S. 3, в отд.: Aus der Partei)——372。

——《战争问题的根本原则》(Leitsätze zur Militärfrage.—«Grütlianer», Zürich, 1916, Nr. 192, 18. August, S. 1—2)——271。

〔纳希姆松,米·伊·〕《卡·考茨基给斯佩克塔托尔同志的信》(载于 1916 年 5 月 8 日《我们的呼声报》第 15 号(总第 29 号)(〔Нахимсон, М. И.〕Письмо К. Каутского тов. Спектатору.—«Наш Голос», Самара, 1916, №15 (29), 8 мая, стр. 1—2. Подпись: Спектатор)——10、72。

帕图叶,约·《美国帝国主义》(Patouillet, J. L'impérialisme américain. Thèse pour le doctorat. (Sciences politiques et économiques). Dijon, «Petit Bourguignon», 1904. 388 p. (Université de Dijon.—Faculté de droit))——401、402、403。

潘涅库克,安·《群众行动与革命》(Panneckoek, A. Massenaktion und Revolution.—«Die Neue Zeit», Stuttgart, 1912, Jg. 30, Bd. 2, Nr. 41, 12. Juli, S. 541—550; Nr. 42, 19. Juli, S. 585—593; Nr. 43, 26. Juli, S. 609—616)——350、384。

普夫吕格尔,保·《战争问题的提纲》(Pflüger, P. Thesen zur Militärfrage.—«Volksrecht», Zürich, 1916, Nr. 210, 8. September, S. 1)——271。

普拉滕,弗·《战争问题》(Platten, F. Die Militärfrage.—«Volksrecht», Zürich, 1917, Nr. 27, 1. Februar, S. 1)——373。

普列汉诺夫,格·瓦·《论战争》(Плеханов, Г. В. О войне. Ответ товарищу З. П. Paris, «Union», 1914. 32 стр.)——124。

普希金,亚·谢·《英雄》(Пушкин, А. С. Герой)——365。

萨蒙,E.《托利党人眼中的劳合-乔治先生》(Salmon,E.Mr.Lloyd George from a tory point of View.—«The British Review»,London,1915.v.XII,No.3, December)——82。

[萨宁,阿·阿·]《谁来实现政治革命》([Санин,А.А.] Кто совершит политическую революцию.Отдельный оттиск из «Пролетарской Борьбы». Изд.Киевского комитета.[Киев],1899.28 стр.(РСДРП))——98。

施特勒贝尔,亨·《和平主义与社会民主党》(Ströbel,H.Pazifismus und Sozialdemokratie.—«Sozialistische Auslandspolitik Korrespondenz»,Berlin, 1916,Nr.27,12.Juli,S.1—2)——4。

—《普鲁士联邦议会党团的分裂》(Der Riß in der preußischen Landtagsfraktion.—«Die Internationale»,[Düsseldorf],1915,Hft.1,15.April,S. 41—47.Под общ.загл.:Aus dem Parlament)——1。

—《社会主义运动危机的起因》(Die Ursachen der sozialistischen Krise.—«Die Neue Zeit»,Stuttgart,1915,Jg.34,Bd.1,Nr.12,17.Dezember,S. 353—361)——4。

[司徒卢威,彼·伯·]《时代的迫切任务》([Струве,П.Б.] Насущная задача времени.—«Освобождение»,Париж,1905,№63,20(7)января,стр.221— 222.Подпись:П.С.)——317、395。

斯佩克塔托尔——见纳希姆松,米·伊·。

斯陶宁格,托·[《给埃·王德威尔得的信》(1916 年 9 月 15 日)](Stauning, T.[Brief an E. Vandervelde. 15. September 1916].—«Volksstimme», Chemnitz,1916,Nr.241,16.Oktober. Beilage zur Nr. 241 des «Volksstimme»,S. 1 — 2,в ст.:Minister Stauning und Deutschland)—— 188、201。

苏瓦林,波·《致我们在瑞士的朋友们》(Souvarine,B.A nos amis qui sont en Suisse.—«Le Populaire du Centre»,Limoges—Paris,1916,N 345,10 décembre,p.1)——302、303、306、309、310。

塔尔海默,奥·《神秘的学说和神话》(Thalheimer,A. Die Geheimlehre und der Mythus.—«Die Internationale»,[Düsseldorf],1915,Hft.1,15.April, S.54—59)——1。

Scheinkonstitutionalismus.—«Archiv für Sozialwissenschaft und Sozial-
politik»,Tübingen,1906,Bd.V(XXIII),S.165(1)—401（237））——330。

维尔特,阿·《世界现代史》(Wirth,A.Weltgeschichte der Gegenwart.(1879—
1913).4.Aufl.Leipzig,1913)——402、403。

温库普,D.J.《人民武装》(Wynkoop,D.J.Volksbewaffnung.(Eine Grundlage
zur Diskussion).—«Vorbote»,〔Bern〕,1916,Nr.2, April,S.27—36)——
86、171。

伍·《可笑的指责》(W.Курьезное обвинение.—«Информационный Листок
Заграничной Организации Бунда»,〔Женева〕,1915,№8,май,стр.11—
12)——182。

西斯蒙第,让·沙·莱·《政治经济学概论》(Sismondi,J.C.L.Simonde de.
Études sur l'économie politique. T. I. Bruxelles, société typographique
Belge,1837.IX,327 p.)——70—71。

希法亭,鲁·《金融资本》(Гильфердинг, Р. Финансовый капитал. Новейшая
фаза в развитии капитализма. Авторизов. пер. с нем. и вступит. статья И.
Степанова. М., Знаменский, 1912. XXIX, 576, 3 стр.)——72、133、
146、401。

谢姆柯夫斯基,谢·《就国家建设问题纸上谈兵》(Семковский,С.Государство
строительное прожектерство.—«Наше Слово», Париж, 1915, №45, 21
марта,стр.2,в отд.:Свободная трибуна)——167。

——《民族问题中的简单化的马克思主义》(Упрощенный марксизм в нацио-
нальном вопросе.—«Новая Рабочая Газета», Спб., 1913, №69, 29
октября,стр.1;№71,31 октября,стр.2)——55—56。

许布纳尔,奥·《世界各国地理统计表》(Hübner,O.Geographisch-statistische
Tabellen aller Länder der Erde.Fortgefürt und ausgestaltet von F.v.Jura-
schek. 64. Ausgabe. (Kriegs-Ausgabe). Im Druck vollendet Ende 1915.
Frankfurt a.M.,Keller,1916.XV,158 S.)——366—370。

尤尔凯维奇,列·《俄国的马克思主义者和乌克兰的工人运动》(Юркевич,Л.
Російські марксісти і український робітничий рух.—«Дзвін»,〔Київ〕,
1913,№7—8,стр.83—94)——55—56。

尤尼乌斯——见卢森堡,罗·。

————

b.b.《屠拉梯关于和平建议的演说》(b.b. Eine Rede Turatis über das Friedensangebot.—«Volksrecht», Zürich, 1916, Nr. 301, 23. Dezember, S. 2) ——231。

E. Th.《述 评》(E. Th. Der Überblick.—« Schweizerische Metallarbeiter-Zeitung»,Bern,1916,Nr.40,30.September,S.2)——251、393。

J.B.G.《爱尔兰起义》(J.B.G. The Irish Rebellion.—«The Socialist Review», London,1916,No.78, August—September, p. 204 — 207. Под общ. загл.: Socialist Review Outlook. The economic Conference)——181。

J.H.《工会和战争问题》(J.H. Die Gewerkschaften und die Militärfrage.— « Schweizerische Metallarbeiter-Zeitung », Bern, 1916, Nr. 38, 16. September,S.1)——393。

L.E.《一个美国社会主义者论战争》(L.E. An American Socialist on the War. [Рецензия на книгу:]Socialism and War. By Louis B. Boudin.—«The Socialist Review», London, 1916, Nr. 78, August—September, p. 287 — 290)——181。

Nota-Bene——见布哈林,尼·。

*　　　*　　　*

巴塞尔地区 (Baselland.—«Grütlianer», Zürich, 1917, Nr. 2, 4. Januar, S. 3) ——270、271、284。

《巴塞尔前进报》(«Basler Vorwärts»,1916,9.November)——392。

　—1916,12.November.——392。

　—1916,14.November.——392。

　—1917,16.Januar.——371、374。

《保险问题》杂志(彼得堡)(«Вопросы Страхования»,Пг.)——221。

《北方呼声报》(圣彼得堡)(«Северный Голос»,Спб.)——327。

《北美评论》杂志(波士顿)(«The North American Review»,Boston)——351。

《崩得国外委员会公报》[日内瓦](«Бюллетень Заграничного Комитета

Бунда»，〔Женева〕，1916，№1，сентябрь. 6 стр. ）——182、292 — 295、296—298、299—300。

[《〈崩得国外委员会公报〉编辑部对尔·马尔托夫〈简单化的危险〉一文的按语》]（〔Примечание редакции «Бюллетеня Заграничного Комитета Бунда» к статье Л. Мартова «Опасность упростительства»〕.—«Бюллетень Заграничного Комитета Бунда»，〔Женева〕，1916，№1，сентябрь，стр. 3）——294。

《崩得国外组织新闻小报》[日内瓦]（«Информационный Листок Заграничной Организации Бунда»，〔Женева〕，1915，№8，май，стр. 11—12）——182。

《彼得堡工人[1905年]1月9日给沙皇的请愿书》[传单]（Петиция петербургских рабочих царю 9-го января〔1905 г.〕.〔Листовка〕. Изд. соц.-дем. группы меньшинства.〔Спб.，январь 1905〕. 2 стр. Гект. ）——313—316。

《彼得堡和莫斯科的孟什维克的宣言》——见《社会民主党人论保卫祖国》。

《编辑部的话》（От редакции.—В кн.: Интернационал и война. №1. 〔Цюрих〕，изд. Загр. секретариата Орг. к-та РСДРП，1915，стр. I—II. （РСДРП））——72。

《编辑部的话》（Nachschrift der Redaktion.—«Schweizerische Metallarbeiter-Zeitung»，Bern，1916，Nr. 38，16. September，S. 1）——247。

《波兰代表团在齐美尔瓦尔德国际社会党代表会议上的宣言》（Декларация польской делегации на Международной социалистич. конференции в Циммервальде.—В кн.: Интернационал и война. №1. 〔Цюрих〕，изд. Загр. секретариата Орг. к-та РСДРП，1915，стр. 97 — 99. （РСДРП））——45、58、107。

《伯尔尼国际社会党委员会。公报》（«Internationale Sozialistische Kommission zu Bern. Bulletin»，Bern，1916，Nr. 3，29. Februar. 16 S. ）——1、28、99 —100、105—106、107、127、155—156、246、345。

《伯尔尼决议》——见列宁，弗·伊·《俄国社会民主工党国外支部代表会议》。

《伯尔尼哨兵报》（«Berner Tagwacht»）——51、97、252、269、274、284、371。
　　—1915，Nr. 123，31. Mai，S. 1.——355。

—1915,Nr.252,28.Oktober.Beilage zur «Berner Tagwacht»,S.1；Nr.253，
29.Oktober.Beilage zur «Berner Tagwacht»,S.1.——25、27、46、106。

—1916,Nr.108,9.Mai,S.1.——51。

—1916,Nr.237,9.Oktober,S.1.——192。

—1916,Nr.239,11.Oktober,S.2.——192。

—1916,Nr.241,13.Oktober,S.1.——192。

—1916,Nr.242,14.Oktober,S.2.——192。

—1916,Nr.248,21.Oktober,S.1—2.——202—203。

—1916,Nr.289,8.Dezember.1.Beilage zur «Berner Tagwacht», S.1.——
265—266、371、372。

—1916,Nr.302,23.Dezember,S.1.——230、237。

—1916,Nr.307,30.Dezember,S.1.——238—239、241、273、284。

—1917,Nr.6,8.Januar,S.1.—— 265 — 266、268、269、270、271、284、
371、372。

—1917,Nr.17,20.Januar.Beilage zur «Berner Tagwacht»,S.1.——372。

—1917,Nr.19,23.Januar,S.1；Nr.20,24.Januar,S.1；Nr.21,25.Januar,S.1；
Nr.22,26.Januar,S.1；Nr.23,27.Januar,S.1.——353—357、358—360。

《不来梅市民报》(«Bremer Bürger-Zeitung»)——3。

—1916,Nr.295,16.Dezember.2.Beilage,S.1.——227、229。

《不列颠评论》杂志(伦敦)(«The British Review», London, 1915, v. XII,
No.3,December)——82。

《大西洋月刊》(波士顿)(«The Atlantic Monthly»,Boston)——351。

《丹麦社会民主党和社会党人部长》(Die dänische Sozialdemokratie und der
Ministersozialismus.—«Berner Tagwacht»,1916,Nr.248,21.Oktober,S.
1—2)——202—203。

《单独媾和的准备》(Die Vorbereitung des Separatfriedens.—«Berner Tag-
wacht»,1916,Nr.239,11.Oktober,S.2)——192。

《党的非常代表大会》(Außerordentlicher Parteitag.Samstag und Sonntag den
10.und 11.Februar 1917 im Volkshaus in Bern.—«Berner Tagwacht»,
1916, Nr.289, 8. Dezember. 1. Beilage zur «Berner Tagwacht», S. 1. Под

общ. загл.: Sozialdemokratische Partei der Schweiz. Подпись: Die Geschäftsleitung)——265——266、371、372。

《党的决议》(Parteibeschlüsse.—«Berner Tagwacht», 1917, Nr. 6, 8. Januar, S. 1)——265——266、268、269、270、271、284、371、372。

《党执行委员会的提案》(Antrag des Parteivorstandes.—В кн.: Protokoll über die Verhandlungen des Parteitages der Sozialdemokratischen Partei der Schweiz vom 4. und 5. November 1916, abgehalten im Gesellschaftshaus «z. Kaufleuten» in Zürich. Б. м. и б. г., S. 4——5)——269。

《德俄和平谈判?》(Deutsch-russische Friedensunterhandlungen? —«Berner Tagwacht», 1916, Nr. 237, 9. Oktober, S. 1)——192。

《德国党内反对派的和平宣言》(Ein Friedensmanifest der deutschen Partei-opposition.—«Volksrecht», Zürich, 1917, Nr. 9, 11. Januar, S. 1)——256、282。

《德国工人党纲领》(Programm der deutschen Arbeiterpartei.—В кн.: Protokoll des Vereinigungskongresses der Sozialdemokraten Deutschlands, abge-halten zu Gotha vom 22. bis 27. Mai 1875. Leipzig, Genossenschafts-buchdruckerei, 1875, S. 3——4)——101——102。

《德国社会党人代表会议闭幕》(La chiusura della Conferenza socialista tedesca. —«Avanti!», Milano, 1916, N. 269, 27 settembre, P. 1)——185——186。

《德国社会民主党纲领(1891年爱尔福特代表大会通过)》(Programm der So-zialdemokratischen Partei Deutschlands, beschlossen auf dem Parteitag zu Erfurt 1891.—В кн.: Protokoll über die Verhandlungen des Parteitages der Sozialdemokratischen Partei Deutschlands. Abgehalten zu Erfurt vom 14. bis 20. Oktober 1891. Berlin, «Vorwärts», 1891, S. 3——6)——101——102、141。

《德国同志们的建议》(Ein Vorschlag deutscher Genossen.—«Internationale Sozialistische Kommission zu Bern. Bulletin», Bern, 1916, Nr. 3, 29. Fe-bruar, S. 6——7)——1、28、127、155——156。

《第二联盟选区的社会民主党对国民议会的态度》(Die Stellungnahme der so-zialdemokratischen Partei des 2. eidgenössischen Wahlkreises zur

Haltung ihrer Nationalräte.—«Grütlianer», Zürich, 1916, Nr. 163, 15. Juli, S. 2—3, в отд.: Aus der Partei)——392。

《对党主席的决定进行全党表决》(Das Referendum gegen den Parteivorstandsbeschluß ergriffen.—«Volksrecht», Zürich, 1917, Nr. 19, 23. Januar, S. 2, в отд.: Aus der Partei)——371、374。

《对军事问题委员会多数派决议案的修正案》(Abänderungsanträge zu der Resolution der Mehrheit der Militärkommission.—«Volksrecht», Zürich, 1917, Nr. 34, 9. Februar, S. 1—2)——373、374。

《俄国来信》(Письма из России.—«Известия Заграничного Секретариата Организационного Комитета Российской Социал-Демократической Рабочей Партии», [Цюрих], 1916, №4, 10 апреля, стр. 2, в отд.: Из партии) ——74。

《俄国社会民主工党纲领(党的第二次代表大会通过)》(Программа Российской соц.-дем. рабочей партии, принятая на Втором съезде партии.—В кн.: Второй очередной съезд Росс. соц.-дем. рабочей партии. Полный текст протоколов. Изд. ЦК. Genève, тип. партии, [1904], стр. 1—6. (РСДРП)) —— 25、26、40、41—42、55—56、119、140—141、144、157、182—183。

《俄国社会民主工党国外支部伯尔尼代表会议通过的决议》(Résolutions adoptées à la Conférence de Berne des sections du Parti socialdémocrate ouvrier de Russie à l'étranger. [Листовка]. Б. м., [mars 1915]. 4 p.) ——266。

《俄国社会民主工党组织委员会国外书记处通报》[苏黎世] («Известия Заграничного Секретариата Организационного Комитета Российской Социал-Демократической Рабочей Партии», [Цюрих], 1916, №4, 10 апреля, стр. 2)——74。

—[Цюрих—Женева], 1916, №6, 12 сентября, стр. 1——299。

《俄国 1905 年革命大事记》(Russisches Revolutions-Tagebuch 1905. Ein Werdegang in Telegrammen. Eingeleitet und herausgegeben von L. Katscher. Leipzig, Rengersche Buchh. Gebhardt u. Wilisch, 1906. VIII, 246 S.)

——398。

《法兰克福报》(美因河畔法兰克福)(«Frankfurter Zeitung»，Frankfurt a.M.)
——391。

——Abendblatt，Frankfurt a.M.，1916，Nr.310，8.November，S.2.——393。

《高加索言论报》(梯弗利斯)(«Кавказское Слово»，Тифлис)——292、293。

《告工人阶级书》(载于1916年12月30日《伯尔尼哨兵报》第307号)(An die
Arbeiterklasse! —«Berner Tagwacht»，1916，Nr.307，30.Dezember.S.1.
Подпись: Internationale sozialistische Kommission zu Bern)——238—
239、241、273、284。

《告工人阶级书》(载于1916年12月30日《民权报》第306号)(An die Arbei-
terklasse! —«Volksrecht»，Zürich，1916，Nr.306，30.Dezember.S.1—2.
Подпись: Internationale sozialistische Kommission zu Bern)——238—
239、241、273、284。

《告欧洲无产者书》[1915年齐美尔瓦尔德国际社会党代表会议通过的宣言]
(Пролетарии Европы！[Манифест，принятый на Международной
социалистической конференции в Циммервальде. 1915 г.].—«Социал-
Демократ»，Женева，1915，№45—46，11 октября，стр.1)——269—
270、272。

《告所属各政党和团体书》(Rundschreiben an alle angeschlossenen Parteien
und Gruppen. —«Internationale Sozialistische Kommission zu Bern.Bulle-
tin»，Bern，1916，Nr.3，29.Februar，S.2—3.Подпись: Im Namen der Zim-
merwalder Konferenz：Die I.S.K.zu Bern)——345。

《告遭破产和受迫害的人民书》(К разоряемым и умерщвляемым народам.[Ма-
нифест，принятый на Международной социалистической конференции в
Кинтале.1916 г.].—«Социал-Демократ»，Женева，1916，№54—55，10
июня，стр.1)——269、272。

《格吕特利盟员报》(苏黎世)(«Grütlianer»，Zürich)——270—271、284。

——1916，Nr.163，15.Juli，S.2—3.——392。

——1916，Nr.184，9.August，S.1.——392。

——1916，Nr.192，18.August，S.1—2.——270—271。

—1916, Nr. 230, 2. Oktober, S. 1.——248、251、392。

—1917, Nr. 2, 4. Januar, S. 3.——270—271、284。

《各军事大国的和平建议》(Das Friedensangebot der Militärmächte. Einladung zur Konferenz.—«Vorwärts», Berlin, 1916, Nr. 342, 13. Dezember, S. 1) ——227。

《各资产阶级政党的瓦解与社会民主党统一的恢复》(Die Auflösung der bürgerlichen Parteien und die Wiederherstellung der sozialdemokratischen Einheit.—«Volksstimme», Chemnitz, 1916, Nr. 298, 23. Dezember. 1. Beilage zu Nr. 298 des «Volksstimme», S. 1)——235、236、239。

《给执政参议院的命令［关于修改与补充国家杜马的选举条例］》(Указ правительствующему Сенату［об изменениях и дополнениях в положении о выборах в Государственную думу].—«Правительственный Вестник», Спб., 1905, №268, 13（26）декабря, стр. 1, в отд.: Действия правительства)——327。

《工人报》(苏黎世)(«Gazeta Robotnicza», [Zürich])——16、26。

《工人晨报》(彼得格勒)(«Рабочее Утро», Пг., 1915, №1, 15 октября, стр. 2—3)——297、299。

《工人代表苏维埃消息报》(圣彼得堡)(«Известия Совета Рабочих Депутатов», Спб.)——327。

《工人阶级和战争与和平问题》(Kriegs- und Friedensprobleme der Arbeiterklasse. Entwurf eines Manifestes. Vorgelegt der zweiten Zimmerwalder Konferenz. Hrsg. vom Auswärtigen Sekretariat des Organisationskomitees der sozialdem. Arbeiterpartei Rußlands. Б. м. и б. г. 25 S.)——299—300。

《共产党人》杂志(日内瓦)(«Коммунист», Женева, 1915, №1—2. 196 стр.)——72。

《古契柯夫给米·瓦·阿列克谢耶夫将军的信》(载于1916年12月30日《社会民主党人报》第57号)(Письмо Гучкова к генералу М. В. Алексееву.—«Социал-Демократ», Женева, 1916, №57, 30 декабря, стр. 1—2)——261—262、343。

《关于帝国主义和民族压迫的提纲》(载于1916年4月《先驱》杂志第2期)

（Thesen über Imperialismus und nationale Unterdrückung.—«Vorbote»，[Bern]，1916，Nr.2，April，S.44—51，Подпись：Redaktion der Gazeta Robotnicza，Organ des Landesvorstandes der Sozialdemokratie Russisch—Polens）——16、17—19、20、21、22—24、25—36、37、39—42、43—44、46—48、53—54、55—56。

《关于帝国主义和民族压迫的提纲》（载于 1916 年 10 月《〈社会民主党人报〉文集》第 1 辑）（Тезисы об империализме и национальном угнетении，—«Сборник Социал-Демократа»，[Женева]，1916，№1，октябрь，стр.6—11.Подпись：Редакция «Газеты Роботничей»，органа краевого правления польской с.-д.）——16、17—19、20、21、22—24、25—36、37、39—42、43—44、46—48、53—54、55—56、149—150、160—161。

《关于国际社会民主党的任务的提纲》（Leitsätze über die Aufgaben der internationalen Sozialdemokratie.—В кн.：[Luxemburg，R.]Die Krise der Sozialdemokratie.Anhang：Leitsätze über die Aufgaben der internationalen Sozialdemokratie. Zürich，Verlagsdruckerei Union，1916，S. 105—109.После загл.авт.：Junius）——1、3、4、5、7—9、13—14。

《关于国家杜马的决议》（Резолюция о Государственной думе.[Резолюция конференции социал-демократических организаций в России，состоявшейся в сентябре 1905 г.].—«Пролетарий»，Женева，1905，№22，24（11）октября，стр.1）——326。

[《关于和平的建议的决议》]（[La résolution suivante sur les propositions de paix.Резолюция，принятая на синдикальном конгрессе.26 декабря 1916 г.].—«La Bataille»，Paris，1916，N 421，27 décembre，p.2.Под общ.загл.：La Conférence des Fédérations Corporatives des Unions de Syndicats et des Bourses du Travail.La séance de nuit）——233、234、235、236—238、239、256、283、354。

《关于和谈的传闻》（Die Friedensgerüchte.—«Berner Tagwacht»，1916，Nr.241，13.Oktober，S.1）——192。

《[关于建立国家杜马的]诏书》[1905 年 8 月 6 日（19 日）]（Манифест [об учреждении Государственной думы. 6（19）августа 1905 г.]　.—

《Правительственный Вестник》, Спб., 1905, №169, 6（19）августа, стр.1）
——326。

《关于结束战争的决议》（La résolution sur les buts de guerre.［Резолюция,
принятая на конгрессе Французской социалистической партии］.—«La
Bataille», Paris, 1916, N 422, 28 décembre, p.2）——233、237—238、239、
256、283、354。

《关于农民脱离农奴依附关系的法令》（1861 年 2 月 19 日）（Положение о
крестьянах, вышедших из крепостной зависимости. 19 Февраля 1861 г.
Спб., 1861.357 стр.Разд.паг.）——233。

《关于批准新宪法的消息》（Nachricht von der Bewilligung einer neuen Verfas-
sung.（Telegramm der «Neuen Freien Presse»).—«Neue Freie Presse».
Morgenblatt, Wien, 1905, Nr, 14796, 31.Oktober, S.3）——331。

《光线》杂志（柏林）（«Lichtstrahlen», Berlin）——46。
—1915, Nr.3, 5.Dezember, S.50—54.——46。

《国际传单集》［苏黎世］（«Internationale Flugblätter», ［Zürich］, 1915, Nr.1,
November, S.1—8）——240、281—282。

《国际关于目前形势的宣言［巴塞尔国际社会党非常代表大会通过］》
（Manifest der Internationale zur gegenwartigen Lage,［angenommen auf
dem Außerordentlichen Internationalen Sozialistenkongreß zu Basel].—В
кн.: Außerordentlicher Internationaler Sozialistenkongreß zu Basel am
24.und 25.November 1912.Berlin, Buchh. «Vorwärts», 1912, S.23—27）
——94、96、177—178、179、261、262—263、305、337、339、350。

《国际和战争》（Интернационал и война. №1.［Цюрих］, изд.Загр.секретариата
Орг.к-та РСДРП, 1915. II, 148 стр.（РСДРП））——44—45、58、72、
106—107。

［《国际社会主义青年组织联盟的原则声明》］（［Prinzipienerklärung der inter-
nationalen Verbindung sozialistischer Jugendorganisationen].—«Jugend-
Internationale», Zürich, 1916, Nr.6, 1.Dezember, S.2—4）——290。

《国际》杂志［杜塞尔多夫］（«Die Internationale», ［Düsseldorf］, 1915, Hft.1,
15.April.78 S.）——1、2。

《［国家杜马的］速记记录》（Стенографические отчеты ［Государственной думы］.1916 г.Сессия четвертая.Заседания 38—60（17 марта по 20 июня 1916 г.）.Пг., гос. тип., 1916.Стлб. 3503—5813.（Государственная дума. Четвертый созыв））——14—15、264—265、299—300。

《荷兰革命社会主义者联盟和社会民主工党的纲领草案》（Ein Programm Entwurf der RSV und der SDAP Hollands.—«Internationale Sozialistische Kommission zu Bern.Bulletin»,Bern,1916,Nr. 3, 29. Februar, S. 7—8）——99—100、106、107、246。

《呼声报》（萨马拉）（«Голос», Самара, 1916, №2, 20 сентября, стр. 2）——299、311。

《加邦给沙皇的信》（载于 1905 年 1 月 18 日（31 日）《前进报》第 4 号）（Письмо Гапона царю.—«Вперед», Женева, 1905, №4, 31（18）января, стр.3）——313。

《解放》杂志（斯图加特—巴黎）（«Освобождение», Штутгарт—Париж）——317。

——Париж,1905,№63,20(7)января,стр.221—222.——317。

《军事问题委员会的提案》（Anträge der Militärkommission. Antrag der Mehrheit.—«Volksrecht», Zürich, 1917, Nr. 7, 9. Januar, S. 1. Подпись: H. Affolter, P. Graber, Ch. Naine, E. Nobs, I. Schmid）——272、371、372、373、374。

［《军事问题》（1906 年 2 月 10 日和 11 日于奥尔滕—哈默尔召开的瑞士社会民主党非常代表大会的决议）］（［Militärfrage.Резолюция Чрезвычайного съезда Швейцарской социал-демократической партии,состоявшегося 10 и 11 февраля 1906 г.в Ольтен-Хаммере］.—В кн.: Protokoll über die Verhandlungen des außerordentlichen Parteitages der Schweizerischen sozialdemokratischen Partei,abgehalten am 10.und 11.Februar 1906, in Olten-Hammer.Zürich, Buchdr. Schweiz. Grütlivereins, 1906, S. 87—88.（Die Stellung der schweizer.Arbeiterschaft zur Militärfrage））——211。

［《昆塔尔国际社会党代表会议通过的决议（1916 年）》］（［Резолюции, принятые на Международной социалистической конференции в Кинтале.

«Vorwärts»，Berlin，1916，Nr.79，20.März，S.3)——52。

《民权报》(苏黎世)(«Volksrecht»，Zürich)——97。

——1916，Nr.162，14.Juli，S.1—2.——86、171、247、274、359、392—393。

——1916，Nr.183，8.August，S.1—2.——273。

——1916，Nr.185，10.August，S.1.——273—274。

——1916，Nr.210，8.September，S.1.——271。

——1916，Nr.301，23.Dezember，S.2.——231。

——1916，Nr.306，30.Dezember，S.1—2.——238—239、241、273、284。

——1917，Nr.7，9.Januar，S.1.——271—272、371、372、373、374。

——1917，Nr.9，11.Januar，S.1.——256、282。

——1917，Nr.18，22.Januar，S.3.——372。

——1917，Nr.19，23.Januar，S.1，2；Nr.20，24.Januar，S.1；Nr.21，25.Januar，S.
1；Nr.22，26.Januar，S.1.——334—339、371、372、374。

——1917，Nr.23，27.Januar，S.2—3.——372。

——1917，Nr.27，1.Februar，S.1.——373。

——1917，Nr.34，9.Februar，S.1—2.——373、374。

《平等报》(巴黎)(«L'Egalité»，1880，Paris，N 24，30 juin，p.1—2)——102。

《齐美尔瓦尔德代表会议》[阿劳瑞士社会民主党代表大会通过的决议](Zim-
merwalder Konférenz.[Резолюция，принятая на съезде Швейцарской
социал-демократической партии в Аарау].—В кн.：Protokoll über die
Verhandlungen des Parteitages der Sozialdemokratischen Partei der
Schweiz vom 20.und 21.November 1915，abgehalten im Saalbau in Aarau.
Luzern，1916，S.9，92—93)——97、180—181、204、210、217—218、248—
249、268—269、341、352、386。

《齐美尔瓦尔德的社会党人与战争》(Les Socialistes de Zimmerwald et la
Guerre.Paris，[1916].29 p.(Comité pour la Reprise des Relations Inter-
nationales))——189、308。

[《齐美尔瓦尔德国际社会党代表会议通过的决议(1915 年)》]([Резолюции，
принятые на Международной социалистической конференции в
Циммервальде.1915 г.].—«Социал-Демократ»，Женева，1915，№45 —

［Kraków］，1908，N 6，sierpień，s.482—515；N 7，wrzesień，s.597—631；N
8—9，październik—listopad，s.687—710；N 10，grudzień，s.795—818；
1909，N 12，czerwiec，s.136—163；N 14—15，sierpień—wrzesień，s.351—
376)——46、56、165。

《社会民主党人报》(［维尔诺—圣彼得堡］—巴黎—日内瓦）(《Социал-Демократ》，
　　［Вильно—Спб.］—Париж—Женева)——16、71—72、99、100、101、
　　102、164。

　—［Париж］，1913，№32，15(28) декабря，стр.4—5.——182—183。

　—Женева，1914，№33，1 ноября，стр.1.——2、261、302、307、348。

　—1915，№40，29 марта，стр.2.——2、13、104、119—121、122、123、126、182。

　—1915，№45—46，11 октября，стр.1、4.——221、266、269—270、272、339。

　—1915，№47，13 октября，стр.2.——164。

　—1916，№54—55，10 июня，стр.1.——214、266、269—270、272、282、284、
　　339、354。

　—1916，№57，30 декабря，стр.1—2.——261、342。

《〈社会民主党人报〉文集》［日内瓦］(《Сборник Социал-Демократа》，［Женева］，
　　1916，№1，октябрь.88 стр.)——9、16、17—19、20、21、22—24、25—
　　36、37、39—42、43—44、45—46、47—48、50—51、53—54、55—56、
　　99、100、101—102、103—105、106—107、127、128—129、130、137、
　　138、140—141、143、144—145、149、150、151、152—153、156、
　　157—158、160—161、163—164、170、172。

　—1916，№2，декабрь.86 стр.——171、289。

　—1919，№2，декабрь.——381。

《社会民主党人论保卫国家》(Социал-демократы о защите страны.—《Рабочее
　　Утро》，Пг.，1915，№1，15 октября，стр.2—3)——297、299。

《社会主义的对外政策。通讯》(柏林)(《Sozialistische Auslandspolitik Korre-
　　spondenz》，Berlin，1916，Nr.27，12.Juli，S.1—2)——4。

《社会主义和工人运动历史文汇》(莱比锡)(《Archiv für die Geschichte des
　　Sozialismus und der Arbeiterbewegung》，Leipzig，1916，Jg.6，S.212—
　　219)——38。

—1915,№130,3 июля,стр.1;№135,9 июля,стр.1.——56。

—1915,№264,12 декабря,стр.1—2.——299。

—1916,№4(392),6 января,стр.1—2;№5(393),7 января,стр.1—2.
——300。

—1916,№84(471),8 апреля,стр.1—2.——299—300。

—1916,№85(472),9 апреля,стр.1—2.——299—300。

—1916,№203(589),3 сентября,стр.1—2.——292、293。

《无产阶级与战争》(Пролетариат и война. Проект платформы, предложенный
организациям 《Августовского блока》 Заграничным секретариатом
Организационного комитета.[Цюрих], изд. Загр. секретариата Орг. к-та
РСДРП,[1915].12 стр.(РСДРП. Третье письмо))——295。

《无产者报》(日内瓦)(《Пролетарий》,Женева,1905,№22,24 (11) октября,
стр.1)——326。

《无产者报》(日内瓦)(《Пролетарий》,Женева,1908,№34,7 сентября (25
августа),стр.2—4)——146。

《五金工人报》——见《瑞士五金工人报》。

《先驱》杂志[伯尔尼](《Vorbote》,[Bern])——16、86。

—1916,Nr.2,April.64 S.——16、17—19、20、21、22—24、25—36、37、
38—42、43—44、45—46、47—48、50—51、53—54、55—56、86、96、
156、171。

—1916,Nr.2,April,S.36—44.——64。

《向弗里茨·阿德勒致敬》(Saluto a Fritz Adler.—《Avanti!》,Milano,1916,
N.301,29 ottobre,p.1)——190。

《向理智呼吁报》(堪萨斯州吉拉德市)(《Appeal to Reason》,Girard,Cansas,
1915,No.1,032,September 11,p.1)——308。

《新工人报》(圣彼得堡)(《Новая Рабочая Газета》,Спб.,1913,№69,29
октября,стр.1;№71,31 октября,стр.2)——55、56。

《新加坡的武装暴动》(Военный бунт в Сингапуре.—《Наше Слово》,Париж,
1915,№24,25 февраля,стр.2,в отд.: Телеграммы)——50。

《新生活报》(圣彼得堡)(《Новая Жизнь》,Спб.)——327。

14796,31.Oktober,S.3)——331。

《宣言草案》(Vorschlag des Manifestes.—«Internationale Flügblätter»,[Zürich],
　　1915,Nr.1,November,S.7—8.Под общ. загл.:Die Zimmerwalder Linke
　　über die Aufgaben der Arbeiterklasse)——278。

《宣言》(1905 年 10 月 17 日(30 日))(Манифест.17(30)октября 1905 г.—
　　«Правительственный Вестник»,Спб.,1905,№222,18(31)октября,стр.
　　1)——331、396。

《言语报》(彼得格勒)(«Речь»,Пг.,1916,№102(3485),15(28)апреля,стр.
　　1—2)——51—52。

　　—1916,№320(3703),20 ноября(3 декабря),стр.4—5.——224。

《冶金工人中被收买的人》(I prezzolatti dei siderurgici.—«Avanti!»,Milano,
　　1916,N.346,19 dicembre,p.4.Под общ. загл.:Note alla seduta)——
　　230—231。

《1861 年 2 月 19 日宣言》——见《关于农民脱离农奴依附关系的法令》。

《一项声明》(Eine Erklärung.—«Bremer Bürger-Zeitung»,1916,Nr.295,16.
　　Dezember.2.Beilage,S.1.Под общ. загл.:Parteinachrichten)——227、229。

《异端邪说还是无知?》(Eresia o ignoranza?—«Avanti!»,Milano,1916,N.346,
　　19 dicembre,p.2,в отд.:Scampoli)——230—231。

《用阶级斗争反对战争! 关于"李卜克内西案件"的材料》(Klassenkampf
　　gegen den Krieg! Material zum «Fall Liebknecht».Б. м.,[1915].88 S.
　　(Als Manuskript gedruckt))—— 204、243、264 — 265、286、355、
　　358—359。

《战斗报》(巴黎)(«La Bataille»,Paris)——236。

　　—1916,N 421,27 decembre,p.1,2.—— 233、234、235、236 — 238、239、
　　256、283、354。

　　—1916,N 422,28 decembre,p.2.——233、238、239、256、283、354。

《战略的界限》(I confini strategici.—«Avanti!»,Milano,1916,N.348,21
　　dicembre,p.1,в отд.:Polemichette)——230、256。

《战争和俄国社会民主党》(Der Krieg und die russische Sozialdemokratie.
　　(Aus der Deklaration der Petersburger und der Moskauer sozialdemokra-

tischen Parteiorganisationen der «menschewistischen» Richtung).—В
кн.: Kriegs- und Friedensprobleme der Arbeiterklasse. Entwurf eines
Manifestes. Vorgelegt der zweiten Zimmerwalder Konferenz. Hrsg. vom
Auswärtigen Sekretariat des Organisationskomitees des sozialdem. Arbei-
terpartei Rußlands. Б. м. и б. г., S. 19—25)——299。

《争论专页》[巴黎](«Дискуссионный Листок», [Париж], 1910, №2, 25 мая
(7 июня), стр. 4—14. На газ. дата: 24 мая (7 июня))——298。

《政府通报》(圣彼得堡)(«Правительственный Вестник», Спб., 1905, №169, 6
(19) августа, стр. 1)——326。

—1905, №222, 18(31) октября, стр. 1.——331、396。

—1905, №268, 13(26) декабря, стр. 1.——327。

《政府宣言》(Декларация правительства.—«Речь», Пг., 1916, №320 (3703),
20 ноября (3 декабря), стр. 4—5. Под общ. загл.: В Гос. думе. Заседание 19
ноября)——224。

《政治家年鉴》(The Statesman's Year-Book. Statistical and historical Annual
of the States of the World for the Year 1916. Ed. by Keltie. London, Mac-
millan, 1916. XLIV, 1560, 12p.; 4 plate)——366—370。

《政治行动》[伦敦国际社会党代表大会通过的决议](Die politische Aktion.
[Резолюция, принятая на Международном социалистическом конгрессе в
Лондоне].—В кн.: Verhandlungen und Beschlüsse des Internationalen
Sozialistischen Arbeiter- und Gewerkschaftskongresses zu London vom
27. Juli bis 1. August 1896. Berlin, Expedition der Buchh. «Vorwärts»,
1896, S. 18)——26—27。

《制止物价飞涨的措施》(Maßnahmen gegen die Teuerung. Eine Eingabe der
schweizerischen Notstandskommission an den Bundesrat.—«Volksrecht»,
Zürich, 1916, Nr. 185, 10. August, S. 1)——272—273。

《中派的人民报》(利摩日—巴黎)(«Le Populaire du Centre», Limoges—
Paris, 1916, N 345, 10 decembre, p. 1)——302、303、305—307、308—
309、310—311。

《中央委员会宣言》——见列宁, 弗·伊·《战争和俄国社会民主党》。

《钟声》杂志［基辅］（«Дзвін»，［Київ］，1913，№7 — 8，стр. 83 — 94）—— 55
　　—56。

《钟声》杂志（慕尼黑）（«Die Glocke»，München）—— 374。
　　—Jg.1915，Hft. Nr. 8，15. Dezember，S. 465 — 476.—— 19、29 — 32、56、
　　402、403。
　　—Jg.1915/16，Hft. Nr. 9，1. Januar，S. 493 — 500.—— 19、29 — 32、56、
　　402、403。
　　—Jg.1916，Hft.20，12. August，S.770—786.—— 354。

《众议院》（Abgeordnetenhaus. 27. Sitzung. 16. März.—«Vorwärts»，Berlin，
　　1916，Nr.76，17. März. Beilage zu Nr. 76 des «Vorwärts»，S. 2）—— 232、
　　242、260 — 261、264 — 265、348 — 349、355。

《自由比利时》杂志（布鲁塞尔）（«Libre Belgique»，Bruxelles）—— 54。
　　—1916，№80.—— 54。

《左派代表（俄国社会民主工党中央委员会、波兰反对派、拉脱维亚边疆区社
　　会民主党、瑞典人和挪威人、一名德国代表和一名瑞士人）提交［齐美尔
　　瓦尔德国际社会党代表会议］的宣言草案》（Проект манифеста，
　　внесенный на ［Международной социалистической конференции в
　　Циммервальде］ левой группой делегатов （ЦК РСДРП，польская
　　оппозиция，с.-д. Лат. края，швед и норвежец，1 немецкий делегат и 1
　　швейцарец）.—«Социал-Демократ»，Женева，1915，№45 — 46，11
　　октября，стр.4）—— 221。

年　表

（1916 年 7 月—1917 年 2 月）

1916 年

1916 年 7 月—1917 年 2 月

列宁居住在瑞士苏黎世，领导布尔什维克党的革命工作；同国内各党组织和党的活动家以及俄国社会民主工党国外支部通信；编辑党中央机关报《社会民主党人报》第 56—58 号和《〈社会民主党人报〉文集》第 1—2辑；积极参加齐美尔瓦尔德左派的工作，帮助瑞士左派社会民主党人同社会沙文主义者和中派分子作斗争。

7 月—11 月

在苏黎世图书馆进行研究工作，阅读关于帝国主义战争和民族问题的各种书籍和报刊，并作摘录。

7 月 1 日（14 日）

致函在法国索城的米·尼·波克罗夫斯基，对他没有收到《帝国主义是资本主义的最高阶段》一书的手稿一事表示不安，请他一旦收到手稿就立即告知。

致函在瑞士黑尔滕斯泰恩的伊·费·阿尔曼德，告知至今仍然没有收到国外组织委员会关于《工人报》的决议和格·雅·别连基关于皮·布里宗的发言的信件。

7 月 1 日（14 日）以后

阅读 1916 年 7 月的《不来梅市民报》、《汉堡回声报》、《科隆日报》、《前进报》和《工人政治》杂志等报刊上发表的文章和通讯，用德文和俄文作关于战争问题的摘录和批注。

7月2日和12日(15日和25日)之间

写《论尤尼乌斯的小册子》一文。

7月3日和8日(16日和21日)之间

因娜·康·克鲁普斯卡娅治病的需要,迁往苏黎世附近山区的弗吕姆斯。

不早于7月4日(17日)—8月底

同娜·康·克鲁普斯卡娅住在弗吕姆斯的丘季维泽休养所。

7月5日和10月22日(7月18日和11月4日)之间

阅读1916年巴黎出版的小册子《齐美尔瓦尔德的社会党人与战争》,并在上面作记号。

7月7日(20日)

致函在黑尔滕斯泰恩的伊·费·阿尔曼德,赞成把她的文章(可能是《谁将为战争付出代价?》一文)收入文集。该文没有刊登出来。

7月8日(21日)

致函在黑尔滕斯泰恩的格·叶·季诺维也夫,说已开始为《〈社会民主党人报〉文集》写文章;告知自己在弗吕姆斯的通信地址和电话号码。

7月8日(21日)以后

收到米·格·茨哈卡雅从日内瓦的来信,信中附有科·马·钦察泽1916年5月7日(20日)写的一封信的译文,钦察泽在信中请求列宁在筹办格鲁吉亚布尔什维克报纸方面给予帮助。

7月11日(24日)以前

阅读在萨拉托夫出版的布尔什维克文集《在老的旗帜下》,并在文集中的一些文章上作记号。

不晚于7月11日(24日)

收到米·尼·波克罗夫斯基的来信,信中告知《帝国主义是资本主义的最高阶段》一书的手稿仍然没有收到,建议把另一份手稿直接寄往彼得格勒。

阅读俄国社会民主工党组织委员会国外书记处出版的《工人阶级和战争与和平问题。第二次齐美尔瓦尔德代表会议提出的宣言草案》小册子,并在上面作记号。

不早于 7 月 11 日（24 日）

阅读格·雅·别连基从巴黎的来信，信中说列宁的小册子《社会主义与战争》在法国销路很好，法国工人对这本小册子很感兴趣。

致函在黑尔滕斯泰恩的格·叶·季诺维也夫，强调必须再为《〈社会民主党人报〉文集》写论机会主义、失败主义和托洛茨基主义的文章。

7 月 11 日（24 日）

致函在索城的米·尼·波克罗夫斯基，对 1916 年 6 月 19 日（7 月 2 日）用挂号寄出的《帝国主义是资本主义的最高阶段》一书的手稿下落不明表示担心；询问另一份手稿经瑞典寄去是否可靠。

致函在黑尔滕斯泰恩的格·叶·季诺维也夫，告知给他寄去《在老的旗帜下》文集，请他阅后寄给格·亚·乌西耶维奇，还谈到了给浪潮出版社复信的内容。

7 月 11 日（24 日）以后

致函在黑尔滕斯泰恩的格·叶·季诺维也夫，说已寄去自己为《〈社会民主党人报〉文集》写的文章及俄国社会民主工党组织委员会国外书记处的小册子《工人阶级和战争与和平问题》。

7 月 12 日（25 日）

致函在黑尔滕斯泰恩的伊·费·阿尔曼德，建议她向格·叶·季诺维也夫去要自己的《论尤尼乌斯的小册子》和《关于自决问题的争论总结》两篇文章的手稿；劝她去治病。

致函在克里斯蒂安尼亚的亚·米·柯伦泰，谈挪威社会民主党左派代表在即将在海牙召开的中立国社会党人代表会议上的任务；希望提出几个交付表决的问题：赞同齐美尔瓦尔德决议和昆塔尔决议，谴责亨·迈·海德门、马·桑巴、卡·列金及格·瓦·普列汉诺夫之流的社会爱国主义者。列宁在信的最后还询问柯伦泰与出版社是否有联系，因为娜·康·克鲁普斯卡娅想搞点翻译和编写一些有关教育方面的材料，以解决长期在山区疗养的费用问题。

7 月 12 日（25 日）以后

获悉母亲玛·亚·乌里扬诺娃于 1916 年 7 月 12 日（25 日）在彼得格勒逝世，终年 82 岁。

7 月 12 日（25 日）以后—8 月

在母亲逝世后忍着悲痛,两次写信安慰姐姐和妹妹。

7 月 13 日（26 日）以后

致函在黑尔滕斯泰恩的格·叶·季诺维也夫,告知给他寄去恩格斯的一组文章《工人阶级同波兰有什么关系?》和自己的《论尤尼乌斯的小册子》一文,说《关于自决问题的争论总结》一文即将完稿;请他将《〈社会民主党人报〉文集》的文章目录和 1916 年《伯尔尼哨兵报》第 173 号上的罗·格里姆的声明的剪报寄来;批评发表在 1916 年《明日》杂志第 7 期上的昂·吉尔波的文章《向战争宣战》。

不早于 7 月 17 日（30 日）

致函在黑尔滕斯泰恩的格·叶·季诺维也夫,询问是否已写信约尼·伊·布哈林写一篇关于民族问题的辩论文章。

7 月 17 日（30 日）以后

致函在黑尔滕斯泰恩的格·叶·季诺维也夫,请他把《社会主义革命和民族自决权》提纲的俄文本和德文本核对一遍,然后送去排版;建议向亚·米·柯伦泰约稿。

7 月下半月

致函在苏黎世的莫·马·哈里东诺夫,说娜·康·克鲁普斯卡娅将把与其联系的秘密接头地点、暗号及方式写信告诉哈里东诺夫,以供去俄国的罗马尼亚社会民主党人瓦·马尔库使用;要求马尔库向彼得格勒、莫斯科、基辅和敖德萨等地的有关人员报告关于欧洲和美国的左派和国际主义者运动的情况;告知寄去自己的关于废除武装的文章并要求让马尔库看一看这篇文章。列宁在信中还提到自己大约过两星期回苏黎世。

7 月 20 日（8 月 2 日）

致函在黑尔滕斯泰恩的格·叶·季诺维也夫,关心弗·普拉滕和威·明岑贝格同罗·格里姆就战争问题提纲进行的论战,请他将《伯尔尼哨兵报》上刊登的有关这方面的材料的剪报寄来。

7 月 20 日和 29 日（8 月 2 日和 11 日）之间

致函在黑尔滕斯泰恩的格·叶·季诺维也夫,告知《关于自决问题的争论总结》一文已经脱稿,正在写《帝国主义和社会主义运动中的分裂》

一文。

不早于 7 月 22 日（8 月 4 日）

阅读《社会科学和社会政治文库》第 42 卷第 1 册，用德文和俄文作《1915—1916 年的工会运动……》一文的摘录和批注。

7 月 22 日（8 月 4 日）以后

阅读《年鉴》杂志编辑部 1916 年 7 月 22 日（8 月 4 日）的来信，信中说由于书报检查机关的限制，列宁的《德国社会民主党从前是什么样的党，现在又成了什么样的党》一文无法刊登，问他是否同意把该文转给别的出版社（列宁的这篇文章没有找到）。

7 月 23 日（8 月 5 日）

致函在伯尔尼的格·李·什克洛夫斯基，请他订购两本开本大小合适的书，以便利用书的硬书皮转寄《帝国主义是资本主义的最高阶段》一书的手稿；提醒他必须了解在德国的俄国俘虏的情绪、要求和意见。

致函在索城的米·尼·波克罗夫斯基，说由于寄给他的《帝国主义是资本主义的最高阶段》一书的手稿已经丢失，另一份手稿只好用伪装的办法寄去。列宁在信中还说，由于孤帆出版社想把书的篇幅压缩到 3 个印张，所以请波克罗夫斯基向出版社坚持原先谈妥的 5 个印张的篇幅。

7 月 23 日和 8 月 18 日（8 月 5 日和 31 日）之间

致函米·尼·波克罗夫斯基，要求孤帆出版社出版《帝国主义是资本主义的最高阶段》一书保持约稿时谈妥的篇幅，要求保留注释和参考书目。列宁在信中还说，如果感到书名中的"帝国主义"一词可怕，可以改用《现代资本主义的最新经济资料》或类似的书名。

7 月 28 日（8 月 10 日）

委托娜·康·克鲁普斯卡娅写信给在日内瓦的索·瑙·拉维奇，告知给她寄去两本法文书，里面装的是《帝国主义是资本主义的最高阶段》一书的手稿；请她将这两本书用挂号寄给在巴黎的米·尼·波克罗夫斯基。

7 月 28 日和 8 月 7 日（8 月 10 日和 20 日）之间

致函在黑尔滕斯泰恩的格·叶·季诺维也夫，询问他是否收到格·列·皮达可夫的信；告知寄去《新时代》杂志和《人民论坛报》，要求寄来《保险问题》杂志。

阅读格·叶·季诺维也夫代表中央机关报编辑部写给尼·伊·布哈林的信的草稿,信中建议布哈林立即就叶·波·博什和格·列·皮达可夫同中央机关报编辑部的分歧表明态度。列宁对这封信作了补充。

收到格·列·皮达可夫从鲁瓦(挪威)的来信,信中提出他同意把论述民族问题的文章发表在《〈社会民主党人报〉文集》上的条件。

致函在鲁瓦的格·列·皮达可夫,批评他向《〈社会民主党人报〉文集》编辑部提出的要求是企图在党内享有特权,是见所未见,闻所未闻的。

7 月 30 日(8 月 12 日)以后

阅读 1916 年《钟声》杂志第 20 期,用德文和俄文作恩·海尔曼《争论的实质》一文的摘录。

不晚于 7 月

在格·叶·季诺维也夫关于《论尤尼乌斯的小册子》和《关于自决问题的争论总结》两文的书面意见上作批注。

7 月

研究关于民族问题的材料,在以《关于马克思和恩格斯论波兰问题和民族压迫问题的笔记》为标题的笔记本里,从《社会主义和工人运动历史文汇》(1916 年第 6 卷第 1 册)和 1902 年斯图加特出版的《卡·马克思、弗·恩格斯和斐·拉萨尔的遗著》第 3 卷等各种书籍中作摘录写批注。

8 月 5 日(18 日)

致函在日内瓦的维·阿·卡尔宾斯基和索·瑙·拉维奇,对他们没有答复 1916 年 7 月 29 日(8 月 11 日)发出的关于转寄《帝国主义是资本主义的最高阶段》一书手稿的电报和书信表示不安;询问他们的图书馆中是否有《俄国纪事》杂志,是否要给寄几期去。

8 月 9 日(22 日)以前

致函在黑尔滕斯泰恩的格·叶·季诺维也夫,说贝·布鲁特舒是无政府主义者,他的文章只有加上编者按才能刊登;告知《帝国主义和社会主义运动中的分裂》和《论"废除武装"的口号》两篇文章已经寄出,主张把它们刊登在《〈社会民主党人报〉文集》第 1 辑上;指出《论尤尼乌斯的小册

子》一文不能推迟到第 2 辑上发表,因为这篇文章同自决问题和废除武
装问题两篇文章不可分割。

8 月 10 日(23 日)

致函在黑尔滕斯泰恩的格·叶·季诺维也夫,指出季诺维也夫在列宁给
格·列·皮达可夫的信上加的几句话破坏了该信的讽刺语气,而信的要
害就是讽刺。

娜·康·克鲁普斯卡娅以自己和列宁的名义,写信给在日内瓦的卡
尔宾斯基夫妇,说从国内获悉彼得格勒工人斗志昂扬,正在准备举行总
罢工,外省发生了几次逮捕事件;说已收到《保险问题》杂志,该杂志谈到
有必要恢复《真理报》,报纸应由齐美尔瓦尔德左派掌握。

8 月 13 日和 12 月 5 日(8 月 26 日和 12 月 18 日)之间

致函在绍德封的亚·叶·阿布拉莫维奇,谈到必须揭穿瑞士社会和平主
义者茹·安贝尔-德罗冒充英雄的行为(这封信没有找到)。

不早于 8 月 14 日(27 日)

致函在黑尔滕斯泰恩的格·叶·季诺维也夫,要求寄回自己就季诺维也
夫为《〈社会民主党人报〉文集》撰写的《第二国际与战争问题》一文所写
的信件和意见。

8 月 14 日和 18 日(27 日和 31 日)之间

致函在黑尔滕斯泰恩的格·叶·季诺维也夫,说自己的两篇文章已给印
刷所寄去;对季诺维也夫没有寄回列宁对他的文章的意见非常着急,再
次要求把这些意见寄来。此外,列宁在信中还谈到《〈社会民主党人报〉
文集》第 1 辑的内容以及罗马尼亚向奥匈帝国宣战等事情。

8 月 18 日(31 日)以前

收到俄国社会民主工党国外组织委员会所属声援战俘委员会的领导人
格·李·什克洛夫斯基从伯尔尼的来信,信中附有俄国战俘的信件。列
宁在复信中祝贺声援战俘委员会工作顺利。

致函波兰社会民主党人美·亨·勃朗斯基,谈华沙市杜马选举的结
果(这封信没有找到)。

8 月 18 日(31 日)

致函在苏黎世的莫·马·哈里东诺夫,同意给他寄去《帝国主义是资本

主义的最高阶段》一书的手稿和为《民权报》写的文章；询问《民权报》上
是否发表了卡·伯·拉狄克反对废除武装的文章。

　　致函在索城的米·尼·波克罗夫斯基，说自己被迫同意孤帆出版社
提出的对《帝国主义是资本主义的最高阶段》一书手稿作某些删节的建
议，对删节该书的结尾部分尤感遗憾；询问在《年鉴》杂志上发表时能否
不改动手稿的结尾部分。

8 月 19 日（9 月 1 日）以后

　　研究英国、法国和德国报纸上的作战地图，并在保存这些地图剪报的信
封上写了"各战场地图"、"注意地图"等字样。

8 月 22 日和 9 月 9 日（9 月 5 日和 22 日）之间

　　格·雅·别连基从巴黎寄信给列宁，告知在巴黎出版《〈社会民主党人
报〉文集》的条件、重建国际联系委员会举行的会议和会议讨论谴责龙格
主义的声明的情况。信中还谈到《我们的言论报》遇到的危机，建议在巴
黎出版列宁关于民族问题的小册子。

8 月 30 日（9 月 12 日）和 12 月之间

　　阅读 1916 年《俄国社会民主工党组织委员会国外书记处通报》第 6 号，
在尔·马尔托夫的《同帝国主义的斗争与俄国革命》和《谣言》等文章上
作记号，在以后写的《齐赫泽党团及其作用》一文中引用并批判了马尔托
夫的前一篇文章。

8 月底—9 月初

　　同娜·康·克鲁普斯卡娅从弗吕姆斯的丘季维泽休养所返回苏黎世。

8 月

　　致函在黑尔滕斯泰恩的格·叶·季诺维也夫，告知已给《〈社会民主党人
报〉文集》寄去文章；请他计算一下第 1 辑的文章篇数；对自己的文章迟
迟未交印刷所表示不满；询问《社会主义革命和民族自决权》提纲校样的
情况；表示愿为《在老的旗帜下》文集写论考茨基主义的文章。

　　开始为《在老的旗帜下》文集写论考茨基主义的文章，起草文章的
提纲。

　　阅读尼·伊·布哈林为《〈社会民主党人报〉文集》写的《关于帝国主
义国家理论》一文，并作笔记。

致函在黑尔滕斯泰恩的格·叶·季诺维也夫,对尼·伊·布哈林的《关于帝国主义国家理论》一文提出反对意见;不同意季诺维也夫对《论尤尼乌斯的小册子》一文的意见;强调正确确定时代同当前的战争的关系具有重要意义。信中还谈到应如何对待"保卫祖国"的口号。

8 月—9 月初

致函尼·伊·布哈林,说他的《关于帝国主义国家理论》一文不能在《〈社会民主党人报〉文集》上发表,除篇幅和经费等原因外,主要因为该文存在某些缺陷,如对马克思主义者和无政府主义者在国家问题上的区别所作的声明是根本不对的。

在给尼·伊·布哈林的关于发表他的《关于帝国主义国家理论》一文的信的草稿上写批语:"必须压下!"

致函在黑尔滕斯泰恩的格·叶·季诺维也夫,认为不刊登布哈林的《关于帝国主义国家理论》一文,主要是因为该文有原则性的缺陷。

8 月—9 月

写《论正在产生的"帝国主义经济主义"倾向》、《对彼·基辅斯基(尤·皮达可夫)〈无产阶级和金融资本时代的"民族自决权"〉一文的回答》、《论面目全非的马克思主义和"帝国主义经济主义"》等文章。

9 月 1 日(14 日)

收到格·雅·别连基从巴黎的来信,信中告知关于在巴黎出版《〈社会民主党人报〉文集》的条件。

9 月 2 日(15 日)

致函在瑞士泽伦堡的伊·费·阿尔曼德,指出瑞士的青年组织正在各地兴起;答应给她寄去论废除武装的文章。

致函在黑尔滕斯泰恩的格·叶·季诺维也夫,说正在研究弗·科里乔纳的《奥地利社会民主党生活片断》一文;谈到在《〈社会民主党人报〉文集》中刊登弗·尤·弗里多林和亚·加·施略普尼柯夫的文章的事。信中还转告娜·康·克鲁普斯卡娅关于要季诺维也夫寄来几期《保险问题》杂志的请求。

9 月 2 日和 23 日(9 月 15 日和 10 月 5 日)之间

给在瑞士泽伦堡的伊·费·阿尔曼德寄去自己的论废除武装的文章,请她修改译文并归还手稿。

9月6日(19日)

收到妹妹玛·伊·乌里扬诺娃从彼得格勒寄来的书籍和8月8日(21日)的来信,信中说姐姐安·伊·乌里扬诺娃-叶利扎罗娃被逮捕。

9月7日(20日)

致函在彼得格勒的姐夫马·季·叶利扎罗夫,对姐姐被捕一事表示担忧,建议他去找最好的律师。

9月9日(22日)

阅读阿·维尔特的《世界现代史》一书,并作记号和批注。

9月13日(26日)以前

收到格·雅·别连基从巴黎拍来的电报,电报中说他同意承担在巴黎出版《〈社会民主党人报〉文集》的工作。

9月13日(26日)

致函在泽伦堡的伊·费·阿尔曼德,说在苏黎世的几个图书馆里没有法国社会党人历次代表大会的记录,建议问一问日内瓦和纳沙泰尔图书馆。

在娜·康·克鲁普斯卡娅给伯尔尼的弗·米·卡斯帕罗夫的信里写附言,祝他身体健康,并建议认真治病和经常来信谈谈自己的情况。

不早于9月14日(27日)

阅读意大利社会党中央机关报《前进报》1916年第269号上的《德国社会党人代表会议闭幕》一文,在《给意大利社会党代表大会的贺词》中引用了这篇文章。

9月17日(30日)

出席在苏黎世举行的国际社会党委员会扩大会议。会议的议程包括关于总罢工、关于筹备社会党第三次代表会议和研究代表会议的决议和宣言、关于开展革命活动制止战争等问题。但由于英国和法国代表没有出席,决定无限期地推迟对这些问题的讨论。

不晚于9月20日(10月3日)

把论废除武装的文章寄给瑞典和挪威的左派社会民主党人的报纸发表。

9月20日(10月3日)

在娜·康·克鲁普斯卡娅给亚·加·施略普尼柯夫的信上写附言,祝他美国之行取得成功。

9 月 22 日（10 月 5 日）以前

致函在黑尔滕斯泰恩的格·叶·季诺维也夫，建议给尼·伊·布哈林复信要写得缓和一些。布哈林曾写信反对编辑部关于不在《〈社会民主党人报〉文集》上刊登他的《关于帝国主义国家理论》一文的决定。

致函在黑尔滕斯泰恩的格·叶·季诺维也夫，对他的《"失败主义"的过去和现在》一文提出补充意见；答应很快就寄去对格·列·皮达可夫的《无产阶级和金融资本时代的"民族自决权"》一文的答复。

致函在黑尔滕斯泰恩的格·叶·季诺维也夫，请他赶快退还自己给格·列·皮达可夫的答复和皮达可夫的《无产阶级和金融资本时代的"民族自决权"》一文的手稿。

9 月 22 日（10 月 5 日）

致函在黑尔滕斯泰恩的格·叶·季诺维也夫，谈到《〈社会民主党人报〉文集》第 2 辑将在伯尔尼出版；请求寄还《事业》杂志。

不早于 9 月 22 日（10 月 5 日）

致函在日内瓦的维·阿·卡尔宾斯基，告知《论面目全非的马克思主义和"帝国主义经济主义"》一文手稿已寄出，以便打字誊清。

9 月 22 日（10 月 5 日）以后

致函在日内瓦的维·阿·卡尔宾斯基，请他将所附的注释加进自己的《论面目全非的马克思主义和"帝国主义经济主义"》一文。

致函即将前往俄国的亚·加·施略普柯夫，强调必须就全部最重要的问题取得一致意见，指出总的工作计划应包括：理论路线、当前的策略任务、直接的组织任务；认为在理论上取得一致是工作所必需的；指出调和主义和联合主义在国内对工人政党来说是最有害的东西；提出目前的主要工作是印发反对沙皇制度的通俗传单，加强同国内工人领导人的联系，进行秘密通信和运送书刊及其他材料，利用俄国的公开报刊。

9 月 23 日（10 月 6 日）

致函在泽伦堡的伊·费·阿尔曼德，请她归还论废除武装的文章；告知弗·米·卡斯帕罗夫抵达苏黎世。

会见途经苏黎世的弗·米·卡斯帕罗夫，并同他谈话。

9 月 24 日和 10 月 2 日（10 月 7 日和 15 日）之间

以俄国社会民主工党中央委员会的名义写贺信给意大利社会党代表大会。贺信在 10 月 2 日（15 日）的代表大会上宣读。

9 月 26 日（10 月 9 日）

致函在泽伦堡的伊·费·阿尔曼德，请她立即归还论废除武装的文章。

不早于 9 月

阅读 1916 年《事业》杂志第 3 期，在维·伊·查苏利奇的《战后》、彼·巴·马斯洛夫的《战争的观念形态》和亚·尼·波特列索夫的《政治和社会集团。分裂的俄国》等文章里作记号。

9 月—10 月

写《遇到三棵松树就迷了路》一文。

9 月—不晚于 12 月

阅读 1916 年 9 月《崩得国外委员会公报》第 1 号，在《关于崩得中央委员会会议的通知》和尔·马尔托夫的《简单化的危险》以及《俄国来信》等文章上作记号，在自己的《为机会主义辩白是徒劳的》和《齐赫泽党团及其作用》等文章中引用了上述文章中的材料。

10 月 1 日（14 日）以前

收到尼·伊·布哈林从克里斯蒂安尼亚的来信，信中反对编辑部对他为《〈社会民主党人报〉文集》写的《关于帝国主义国家理论》一文所提出的意见。信中还告知，他已把列宁的论废除武装的文章转寄给瑞典和挪威的报纸。

10 月 1 日（14 日）

致函在克里斯蒂安尼亚的尼·伊·布哈林，指出他的《关于帝国主义国家理论》一文中的错误论点，说他引用马克思和恩格斯的话时断章取义。列宁还说，值得非常高兴的是，在反对"废除武装"的问题上他们的看法取得了一致。

10 月 8 日（21 日）

致函伊·费·阿尔曼德，告知已收到论帝国主义的小册子；建议她离开泽伦堡，否则会冻坏和感冒的。

10 月 9 日（22 日）

致函在彼得格勒的妹妹玛·伊·乌里扬诺娃，询问出版社是否收到他的

《帝国主义是资本主义的最高阶段》一书的手稿;认为这部书非常重要,希望能尽快出版;请她打听《卡尔·马克思》这一条目是否已编入格拉纳特百科词典。

10月12日(25日)

致函在日内瓦的维·阿·卡尔宾斯基,感谢他为《论面目全非的马克思主义和"帝国主义经济主义"》一文打字。

用德文致函奥地利左派社会民主党人弗·科里乔纳,请他详告奥地利施佩耶尔兵工厂罢工以及弗·阿德勒刺杀奥匈帝国首相卡·斯图尔克的情况。针对这一举动,列宁强调指出,把个人恐怖作为革命的策略是不适当的和有害的,只有群众运动才是真正的政治斗争。

10月12日(25日)以后

在因弗·阿德勒刺死奥匈帝国首相卡·斯图尔克一事而举行的集会上发表演说。

10月13日(26日)

复函布尔什维克巴黎支部书记格·雅·别连基,说在巴黎出版《〈社会民主党人报〉文集》要经书报检查机关检查是不值得的;请他了解一下报上登载的关于协约国社会党第二次代表会议将于12月11日(24日)在巴黎举行的消息是否确实;答应寄去俄国社会民主工党中央委员会的传单。

10月15日(28日)

致函伊·费·阿尔曼德,说已给她寄去1916年《年鉴》杂志第7期;谈到自己同亚·叶·阿布拉莫维奇的谈话;请她不定期地给寄载有批判"少数派"之类文章的、令人感兴趣的《人道报》。

10月16日和22日(10月29日和11月4日)之间

阅读刊登在意大利社会党中央机关报《前进报》1916年第301号上的意大利社会党给弗·阿德勒的祝贺信并用意大利文作摘录,在1916年10月22日(11月4日)瑞士社会民主党代表大会上的讲话中曾谈到这封信。

10月17日(30日)

致函在泽伦堡的伊·费·阿尔曼德,告知自己将于10月22日(11月4

日)在瑞士社会民主党代表大会上讲话,并请她把随信所附的讲话稿翻译成法文。

10月18日(31日)

致函在泽伦堡的伊·费·阿尔曼德,请她在翻译自己在瑞士社会民主党代表大会上的讲话稿时加进两点补充。

10月18日和22日(10月31日和11月4日)之间

收到伊·费·阿尔曼德从泽伦堡寄来的列宁在瑞士社会民主党代表大会上的讲话稿的法文译文。

10月21日和22日(11月3日和4日)

出席瑞士社会民主党代表大会左派社会民主党人代表的几次会议;参加起草代表大会关于对昆塔尔国际社会党代表会议的态度问题的决议。

10月22日(11月4日)

参加苏黎世举行的瑞士社会民主党代表大会的工作并在大会开幕会上用德语讲话,代表俄国社会民主工党向大会表示祝贺。

致函在泽伦堡的伊·费·阿尔曼德,感谢她寄来自己在瑞士社会民主党代表大会上的讲话稿的法文译文;告知在代表大会开幕前夕瑞士左派举行了会议,代表大会给自己的印象很好。列宁在信中说,大战以来,左派不仅第一次出现在瑞士社会民主党代表大会上,而且开始团结成为一个既反右派又反"中派"的反对派了。

10月23日(11月5日)以前

写《瑞士社会民主党内齐美尔瓦尔德左派的任务》提纲。

给在伯尔尼的格·叶·季诺维也夫寄去《瑞士社会民主党齐美尔瓦尔德左派的任务》提纲,请他把这一文件转交给伊·费·阿尔曼德,让她译成法文,以便在日内瓦、洛桑、绍德封以及其他一些地方散发。

收到伊·费·阿尔曼德从泽伦堡的来信,信中要求解释"经济帝国主义"这一用语。

10月24日(11月6日)以前

审阅《社会民主党人报》第56号校样上的自己的《论单独媾和》和《整整十个"社会党人"部长》两篇文章。

10月24日(11月6日)

列宁的《论单独媾和》和《整整十个"社会党人"部长》两篇文章发表在《社

会民主党人报》第 56 号上。

不早于 10 月 24 日(11 月 6 日)

用德文抄录卡·伯·拉狄克对自己的《瑞士社会民主党内齐美尔瓦尔德左派的任务》提纲所提出的意见,并加上标题:《拉狄克写在一份提纲上的意见》。

10 月 25 日(11 月 7 日)

复函在泽伦堡的伊·费·阿尔曼德,告知自己的《论面目全非的马克思主义和"帝国主义经济主义"》一文将对"帝国主义经济主义"作详细分析;提到要为左派的团结加强宣传,说自己打算向他们作一次报告;询问她是否已收到《瑞士社会民主党内齐美尔瓦尔德左派的任务》提纲,对这一提纲有何意见。

10 月 25 日和 27 日(11 月 7 日和 9 日)

两次致函在泽伦堡的伊·费·阿尔曼德,说让·饶勒斯的一本书已寄出,请她在 11 月 17 日(30 日)归还。

10 月

列宁的《社会主义革命和民族自决权》提纲以及《论尤尼乌斯的小册子》和《关于自决问题的争论总结》两篇文章,发表在《〈社会民主党人报〉文集》第 1 辑上。

不晚于 10 月

起草《帝国主义和对它的态度》一文提纲(这篇文章没有写成)。

不早于 10 月

致函在日内瓦的尼·达·基克纳泽,感谢他介绍了同在民族问题上采取错误立场的阿·瓦·卢那察尔斯基等人进行辩论的情况;建议向他们索取论述他们观点的书面提纲;指出卢那察尔斯基等人对"民族"问题和"保卫祖国"的性质问题一窍不通;说自己的《论面目全非的马克思主义和"帝国主义经济主义"》一文已寄出,供讨论"保卫祖国"和民族自决权问题时参考。

10 月—12 月

审订格·叶·季诺维也夫为《〈社会民主党人报〉文集》第 2 辑写的《第二国际与战争问题》一文。

写《关于对倍倍尔在斯图加特代表大会上提出的决议案的修正案》，供《〈社会民主党人报〉文集》第2辑刊用。

11月1日（14日）以后

收到弗·普拉滕的来信，信中邀请列宁参加瑞士社会民主党执行委员会于1916年11月7日（20日）举行的讨论政治形势和今后党的活动的会议。

11月7日（20日）

在苏黎世同齐美尔瓦尔德左派座谈《瑞士社会民主党内齐美尔瓦尔德左派的任务》提纲和瑞士社会民主党对战争的态度问题。

致函在泽伦堡的伊·费·阿尔曼德，感谢她将《瑞士社会民主党内齐美尔瓦尔德左派的任务》提纲译成法文；阐述马克思主义对战争和"保卫祖国"的态度；答应给她寄去自己关于这一问题的《论面目全非的马克思主义和"帝国主义经济主义"》一文。

11月12日（25日）

致函在泽伦堡的伊·费·阿尔曼德，告知由于缺少有关法国的具体资料，无法为法国左派改写《瑞士社会民主党内齐美尔瓦尔德左派的任务》提纲；对同法国国际主义者缺少联系表示遗憾；谈到应如何对待一般民主主义运动，说社会民主党人始终拥护民主，但不是为了资本主义，而是为了给我们的运动扫清道路。

11月13日（26日）以前

致函在泽伦堡的伊·费·阿尔曼德，对她的给"一位德国社会民主党女党员"（大概指克·蔡特金）的信的草稿提了几点意见。在这封信中，阿尔曼德代表《女工》杂志编辑部建议就妇女运动问题交换意见，希望召开左派妇女社会党人非正式代表会议。

11月13日（26日）

致函在彼得格勒的妹妹玛·伊·乌里扬诺娃，说她寄来的书籍和明信片已收到。从明信片中得知，姐姐安·伊·乌里扬诺娃-叶利扎罗娃即将获释出狱。

11月13日（26日）以后

收到姐姐安·伊·乌里扬诺娃-叶利扎罗娃1916年11月13日（26日）

从彼得格勒的来信,信中说亚·加·施略普尼柯夫在中央委员会俄国局作了关于停止出版《共产党人》杂志的报告,俄国局就这一问题通过了表示赞同中央机关报的路线的决议。信中还谈到施略普尼柯夫希望在《〈社会民主党人报〉文集》里刊登尼·伊·布哈林的《关于帝国主义国家理论》一文,谈到应禁止有内奸嫌疑的米·叶·切尔诺马佐夫参加党的工作等问题。

11 月 15 日(28 日)

致函在克拉伦的伊·费·阿尔曼德,希望她到日内瓦谈谈关于组织新机关报编辑部的情况;提出在她离开克拉伦时利用苏黎世图书馆图书的办法。

致函索·瑙·拉维奇和格·叶·季诺维也夫,谈关于新机关报编辑部组成人员的问题(这封信没有找到)。

11 月 17 日(30 日)

致函在克拉伦的伊·费·阿尔曼德,指出她关于"保卫祖国"和关于齐美尔瓦尔德左派内部的相互关系问题的观点是不对的;强调必须具体地、历史地对待"祖国"和"保卫祖国"的口号,认为民族解放战争是不可避免的,阐述马克思和恩格斯在这一问题上的立场。信中还谈到同格·列·皮达可夫、叶·波·博什、尼·伊·布哈林、卡·伯·拉狄克以及格·叶·季诺维也夫的分歧。

在苏黎世再次同齐美尔瓦尔德左派座谈《瑞士社会民主党内齐美尔瓦尔德左派的任务》提纲和瑞士社会民主党对战争的态度问题。

11 月 18 日(12 月 1 日)

致函在温特图尔的瑞士社会党人阿·施米德,对瑞士左派为瑞士社会民主党代表大会准备的关于社会党人对军国主义和战争问题的决议如何写的问题,提出自己的见解。

不早于 11 月 18 日(12 月 1 日)

阅读刊登在《青年国际》杂志第 6 期上的尼·伊·布哈林的《帝国主义强盗国家》一文,写评注。

写《青年国际》一文。

起草《关于国家的作用问题》一文提纲,这篇文章预定在《〈社会民主党人报〉文集》第4辑上发表,但该文没有写成。

不晚于11月23日(12月6日)

收到米·尼·波克罗夫斯基从索城的来信,信中谈到列宁的《帝国主义是资本主义的最高阶段》一书的出版问题。

11月23日(12月6日)

致函在索城的米·尼·波克罗夫斯基,告知《帝国主义是资本主义的最高阶段》和《关于农业中资本主义发展规律的新材料》两本书的稿费已经收到。

11月底

用德文致函美·亨·勃朗斯基,对瑞士左派社会民主党人弗·普拉滕起草的关于战争问题的决议草案的逻辑结构提出意见。

11月底—12月初

用德文起草《瑞士社会民主党对战争态度的提纲》的"实践部分"。

秋天

同娜·康·克鲁普斯卡娅一起拜访从索非亚移居苏黎世的保加利亚工人、保加利亚工人社会民主党(紧密派)党员索·戈尔德施泰因,在谈话中指出在工人中间加强政治工作的必要性。

12月初

用德文写《瑞士社会民主党对战争态度的提纲》的第一稿。

用德文写《瑞士社会民主党对战争态度的提纲》。

用德文写《为讨论瑞士社会民主党内齐美尔瓦尔德左派的任务而准备的提纲要点》。

12月1日(14日)以后

收到尼·达·基克纳泽从日内瓦的来信,信中要求解释一些关于民族自决权的问题。

致函尼·达·基克纳泽,解释他在对战争的态度和民族自决权等问题上的立场为什么是错误的。

12月2日和20日(12月15日和1917年1月2日)之间

阅读1916年《不来梅市民报》第295号,用德文作摘录,在《资产阶级的和平主义与社会党人的和平主义》一文中利用了这一材料。

12 月 3 日(16 日)

就推销关于瑞士社会民主党党内状况的小册子和传单一事,同威廉·明岑贝格谈话。

12 月 4 日(17 日)以前

收到亚·叶·阿布拉莫维奇的来信,信中告知同意推销 1 500 份关于瑞士社会民主党党内状况的小册子和传单。

给法国社会党人昂·吉尔波寄去自己的《瑞士社会民主党内齐美尔瓦尔德左派的任务》提纲。

收到昂·吉尔波的来信,信中表示赞同列宁的提纲,并打算以该提纲作为他重建的国际主义者委员会的基础。

阅读茹·安贝尔-德罗的《向战争宣战。打倒军队。1916 年 8 月 26 日在纳沙泰尔军事法庭上的辩护词全文》一书,用法文作摘录和批注。列宁在此后给伊·费·阿尔曼德的信中,对该书作了评价,认为作者思想混乱,是不可救药的托尔斯泰主义者。

12 月 4 日(17 日)

致函在克拉伦的伊·费·阿尔曼德,说打算出版关于瑞士社会民主党活动的传单,问她是否同意把传单译成法文,还谈到他所参加的瑞士左派讨论关于对战争的态度和左派的任务的决议的几次会议的情况。

12 月 5 日(18 日)

收到一封从彼得格勒的来信,信中介绍了俄国群众的革命情绪。信中还说阿·马·高尔基对列宁在《帝国主义是资本主义的最高阶段》一书中尖锐地批评卡·考茨基表示不满。

收到格·叶·季诺维也夫的来信和 1916 年《工人政治》杂志第 25 期,这期发表了经删节的尼·伊·布哈林的《帝国主义强盗国家》一文;查阅自己在早些时候《青年国际》杂志发表该文时写的意见;在《青年国际》杂志上标出哪几处是《工人政治》杂志上所没有的。

致函在克拉伦的伊·费·阿尔曼德,谈到俄国的革命正在发展;对尼·伊·布哈林和卡·伯·拉狄克的立场表示愤慨。

12 月 5 日(18 日)以后

阅读发表在 1916 年《前进报》第 345 号上的菲·屠拉梯在众议院的演

说,并用意大利文和俄文作摘录。列宁在 12 月 10 日(23 日)以后写给伊·费·阿尔曼德的信中指出,屠拉梯的演说是典型的令人作呕的考茨基腔调。列宁还在自己的《资产阶级的和平主义与社会党人的和平主义》一文中批评了屠拉梯的演说。

12 月 7 日(20 日)

致函在日内瓦的维·阿·卡尔宾斯基,告知自己打算在苏黎世作一次关于 1905 年 1 月 9 日事件的报告,开列所需的文献资料并请他寄来。

12 月 7 日(20 日)以后

写《对论最高纲领主义的文章的意见》,该文是格·叶·季诺维也夫写的。

致函在伯尔尼的格·叶·季诺维也夫,建议停止关于《共产党人》杂志的争论;表示同意给《工人政治》杂志的联名信的提纲。信中附有《对论最高纲领主义的文章的意见》。

12 月 7 日和 1917 年 1 月 9 日(12 月 20 日和 1917 年 1 月 22 日)之间

为准备关于 1905 年革命的报告,研究弗·哥尔恩、弗·梅奇和涅·切列万宁的《俄国革命中各种社会力量的斗争》第 3 册《农民与革命》一书,在 H.萨瓦连斯基的《农民的经济运动》、Л.马列夫的《农民的政治斗争》、弗·哥尔恩的《农民在革命中的作用》等文章中画记号、写批注、作统计。

阅读刊登在 1906 年的《社会科学和社会政治文库》上的麦·维贝尔的《俄国向假立宪制过渡》一文,用德文作摘录,写批注,并在关于 1905 年革命的报告中批评了这篇文章。

用德文写《关于 1905 年革命的报告》的提纲。

用德文写《关于 1905 年革命的报告》。

12 月 8 日(21 日)以前

致函彼得格勒的生活和知识出版社,谈自己的著作《关于农业中资本主义发展规律的新材料》和娜·康·克鲁普斯卡娅的小册子《国民教育和民主》的稿酬问题(这封信没有找到)。

12 月 8 日(21 日)

收到米·尼·波克罗夫斯基从索城的来信,信中告知列宁的《帝国主义是资本主义的最高阶段》一书中对卡·考茨基的批判已经删掉。

致函在索城的米·尼·波克罗夫斯基,对删去《帝国主义是资本主义的最高阶段》一书中对卡·考茨基的批判表示遗憾,说要在另外的地方跟考茨基算账。

不早于 12 月 10 日(23 日)

阅读刊登在 1916 年《人民呼声报》上的《各资产阶级政党的瓦解和社会民主党统一的恢复》一文,用德文和俄文作摘录,在自己的《资产阶级的和平主义与社会党人的和平主义》一文中引用了这篇文章。

阅读刊登在《民权报》第 301 号上的文章《屠拉梯关于和平建议的演说》,并用德文和俄文作摘录。列宁在 12 月 10 日(23 日)以后写给伊·费·阿尔曼德的信中,说这是一篇坏文章。

12 月 10 日(23 日)以后

致函伊·费·阿尔曼德,说卡·伯·拉狄克的阴谋活动不是偶然的,也不是他个人的事情;说她没有从政治上评价所发生的事情而犯了错误;再次解释马克思主义关于保卫祖国问题的提法;对阿尔曼德同昂·吉尔波和保·莱维的谈话表示满意;指出莱维对待议会制的立场是错误的。

12 月 12 日(25 日)

致函在克拉伦的伊·费·阿尔曼德,指出她不理解“帝国主义经济主义”的实质和危害;分析尼·伊·布哈林和卡·伯·拉狄克以及罗·卢森堡在关于社会主义革命和关于对民主要求的态度问题上的错误立场。列宁在批评他们的观点时指出,应当善于把争取民主的斗争同争取社会主义革命的斗争结合起来,并使前者服从后者。

12 月 13 日(26 日)以前

致函伯尔尼州警察局秘书,要求归还他为了获得居住权而向警察局交纳的保证金。

12 月 13 日(26 日)

致函在伯尔尼的格·李·什克洛夫斯基,请他到州警察局了解归还保证金一事,并把刊登列宁的《论民族自决权》一文结尾部分的《启蒙》杂志第 6 期寄来。

12 月 14 日(27 日)以后

阅读尼·苏汉诺夫的小册子《关于社会主义的危机》,并作记号。

12 月 15 日（28 日）

用德文给苏黎世警察局写呈文，请求将他在苏黎世的居住期限延长至1917 年 12 月 18 日（31 日），并告知已向苏黎世州银行交纳 100 法郎保证金。

不早于 12 月 15 日（28 日）

阅读刊登在《前进报》上的有关屠拉梯演说的文章，用意大利文和俄文作摘录和批注，在《资产阶级的和平主义与社会党人的和平主义》一文中对这篇文章作了批判分析。

12 月 17 日（30 日）

复函在克拉伦的伊·费·阿尔曼德，说关于新机关报编辑部的谈判不成功，自己打算对国际社会党委员会的宣言进行揭露，说机会主义者企图破坏瑞士社会民主党代表大会的召开。列宁在信中还谈到法国社会沙文主义者同和平主义者及部分齐美尔瓦尔德派合流的情况。

不早于 12 月 17 日（30 日）

阅读刊登在 1916 年《民权报》第 306 号上的国际社会党委员会宣言《致工人阶级！》，用德文作摘录，在自己的《资产阶级的和平主义与社会党人的和平主义》一文和《致拥护反战斗争以及同投靠本国政府的社会党人斗争的工人》中，对这篇宣言作了分析。

12 月 17 日或 18 日（30 日或 31 日）

写《资产阶级的和平主义与社会党人的和平主义》一文的提纲草稿。

12 月 18 日（31 日）

分别向在日内瓦的维·阿·卡尔宾斯基和索·瑙·拉维奇以及米·格·茨哈卡雅祝贺新年。

12 月 19 日（1917 年 1 月 1 日）

写《资产阶级的和平主义与社会党人的和平主义》一文。

12 月 21 日（1917 年 1 月 3 日）

致函在索城的米·尼·波克罗夫斯基，感谢他为出版《帝国主义是资本主义的最高阶段》一书所作的努力。

12 月 22 日（1917 年 1 月 4 日）

用德文填写苏黎世州警察局的调查表，列宁在上面写道："我不是逃兵，也不是逃避服兵役者,而是从1905年革命时起的政治流亡者。"

12月24日(1917年1月6日)

致函在克拉伦的伊·费·阿尔曼德,说《论瑞士社会民主党内齐美尔瓦尔德左派的任务》提纲已在德国和法国社会民主党人中间散发;打算创办一个出版社来出版传单和小册子,进一步阐述这一提纲的内容;建议阿尔曼德担任法文小册子和传单的翻译和出版工作。

12月25日(1917年1月7日)以前

用德文写《关于战争问题的根本原则》和《论保卫祖国问题的提法》两篇文章。

　　写《告国际社会党委员会和各国社会党书的提纲草稿》。

12月25日(1917年1月7日)

致函在克拉伦的伊·费·阿尔曼德,告知已给她寄去1917年《民权报》第5号(这一号报纸上刊登了瑞士左派会议的一项决议,反对原定1917年2月召开的、解决对战争的态度问题的瑞士社会民主党代表大会延期);谈到如果在克拉伦和洛桑有瑞士左派的话,要把这一决议译成法文。

12月25日和1917年1月1日(1917年1月7日和14日)之间

致函卡·伯·拉狄克,谈瑞士社会民主党代表大会延期问题(这封信没有找到)。

12月26日(1917年1月8日)

致函在索城的米·尼·波克罗夫斯基,说收到了邮局的正式答复:1916年6月19日(7月2日)寄给波克罗夫斯基的书稿被军事当局没收。列宁在信中还询问能否设法拿到这一书稿,并告知收到了《帝国主义是资本主义的最高阶段》一书的稿酬500法郎。

　　致函在克拉伦的伊·费·阿尔曼德,告知瑞士社会民主党执行委员会会议于12月25日(1917年1月7日)在苏黎世举行,会上国际社会党委员会主席罗·格里姆领导全体右派,不顾左派社会民主党人的反对,通过了关于非常代表大会不定期延期召开的决定;说自己打算给国际社会党委员会委员沙·奈恩写一封公开信,声明不愿同格里姆在齐美尔瓦尔德的组织中共事。

　　致函在日内瓦的维·阿·卡尔宾斯基,说瑞士社会民主党执行委员会于12月25日(1917年1月7日)通过的决定表明罗·格里姆已经彻底叛变;建议立即通过表示抗议的决议。

12月26日—27日(1917年1月8日—9日)

　　针对国际社会党委员会主席罗·格里姆的叛变行径,起草《给伯尔尼国际社会党委员会委员沙尔·奈恩的公开信》。

12月26日(1917年1月8日)以后

　　写《致拥护反战斗争以及同投靠本国政府的社会党人斗争的工人》一文。

12月27日和31日(1917年1月9日和13日)之间

　　就瑞士社会民主党执行委员会于12月25日(1917年1月7日)会议上讨论非常代表大会延期举行的问题,同恩·诺布斯和威·明岑贝格谈话。

　　根据自己同恩·诺布斯和威·明岑贝格的谈话,在一封信(收信人未查明)中谈到12月25日(1917年1月7日)举行的瑞士社会民主党执行委员会会议,并指出罗·格里姆在《伯尔尼哨兵报》上说左派在原则上也没有反对代表大会延期召开,是厚颜无耻的表现;说明岑贝格已给《民权报》写了一篇文章,反对党执行委员会的决定。

12月28日和1917年1月9日(1917年1月10日和22日)之间

　　致函在日内瓦的维·阿·卡尔宾斯基,告知已寄去1917年《民权报》第7号和第8号,要求注意瑞士社会民主党中央委员会关于延期举行党的代表大会的声明和在苏黎世召开的一个州的党的会议的决议,这一决议是在齐美尔瓦尔德左派小组内事先拟定的,内容包括要求不晚于1917年春召开代表大会;请卡尔宾斯基把决议译成法文,并交给齐美尔瓦尔德左派日内瓦小组。

12月29日(1917年1月11日)

　　出席德国左派社会民主党人会议。会议通过抗议瑞士社会民主党代表大会延期召开的决议。

12月30日(1917年1月12日)

　　收到索·瑙·拉维奇从日内瓦的来信,信中告知昂·吉尔波在关于法国社会党代表大会的报告中批评了龙格派分子。信中还谈到吉尔波同意通过一项反对延期召开瑞士社会民主党代表大会的决议。

致函在克拉伦的伊·费·阿尔曼德，告知 12 月 29 日(1917 年 1 月 11 日)举行了德语区左派社会民主党人会议，指出恩·诺布斯的两面派行为；谈到国际社会党委员会委员沙·奈恩在瑞士社会民主党执行委员会会议上发言批评罗·格里姆；说左派常务局将于 1917 年 1 月 1 日(14 日)举行会议，研究向格里姆提抗议的问题。

不晚于 12 月

校订俄国社会民主工党中央委员会宣言《关于召开"协约国社会党"代表会议》。宣言曾发表在《〈社会民主党人报〉文集》第 2 辑上。

12 月

列宁的《论"废除武装"的口号》、《帝国主义和社会主义运动中的分裂》、《青年国际》、《为机会主义者辩白是徒劳的》、《齐赫泽党团及其作用》和《关于对倍倍尔在斯图加特代表会议上提出的决议案的修正案》等文章，发表在《〈社会民主党人报〉文集》第 2 辑上。

写《给波里斯·苏瓦林的公开信》。

1916 年

写关于兼并和弗·恩格斯对它的态度的文章(这篇文章没有写完)。

出席木材加工业工人大会，会议讨论青年节问题。还出席苏黎世工人联合会举行的关于战争问题的会议以及其他会议。

1916 年底——1917 年初

阅读古·德莫尔尼的《波斯问题和战争》和 Th.耶格尔的《波斯和波斯问题》等书，用俄文、法文和德文作摘录和批注。

1917 年

1 月 1 日(14 日)

收到法国社会党人昂·吉尔波从日内瓦的来信，信中说关于和平问题的群众集会正在筹备之中。

致函在克拉伦的伊·费·阿尔曼德，说已寄去总标题为《资产阶级的和平主义与社会党人的和平主义》的 4 篇文章(4 章)；建议她准备一篇关于马克思主义对和平主义的态度的专题报告，并去瑞士法语区巡回宣讲;说罗·格里姆拟于1月10日(23日)召开协约国社会党代表会议;鉴于格里姆支持延期召开瑞士社会民主党关于战争问题的非常代表大会,正准备向格里姆提出抗议;劝她迁往城市,在那里可以经常参加党的工作。

1月1日—2日(14日—15日)

主持自己倡议召开的齐美尔瓦尔德左派常务局会议。会议通过了要求罗·格里姆退出国际社会党委员会的声明草案。

1月2日(15日)

致函在克拉伦的伊·费·阿尔曼德,告知齐美尔瓦尔德左派常务局会议已于当天结束。

致函在日内瓦的维·阿·卡尔宾斯基和索·瑙·拉维奇,请他们把刊登他的《俄国党内斗争的历史意义》一文的这期《争论专页》寄来。

1月3日(16日)

致函在克拉伦的伊·费·阿尔曼德,说如果瑞士卷入战争,打算把党组织的经费交给阿尔曼德保管。

1月6日(19日)

致函在克拉伦的伊·费·阿尔曼德,请她把瑞士左派要求就召开党的非常代表大会问题进行全党表决的决议翻译成法文,希望把这一决议广为散发,并由各级党组织加以通过;请她把决议文本转交给洛桑德语区左派小组。

致函在日内瓦的维·阿·卡尔宾斯基,说随信寄去瑞士左派的决议,请他把这一决议转交给昂·吉尔波和德语区左派小组;指出必须使各级党组织通过这项决议。

把瑞士左派在苏黎世会议上通过的决议寄给在日内瓦的昂·吉尔波和在绍德封的亚·叶·阿布拉莫维奇。

致函在克拉伦的伊·费·阿尔曼德,指出她攻击弗·恩格斯为卡·马克思《1848年至1850年的法兰西阶级斗争》一书写的导言是错误的;指出阿尔曼德在保卫祖国的问题上陷入了抽象的议论和反历史观点的泥坑;信中论述了三种类型的战争。

1月7日(20日)

致函在克拉伦的伊·费·阿尔曼德,告知就召开瑞士社会民主党非常代表大会问题进行全党表决的决议在绍德封已被通过;请阿尔曼德去绍德封尽快办一个出版社,以便出版德文传单。

1 月 9 日(22 日)

在俄国第一次革命十二周年纪念日,在苏黎世民众文化馆举行的瑞士青年工人大会上,用德文作关于 1905 年革命的报告。

致函在克拉伦的伊·费·阿尔曼德,建议她在日内瓦和绍德封再作一次关于和平主义的报告;询问准备向瑞士社会民主党代表大会提出的关于保卫祖国和战争问题的决议草案是否已译成法文,是否已在瑞士法语区的报纸上刊登;告知昂·吉尔波拒绝在反对罗·格里姆的决议上签名;说恩·诺布斯和弗·普拉滕害怕同格里姆作战。

致函在克拉伦的伊·费·阿尔曼德,批评她在翻译自己的《给波里斯·苏瓦林的公开信》时,遗漏了引自弗·恩格斯的著作《德国的社会主义》的引文;阐述恩格斯关于保卫祖国问题的观点;谈到在瑞士左派中的工作。

1 月 9 日和 17 日(22 日和 30 日)之间

致函在克拉伦的伊·费·阿尔曼德,给她寄去供准备关于和平主义的报告用的剪报,并阐述了资产阶级和平主义的实质。

1 月 13 日和 17 日(26 日和 30 日)之间

用德文写《十二个简明论点——评海·格罗伊利希为保卫祖国辩护》。

1 月 17 日(30 日)以前

同两个从德国战俘营里逃出来的俄国战俘谈话,得知俘房的生活条件和思想情绪,以及德国人在乌克兰人俘房中进行乌克兰脱离俄国争取独立的宣传等情况。

1 月 17 日(30 日)

致函在克拉伦的伊·费·阿尔曼德,详细说明瑞士社会民主党内由于全党表决而出现的形势;赞赏弗·恩格斯的著作《论住宅问题》,说弗·恩格斯和卡·马克思是真正的人,应当向他们学习,不应当离开这个立场。社会沙文主义者和考茨基派都离开了这个立场。

1 月 18 日(31 日)

列宁的《世界政治中的转变》一文发表在《社会民主党人报》第 58 号上。

1 月 18 日和 19 日（1 月 31 日和 2 月 1 日）之间

列宁的《十二个简明论点——评海·格罗伊利希为保卫祖国辩护》一文发表在《民权报》第 26 号和第 27 号上。

1 月 20 日（2 月 2 日）

同威·明岑贝格谈话，说要为即将召开的"瑞士德语区和法语区青年会议"准备一个战争问题的决议草案。

致函在克拉伦的伊·费·阿尔曼德，请她归还《资产阶级的和平主义与社会党人的和平主义》一文。

致函在克拉伦的伊·费·阿尔曼德，说齐美尔瓦尔德派于 1 月 19 日（2 月 1 日）在奥尔滕召开会议，会议揭露了罗·格里姆的机会主义立场；认为格里姆的《战争问题上的多数派与少数派》一文完全是考茨基主义的、中派的、骗人的。

1 月 21 日（2 月 3 日）以前

致函在斯德哥尔摩的瑞典社会民主党人图·涅尔曼，请他去看望被关在狱中的卡·霍格伦，并建议霍格伦签名抗议罗·格里姆的机会主义行径（这封信没有找到）。

1 月 21 日（2 月 3 日）

用德文致函在达沃斯的卡·伯·拉狄克，说打算在报刊上答复斯佩克塔托尔的小册子《保卫祖国和社会民主党的对外政策》。

致函在克拉伦的伊·费·阿尔曼德，称赞她的关于和平主义的报告提纲，并提出几点补充意见；谈到瑞士社会民主党内的斗争情况；指出最重要的任务是支持和发展各种各样的革命的群众性行动，以便使革命早日到来。

1 月 22 日（2 月 4 日）

致函在克里斯蒂安尼亚的格·列·皮达可夫，谈为俄国出版一套小册子的事（这封信没有找到）。

1 月 24 日（2 月 6 日）

出席改选瑞士社会民主党苏黎世组织执行委员会的会议。

1 月 25 日（2 月 7 日）

致函在克拉伦的伊·费·阿尔曼德，告知 1 月 21 日（2 月 3 日）罗·格里姆、恩·诺布斯和弗·普拉滕召开了一次小范围会议,他们在会上对军事问题委员会多数派否决"保卫祖国"的决议草案作了修改,这些修改意见即将发表;谈到关于苏黎世组织执行委员会的改选和左派的动摇以及茹·安贝尔-德罗的和平主义言论,建议予以公开揭露。

不早于 1 月 26 日(2 月 8 日)

写《战争的教训》一文提纲(这篇文章没有写成)。提纲中的许多论点,列宁在自己的《远方来信》中作了发挥。

1 月 27 日和 29 日(2 月 9 日和 11 日)之间

用德文写《关于修改战争问题的决议的建议》。这份建议由青年组织于1 月 30 日(2 月 12 日)提交给在特斯举行的瑞士社会民主党苏黎世州代表大会。该建议发表在 2 月 1 日(14 日)《民权报》第 38 号上。

1 月 28 日(2 月 10 日)

同瑞士社会民主党苏黎世州支部委员会成员埃伦博根谈关于左派在即将于特斯召开的代表大会上所采取的立场问题。

1 月 29 日和 3 月 1 日(2 月 11 日和 3 月 14 日)之间

收到亚·米·柯伦泰从克里斯蒂安尼亚的来信,信中谈了她对为俄国俘虏房出版的杂志的方针和内容的意见;告知 4 月初即将在丹麦举行青年代表大会,建议支持瑞典青年。

1 月 30 日(2 月 12 日)

在苏黎世图书馆借阅卡·马克思的《法兰西内战》一书,在《马克思主义论国家》的手稿中曾引用过该书的各种版本。

1 月 30 日(2 月 12 日)以后

致函在日内瓦的索·瑙·拉维奇,感谢她来信介绍了瑞士社会民主党日内瓦组织的情况;指出瑞士左派的困难和弱点,强调与群众联系的重要性;询问全党表决的情况等。

1 月底

阅读刊登在 1917 年 1 月的《新生活》杂志和《伯尔尼哨兵报》上的罗·格里姆的文章《战争问题上的多数派与少数派》,并作摘录;写《臆造的还是真实的泥潭?》和《国际社会民主党中的一个流派——"中派"的特征》两篇文章。

1月

用德文写《保卫中立》一文。

写《统计学和社会学》小册子。

在美国社会主义工人党第十四次全国代表会议就同美国社会党联合问题通过的《向社会党提出的联合的基础和形式》这一决议上作批注，其中写道："什么是民主？政治国家!!"

1月—2月

在苏黎世继续研究卡·马克思和弗·恩格斯的著作和书信，以及其他作者关于国家问题的著作，摘录有关这一问题的重要论点，写下自己的结论。列宁在自己的读书笔记本上写上《马克思主义论国家》的标题。列宁在写《国家与革命》一书时，利用了这本笔记中的材料。

定期会见弗·普拉滕和威·明岑贝格，同他们谈论瑞士社会民主党左翼的策略。

2月1日（14日）

致函在克拉伦的伊·费·阿尔曼德，说自己的《关于修改战争问题的决议的建议》已获32票；认为修改过的军事问题委员会多数派的决议是考茨基主义的；建议阿尔曼德准备一个关于瑞士社会民主党内三个派别的专题报告；请她寄来让·饶勒斯的议会演说集第2卷，并在沙·傅立叶的著作中找出关于民族融合的论述。

2月2日（15日）

致函在日内瓦的维·阿·卡尔宾斯基，请他把1903年版的卡·考茨基的小册子《社会革命》寄来。列宁在《马克思主义论国家》这一著作中引用了这本小册子。

2月4日（17日）以前

致函在纽约的尼·伊·布哈林，请他收集关于美国社会主义工人党活动的情况（这封信没有找到）。

2月4日（17日）

收到亚·米·柯伦泰从美国回来后自挪威的来信，信中告知列·达·托洛茨基已到美国以及他同《新世界报》编辑部内的右派联合的情况。

致函在克里斯蒂安尼亚的亚·米·柯伦泰，告知关于马克思主义对

国家态度问题的材料已准备就绪;对列·达·托洛茨基同右派一起反对
齐美尔瓦尔德左派表示愤慨,建议她在《社会民主党人报》上发表文章揭
露托洛茨基的立场;对由于缺乏资金无法出版《〈社会民主党人报〉文集》
第3辑和第4辑表示遗憾,因为供这两辑用的文章几乎已经准备好了。
信中还揭露齐美尔瓦尔德右派同社会沙文主义公开结成联盟的行为。

2月5日或6日(18日或19日)

致函在彼得格勒的姐夫马·季·叶利扎罗夫,告知娜·康·克鲁普斯卡
娅正计划出一部《教育词典》或《教育百科全书》;指出这项工作能够弥补
俄国教育读物中的一个重大缺陷,还能使自己得到一笔收入,是一件非
常有益的事。

2月6日(19日)以前

校订"瑞士齐美尔瓦尔德左派小组"出版的小报第1号《驳保卫祖国的谎
言》。《小报第1号》刊登了列宁的《关于修改战争问题决议的建议》。

2月6日(19日)

刊登列宁的《关于修改战争问题的决议的建议》的小报第1号《驳保卫祖
国的谎言》出版。

致函在克拉伦的伊·费·阿尔曼德,告知自己在研究马克思主义对
国家的态度问题,并打算就这个问题写一篇文章;对在瑞士左派中间进
行工作作了一系列具体指示,并对列·达·托洛茨基作了评价,认为他
总爱摇摆、欺诈,装成左派,其实一有可能就帮助右派。

2月6日和14日(19日和27日)之间

致函在克拉伦的伊·费·阿尔曼德,请她把小报第1号《驳保卫祖国的
谎言》译成法文和英文。

2月6日(19日)以后

致函在日内瓦的维·阿·卡尔宾斯基和索·瑙·拉维奇,请他们帮助散
发小报第1号《驳保卫祖国的谎言》。

2月14日(27日)

致函在克拉伦的伊·费·阿尔曼德,说小报第1号《驳保卫祖国的谎言》
的俄文稿已收到,请她尽快译成法文和英文;称赞她给青年作报告;指出
应该尽量消除青年们不相信群众运动的缺点;说已经看了《新时代》杂志

上刊登的安·潘涅库克同卡·考茨基就国家问题进行辩论的材料。列宁在《马克思主义论国家》和《国家与革命》等著作中利用了这些材料。

2月19日（3月4日）

致函在日内瓦的索·瑙·拉维奇，请她把米·亚·巴枯宁的小册子《巴黎公社和国家概念》寄来，以便准备作关于巴黎公社的报告。

2月20日（3月4日）

致函在克里斯蒂安尼亚的亚·米·柯伦泰，说报上刊登的关于5月12日要召开瑞典左派社会民主党代表大会，以便根据"齐美尔瓦尔德原则"建立一个新的政党的消息，使他感到不安和愤慨；指出必须赶在代表大会召开之前帮助瑞典左派认清社会和平主义和考茨基主义极其庸俗，认清齐美尔瓦尔德多数派极其卑鄙，帮助他们为自己制定新政党的正确的纲领和策略；对于他们今后的做法提出了具体建议。

2月23日（3月8日）

致函在克拉伦的伊·费·阿尔曼德，谈到苏黎世左派组织的动摇和揭露中派的必要性；认为公开作专题报告，同群众交流思想，用自己的观点影响群众是有益的。

2月底

用德文写《一个社会党的一小段历史》一文。

3月1日（14日）

收到亚·米·柯伦泰从克里斯蒂安尼亚的两封来信，信中谈到瑞典的资产阶级报纸报道说最近在俄国可能发生政变。

《列宁全集》第二版第 28 卷编译人员

译文校订：杨彦君

资料编写：杨祝华　张瑞亭　刘淑春　刘方清　王丽华　刘彦章
　　　　　王锦文

编　　辑：丁世俊　王问梅　许易森　钱文干　江显藩　韩　英
　　　　　李京洲

译文审订：宋书声　岑鼎山

《列宁全集》第二版增订版编辑人员

李京洲　高晓惠　翟民刚　张海滨　赵国顺　任建华　刘燕明
孙凌齐　门三姗　韩　英　侯静娜　彭晓宇　李宏梅　付　哲
戢炳惠　李晓萌

审　　定：韦建桦　顾锦屏　柴方国

本卷增订工作负责人：高晓惠　孙凌齐

责任编辑：毕于慧
装帧设计：石笑梦
版式设计：周方亚
责任校对：周　昕

图书在版编目(CIP)数据

列宁全集.第28卷/(苏)列宁著；中共中央马克思恩格斯列宁斯大林著作编译局编译.
　—2版(增订版)-北京：人民出版社，2017.3(2024.7重印)
ISBN 978-7-01-017111-1

Ⅰ.①列…　Ⅱ.①列…②中…　Ⅲ.①列宁著作-全集　Ⅳ.①A2

中国版本图书馆 CIP 数据核字(2016)第 316448 号

书　　名　**列宁全集**
　　　　　LIENING QUANJI
　　　　　第二十八卷
编 译 者　中共中央马克思恩格斯列宁斯大林著作编译局
出版发行　**人民出版社**
　　　　　(北京市东城区隆福寺街 99 号　邮编　100706)
邮购电话　(010)65250042　65289539
经　　销　新华书店
印　　刷　北京新华印刷有限公司
版　　次　2017 年 3 月第 2 版增订版　2024 年 7 月北京第 2 次印刷
开　　本　880 毫米×1230 毫米 1/32
印　　张　19.125
插　　页　3
字　　数　507 千字
印　　数　3,001—6,000 册
书　　号　ISBN 978-7-01-017111-1
定　　价　48.00 元